"十二五"职业教育国家规划教材
经全国职业教育教材审定委员会审定

高等职业教育计算机系列教材

现代办公设备使用与维护

（第3版）

童 华　童建中　主　编

电子工业出版社
Publishing House of Electronics Industry
北京·BEIJING

内 容 简 介

本书软、硬件相结合，以硬件技术为主。内容基于现代办公信息处理工作过程划分为5个项目：办公信息传输设备；办公信息处理设备；办公信息复制设备；办公信息存储设备；其他辅助办公设备。重点选择目前办公活动中最常用的办公网络、智能手机、多媒体计算机、显示器、投影仪、打印机、数码复印机、多功能一体机、数码相机、功放机等10余个现代办公自动化设备作为典型背景案例构建教学驱动任务。本书以现代办公设备使用维护技能与职业素质培养为目标主线，兼顾"办公设备维修工"国家职业资格技能鉴定标准，全面阐述了常用现代办公设备的发展与现状、组成与结构、原理与特点、功能与使用、维护与管理的方法。各环节按项目引入、任务目标、必备知识、技能训练、思考练习、重点小结、综合训练体例编排。教材=理论知识+实训指导，提供教学资源，方便以教、学、做一体化模式组织课程教学。书中内容反映了现代办公自动化设备的最新发展技术。

本书可作为高职本科和专科、中职和技师学院IT类专业或相关专业教材，也可供各级各类培训班作为"办公设备维修工"国家职业资格技能鉴定培训教材，还可作为机关和企事业单位有关办公人员、办公自动化设备销售和管理维护等各类工程技术人员的自学参考书和工具书。

未经许可，不得以任何方式复制或抄袭本书之部分或全部内容。
版权所有，侵权必究。

图书在版编目（CIP）数据

现代办公设备使用与维护 / 童华，童建中主编. —3版. —北京：电子工业出版社，2022.3
ISBN 978-7-121-43060-2

Ⅰ．①现… Ⅱ．①童… ②童… Ⅲ．①办公设备－使用方法－高等学校－教材②办公设备－维修－高等学校－教材 Ⅳ．①C931.4

中国版本图书馆CIP数据核字（2022）第037232号

责任编辑：徐建军　　文字编辑：徐云鹏
印　　刷：山东华立印务有限公司
装　　订：山东华立印务有限公司
出版发行：电子工业出版社
　　　　　北京市海淀区万寿路173信箱　邮编 100036
开　　本：787×1 092　1/16　印张：20　字数：512千字
版　　次：2010年11月第1版
　　　　　2022年3月第3版
印　　次：2022年3月第1次印刷
印　　数：1 200册　定价：62.00元

凡所购买电子工业出版社图书有缺损问题，请向购买书店调换。若书店售缺，请与本社发行部联系，联系及邮购电话：（010）88254888，88258888。
质量投诉请发邮件至 zlts@phei.com.cn，盗版侵权举报请发邮件至 dbqq@phei.com.cn。
本书咨询联系方式：（010）88254570，xujj@phei.com.cn。

第3版前言

《现代办公设备使用与维护》第2版经全国职业教育教材审定委员会审定为"十二五"职业教育国家规划教材。在此首先感谢广大师生对本书的厚爱和支持。

光阴似箭，日月如梭，中国科技突飞猛进。第五代移动通信技术（5th Generation Mobile Communication Technology）正式起航，新一轮科技革命和产业变革即将加速演进。5G、云计算、物联网、大数据、人工智能、虚拟现实等技术如同一双"无形的手"，将从根本上颠覆人类生活及商业经济的发展、模式甚至形态。而作为维系生产及生活运转的传送带，人与人之间的沟通和协作方式也将发生极大的改变。在未来，视频协作、语音协作、内容协作、数据分享将无缝地融合在一起，真正打破时间、空间、地域的界限。随着网络性能提升和移动设备的普及，智能手机、Tablet PC、笔记本电脑成为不可或缺的"生产"和"办公"工具，小型会议空间及移动办公将引领办公新潮流。5G将开启万物互联的新时代，随着数字经济时代的到来和企业信息化程度的加深，我国未来的办公自动化技术、办公自动化设备行业将逐渐向网络化、移动化、云端化、智能化、绿色化、一体化、数字化方向迅速发展。一体化就是把扫描、传真、打印、复印等功能都整合到一台机器中。数字化就是配合互联网数字技术，真正实现无纸化办公的目标。

现代办公设备是典型的集声、光、机、电、磁、化学、微电子、计算机、通信、控制、传感、数字、精密装配等技术于一体的高新技术产品。目前，虽然应用于各行各业的各种办公设备琳琅满目、种类繁多，新的产品层出不穷，但教科书不是产品目录，也不是产品说明书，不可能将所有产品全部收录，只能紧随最新科学技术的发展，适应社会对办公自动化高技能人才的需求，基于教科书的规律和现代办公的最新要求优化内容。从5G技术应用和数字化设备角度来看，智能手机、Tablet PC、笔记本电脑等移动设备将主导未来的办公渠道和平台。第3版的编写将与时俱进，根据企事业单位对现代办公设备的应用现状，突出计算机网络和智能手机的办公应用。限于篇幅，删除第2版中部分相对传统的设备：传真机、扫描仪、光盘驱动器、速印机、光盘刻录机、录音笔、碎纸机，新增多功能一体机。对办公网络的使用与维护、智能手机的使用与维护、多媒体计算机及外设的使用与维护、计算机的故障诊断与排除方法等内容做更新。修订后的第3版内容新颖、案例优化、结构合理、图文并茂、深入浅出、通俗易懂、实用性强、适应职教、资源丰富、便于教学。

本课程实践教学的内容包含三个层次，"技能训练"是课程实训，"综合训练"可作为课程实习，绪论中的"开发实例"可作为课程设计或毕业设计的参考内容。

第3版的主要特色：

1. 软、硬件相结合，以硬件技术为主，将现代最新办公信息传输、处理、复制、存储、辅助工作过程划分为5个项目；

2．以目前最常用的办公网络、智能手机、多媒体计算机、显示器、投影仪、打印机、数码复印机、多功能一体机、数码相机、功放机等10余个办公设备典型案例构建教学驱动任务；

3．以现代办公设备使用维护技能与职业素质培养为目标主线，兼顾"办公设备维修工"国家职业资格技能鉴定标准；

4．各环节按项目引入、任务目标、必备知识、技能训练、思考练习、重点小结、综合训练体例编排；

5．教材=理论知识+实训指导，提供教学资源，方便以教、学、做一体化模式组织课程教学，读者可登录华信教育资源网（www.hxedu.com.cn）下载教学资源。

第3版广泛征集了在第2版使用过程中的意见，全书修改稿由童华执笔，童建中统稿。感谢电子工业出版社的各位编辑对本书给予的极大关心和支持。同时也感谢对编写工作提供帮助的殷勇、罗娇、郑丽等老师。

由于现代办公设备科技发展日新月异，这对我们的教材修订带来极大的考验，书中难免有不足和错误之处，敬请广大读者提出宝贵意见。联系邮箱：31334388@qq.com 或805540102@qq.com。

编　者

绪论		001
0.1	办公自动化概述	001
	0.1.1 办公自动化的基本概念	001
	0.1.2 办公自动化的发展趋势	003
	0.1.3 办公自动化的主要技术	005
	0.1.4 办公自动化的常用设备	008
0.2	办公自动化系统的功能和组成	012
	0.2.1 办公自动化系统的功能及组成	012
	0.2.2 事务型办公系统的功能和组成	014
	0.2.3 管理型办公系统的功能和组成	015
	0.2.4 决策型办公系统的功能和组成	016
0.3	办公自动化系统的建设与管理	018
	0.3.1 办公自动化系统的开发思路	018
	0.3.2 办公自动化系统的开发方法	021
	0.3.3 开发实例——网络环境下企业办公自动化系统方案设计	024
	0.3.4 办公自动化系统的安全管理	027
0.4	办公自动化系统的运行环境	030
	0.4.1 办公自动化系统的供电要求	030
	0.4.2 办公自动化系统的安装要求	033
	0.4.3 办公自动化系统的环境要求	033
0.5	本课程的主要内容及学习要求	035
	0.5.1 本课程的性质和任务	035
	0.5.2 本课程的内容和要求	035
	0.5.3 本课程的学习方法	036
	0.5.4 本课程职业能力的提高方法	036
思考练习		037
综合训练		037

【布置实施第1学习训练阶段任务】 参观学习……037

项目1 办公信息传输设备……038

任务1 办公网络的使用与维护……039

1.1 计算机网络概述……040
1.1.1 计算机网络的概念与分类……040
1.1.2 计算机网络的发展与现状……043
1.1.3 计算机网络的技术与质量指标……046

1.2 计算机网络的组成结构与工作原理……047
1.2.1 计算机网络的组成结构……047
1.2.2 计算机网络的工作原理……052

1.3 计算机网络的使用与维护……053
1.3.1 计算机网络的使用……053
1.3.2 计算机网络的维护……061

任务2 智能手机的使用与维护……067

2.1 智能手机概述……068
2.1.1 智能手机的概念与分类……068
2.1.2 智能手机的发展与现状……069
2.1.3 智能手机的技术与质量指标……071

2.2 智能手机的组成结构与工作原理……073
2.2.1 智能手机的组成结构……073
2.2.2 智能手机的工作原理……075

2.3 智能手机的使用与维护……077
2.3.1 智能手机的使用……077
2.3.2 智能手机的维护……081
2.3.3 智能手机的维修……084

技能训练……090
训练任务1.1 路由器的安装和使用……090
训练任务1.2 交换机的安装和使用……090
训练任务1.3 智能手机的使用和维护……091

思考练习……092
重点小结……095
综合训练……096
【布置实施第2学习训练阶段任务】 系统集成……096

项目2 办公信息处理设备……097

任务3 多媒体计算机及外设的使用与维护……098

3.1 计算机系统概述……098
3.1.1 计算机的概念与分类……098
3.1.2 计算机的发展与现状……099
3.1.3 计算机的技术与质量指标……100

3.2 计算机系统组成结构与工作原理……………………………………………………101
　　3.2.1 计算机系统的组成结构…………………………………………………101
　　3.2.2 计算机系统的工作原理…………………………………………………104
3.3 多媒体计算机主机系统的使用与维护…………………………………………105
　　3.3.1 主机系统的使用…………………………………………………………105
　　3.3.2 主机系统的维护…………………………………………………………112
3.4 多媒体计算机输入设备的使用与维护…………………………………………119
　　3.4.1 键盘的使用与维护………………………………………………………119
　　3.4.2 鼠标的使用与维护………………………………………………………120
3.5 多媒体计算机显示设备的使用与维护…………………………………………121
　　3.5.1 显示器的使用与维护……………………………………………………121
　　3.5.2 投影仪的使用与维护……………………………………………………128
3.6 多媒体计算机打印设备的使用与维护…………………………………………132
　　3.6.1 打印机的基本概念………………………………………………………132
　　3.6.2 针式打印机的使用与维护………………………………………………134
　　3.6.3 喷墨打印机的使用与维护………………………………………………141
　　3.6.4 激光打印机的使用与维护………………………………………………144
3.7 多媒体计算机外存设备的使用与维护…………………………………………149
　　3.7.1 硬盘的使用与维护………………………………………………………149
　　3.7.2 U 盘的使用与维护………………………………………………………153
3.8 其他多媒体计算机设备的使用与维护…………………………………………155
　　3.8.1 多媒体设备的使用与维护………………………………………………155
　　3.8.2 供电设备的使用与维护…………………………………………………161
3.9 多媒体计算机常用办公软件……………………………………………………164

任务 4 计算机的故障诊断与排除方法………………………………………………166
4.1 计算机的选购……………………………………………………………………166
　　4.1.1 台式计算机的选购指南…………………………………………………166
　　4.1.2 便携式计算机的选购指南………………………………………………168
4.2 计算机的质量检测………………………………………………………………170
4.3 计算机的故障诊断与排除………………………………………………………171
　　4.3.1 计算机故障诊断方法……………………………………………………171
　　4.3.2 计算机典型故障排除……………………………………………………174
4.4 便携式计算机拆装实例…………………………………………………………180

技能训练…………………………………………………………………………………186
　　训练任务 2.1 多媒体计算机主机系统的使用与维护………………………186
　　训练任务 2.2 显示器的使用与维护…………………………………………188
　　训练任务 2.3 投影仪的使用与维护…………………………………………189
　　训练任务 2.4 针式打印机的使用与维护……………………………………191
　　训练任务 2.5 喷墨打印机的使用与维护……………………………………192
　　训练任务 2.6 激光打印机的使用与维护……………………………………193

思考练习…………………………………………………………………………………194

  重点小结……………………………………………………………………………………196
  综合训练……………………………………………………………………………………197
  【布置实施第3学习训练阶段任务】 系统使用……………………………………197

项目3 办公信息复制设备……………………………………………………………198

  任务5 数码复印机的使用与维护………………………………………………………199
   5.1 复印机概述…………………………………………………………………199
    5.1.1 复印机的概念与分类………………………………………………199
    5.1.2 复印机的发展与现状………………………………………………201
    5.1.3 复印机的技术与质量指标…………………………………………203
   5.2 数码复印机的组成结构与工作原理………………………………………206
    5.2.1 数码复印机的组成结构……………………………………………206
    5.2.2 数码复印机内部主要系统…………………………………………207
    5.2.3 数码复印机的工作原理……………………………………………209
   5.3 数码复印机的使用与维护…………………………………………………213
    5.3.1 数码复印机的使用…………………………………………………213
    5.3.2 数码复印机的维护…………………………………………………218
  任务6 多功能一体机的使用与维护……………………………………………………229
   6.1 多功能一体机概述…………………………………………………………229
    6.1.1 多功能一体机的概念与分类………………………………………229
    6.1.2 多功能一体机的发展与现状………………………………………231
    6.1.3 多功能一体机的技术与质量指标…………………………………232
   6.2 多功能一体机的基本结构与系统组成……………………………………234
    6.2.1 多功能一体机的基本结构…………………………………………234
    6.2.2 多功能一体机的系统组成…………………………………………234
   6.3 多功能一体机的使用与维护………………………………………………235
    6.3.1 多功能一体机的安装与使用………………………………………235
    6.3.2 多功能一体机的维护………………………………………………238
  技能训练……………………………………………………………………………………239
   训练任务3.1 数码复印机控制面板的使用……………………………………239
   训练任务3.2 数码复印机的复印操作…………………………………………243
   训练任务3.3 数码复印机光学系统的维护……………………………………244
   训练任务3.4 数码复印机显影系统的维护……………………………………245
   训练任务3.5 数码复印机成像系统的维护……………………………………246
   训练任务3.6 数码复印机供纸、输纸系统的维护……………………………247
   训练任务3.7 数码复印机定影系统的维护……………………………………248
   训练任务3.8 数码复印机驱动系统的维护……………………………………248
   训练任务3.9 数码复印机电气控制系统的维护………………………………249
   训练任务3.10 多功能一体机的使用与维护……………………………………250
  思考练习……………………………………………………………………………………251
  重点小结……………………………………………………………………………………252

综合训练……252

【布置实施第4学习训练阶段任务】 系统维护……252

项目4 办公信息存储设备……253

任务7 数码照相机的使用与维护……254

7.1 照相机概述……254
7.1.1 照相机的概念与分类……254
7.1.2 照相机的发展与现状……257
7.1.3 照相机的技术与质量指标……261

7.2 常用数码照相机的组成结构与工作原理……263
7.2.1 常用数码照相机的组成结构……263
7.2.2 常用数码照相机的工作原理……264

7.3 常用数码照相机的使用与维护……265
7.3.1 常用数码照相机的使用……265
7.3.2 常用数码照相机的维护……271

7.4 办公摄影常识……272

7.5 常用图像处理软件……277
7.5.1 图片浏览工具 ACDSee……277
7.5.2 图像处理软件 Photoshop……278

技能训练……279
训练任务4.1 数码照相机的使用操作……279
训练任务4.2 办公摄影的拍摄方法……281
训练任务4.3 数码照相机的维护保养……282

思考练习……283

重点小结……284

项目5 其他辅助办公设备……285

任务8 功放机的使用与维护……286

8.1 音响设备概述……286
8.1.1 音响设备的概念与分类……286
8.1.2 音响设备的发展与现状……288
8.1.3 音响设备的技术与质量指标……289

8.2 功放机的组成结构与工作原理……289
8.2.1 功放机的组成结构……289
8.2.2 功放机的工作原理……290

8.3 功放机的使用与维护……291
8.3.1 功放机的使用……291
8.3.2 功放机的维护……293

任务9 空调机的使用与维护……294

9.1 环境控制设备概述……294
9.1.1 环境控制设备的概念与分类……294

    9.1.2　空调机的发展与现状 ……………………………………………… 296
    9.1.3　空调机的技术与质量指标 …………………………………………… 296
  9.2　空调机的组成结构与工作原理 ……………………………………………… 298
    9.2.1　空调机的组成结构 ……………………………………………………… 298
    9.2.2　压缩机的形式 …………………………………………………………… 298
    9.2.3　空调机的工作原理 ……………………………………………………… 298
  9.3　空调机的使用与维护 ………………………………………………………… 299
    9.3.1　空调机的使用 …………………………………………………………… 299
    9.3.2　空调机的维护 …………………………………………………………… 301
  9.4　智慧办公 ……………………………………………………………………… 302
  技能训练 …………………………………………………………………………… 304
    训练任务　功放机的使用与维护 ………………………………………… 304
  思考练习 …………………………………………………………………………… 308
  重点小结 …………………………………………………………………………… 308

参考文献 ……………………………………………………………………………… 310

绪 论

0.1 办公自动化概述

0.1.1 办公自动化的基本概念

办公自动化（Office Automation，OA）是 20 世纪 70 年代首先在工业发达国家兴起的一门综合性技术。它是为适应信息化社会的需要，基于软科学的理论和电子、计算机、通信、自动化、网络和人工智能等技术的普遍应用而发展起来的。

1. 办公活动

办公（Office）是处理社会人群集体事务的一类活动。办公活动（Office Activities）是以"公"即"集体"办事为基础的。狭义的办公活动是指人们进行的行政事务性工作，如收集资料、起草文稿、整理记录、文印、收发报刊和邮件等；而广义的办公活动，除包括狭义的办公活动范围，还包括辅助判断和决策工作。办公活动的核心是实现管理，其主要业务特征就是处理信息流，它由办公人员、组织机构、办公制度、技术工具（设备）、办公信息及办公环境等要素组成。

办公活动经历了一个从手工到自动、从传统到现代的发展过程。

办公过程中所采用的办公技术和办公设备，决定了办公活动的质量、效率和自动化程度的高低。现代化的社会是信息化的社会，现代办公过程中的办公活动，多数是应用先进的软件技术和科技含量高的办公设备，同时基于计算机和网络自动处理电子文稿的形式，其目标是实现办公过程自动化、智能化，对信息流进行全方位、大容量、高质量、高速度、高效率处理，从而实现对信息的高度共享。

2. 办公自动化

办公自动化是指办公人员利用现代科学技术的最新成果，借助先进的办公设备，实现办公活动科学化、自动化。其目的是通过实现办公信息处理业务过程的自动化，最大限度地提高办公效率，改进办公质量，改善办公环境和条件，辅助决策，减少或避免各种差错和弊端，缩短办公处理周期，并用科学的管理方法，借助各种先进技术，提高管理和决策的科学化水平。

一个较完整的办公自动化过程，应当包括信息采集、信息转输、信息加工、信息保存四个环节。办公自动化一般可分为三个层次：事务型、管理型、决策型。事务型为基础层，包括文字处理、个人日程管理、行文管理、邮件处理、人事管理、资源管理，以及其他有关机关行政事务处理等；管理型为中间层，它包含事务型，管理型系统是支持各种办公事务处理活动的办公系统与支持管理控制活动的管理信息系统相结合的办公系统；决策型为最高层，它以事务型和管理型办公系统的大量数据为基础，同时又以其自有的决策模型为支持，决策层办公系统是上述系统的再结合，具有决策或辅助决策功能的最高级系统。

当前办公自动化的运行有两种模式：个人办公和群体办公。个人办公自动化主要指支持个人办公的计算机应用技术，这些技术包括文字处理技术、数据处理技术、电子报表处理技术以及图像处理技术等。它一般通过使用通用的桌面办公软件，如 Microsoft Office、WPS Office 等实现，在单人单机使用时非常有效。群体办公自动化是支持群体间动态办公的综合自动化系统，为区别传统意义上的办公自动化系统，特指针对越来越频繁出现的跨单位、跨专业和超地理界限的信息交流和业务交汇的协同化自动办公的技术和系统。它有两个特征，网络化和智能化。

办公自动化实质上就是将计算机科学、信息科学、系统科学、管理科学和行为科学等，应用于传统的数据处理技术难以处理的，数量庞大而结构又不明确的业务处理工作的一项综合技术。

3. 办公自动化系统

办公自动化系统（Office Automation System，OAS）就是利用先进的科学技术，不断使人们的一部分办公业务活动物化于人以外的各种现代化的办公设备中，并由这些设备与办公人员构成服务于某种目的的人机信息处理系统。由这一定义可知，办公自动化系统包括三大要素，即自动化的硬件设备、自动化的软件系统和自动化的操作人员。

各种办公设备的集合构成了办公自动化系统中的办公硬件系统。办公设备一般泛指与办公室或办公活动相关的设备。办公设备包括传统的办公用品和现代化的办公设备。传统的办公用品历来以笔、墨、纸、砚文房四宝，记事本、记录本、电话、钢笔、蜡板等为主；现代化的办公设备包括计算机、打印机、复印机、扫描仪、传真机、点钞机、投影仪、碎纸机、身份证阅读器、一体机、复合机、考勤机、计算器、电子白板、电教设备及耗材等，还有与路由器、交换机等办公通信网络相关的设备。

办公自动化设备（简称办公设备）是实现办公自动化的必备技术工具。现代办公效率的提高，主要依赖办公设备功能的不断完善和使用方法的逐步简便。办公自动化的环境要求办公设备主要以现代化设备为主。所以，现代办公设备即是办公自动化的物质基础。现代办公设备的水平与成熟程度，直接影响 OAS 的应用与普及。

从广义上说，办公设备可以指代一切用来为办公活动服务的设备、用品或用具，其外延甚至扩展到一部分办公设施。这里将办公设备界定为办公活动中使用的所有技术手段，以及为办公活动服务的全部技术环境。

多数办公设备是集光学、机械、电子等技术于一体的精密的高新技术产品，组成结构和工作原理复杂，产品维修和保养需要复合型高技术人才，我们必须掌握它们的使用与维护方法，才能更好地发挥其作用。对办公设备要定期维护保养，如清除机器内部的污垢，为相关部件添加润滑油，清洁光学部件，改善办公产品质量，将可能发生的故障消灭在萌芽状态，减少停机时间。对办公设备提倡主动维修，使机器的停机时间尽可能短小，从而获得最佳的使用效率和价值。

各种办公软件的集合构成了办公自动化系统中的办公软件系统。办公软件是指可以进行文字处理、表格制作、幻灯片制作、简单数据库处理、办公信息传输与存储，办公过程控制与管理等方面工作的软件。包括常用的微软 Office 系列、金山 WPS 系列、致力协同 OA 系列、电子邮件系统、管理信息系统（MIS）等。

目前，办公软件的应用范围很广，大到社会统计，小到会议记录，数字化的办公离不开办公软件的鼎立协助。目前，办公软件正朝着操作简单化、功能细致化等方向发展。讲究大而全的 Office 系列和专注于某些功能深化的小软件并驾齐驱。另外，政府用的电子政务，税务用的税务系统，企业用的协同办公软件，这些都叫广义的办公软件。

办公自动化系统是一个复杂的人机系统，人在系统中的任务主要是决策。高素质的操作人员是系统的核心部分，起主导作用。

从应用的角度，办公自动化系统可分为通用系统和专用系统。通用办公自动化系统主要面向物业管理信息、电子账务、电子邮件、文档等的管理。专用办公自动化系统是某用户所专用的系统，该系统不属于基本建设范围，应加做专项工程实施。但是在通信网络系统环境设计时，要为其创造良好的基础条件，并做充分的预留。

0.1.2 办公自动化的发展趋势

1. 办公活动的发展历程

从办公技术与使用办公设备的角度出发，人类办公活动的发展经历了四个阶段。

（1）萌芽阶段。这是古代原始的办公方式。

（2）农业时代阶段。这一时期，造纸术和印刷术的发明，纸、笔和算盘等办公工具的普遍应用，使人类办公活动发生了第一次重大变革。

（3）工业时代阶段。新的办公设备被创造发明出来，导致办公方式的巨变，文字处理与信息交流变得更为简单、快捷，由此带来了办公活动的第二次变革。

（4）信息时代阶段。信息技术的发展，创造出计算机、数字通信设备，以及以小型化、多功能、电子化和智能化为特点的大量现代办公设备，办公模式发生根本性变化，人类社会的办公活动发生了以办公自动化为特征的第三次变革。

办公活动第三次变革基于三类办公设备及其四大技术。前者指计算机类、通信类和办公用机电类设备；后者指计算机技术、现代通信技术、信息处理技术和自动化技术。

2. 办公自动化的发展历程

办公自动化从手工操作、最初的以大规模采用复印机等办公设备为标志的初级阶段，发展到今天的以运用网络和计算机为标志的现代化阶段，对企业办公方式的改变和效率的提高起到了积极的促进作用。下面简单介绍一下近代办公自动化的历史演变过程。

（1）起步阶段（1985—1993 年）：以结构化数据处理为中心，基于文件系统或关系型数据库系统，使日常办公也开始运用 IT 技术，提高了文件等资料的管理水平。这一阶段实现了基本的办公数据管理（如文件管理、档案管理等），但普遍缺乏办公过程中最需要的沟通协作支持、文档资料的综合处理等，导致应用效果不佳。

（2）应用阶段（1993—2002 年）：随着组织规模的不断扩大，组织越来越希望能够打破时间、地域的限制，提高整个组织的运营效率，同时网络技术的迅速发展也促进了软件技术发生巨大变化，为 OA 的应用提供了基础保证。这个阶段 OA 的主要特点是以网络为基础、以工作流为中心，提供了文档管理、电子邮件、目录服务、群组协同等基础支持，实现了公文流转、流程审批、会议管理、制度管理等众多实用的功能，极大地方便了员工工作，规范了组织管理，提高了运营效率。在办公自动化的应用中，文件共享、打印共享、电子邮件、远程访问、IP 语音通信、公共信息发布与查询等方面都得到了迅速的发展。

（3）发展阶段。OA 应用软件经过多年的发展，现在已经趋向成熟，功能也由原先的行政办公信息服务，逐步扩大延伸到组织内部的各项管理活动环节，成为组织运营信息化的一个重要组成部分。同时市场和竞争环境的快速变化，使得办公应用软件具有更多的内涵，客户将更关注如何方便、快捷地实现内部各级组织、各部门，以及人员之间的协同、内外部各种资源的有效组合，为员工提供高效的协作工作平台。

办公自动化的发展方向应该是数字化办公。所谓数字化办公即几乎所有的办公业务都在网络环境下实现。从技术发展角度来看，特别是互联网技术的发展、安全技术的发展和软件理论的发展，为实现数字化办公提供了可能性。从管理体制和工作习惯的角度来看，离全面的数字化办公还有一段距离，首先，数字化办公必然冲击现有的管理体制，使现有管理体制发生变革，而管理体制的变革意味着权利和利益的重新分配；其次，管理人员原有的工作习惯、工作方式和法律体系有很强的惯性，短时间内改变尚需时日。尽管如此，全面实现数字化办公是办公自动化发展的必然趋势。

网络办公、远程办公、移动办公、智慧办公都是近年来最新产生和流行的工作方式。随着互联网在各个领域的广泛运用及计算机、传真机、打印机等办公设备在家庭中的普及，现代办公活动的内涵与形式也在发生着天翻地覆的变化。小型办公及家庭办公 SOHO（Small Office and Home Office）近年来已成为越来越多的人可以尝试的一种更为自由、开放、弹性的工作方式。这是由于网络为 SOHO 提供了一个赖以工作和生活的大平台。

如果说互联网是 SOHO 发展的根本，那么移动网络（Mobile Web）则是自带设备办公 BYOD（Bring Your Own Device）发展的基石。智能手机、平板电脑和笔记本电脑等个人智能设备的广泛使用，正在改变着我们的世界，它不仅丰富了人们的娱乐生活，也成为学习和工作的好帮手。移动网络、个人云、物联网与智能手机、PAD、Tablet PC、笔记本电脑等移动设备的惊人发展迅速催生出一种正在流行的新潮——自带智能终端设备的移动办公方式。

智慧办公是一种通过对办公室内各种软件及硬件设备的无线管理实现真正远程办公、无纸化、办公设备一体化的现代办公模式。在这种模式下，办公人员可以在任何时间（Anytime）、任何地点（Anywhere）处理与业务相关的任何事情（Anything），彻底摆脱时间和空间的束缚，整体运作变得更加协调，进而实现企业的高效运作，加速产品生产，提升服务质量。

在未来信息科技的主题中，随着 5G 移动的到来，将引导移动设备及应用、云计算和大数据的发展。个人云端将取代 PC，个人应用商店将兴起。

随着更多硬件设备连入网络，物联网将继续发展壮大并实现物联网产业标准化，它必将应用到多个领域。移动不再只是与使用手机或平板电脑有关，这将导致产生一个专门负责监督联网设备的新职位，这一科技发展趋势将能够开启各种新的应用和服务。

0.1.3 办公自动化的主要技术

现代办公自动化及系统的核心技术主要包括计算机技术、现代通信技术、信息处理技术、自动化技术、人工智能技术等。

1. 计算机技术

计算机学科即计算机科学与技术，是研究计算机的设计与制造和利用计算机进行信息获取、表示、存储、处理、控制等的理论、原则、方法和技术的学科。计算机科学侧重于研究现象揭示规律。计算机技术则侧重于研制计算机和研究使用计算机进行信息处理的方法和技术手段。

计算机技术主要分为硬件和软件两大部分，计算机作为一个完整系统所运用的技术，主要有系统结构技术、系统管理技术、系统维护技术和系统应用技术等。

计算机硬件技术的内容包括运算方法的基本原理与运算器设计、指令系统、中央处理器（CPU）设计、流水线原理及其在 CPU 设计中的应用、存储体系、总线与输入输出。

计算机软件技术的内容包括可信操作系统、应用程序设计语言、数据库系统、应用可移植性、软件工程、分布式计算与网格计算、Agent 技术、应用系统集成、软件安全等。

软件工程是研究用工程化方法构建和维护有效的、实用的和高质量的软件的学科。它涉及程序设计语言、数据库、软件开发工具、系统平台、标准、设计模式等方面，计算机软件在现代社会经济生活中占有极其重要的地位，在各个领域中发挥着越来越重要的作用。软件产业作为信息产业的核心，是国民经济信息化的基础，它已涉足工业、农业、商业、金融、科教卫生、国防和百姓生活等领域。

软件即服务（Software-as-a-Service，SaaS）是随着互联网技术的发展和应用软件的成熟，在 21 世纪开始兴起的一种完全创新的软件应用模式。

计算机技术的运用发展被称为人类科学技术发展史上的"第三次革命"，计算机技术在办公活动中的普及运用也使办公人员的工作由"笔杆子"向"键盘"转变。计算机的运用操作成为现代办公人员的必备技能，应运而生的办公自动化大大加快了办公工作流程，提高了工作效率，缩减了经费开支，也使办公室纵向和横向管理变得更为直接和科学。

办公自动化主要是依靠计算机科学技术，尽可能充分地利用信息资源，提高生产、工作效率和工作质量，辅助决策，争取更好的社会效益和经济效益。

2. 现代通信技术

现代通信技术一般是指电信技术，国际上称为远程通信。随着电信业务从以话音为主向以数据为主转移，交换技术也相应地从传统的电路交换技术逐步转向给予分株的数据交换和宽带交换，以及适应下一代网络基于 IP 的业务综合特点的软交换方向发展。

（1）通信和通信网络。通信是通过某种媒体或传输线路，将信息从一地传输到另一地的过程。通信网络是一种使用交换设备、传输设备，将地理上分散的用户终端设备互联起来实现通信和信息交换的系统。

（2）信息传输。信息传输技术主要包括光纤通信技术、数字微波通信技术、卫星通信技术、移动通信技术和图像通信技术。

① 通信信号。通信信号分为模拟信号和数字信号两种。

② 传输信道。传输信道为信号从发送端到接收端的通路。传输信道可以是双绞线、同轴电缆、光纤构成的有线线路，也可以是卫星、微波等构成的无线线路。传输信道有带宽、容量和误码率三个基本技术指标。

③ 通信方式。通信方式是指信道上所允许的信号流动方向。有单工通信、全双工通信、半双工通信。

通信工程中还用到多路复用技术。在信号的传输方式上还有串行通信和并行通信。

④ 传输介质。传输介质有两种类型：有线传输介质和无线传输介质。

（3）组网技术。组网技术主要有交换技术、终端接入技术和网络互联技术。

（4）通信技术应用。中国国家信息基础设施（NII）的三大基础设施是中国电信网、中国计算机网和中国广播电视网。

① 中国电信网。中国电信网从通信业务上分主要有电话网、数据网、移动网、智能网、窄带 ISDN 网和宽带 ISDN 网。

② 中国计算机网。中国计算机网的基本框架由中国互联网（ChinaNet）、中国教育科研网（CerNet）、中国科技网（CstNet）、中国金桥网（ChinaGbn）构成。

③ 中国广播电视网。广播电视网，其实就是用天线架就能接收信号的无线网络，不过现在很少有人去接收这种信号，一般只有边远地区和有线电视台会接收这种信号。有线电视网数字化和移动多媒体广播是广播电视网的主体。有线电视网（CATV）是高效廉价的综合网络，它具有频带宽、容量大、多功能、成本低、抗干扰能力强、支持多种业务连接千家万户的优势，为信息高速公路的发展奠定了基础。数据网、语音网、视频网是一种电信或有线宽带的附加产物。

④ 三网合一。电信与信息服务的总体发展趋势是电信网、计算机网、有线电视网的"三网合一"。

⑤ 国家信息基础设施 NII（信息高速公路）。中国 NII 由通信网、用户终端、信息和人四部分组成，而通信网是 NII 的基础。中国电信网、中国计算机网和中国广播电视网是中国 NII 的三大基础设施。

3. 信息处理技术

信息处理泛指利用计算机对信息进行加工、处理的过程，包括对信息的收集和输入、信息处理、信息存储、信息输出与利用、信息反馈等。

信息处理技术是信息处理的方式、方法和手段。信息处理技术可按所处理信息对象的不同分为文字处理技术、表格处理技术、数据处理技术、图形图像处理技术、声音处理技术、电子文档管理技术等。图 0-1 为信息处理的过程。

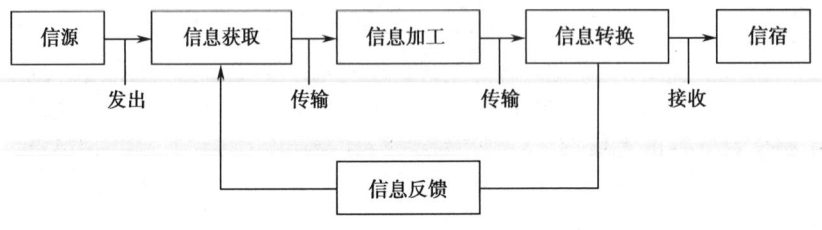

图 0-1　信息处理的过程

（1）文字处理技术。使用计算机对文字信息进行相关处理的技术称为文字处理技术。文字处理一般包括三个步骤：文字的输入，文字的加工和存储，文字的输出。

① 文字的输入。目前常用的文字输入手段有键盘输入、手写输入、语音输入和 OCR 字符识别输入等。

② 文字的加工和存储。对文字进行加工和存储处理操作是借助软件来实现的。目前，常用的办公文字处理软件有 Microsoft Word、WPS、Claris Word、Perfect 和 Lotus 公司的 Word Pro 等。

③ 文字的输出。常用的有显示、投影、打印等。

（2）表格处理技术。目前，常用的表格处理软件有 Microsoft Excel 和 Lotus 1-2-3 等。主要功能是信息的表格化、表格数据的处理、表格数据的图形化。

（3）数据处理技术。数据处理是指对各种加工的数据进行收集、存储、检索等操作。数据处理技术涉及的数据量大，需要将数据长期保存在计算机的外存中，并可对其进行查询、修改和统计等。

在数据库管理系统（DBMS）中，数据以数据库的形成存储，且由数据库管理软件统一管理。

Microsoft Access、Visual FoxPro、SQL Server、Lotus Approach 和 Claris File Maker Pro 是几个用于计算机的数据库软件。如果想在大型机上使用数据库软件，Oracle 或 IBM 的 DB2 是比较好的选择。

数据库表达信息的基本单位是记录，一个记录由若干个字段组成，若干条记录又组成表，若干表则组成了数据库。数据库中的表和表是相互关联的，这也是数据库与电子表格的重要差别之一。表内部"关系"与表之间的相互"关系"组成了一个有机的关系型数据库。数据库的三种类型是关系型数据库、层次型数据库、网络型数据库。目前，微型计算机中常用的是关系型数据库。通过数据库应用系统人性化的图形用户界面和所见所得的操作风格，我们可以方便、快速地检索、添加、修改、删除数据库中的信息。数据库与数据库应用系统并不直接相互作用，它们是由数据库管理系统来连接的。

（4）图形图像处理技术。图画在计算机中有两种表示方法，一种称为图像（Image），另一种称为图形（Graphics）。

图像（Image）是把画面离散成 $m \times n$ 个像素点所组成的矩阵，黑白画面像素点用一个二进制位来表示亮度，彩色画面用三个分量表示（R、G、B）。汉字字形的点阵描述就是一种图像表示（黑白图像）。

图形（Graphics）是根据画面中包含的内容，分别利用几何要素（如点、线、面、体）和物体表面的材料与性质进行描述。汉字字形的轮廓描述法就属于图形（向量）表示法。

图像和图形两种表示方法各有其优缺点，它们互相补充、互相依存，在一定条件下还能互相转换，它们在许多计算机应用领域中起着非常重要的作用。

目前，常用的图形处理软件有图像设计与制作工具 Photoshop、动画软件 Flash、图形软件 Illustrator，以及面向广播级视频处理的 After Effects、数码视频编辑工具 Premiere 和排版及出版工具 FrameMaker 等。它的另外一个著名的产品是 Acrobat，是利用 PDF 格式处理大量电子文档的软件，是面向 Internet、Intranet 和光盘出版的工具。在三维图像设计方面，也有许多非常有特色的软件，如 3DS Max、Maya、Sumatra、Lightwave、Rhino 等。

4. 自动化技术

自动化技术是一门综合性技术，它和控制论、信息论、系统工程、计算机技术、电子学、液压气压技术、自动控制等都有着十分密切的关系，而其中又以控制论和计算机技术对自动化技术的影响最大。图 0-2 为系统的一般模型。

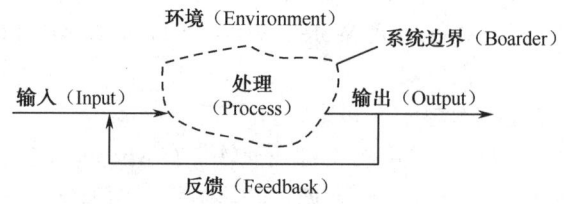

图 0-2 系统的一般模型

工业自动化是自动化技术应用的一个最为重要的方向。其具体运用的方面有计算机辅助设计（CAD）、计算机辅助制造（CAM）、综合办公自动化（OA）（如门禁系统、资讯科技、稽核）、过程控制与自动化仪器仪表、人工智能技术等。

5. 人工智能技术

人工智能（Artificial Intelligence，AI）是研究、开发用于模拟、延伸和扩展人的智能的理论、方法、技术及应用系统的一门新的技术科学。人工智能是计算机科学的一个分支，研究如何使计算机能像人思考问题一样处理事情。人工智能技术在办公领域中的应用，主要包括机器翻译、自动文字识别、语音处理智能系统、专家系统等。

（1）机器翻译。机器翻译又称机译（MT），是利用计算机把一种自然语言转变成另一种自然语言的过程，用以完成这一过程的软件叫作机器翻译系统。

（2）自动文字识别。汉字识别系统可分为手写体汉字识别和印刷体汉字识别两种。

（3）语音处理智能系统。计算机语音处理就是利用计算机对语音信息进行理解、识别、合成、播出的技术。具体地说，就是让计算机能听懂语音和让计算机会说话。计算机语音处理有语音识别和语音合成两个方面。

① 语音识别。计算机语音识别的过程是模仿人类语音理解（听话）的过程，将声音信息转换成等价的书面形成信息。计算机语言识别的两种基本方法是样板匹配法和特征转换法。

② 语音合成。语音合成技术是模仿人的语音生成（说话）过程，即将计算机中的文本信息转换成相应的语音信号，控制音响设备输出声音。

语音合成的两种基本方法是波形存储合成法和参数合成法。

（4）专家系统。专家系统是一个基于知识的推理系统，它应用人工智能技术，根据一个或多个专家提供的特定领域的知识与经验进行推理和判断，从而模拟人类专家的思维判断过程，来解决那些需要专家解决的复杂问题。

0.1.4 办公自动化的常用设备

办公自动化设备以下简称办公设备（Office Equipments），泛指与办公室和办公活动相关的设备。办公设备有普通和专业、传统和现代、广义和狭义概念的区分。狭义概念指用于办公室处理文件的设备，如人们熟悉的传真机、打印机、复印机、投影仪、碎纸机、扫描仪等，还有计算器、台式计算机、笔记本电脑、考勤机、装订机等。广义概念则泛指所有可以用于办公室工作的设备和器具，这些设备和器具在其他领域也被广泛应用，包括电话、路由器、交换机、小型服务器等。办公设备与办公耗材不同，可以说，买办公设备相当于购房，买办公耗材相当于装修。

现代办公设备是典型的集声、光、机、电、磁、化学、微电子、计算机、通信、控制、传感、数字、精密装配等技术于一体的高新技术产品。现代办公设备，可以认为是由网络加数字化及终端设备，以及相应的自动化办公系统软件构成的。就一个普通的办公室而言，一般有计算机终端、传真机、打印机、扫描仪，或者有复印机、数码相机、摄像头、安全门禁系统等。一个办公室不能独立存在，一个单位是由多个办公室构成的办公自动化系统单元组成的。以网络的概念来划分，它又是一个局域网，既实现文件、数据的内部交流；又通过外联到互联网实现与外部，包括上级部门、业务关系单位、业务部门等的信息交流。目前，就行业的办公自动化系统来讲，很多都建立了自己的专门网络，如银行、铁路、工商、交通、公安等。

随着技术进步和由于办公室工作细化而对办公产品不断提出新要求，各类新型办公设备层出不穷，种类繁多，更新换代速度也越来越快。目前，对办公设备还没有一个严格统一的分类，但是大多数现代办公设备都属于以机电为基础的耐用设备，所以在各类办公室中，多种类型、多代设备同时服务于办公的现象比较常见。下面简单介绍办公自动化设备的分类、特点和发展趋势。

1. **办公自动化设备分类**

办公自动化设备可按办公文件处理过程、基本功能和用途、工程专业应用、信息加工过程、系统智能特点进行分类。

（1）按办公文件处理过程分类。

办公活动中的文件处理是一项工作量很大的繁重事务。文件可以是纸质或电子形式。办公设备按办公文件处理过程，可分为文件输入及处理、输出、存储、整理、传送等设备。

① 文件输入及处理设备：如计算机、文件处理机、打字机、扫描仪等。

② 文件输出设备：可分为文件打印设备，如打印机、绘图机等；文件复制设备，如复印机、速印机、晒图机等。

③ 文件存储设备：如文件柜、缩微设备、硬盘、U盘、固态硬盘、云盘等。

④ 文件整理设备：如分页机、裁切机、装订机、打孔机、折页机、封装机等。

⑤ 文件传送设备：如智能文件交换柜、邮政快递、传真机、计算机、FTP文件传输服务器、SMTP邮件服务器等。

（2）按基本功能和用途分类。

办公设备按其基本功能和用途，可分为办公通信设备、信息处理设备、文印输出设备、办公小机具、环境控制设施等。

① 办公通信设备：如电话、手机、传真机、网络适配器、调制解调器、路由器、交换机、FTP服务器、SMTP服务器等。

② 信息处理设备：如计算器、计算机、网络服务器、存储设备等。

③ 文印输出设备：如打印机、复印机、速印机、一体机等。

④ 办公小机具：如碎纸机、装订机、考勤机、扫描仪、高拍仪等。
⑤ 环境控制设施：办公建筑、办公环境、空调机、监控设备等。

(3) 按工程专业应用分类。

办公设备按其工程专业应用，可分为通信类、计算机类、机电类等设备。

① 通信类设备：主要包括通信网络设备、通信用户终端设备。
② 计算机类设备：包括大、中、小型和微型计算机以及各种联机外部设备。
③ 机电类设备：按其功能大致可分为信息存储设备、信息复制设备、其他辅助设备。

(4) 按信息加工过程分类。

办公设备按其信息加工过程，可分为办公信息传输、办公信息处理、办公信息复制、办公信息存储（记录）、其他辅助办公等设备。

① 办公信息传输设备：电话、智能手机、传真机，各种局域网和广域网设备，如路由器、交换机、Web 服务器、FTP 服务器、NNTP 服务器、SMTP 服务器等。
② 办公信息处理设备：大、中、小型和微型计算机、笔记本电脑，各种联机外部设备，如打印机、图形图像处理系统等。
③ 办公信息复制设备：复印机、速印机、一体机、轻印刷系统等。
④ 办公信息存储（记录）设备：录音机、数码照相机、摄像机、存储设备（磁存储，如硬盘；光存储，如光盘；电子存储，如 U 盘、电子硬盘或固态硬盘 SSD；网络存储，如云盘；电缩微胶片）等。
⑤ 其他辅助办公设备：UPS、空调机、碎纸机、投影机、音响设备、会议系统设备、考勤机、监控设备等。

(5) 按系统智能特点分类。

办公设备按其系统智能特点，可分为系统集成类、智慧教育装备类、办公电商类、办公软件类、办公家具类等。

① 系统集成类：会议大屏、会议显示屏、会议一体机、投影设备、电子白板、LED 设备、远程会议视频设备、音响设备、会议系统设备、无线麦克、音效设备、同声传译设备、摄影摄像设备、速录设备、录音设备、会议录播设备等。
② 智慧教育装备类：教育大屏、电子白板、远程教育设备、录播（直播）设备、校园广播设备等。
③ 办公电商类：各种办公电子商城及电子化采购平台等。
④ 办公软件类：智能办公软件、解决方案软件、其他办公软件等。
⑤ 办公家具类：智能办公家具、智能家居等。

2. 办公自动化设备的特点

当前，办公自动化设备总体越来越趋于一体化和数字化。一体化就是整合，如把复印、打印、传真、扫描等功能整合到一台机器中。以后一台机器就能完成目前需要很多机器才能完成的任务。数字化就是配合目前的互联网数字技术，真正实现无纸办公的目标。

随着数字经济时代、5G 通信技术的到来和企业信息化程度的加深，未来办公设备及办公技术的发展呈现出以下基本特征：无纸化、绿色化、人性化、高速化、多媒体化、多功能一体化、数字化、网络化、移动化、协同化、系统集成化、云端化、智能化。

未来办公自动化设备主要有以下特点。

（1）彩色化。越来越多的办公文件是以图文混排的方式进行排版的，且人们的视觉越来越挑剔，黑白的文件已无法满足办公需要。所以，彩色喷墨打印机、彩色激光打印机、彩色热升华打印机、彩色数码复印机在二三年后一定会成为办公文印市场的主角。

（2）多功能。如果一台办公设备只具有某一种功能，那么只有一种情况，就是使用者对这个功能的需求相当大，对其他功能可以忽略。但人们对一台机器能具有多种功能，已经是购买时的最低要求，同时可以网络打印、复印、传真、电邮、扫描的机器越来越受顾客的喜爱。

（3）高速化。人们将会越来越珍惜时间，如果有大批量的印务，那么肯定会购买高速机器。并且要求首张复印或打印的速度在 5s 以内，因为顾客没有太多耐心。

（4）网络化。人们越来越相信网络，越来越依赖网络，如果一台办公设备不能进行网络传输，那么它的命运只能是被淘汰。

（5）智能化。涉及企业办公应用领域的产品越来越智能，包括路由器、复印机、投影仪，甚至是咖啡机、灯光、窗帘等。除了办公用品和办公家具，办公领域还经常涉及会议设备、翻译沟通等有效辅助日常工作、提升工作效率的智能化产品。

3. 办公自动化设备的发展趋势

随着微电子、计算机、通信、控制、软件和人工智能等技术的发展，以及社会的进步所带动的对改善工作环境的要求，必将使现代办公技术与设备不断发展，促进办公模式、方式、方法不断变革，并呈现许多新的发展趋势。

（1）现代办公技术仍将向着综合性、跨学科、网络化、自动化的方向发展。现代科学技术为办公自动化提供了强大的理论和技术支撑。办公自动化技术是一门综合性、跨学科的技术，它涉及计算机科学、通信科学、系统工程学、人机工程学、控制论、经济学、社会心理学、人工智能等，但人们通常把计算技术、通信技术、系统科学和行为科学称作 OA 的四大支柱。以行为科学为主导、系统科学为理论，结合运用计算技术和通信技术来帮助人们完成办公室的工作，实现办公自动化。通信技术和设备在现代办公中将发挥更大的作用，计算机网络的通信速度将会更快，我们会切身体会到远程办公与本地办公几乎无时间差。新的现代时空观会迫使我们进一步更新办公观念。

（2）现代办公设备将向着高性能、多功能、复合化和系统化的方向发展。新的现代办公设备将不断推向市场和被广泛应用。

（3）现代办公系统将向着数字化、智能化、无纸化和综合化的方向发展。主要体现在多媒体办公计算机软件的进一步丰富和完善，多媒体网络信息的快速反应和实用化，计算机系统及网络系统信息传送技术的进一步提高，计算机系统及网络系统安全保密技术的进一步加强等，并逐步实现各类信息的处理综合化。

（4）现代办公活动将向着移动化、协同化、集成化、人性化的方向发展。国内 5G 智能手机市场火热趋势会显而易见，智能终端设备的普及让协同办公软件迎来移动化趋势，移动设备不仅作为娱乐和通信设备，人们更多使用智能手机、PAD、Tablet PC 作为办公用品。OA 移动化趋势让用户工作、沟通两不误，在工作之余更能避免生活和工作更多交集，为自己和他人带来方便。OAS 的意义在于辅助企业管理者，提高科学管理效率，提升协同办公意识。企业在未来的发展一定会更加精细，部门和部门的分工会更加明确，信息和资源的沟通在 OAS 的协同下将会变得更流畅、更快速。OAS 的集成化趋势将会大大优化决策者管理方法，为管理者提供更全面、更具体、更科学的数据支持，为精准决策提供依据。现代办公设备将会更加符合人-机工程的设计标准，使用户能够在充满友好和情感的现代办公设备与环境中，愉快地进行办公活动。

0.2 办公自动化系统的功能和组成

办公自动化系统是以行为科学为指导，以管理学、社会学、系统工程学和人机工程学为理论基础，并结合运用计算机、通信、自动化等技术，多学科、相互交叉、相互渗透的系统科学工程。

0.2.1 办公自动化系统的功能及组成

在新的时期，基于多年办公自动化建设经验和互联网技术的发展，人们对办公自动化的认识越来越清楚。从网络的性质来看，办公自动化应定位于内部网（Intranet）；从办公性质来看，办公自动化应定位于数字化办公；从信息化建设的角度来看，办公自动化应是信息化建设的基础。

办公自动化建设的本质是以提高决策效能为目的的。通过实现办公自动化，或者说实现数字化办公，可以优化现有的管理组织结构，调整管理体制，在提高效率的基础上，增加协同办公能力，强化决策的一致性，最终实现提高决策效能的目的。

办公自动化的基础是对管理的理解和对信息的积累，技术只是办公自动化的手段。只有对管理及管理业务有着深刻的理解，才会使办公自动化有用武之地，只有将办公过程中生成的信息进行有序化积累、沉淀，办公自动化才能发挥作用。

办公自动化的灵魂是软件，硬件只是实现办公自动化的环境保障。数字化办公的两个明显特征是授权和开放，通过授权确保信息的安全和分层使用，使得数字化办公系统有可以启用的前提，通过开放，使得信息共享成为现实。

办公自动化建设与现阶段政府上网工程、国家信息化建设（信息高速公路）之间的关系非常密切。政府上网工程是由于互联网的普及，政府部门把一些政务信息发布到 Internet 上，进而在网上建立与老百姓沟通的渠道，以实现政务公开和政府行为接受监督的目的。从实际效果来看，很多政府部门只是在网上存放一些静态的政府信息，实质性的工作却非常少。并且，在很多情况下，很多人将办公自动化和政府上网混为一谈。这种现象导致很多部门重上网工程轻办公自动化工程，甚至把上网工程误认为是办公自动化工程。实际上，从网络划分的角度，政府上网工程是外网建设，办公自动化工程是内网建设，办公自动化工程是政府信息化建设的基础，政府上网工程是政府信息化的对外表现形式，办公自动化工程在政府信息化建设中所占的比重远高于政府上网工程。只有建设办公自动化工程并运转成功，政府上网工程才会有源源不断的信息发布，政府上网工程才有意义，否则政府上网工程就会变成无源之水。当然，政府上网工程的宣传对国家信息化建设也起到一定的推动作用。

我国的 OA 经过从 20 世纪 80 年代末起步发展至今，已从最初提供面向单机的辅助办公产品，发展到今天可提供面向应用的大型协同办公产品。办公自动化利用信息技术把办公过程电子化、数字化，从而创造一个集成的办公环境，使所有的办公人员都在同一个桌面环境下工作。

具体来说，办公自动化系统将主要实现以下七个方面的功能：

（1）建立内部的通信平台。建立组织内部的邮件系统，使组织内部的通信和信息交流快捷通畅。

（2）建立信息发布的平台。在内部建立一个有效的信息发布和交流的场所，如电子公告、电子论坛、电子刊物，使内部的规章制度、新闻简报、技术交流、公告事项等能够在企业或机关内部员工之间得到广泛的传播，使员工能够了解单位的发展动态。

（3）实现工作流程的自动化。这牵涉流转过程的实时监控、跟踪，解决多岗位、多部门之间的协同工作问题，实现高效率的协作。各个单位都存在着大量流程化的工作，如公文的处理、收发文、各种审批、请示、汇报等，都是一些流程化的工作，通过实现工作流程的自动化，就可以规范各项工作，提高单位协同工作的效率。

（4）实现文档管理的自动化。可使各类文档（包括各种文件、知识、信息）能够按权限进行保存、共享和使用，并有一个方便的查找手段。每个单位都会有大量的文档，在手工办公的情况下这些文档都保存在每个人的文件柜里。因此，文档的保存、共享、使用和再利用是十分困难的。另外，在手工办公的情况下文档的检索存在非常大的难度。文档多了，需要什么东西不能及时找到，甚至找不到。办公自动化使各种文档实现电子化，通过电子文件柜的形式实现文档的保管，按权限进行使用和共享。实现办公自动化以后，比如，某单位来了一个新员工，只要管理员给他注册一个身份文件，给他一个口令，他自己上网就能看到这个单位积累下来的东西，即规章制度、各种技术文件等，只要身份符合权限可以阅览的范围，他自然而然都能看到，这样就减少了很多培训环节。

（5）实现辅助办公。涉及的内容比较多，像会议管理、车辆管理、物品管理、图书管理等与我们日常事务性的工作相结合的各种辅助办公。

（6）实现信息集成。每个单位都存在大量的业务系统，如购销存、ERP 等业务系统，企业的信息源往往都在这个业务系统里，办公自动化系统应该与这些业务系统实现很好的集成，使相关的人员能够有效地获得整体的信息，提高整体的反应速度和决策能力。

（7）实现分布式办公。这就是要支持多分支机构、跨地域的办公模式以及移动办公。现在地域分布越来越广，移动办公和跨地域办公成为很迫切的一种需求。

OA 系统、信息管理级 OA 系统和决策支持级 OA 系统是广义的或完整的 OA 系统构成中的三个功能层次。三个功能层次间的相互联系可以由程序模块的调用和计算机数据网络通信手段实现。一体化的 OA 系统的含义是利用现代化的计算机网络通信系统把三个功能层次的 OA 系统集成为一个完整的 OA 系统，使办公信息的流通更为合理，减少许多不必要的重复输入信息的环节，以提高整个办公系统的效率。

一体化、网络化的 OA 系统的优点是，不仅在本单位内可以使办公信息的运转更为紧凑有效，而且也有利于和外界的信息沟通，使信息通信的范围更广，更方便、快捷地建立远距离的办公机构间的信息通信，并且有可能融入世界范围内的信息资源共享。

按照问题的结构化程度来划分，可以分为三种类型：结构化（Structured）决策问题、半结构化（Semi-structured）决策问题、非结构化（Unstructured）决策问题。决策问题的结构化程度是可以改变的。通常认为，管理信息系统主要解决结构化的决策问题，而决策支持系统（Decision Support Systems，DSS）则以支持半结构化和非结构化问题为目的。这个论点早期由 Gorry 和 Scott Morton 提出，他们把 DSS 定义为"一个在非结构或半结构环境下支持管理决策者的系统"。在这个定义中，"结构"和"支持"是两个关键概念。支持意味着在决策过程中帮助决策者而不是替代决策者。结构的含义是问题简明，可以完全由计算机予以自动处理。非结构有两个方面的含义：一是问题无结构，这意味着从理论上讲问题本身是不可判定的，但实际中很少遇到此类问题；二是问题在一定意义下有结构而人们至今尚未找到恰当的结构。半结构问题，指问题的局部可以结构化而不能全部结构化，需要人的判断来完成。

办公自动化系统是由办公硬件系统、办公软件系统和操作人员组成的，同时又分为三个功能层次。下面分别介绍各个功能层次的功能和组成。

0.2.2 事务型办公系统的功能和组成

办公事务的主要内容是执行例行性的日常办公事务，涉及大量的基础性工作，这些工作包括文字处理、电子排版、电子表格处理、文件收发登录、电子文档管理、办公日程管理、人事管理、财务统计、报表处理、个人数据库等。事务型办公自动化系统即电子数据处理系统（Electronic Data Processing System，EDPS），就是针对这些办公事务建立的一种直接面对办公人员的办公自动化系统，该系统是办公自动化的基本构成形式。该系统由计算机软件和硬件设备、基本办公设备（复印机、打字机、轻印刷版机等）、简单通信设备和处理事务的数据库组成。

硬件部分一般以计算机为主，多机系统也包括小型机以及各种工作站。公用支撑软件为支持有关事务处理的字处理软件、电子报表软件、小型数据库管理系统等。

应用软件包括针对公文管理、档案管理、报表处理、行政事务等开发的独立系统。其中主要应用有文字处理（完成各种办公文件的起草、修改、删除、排版、打印和输出）、个人日常管理（建立办公人员个人日程，时间安排、具体自动提醒功能）、个人文件库管理（管理个人用文件，可以根据目录查询、检索）、行文管理（具有文件收发登记和领导批示签阅登记功能，并可提供行文追踪查询）、邮件处理（用各种先进的邮件处理设备完成邮件、公文、函件的处理，如拆信机、信件综合处理机，可完成信件、文件、函件和信封的装、封、盖章等工作）、文档资料管理（主要以文档资料数据库为主，包括缩微胶卷、光盘等小型的存储系统。通过计算机建立目录索引可进行查询）、文件快速复制（主要以复印、制版和小型胶印机等轻印刷设备为支持，完成文件、函件快速复印、制版、印刷等工作）、电子报表（能对各种数据进行报表格式处理和各种表格式数据的输入、加工、计算及输出）、机关行政事务处理（主要包括机关本身的人事、工资、财务、房产、基建、车辆和各种办公用品管理）。此外，在办公事务处理级上可以使用多种 OA 子系统，如电子出版系统、电子文档管理系统、智能化的中文检索系统（如全文检索系统）、光学汉字识别系统、汉语语音识别系统等。在公用服务业、公司等经营业务方面，使用计算机替代人工处理的工作日益增多，如订票、售票系统，柜台或窗口系统，银行业的储蓄业务系统等。事务型或业务型的 OA 系统其功能都是处理日常的办公操作，是直接面向办公人员的。为了提高办公效率和办公质量，适应人们的办公习惯，需要提供良好的办公操作环境。

事务型办公自动化系统的数据库，包括小型办公事务处理数据库、小型文件库、基础数据库。其中小型办公事务处理数据库主要存放处理机关内部文件、会议、行政、基建、车辆调度、办公用品发放、财务、人事材料等与办公事务处理有关的数据。基础数据库主要存放与整个系统目标相关的原始数据，它主要是操作层产生的信息。对于一个生产企业来说，基础数据库主要存放各车间的生产进度、产品、原材料需求等有关数据。

事务型办公自动化系统可以是单机系统（在一个办公室内），也可以是一个机关单位内部各办公室完成基本办公事务处理和行政事务处理的多机系统。单机系统不具备计算机通信能力，主要靠人工及电信方式通信。多机系统采用计算机局域网或远程网，将各个办公室的计算机联成一个能实现交互式办公的整体。

0.2.3 管理型办公系统的功能和组成

随着信息利用重要性的不断增加，在办公系统中对和本单位的运营目标关系密切的综合信息的需求日益增加。信息管理型的办公系统即管理信息系统（Management Information System，MIS），是把事务型（或业务型）办公系统和综合信息（数据库）紧密结合的一种一体化的办公信息处理系统。综合数据库存放该有关单位的日常工作所必需的信息。例如，在政府机关，这些综合信息包括政策、法令、法规，有关上级政府和下属机构的公文、信函等的政务信息；一些公用服务事业单位的综合数据库包括与服务项目有关的所有综合信息；公司企业单位的综合数据库包括工商法规、经营计划、市场动态、供销业务、库存统计、用户信息等。作为一个现代化的政府机关或企、事业单位，为了优化日常的工作，提高办公效率和质量，必须具备供本单位的各个部门共享的这一综合数据库。这个数据库建立在事务级 OA 系统基础上，构成信息管理型的 OA 系统。

管理型办公自动化系统由事务型办公系统支持，以管理控制活动为主，除了具备事务型办公系统的全部功能，还增加了管理信息功能。管理信息功能主要包括信息收集、存储、加工、传送、维护和使用，其实现是通过由人和计算机组成的管理信息系统来完成的。

管理信息系统的目标是了解企业的各种运行情况，利用信息控制企业行为，利用过去的数据预测未来，辅助企业进行决策，帮助企业实现其规划目标。因而管理信息系统必须能够以统一的信息格式，分级、分层次地向各职能部门提供其所需信息，使各部门获得规范的报表和数据，使管理者和决策者及时、全面地掌握数据和信息，能做出正确、迅速的反应，优化日常工作，提高办公效率和质量。

管理型办公自动化系统根据不同的应用分为政府机关型、企业管理型、市场经济型、生产管理型、财务管理型、人事管理型等。

政府机关信息管理的主要对象是政务信息管理。它主要涉及政治、经济、社会发展以及行政管理信息。由于政府机关上下级之间办公信息有较多联系，所以应利用通信系统，把这些机构的信息管理型办公自动化系统联成一个整体，以达到网络化、一体化的要求。

政府机关型的典型系统有计划系统、统计系统、财政系统、贸易系统、物价系统、建设系统、农业系统、金融系统、人事系统、审计系统等。

工厂企业的信息管理主要围绕生产和经营活动进行，通过对生产和经营过程中的物资流和经济信息流的管理，实现企业产销和财物的调度、协调和管理。企业管理信息系统包括市场经营管理、生产管理、财务管理、人事管理等系统。

市场经营管理系统为企业决策人员提供有关的信息，例如，企业应该生产的产品、企业应采用的分配渠道等。市场经营管理系统主要由计划和经营研究、销售分析、订货和顾客服务等功能模块构成。

生产管理系统主要为生产管理人员提供有关的生产信息，例如，产品的结构设计、生产成品的周期、材料的获取、生产进度的控制以及产品的质量等。为了实现上述任务，该系统由产品设计、生产计划、材料管理、生产控制等功能模块构成。

财务管理系统的主要任务是为企业决策人员和财务管理人员提供有关的财务信息。系统由总账维护、财务计划、会计、报表等功能模块构成。

人事管理信息系统为企业的人事部门提供有关的人事信息，例如，企业人才的选择、人才的合理应用等。为了实现上述功能，人事管理系统由人事档案维护、人事计划、劳动管理等功能模块构成。

管理型办公自动化系统的组成是在事务型系统的基础上，使用更高档次的主机和相对更复杂的各种硬件、软件。管理型办公自动化系统的计算机设备，以中、小型计算机或超级小型机配以多功能的工作站为主要形式。

计算机的应用软件除了具有事务型办公系统的各种公用、专用办公自动化应用软件，还要建立各种管理信息系统。这些分系统应支持各专业领域的数据处理及数据分析，为高层领导的决策提供各业务领域中的综合信息。

管理型办公自动化系统中的数据库是在事务型办公自动化系统数据库的基础上，加入专业或专用的数据库，即在对基础数据库中的原始数据进行加工、处理的基础上，按功能的不同分类形成专业（或专用）的数据库。

例如，在企业内可以有物资、计划、设备、产品、市场预测、成本、技术、生产、人事、后勤、劳动工资、财务等专用数据库。在政府机关内可以有计划、公交、财政、贸易、外贸、物价、税务、金融、建设、农业、审计、文教卫生、人事、科技、物资、环保、法制、综合办公等专业数据库。

管理型办公自动化系统多数是以局域网为主体构成的系统，局域网可以连接不同类型的主机，如超级小型机、中型机和大型机，也可以连接计算机、工作站和程控交换机。可方便地实现本部门计算机网之间或者与远程网之间的通信。

通信网络最典型的是采用中、小型主机系统与超级计算机和办公处理工作站三级通信网络的结构。其中，中、小型机主要完成管理信息系统功能，处于最高层，放在计算机中心机房；超级计算机处于中间层，放在各职能管理机关，主要完成办公事务处理功能；而办公处理工作站完成一些实际操作，放在各基层科室，为最底层。这样的结构具有较强的分布处理能力，资源共享性好，可靠性高。

对于范围较大的系统来说，可以采用以程控交换机为通信主体的通信网络，通过这样的通信枢纽把大、中型机、超级小型机、高档计算机、计算机、各种工作站、终端设备、传真机等互联起来，构成一个范围更广的办公自动化系统。

0.2.4 决策型办公系统的功能和组成

决策支持型 OA 系统即决策支持系统，是建立在信息管理级 OA 系统的基础上的。它使用由综合数据库系统所提供的信息，针对所需要做出决策的课题，构造或选用决策数学模型，结合有关内部和外部的条件，由计算机执行决策程序，做出相应的决策。随着三大核心支柱技术：网络通信技术、计算机技术和数据库技术的成熟，世界上的 OA 已进入新的层次，在新的层次中系统有四个新的特点：

（1）集成化。软、硬件及网络产品的集成，人与系统的集成，单一办公系统同社会公众信息系统的集成，组成了"无缝集成"的开放式系统。

（2）智能化。面向日常事务处理，辅助人们完成智能性劳动，例如，汉字识别，对公文内容的理解和深层处理，辅助决策及处理意外等。

（3）多媒体化。包括对数字、文字、图像、声音和动画的综合处理。

（4）运用电子数据交换（EDI）。通过数据通信网，在计算机间进行交换和自动化处理。

这个层次包括信息管理型 OA 系统和决策支持型 OA 系统。事务级 OA 系统又称为普通办公自动化系统，而信息管理型 OA 系统和决策支持型 OA 系统又称为高级办公自动化系统。例如，市政府办公机构，实质上经常定期或不定期地收集各区、县政府和其他机构报送的各种文件，然后分档存放并分别报送给有关领导阅读、处理，然后将批阅后的文件妥善保存，以便以后查阅。领导研究各种文件后做出决定，一般采取文件的形式向下级返回处理指示。这一过程是一个典型的办公过程。在这一过程中，文件本身是信息，其传送即是信息传送过程。但应当注意到，领导在分析决策时，可能要翻阅、查找许多相关的资料，参照研究后才能决策，所以相关的资料查询、分析，决策的选择也属于信息处理的过程。

决策型办公自动化系统是在事务处理系统和信息管理系统的基础上，增加了决策或辅助决策功能的最高级的办公自动化系统。它除了具备事务型办公自动化系统及管理型办公自动化系统的功能，还担负辅助决策的任务，即对决策者提供支持。它不同于一般的信息管理，它要协助决策者在实现某一确定目标的过程中，方便地检索出相关的数据，从多种可选择方案中优选一个方案并付诸实施。

为此，该系统除了利用管理信息系统数据库所提供的基础信息或数据资料，还需为决策者提供模型、案例或决策方法，因而对于决策型办公自动化系统，不仅要有数据库的支持，还必须具备模型库和方法库。

模型库是决策支持系统的核心，其作用是提供各种模型供决策者使用，以寻求最佳方案。常用的模型包括计划模型、预测模型、评估模型、投入/产出模型、反馈模型、结构优化模型、经济控制模型、仿真模型、综合平衡模型等。在实际应用中，对同一问题可以用不同的模型、从不同的角度进行模拟，向决策者提出有效的建议。

决策型办公自动化系统的计算机设备、办公用基本设备、办公应用软件和管理型办公系统相同，只是这些设备一般是在综合通信网或综合业务数字服务网的支持下工作的。它的应用软件是在管理型办公系统的基础上，扩充决策支持功能，通过建立综合数据库得到综合决策信息，通过知识库和对专家系统进行各种决策的判断，最终实现综合决策支持。如经济信息决策支持、经济计划决策、经济预测决策等系统，以及针对最高领导建立的某一业务领域中使用的专家系统。

决策型办公自动化系统的数据库是在事务型、管理型办公自动化系统的数据库基础上，加入了综合数据库和大型知识库。

综合数据库把各专业数据库的内容进行归纳处理，把与全局或系统目标有关的重要数据存入综合数据库，其中还包括历史资料库。

大型知识库包括模型库、方法库和综合数据库。

0.3 办公自动化系统的建设与管理

0.3.1 办公自动化系统的开发思路

1. 建设办公自动化系统的意义

随着办公活动对信息处理的时效性要求和管理的复杂程度的提高,办公室迫切需要一个可以实现整合内外资源的、高效的信息系统来完成信息的收集、整理、传递和分析,实现信息大范围、易控制、高效率而低成本的共享和利用。

办公自动化是以信息技术、系统科学和行为科学为支柱的一门综合性技术,它以系统科学为理论基础,行为科学为主导,综合运用信息技术完成各种办公活动,充分有效地利用现有信息资源,以提高生产效率、工作效率和工作质量,辅助决策,促使办公活动规范化和制度化。它随信息技术的发展而发展,随人们办公方式和习惯以及管理思想的变化而变化。办公自动化系统有三大特点:

(1)在使用的手段上,办公自动化综合运用了现代计算机和通信等高新技术,它涉及行政管理、电子、文秘、机械和物理等多个领域,因而它本身是一门综合性的技术。

(2)办公自动化服务的对象是办公活动,信息处理是整个办公活动中的主要业务特征。

(3)办公自动化是对语音、数据、图像和文字信息的一体化处理过程。它把基于不同技术的办公设备集成在一起,将多种媒体处理技术组合在一个系统中,使办公室具有使用和处理多媒体信息的功能。

办公自动化系统的最终目的是提高办公质量和办公效率,促使办公工作规范化、制度化,并提高办公人员的决策质量,为决策人员提供更多的信息和决策方案。

2. 办公自动化系统的建设目标

办公自动化系统的建设应着眼于顺应现代行政办公的需要,总体来说要体现出操作方便、信息共享、切合实际、安全高效、智能决策等特点。系统的建设目标大致包括如下几个方面:

(1)实现工作流程的自动化。主要是公文的收、发文管理,汇报、请示、审批等流程化的工作,通过实现工作流程的自动化,提高单位内各单位协同工作的效率。

(2)实现文档管理的自动化。通过把各类文档以电子文件的形式存入数据库,按权限实现共享访问和修改更新,方便文档的存储和使用。

(3)建立电子通信和信息发布的平台。通过建立单位内的邮件系统和信息发布平台,使办公文档、规章制度、新闻简报、技术交流等能够在单位内部各部门得到及时的传播或传送。

(4)包含日常办公辅助子系统。日常事务性的工作如会议安排、物资管理、车辆调度等在办公自动化系统中应有相应的办公模块。

(5)支持分布式办公。即支持异地办公和移动办公。异地办公和移动办公是当前办公自动化的热点。

3. 办公自动化系统的建设策略

（1）取得单位领导的重视和工作人员的支持。办公自动化系统的建设是一项系统工程，成功与否很大程度上取决于领导是否重视，领导的重视和参与可以充分调动各方面的积极性。要从信息化建设的角度来认识办公自动化系统的重要性，通过办公自动化系统建设提高行政办公效率和管理水平。领导要在系统应用方面对全局提出统一要求，要求各部门信息及时上网，上报材料必须通过网上报送等。机关工作人员早已习惯手工处理公文的模式，长期以来有一套固定的工作程序和流程，改变原来的工作方式和习惯，应用办公管理系统，难免存在一部分工作人员有抵触情绪，阻碍行政办公系统的推广应用等问题。因此，做好宣传工作，转变观念，是推行办公管理系统应用的必要条件。此外还要制定推广使用系统的规章制度，以保证系统的运行，从制度上约束工作人员能够接受和使用系统。

（2）从整体角度进行办公自动化系统的规划。办公自动化系统的建设必须在综合考虑单位信息化建设的现状与需求的基础上，从全局和整体的高度规划单位信息化建设的方针、策略、发展与实施，全面考虑硬件环境建设、应用系统建设、管理规范建设和支持机制的建设，按照规划协同地推进单位的办公自动化。整体规划的制定需要在充分了解单位的办公现状、需求，特别是单位发展对于信息化需求的基础上，结合信息技术的发展形势做出科学、全面的规划。规划的制定要做好以下几个方面的工作：

① 技术人员和管理人员要密切配合。要做好一个整体规划，必须有单位高层的管理人员参与，这样才能保证规划符合单位的实际，符合单位发展的需要；必须有单位相关职能部门的参与，保证规划的可实施性；还需要有资深的信息技术和办公自动化方面的专家参与，保证规划与信息技术发展的统一。

② 从单位实际出发，根据实际需求来制定规划。要充分了解单位的需求，包括发展的需求，根据需求来制定规划，而不是根据技术来制定规划；要了解单位能够投入的人力和物力情况，根据实际投入来制定规划，不能制定太过理想、不能实施的规划；规划既要有宏观的方针、策略，也要有细致的实施计划，单纯粗线条的规划很难落实。

③ 站在整体的高度全面规划。单位办公自动化系统建设一般情况下会落实到一个部门来牵头实施，但是规划的制定者一定要站在整体的高度来规划，而不能站在部门的立场上来规划；要从单位的全局出发来做全面的规划，而不能偏重于一个方面。

（3）有效解决系统的数据共享问题。例如，在学校办公自动化系统中的主要信息要包括教职工信息、学生信息、科研信息、财务信息、单位综合信息等几大类。这些信息来自单位的各职能部门，并为各部门共享。在现实中，单位各部门现有的数据库大都基于不同的数据库管理系统，这通常称为异构数据库系统，异构型数据库中各局部数据库管理系统在数据模型、数据类型、数据精度、数据库内部的机制（有效规则、完整性规则、数据库触发器、存储过程）等方面存在许多差异。所以，异构型数据库中的数据共享是我们在使用单位办公自动化系统之前要重点解决的问题。

① 确定共享信息的内容。单位办公自动化系统中的基本信息来源于单位各部门提供的各种信息。共享信息的确定应遵循以下原则：在基本信息项的基础上，确定共享信息项；共享信息项由信息主管部门和系统开发设计人员协商后确定；所确定的共享信息项一方面要满足综合分析、研究的需要，如单位领导决策所需的综合情况等，另一方面要满足纵向、横向信息交换和共享的需要，如学校上级行政管理部门的教育事业统计调查信息、部门与

部门间交换或共享的信息；对各种基本信息源的设定、补充、变动与修改等，由开发设计人员和信息主管部门协商后确定。

② 把分散的局部数据库建成全局概念数据库。单位内各行政部门的相对独立性导致所使用的数据库管理系统是不同的，在数据库中表现为记录格式、数据类型、精度等方面的差异。为实现数据共享，需仔细研究各局部数据库的差异，并把对各个数据库的分散管理在逻辑上进行集中，建立一个全局概念数据库。全局概念数据库包含整个办公自动化系统所需的所有信息，同时对各部门业务子系统中的数据库开放。

③ 做好数据的标准化和规范化工作。在单位的办公自动化体系中，各个系统之间是密切相关的，相互之间构成一个有机的整体，如学校财务系统和教务系统中的教师信息都是从人事系统中来的，而人事系统中的工资信息和设备资产系统中的经费信息都与财务系统关联。因此，整个信息系统的建设最好是在规划的指导下协同、有序地进行，采用统一的标准和规范，建立通用的接口与平台。对于单位内部来说，体系结构必须满足以下要求：单位的管理信息数据可以被多个部门的管理信息系统共享；体系结构要确保各级数据的安全性和有效性，数据规范对于一个行业来说是非常重要的，如果数据没有一个统一的规范，那么在上报和下发数据的过程中，必然存在一个转化的过程，否则原有的数据可能无法生成我们需要的数据，使得数据不能进行上下沟通；由于一些单位的信息管理数据是经常需要交换的，为了让所有的系统都能识别这些数据，还必须对接口进行规范。

（4）提高管理人员素质，充分发挥系统优势。办公自动化系统是一个人机结合的系统，办公自动化系统的运用及其功能的发挥不仅离不开人，而且必须在人的干预和控制下才能实现。人和机器在办公自动化系统中的相互关系是：人是系统的核心部分，在系统中起主导作用，人在系统中的任务主要是决策；机器起人的助手作用，是对人的感官和大脑的延伸。办公自动化系统协调了人机各自的特长，机器着重做日常事务、重复数据信息的处理和比较确定条件下的决策，而人则着重做创造性的工作，在系统的建设和使用中要充分发挥人和机器的优势。首先，要提高办公人员的素质。作为系统的使用者，办公人员不仅要熟练掌握办公活动的基本知识，还要学会使用各种先进技术设备和系统控制设施，这将引起系统办公人员知识结构的变化。提高人的素质，扩大知识结构，掌握现代高技术在单位办公系统中的应用，将成为实现办公自动化的首要前提条件，同时也是该系统建设的一个重要内容。可通过信息技术培训和系统使用操作方法培训，逐步提高办公人员素质，以适应现代化办公的要求。其次，要做到人机密切结合，以提高工作效率。办公自动化系统是带有综合性、整体性的人机结合系统，只有保证系统平衡、协调一致地工作，才能发挥整个系统的优势。人机结合必须科学分工，将机械的、纯业务的工作交给办公系统中的计算机等设备去完成，办公人员则应集中精力和时间，从事最有决定意义的创造性活动。人机结合必须协调一致，形成一个统一的整体，使系统内部各组成部分协同工作。

（5）创造办公自动化系统安全运行的环境。网络和信息安全是办公自动化建设的基础和前提，办公系统的安全管理是网络管理中的重要内容，只有重视安全管理，采取一系列管理措施，才能保证基于网络的办公自动化系统的正常运行。可采取以下措施来保障系统安全：

① 加强管理制度建设。建立网上信息发布和信息传输的审查制度，执行严格的审批程

序；建立信息安全保密制度，根据信息秘密等级设置访问权限，机密信息不得在系统中进行加工、存储和传递；对重要的数据和文件要定时、及时备份。

② 运用技术手段，如信息加密算法和数字签名技术、防火墙技术、身份识别技术等加强网络本身的安全防范措施，增强网络运行的安全性。

③ 开展办公自动化系统安全的宣传和教育工作，使全体员工了解办公自动化系统安全的重要性，提高个人修养，加强职业道德。

0.3.2 办公自动化系统的开发方法

1. 办公自动化系统的开发方法

办公自动化系统的开发有以下几种常用方法。

（1）结构化系统开发方法。结构化系统开发方法（Structured System Analysis And Design，SSA&D）又称结构化生命周期法，是系统分析员、软件工程师、程序员以及最终用户按照用户至上的原则，自顶向下分析与设计和自底向上逐步实施的建立计算机信息系统的一个过程，是组织、管理和控制信息系统开发过程的一种基本框架。

（2）原型法。运用结构化生命周期法的前提条件是要求用户在项目开始初期就非常明确地陈述其需求，需求陈述出现错误，对信息系统开发的影响尤为严重，因此，这种方法不允许失败。事实上这种要求难以做到。人们设想，有一种方法，能够迅速发现需求错误。当图形用户界面（Graphic User Interface，GUI）出现后，自20世纪80年代中期以来，原型法逐步被接受，并成为一种流行的信息系统开发方法。

原型法（Prototyping Method）是在系统开发初期，凭借系统开发人员对用户需求的了解和系统主要功能的要求，在强有力的软件环境支持下，迅速构造出系统的初始原型，然后与用户一起不断对原型进行修改、完善，直到满足用户需求的方法。信息系统原型，就是一个可以实际运行、可以反复修改、可以不断完善的信息系统。

（3）面向对象方法。以前的开发方法，只是单纯地反映管理功能的结构状况，或者只是侧重反映事物的信息特征和信息流程，只能被动满足实际问题需要的做法。面向对象的方法把数据和过程包装成对象，以对象为基础对系统进行分析与设计，为认识事物提供了一种全新的思路和办法，是一种综合性的开发方法。

（4）CASE工具。计算机辅助软件工程方法是一种自动化的系统开发环境，它能够全面支持除了系统调查的所有开发步骤，使得原来由手工完成的开发过程，转变为一自动化工具和支撑环境支持的自动化开发过程。采用CASE工具进行系统开发，还必须结合某种具体的开发方法，如结构化系统开发方法等。

（5）软件即服务（SaaS）是一种通过Internet提供软件的模式。用户不用再购买软件，而改用向提供商租用基于Web的软件，来管理企业经营活动，且无须对软件进行维护，服务提供商会全权管理和维护软件。对于许多中小型企业来说，SaaS是采用先进技术的最好途径，它消除了企业购买、构建和维护基础设施以及应用程序的需要。近年来，SaaS的兴起已经给传统套装软件厂商带来真实的压力。

2. 结构化系统开发方法简介

下面重点介绍结构化系统开发方法。

（1）基本思想。如图 0-3 所示，结构化系统开发方法由管理策略和开发策略两部分组成。

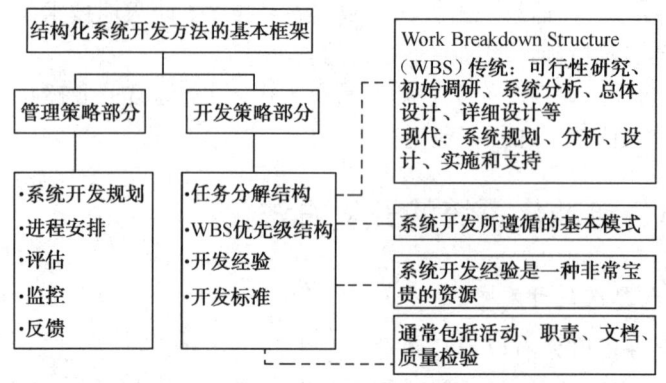

图 0-3　结构化系统开发方法组成

管理策略部分强调系统开发的规划、进程安排、评估、监控和反馈。

开发策略部分包括：

① 任务分解结构（Work Breakdown Structure，WBS）。包括系统规划、分析、设计、实施和支持。

② WBS 优先级结构。即系统开发所遵循的基本模式，如瀑布模型（Waterfall）、阶梯模型（Stair step）、螺旋模型（Spiral）、迭代模型（Iterative）等。

③ 开发经验。计算机信息系统的开发是一个实践性非常强的过程，因此，系统开发经验是一种非常宝贵的资源，如何充分地利用开发人员丰富的开发经验也应该是系统开发生命周期研究的内容之一。

④ 开发标准。系统开发标准通常包括活动、职责、文档、质量检验四个方面的标准。

（2）开发过程。

① 系统规划阶段。该阶段的范围是整个业务系统，目的是从整个业务的角度出发确定系统的优先级。

② 系统分析阶段。主要活动包括可行性分析和需求分析。其范围是列入开发计划的单个信息系统开发项目。目的是分析业务上存在的问题，定义业务需求。

③ 系统设计阶段。系统设计的目的是设计一个以计算机及网络为基础的技术解决方案，以满足用户的业务需求。总体设计的主要任务是构造软件的总体结构；详细设计包括人机界面设计、数据库设计、程序设计。

④ 系统实施阶段。系统实施的目的是组装信息系统技术部件，并最终使信息系统投入运行，如用户手册等。包括的活动有编程、测试、用户培训、新旧系统之间的切换等。

⑤ 系统运行与维护阶段。目的是对系统进行维护，使之能正常地运作。

（3）用户的积极参与。用户积极参与信息系统开发的全过程，是信息系统开发能否成功的一个关键的、绝对必要的因素。

严格按划分的阶段和活动进行系统开发。如图 0-4 所示，运用系统处理方法，将系统开发的全过程采取"分而治之"（Divide and conquer）的策略，先将整个系统的开发过程分为一系列"阶段"（Phases），然后将阶段分为一系列的"活动"（Activities），再将活动划分为更小的、更易于管理和控制的"作业"(Task)。

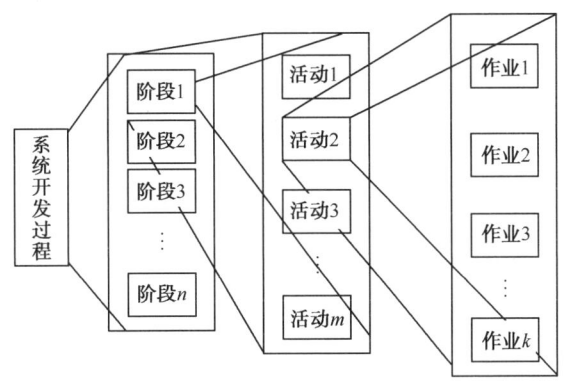

图 0-4 划分的阶段和活动

设立检查点(Check point)。在系统开发的每个阶段均设立检查点来评估所开发系统的可行性,避免由于系统开发失败而造成更大的损失。

文档的标准化。文档的标准化是进行良好通信的基础,是提高软件可重用性的有效手段。

(4) 优点、缺点。

① 优点。

阶段的顺序性和依赖性。前一个阶段的完成是后一个阶段工作的前提和依据,而后一个阶段的完成往往又使前一个阶段的成果在实现过程中上升一个层次。

从抽象到具体,逐步求精。从时间的进程来看,整个系统的开发过程是一个从抽象到具体的逐层实现的过程,每个阶段的工作,都体现出自顶向下、逐步求精的结构化技术特点。

逻辑设计与物理设计分开,即首先进行系统分析,然后进行系统设计,从而大大提高系统的正确性、可靠性和可维护性。

质量保证措施完备。要对每个阶段的工作完成情况进行审查,对于出现的错误或问题,及时加以解决,不允许转入下一个工作阶段,也就是对本阶段工作成果进行评定,使错误较难传递到下一个阶段。错误纠正得越早,所造成的损失就越小。

② 缺点。

它是一种预先定义需求的方法,基本前提是必须能够在早期就冻结用户的需求,只适应于可在早期阶段就完全确定用户需求的项目。然而在实际中要做到这一点往往是不现实的,用户很难准确地陈述其需求。

未能很好地解决系统分析到系统设计之间的过渡,即如何从物理模型如实反映逻辑模型的要求,通俗地说,就是如何从纸上谈兵到真枪实弹地作战的转变过程。

该方法文档的编写工作量极大,随着开发工作的进行,这些文档需要及时更新。

(5) 适用范围。该方法适用于一些组织相对稳定、业务处理过程规范、需求明确且在一定时期内不会发生大的变化的大型复杂系统的开发。

0.3.3 开发实例——网络环境下企业办公自动化系统方案设计

1. 引言

在信息技术迅速发展的今天，获取、处理和利用大量现代信息已成为人类社会信息处理的紧迫任务。一个国家的经济现代化必须依赖管理的现代化和决策的科学化。这就使办公系统自动化成为当前人类工作、生活的热门话题。办公自动化系统是一门综合多种技术的新型学科，其技术基础主要是计算机技术、通信技术和其他综合技术。

2. 系统总体方案设计

（1）系统设计原则。办公自动化系统是一项重要的系统工程，其设计的合理性对日常的维护和未来发展起着极为重要的作用。办公自动化系统总体设计原则的确定，不仅要考虑近期目标，还要为系统的进一步发展和扩充留有余地。设计中需要考虑各阶段的情况，适应长远发展，统一规划设计。该系统应具有良好的开放性，这种开放性靠标准化实现，系统建设基于标准的 TCP/IP、HTML、SOAP 等协议实现。办公自动化系统总体设计原则：

① 开放原则。采用开放标准、开放技术、开放结构、开放系统组件。
② 实用原则。实用有效是最主要的设计目标，设计结果能满足需求并且行之有效。
③ 可靠原则。设计稳定可靠，具有高 MTBF（平均无故障时间）和低 MTBR（平均无故障率），提供容错设计，支持故障检测和恢复，可管理性强。
④ 安全原则。安全措施有效可信，能够在多个层次上实现安全控制。
⑤ 可维护性。采用面向对象的组件模式，此技术的应用可提高系统的可维护性。
⑥ 先进原则。设计思想先进、软硬件设备先进、网络结构先进、开发工具先进。
⑦ 灵活原则。系统配置灵活，能够适应应用和技术发展需要。
⑧ 可扩展性。能够在规模和性能两个方向上扩展，扩展后的性能有大幅度提高。

（2）系统拓扑结构。办公自动化系统的开发是基于先进的软件工程实现的，具有十分强大的智能办公平台建设功能。图 0-5 为办公自动化系统拓扑结构。

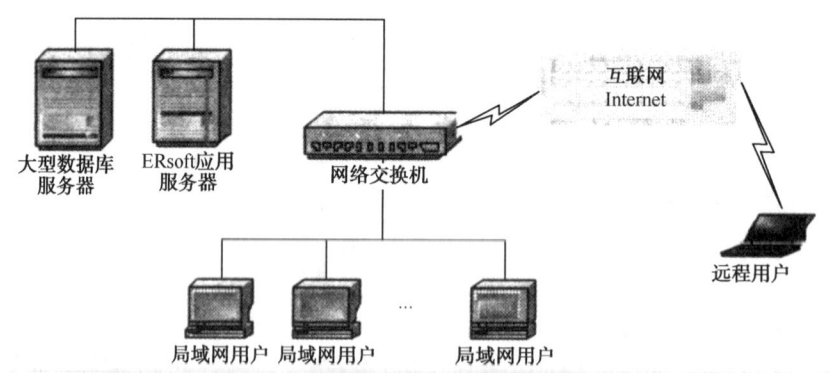

图 0-5　办公自动化系统拓扑结构

（3）系统功能模块设计。办公自动化系统具有协同工作、公文管理、知识资源库、生产流程可视化监测、项目管理、综合查询、电子公告、讨论区、日程管理、会议管理、计划管理、网上调查、短信服务、电子邮件、系统管理等功能模块，如图 0-6 所示。

（4）系统功能特点：

① 采用国际标准。系统采用目前业界标准的通信协议 TCP/IP。服务器采用标准的 HTML 超文本协议，数据库服务器采用数据库通信协议及标准的 SQL 数据库操作命令。系统可与其他任何系统连接，实现信息的共享处理。

② 标准 B/S 应用系统。系统采用标准的 Internet 应用开发技术，真正实现客户端零维护，使用浏览器即可进入系统进行操作。

③ 大型商用数据库技术。系统采用大型商用数据库技术实现，所有信息全部保存在服务器端大型数据库中。与其他采用免费数据库的软件系统相比，该系统具有极高的安全可靠性，可实现高速数据查询与处理。

④ 高强度加密。系统采用可靠的 128 位 MD5 加密技术处理，具有极高的安全性，非授权用户不可能进行非法操作。普通软件采用用户名与密码对比技术来实现用户认证，稍熟悉计算机的用户通过互联网上广泛流传的一些黑客工具，可轻松地破解会员账号及管理员密码。

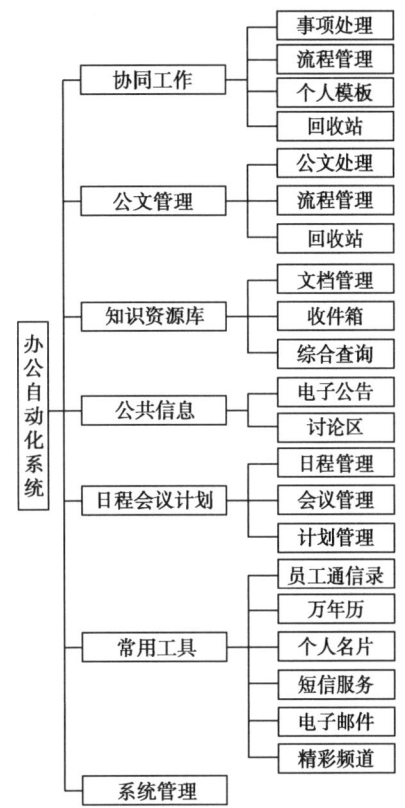

图 0-6　办公自动化系统结构

⑤ 无缝 Office 集成。系统实现对 MS Office 文档的无缝集成，使用户能在浏览器上对文档进行编辑，操作方式与单独使用 MS Office 软件一样，实现文档修改留痕、批注及读、写控制。系统支持 Word、Excel 文档、Excel 图表、PowerPoint、Project 项目、VISIO 画图等 Office 文档格式，以及 WPS 文档、WPS 表格两种 WPS 文档格式。

⑥ 手写签名。系统支持手写签名功能，支持市场常见的各种手写笔、手写板及鼠标。

⑦ 灵活的工作流。系统工作流可灵活定制，可顺序审批、并行会签、混合审批。在审批过程中，具有权限的用户可根据需要对工作流进行跳转、修改，以及工作流业务的重定位、委托和移交。

⑧ 数据安全系统具有防复制功能，可将重要的文档设置为防复制属性。只能在系统中查看，不能进行任何复制操作（复制/粘贴或打印），保护企业的知识产权。

⑨ 远程办公系统支持远程办公功能，客户机可通过 Internet 或远程拨号进入办公自动化系统，经过身份确认后，实现系统所有功能。

⑩ 通用邮件支持系统可与任何标准的电子邮件系统集成在一起，与其他邮件系统进行无缝连接。

⑪ 通信扩展系统具有良好的通信支持功能，支持 RTX 实时通信及手机短信系统。

⑫ 关系数据库支持系统可与 Oracle、Sybase、MS SQL Server、DBF 等关系数据库系统实现无缝集成，解决与 ERP 等系统的数据集成与共享问题。

3. 系统功能

（1）协同工作。协同工作用于处理与审批日常办公业务相关的各种文档，支持常见的各种 Office 文档格式。协同工作支持统一定制文档模板及客户端定制个人文档的功能，可将常用的各种文档格式定制为模板，在起草文档时只需引用模板进行修改即可。协同工作中的文档可备份到知识资源库模块中永久保存。

① 草稿/新建事项。用于新建文档，保存文档草稿，可引用文档模板，设置审批流程、备份文件夹、接收人、接收部门、重要程度等信息，并可为文档增加附件。起草的文档保存为草稿，可随时更新修改。

② 发送事项。用于将审批完成的文档资料发送给相关部门及相关人员，如果文档设置为自动发送状态，则文档审批完成后可自动发送给相关部门及相关人员。

③ 待办事项。列出登录用户所有需要审批的协同文档，用户可打开文档进行相应审批操作，并对文档进行添加审批意见、审批通过、返回上一级、返回流程开始处等审批操作，具有权限的用户可直接修改文档及审批流程。

④ 已办事项。列出用户审批过的所有文档。可及时追踪查看文档的审批及发送情况，可发送文档督办单。

⑤ 流程定制。可设置审批流程，流程可设置为顺序审批、并行会签或混合方式。可设置审批流程中的文档修改、文档复制、流程修改的权限。

⑥ 流程查看。文档在审批过程中可用图形方式查看流程，具有权限的用户可修改流程。

⑦ 个人模板。用户在协同工作中可创建个人模板，个人模板可设置使用人员、使用部门、使用角色，有权限的用户可使用创建好的个人模板。个人模板支持常见的 8 种 Office 文档格式。

⑧ 回收站。协同工作中的文档具有回收站功能，文档删除后会放入回收站，回收站中的文档可恢复，保证用户重要文档不被误删除。

（2）公文管理。公文管理专用于红头文件的审批与管理，公文管理权限应赋于相应的使用部门及使用人员，普通用户不能进行操作；公文管理系统的操作方式与协同工作的相同，公文管理模块不支持用户创建个人模板，必须使用企业规定好的正规公文格式。公文及协同工作支持修改留痕、手写签名及全屏批注；支持常见的 6 种 Office 文档及 2 种 WPS 文档，支持国产办公软件，支持全面的数据防复制功能，可根据需要将重要文档设置为防复制属性，杜绝非法复制现象，保护企业的知识产权。

（3）知识资源库。系统提供功能强大的知识资源库，每个用户可创建自己的目录树，对文档分类管理。文档全部保存在服务器的数据库中，用户可在任何地方打开、处理自己的文档。知识资源库中包含我的文档、单位文档、项目文档、他人文档、我的收件箱、收件箱规则、综合查询等模块。

（4）电子公告、讨论区和网上调查。电子公告用于发布企业各种正规的通知、通告，具有权限的用户可发布电子公告，普通用户可随时上网查询公告；企业论坛主要是为专家、工程技术人员提供一个网上技术交流、技术咨询、命题论证、思想交流等相互切磋的环境。管理人员可在线编制网上调查表，普通用户可在网上填写并提交调查表。

（5）日程和会议管理。日程管理用于管理用户的日程安排，可对日程安排设置提醒功能，用户登录后，会自动根据日程设置自动提醒用户。会议管理用于创建会议计划。可将会议计划发送给参会部门与参会人员，系统可按照设置对参会人员进行相应提醒。

（6）常用工具、个人设置和基础设置。常用工具包含员工通信录、年历、计算器、个人名片、短信服务、电子邮件、精彩频道。个人设置包括修改密码、代理人员设置、信息转移设置、邮件设置。基础设置包含系统设置、组织机构人员设置、职务级别设置、角色信息维护、角色权限设置等模块。

（7）后台管理首页面。管理员登录后，可进入后台管理页面，进行系统管理工作。后台首页面具有如下功能：

① 基础设置。用于管理组织机构、人员、角色、权限等。

② 应用设置。用于集中设置协同模板、公文模板、讨论区、公共资源、精彩频道等。

③ 其他设置。用于设置手机短信、邮件系统、实时通信 RTX、系统运行日志查看等。

（8）应用及其他设置。应用设置包含公文模板格式设置、协同模板格式设置、讨论区设置、公共资源设置、审批意见设置、精彩频道设置、调查问卷设计等模块。其他设置中包含短信通知设置、邮件系统设置、即时通信 RTX 设置、系统运行日志等模块。

4. 系统开发技术

（1）开发工具。系统可采用目前非常先进的开发工具 Microsoft Visual Studio.Net 200X 实现。Microsoft Visual Studio.Net 200X 是一套完整的开发工具，用于生成桌面和基于团队的企业级 Web 应用程序。除了生成高性能的桌面应用程序，还可使用 Microsoft Visual Studio.Net 200X 基于组件的强大开发工具和其他技术，简化基于团队的企业级解决方案的设计、开发和部署。Microsoft Visual Studio.Net 200X 采用编译执行的方式，可避免软件源代码泄露，大大提高系统运行速度。

（2）开发规范。应采用精简的 CMMI3 规范，将软件的开发分为需求调研与分析、技术预研、系统设计、实现与测试、系统测试、客户验收、服务与维护等几个阶段，可形成开发文档二十多种，开发模式以线性为主，以并行迭代为辅。严谨的开发模式可为以后的系统升级、维护、归档提供最佳资料。软件程序设计流程如图 0-7 所示。

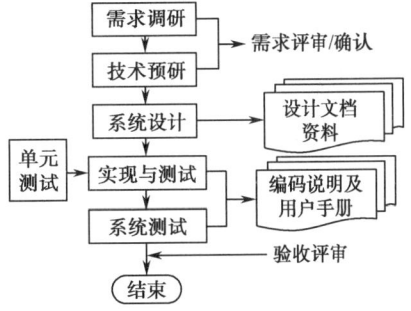

图 0-7　软件程序设计流程

5. 结束语

该设计系统可满足在网络环境下的管理、制度执行、文件传达、信息沟通和信息发布。该系统是信息在组织内的部门间、单位间、团队内外、人员之间流转的平台，是组织内人员之间沟通、请示、汇报、审批的平台，是组织计划管理、监督执行、协调事务的平台；是知识管理的集中共享和管理平台。该系统可传递组织价值、培养组织文化、推广和复制组织制度、方法，是组织整合信息孤岛，提升办公能力和执行能力的有效信息化工具和平台。

0.3.4　办公自动化系统的安全管理

为加强办公自动化系统的管理，保障计算机网络和信息系统的安全、稳定运行，应根据有关规定，制订管理制度。

办公自动化系统可指定部门进行归口管理，明确人员，具体负责办公自动化系统管理工作。各处室主要负责人应作为本处室办公自动化系统管理的第一责任人。

办公自动化系统主要管理工作有设备管理、网络管理、系统管理、信息管理、运行管理、安全保密管理等。这里主要讨论安全保密管理。

1. 影响安全保密的因素与安全标志

（1）安全保密因素。包括系统的软、硬件设备，存储介质等方面的物理保护和计算机安全保密问题。它涉及环境场地的技术要求、设备安全、软件安全、供电安全、空气调节规范、电磁屏蔽技术、防水灾、防风暴、防震、存储介质管理、机房管理等内容。

（2）安全隐患。

① 人为失误和设计错误。使内部人员进行未经授权许可的活动，或外部的恶意破坏者得以进入系统。

② 自然灾荒或环境破坏。对信息设备及其备份系统造成破坏。

③ 病毒。木马病毒、蠕虫软件（搜索系统用户名和口令字的匹配）和其他具有破坏性的软件，会通过借来的U盘、预先打包的软件，甚至通过与其他网络的连接进入网络。

恶意破坏软件是应用计算机动态地进行破坏行为的软件。如有目的地编写病毒程序、侵入其他计算机网络和采取破坏系统软硬件的行为等，很像是人类战争行为的活动，其破坏性远远超过现在计算机病毒的能力。例如，黑客、计算机盗贼以及其他侵入网络的人员，在网络中进行窃取金钱，寻找工业秘密的活动，或者对系统本身进行破坏。

（3）安全标志。能防止对信息的非法窃取；能杜绝泄露和毁坏事件的发生；能预防泄露和毁坏事件的发生；毁坏事件发生后，更正以及恢复正常工作的能力较强，所需时间较短；安全保密系统符合经济要求；安全保密系统符合使用方便性要求。

2. 安全保密对策

（1）对策范围。

① 行政措施。采用行政法规、规章制度及社会允许的各种方式。

② 法律措施。针对计算机犯罪的打击、制裁手段。

③ 软件保护措施。采用软件技术手段辨别用户、控制用户的应用方法和对信息的加密。

④ 物理保护。对场地环境、软硬件设备及存储介质等方面的保护。

（2）计算机安全监视技术，是采用监视程序对用户登记和用户存取状况进行自动记录以保护系统安全的技术方法。用户登记包括对用户进入系统的时间、终端号、用户回答口令的时间与次数等情况的自动记录。为了防止非授权者进入，监视系统将对口令出错达到规定次数的用户报警并拒绝其进入。对用户存取状况的监视系统将自动记录用户操作运行的程序、所使用的数据文件名称、增删情况、越权行为和次数等，形成用户使用日志。还将记录对被保护的信息的维护状况，特别是违反保密规定的行为。

① "防火墙"技术：是运行特定安全软件的计算机系统，它在内部网与外部网之间构筑一个保护层，使只有被授权的通信才能通过保护层，从而阻止未经授权的访问、非法入侵和破坏行为。

② 自适应安全管理套件：可形象地比喻为网络守夜人的软件系统。是对在网络周围"挖护城河"式的防火墙软件的发展，它在Internet上不停地来回移动，自动搜索出网络的薄弱处，具有监测网络防范侵袭的能力，必要时还会采取行动堵住安全漏洞。

（3）用户识别，是由计算机验证回答身份是否合法的保密技术。一般有以下几种：①记忆方法，采用口令字或通行字，其缺点是失窃后不留痕迹。②钥匙或密磁卡方法，将钥匙或密磁卡插入计算机的识别器以验证身份。③保密算法，用户采用某一过程或函数对某些数据进行计算，计算机根据其结果以验证用户身份。④用户的生物测定学（biometrics）手段，采集指纹、声音、视网膜等，由计算机识别以验证用户身份，来控制访问。

（4）终端识别，也称回叫保护，在计算机通信网络中应用广泛。计算机除了对用户身份进行识别，还对联机的用户终端位置进行核定，如果非授权者窃取了用户口令字并在某地联机，系统会立即切断联络并对非授权者所在的地点、时间、电话号码进行记录，以便追踪非授权者。

（5）计算机安全加权措施，是对用户、设备和数据文件授予不同级别的特权，以防止非法应用的措施与技术。用户权限是指对具有进入系统资格的合法用户，根据不同情况划分不同类别，使其对不同的数据对象和设备所享有的操作被授予不同的使用权限。设备权限是对设备（特别是终端和输出设备）能否进入系统的某一层次、部分以及能否输出和复制系统程序、运行程序或数据的规定和授予。数据的存取控制包括对数据的只读（出）、读/写、打开、运行、删除、查找、修改等不同级别操作权限的规定。

（6）计算机数据加密与数字签名技术。

① 计算机数据加密与数字签名技术，可达到以下几个方面的目的。

数据隐蔽：避免数据被非授权者截获或窃取。

数据完整：根据通信期间数据的完整与否，检验数据是否被伪造和篡改。

发送方鉴别：证明发送方的身份以防止冒名顶替者。

防止发送方否认：在保证数据完整性及发送方身份的前提下，防止发送方事后不承认发送过此文件。

② 计算机数据加密，是为防止数据在传输过程或计算机存储系统中被非法获得或篡改而采用的技术。具体做法是将原始的数据（明文）按照某些特定的复杂规律（算法）转变成难以辨认的数据（密码）。这样即使非授权者窃取到了数据也无法使用，而合法用户可按照规定方法将其译为明文。目前国际流行的自由加密软件"双匙"加密文件提供一对钥匙——密匙和公匙。只有本人的密匙才能解开他人用本人提供的公匙加密的文件，为此需要把自己的公匙发布到专门的公匙服务器中供他人复制使用，本人的密匙也可用作文件的数字签名。

③ 数字签名技术。能够实现在网上传输文件时，具有以下身份保证，接收者能够核实发送者对报文的签名；发送者事后不能抵赖对报文的签名；接收者不能伪造对报文的签名。

④ 用户的自我保护。对于用户来说，避免使用"脆弱的口令"，即很容易被入侵者破解的口令。可采取以下一些方法：使用数字或者加入特殊字符作为口令字，用很长的缩写名作为口令字，如一首歌或一个短语的首字母缩写，最好是个人化词语的缩写，经常更换且不与他人共用一条口令字，这样不会立即被人看出来。

（7）计算机反病毒技术。

① 计算机病毒，是具有自我复制能力的计算机程序，它能够影响和破坏正常程序的执行和数据的安全。与正常程序的本质区别是具有传染性，此外它是寄生的、潜伏的，可触发和可衍生的，它具有广泛的破坏性。它是一些恶作剧的自我表现者和故意破坏者的智力

犯罪的产物。自1978年第一个计算机病毒出现以来，病毒的数量已过万种。其基本类型可分为引导性病毒、文件性病毒、混合性病毒等。

②　反病毒技术。目前主要为（查）杀毒软件和硬件防病毒产品两大类。

③　杀毒软件。该软件具有查毒和杀毒功能。当用户使用其查毒时，它将计算机文档与已知病毒的特征值做比较，一旦相同便认定感染病毒并报告用户执行杀毒程序，清除被感染的文档使之恢复原样。

④　计算机免疫系统。该系统采用动态防御为主的反病毒模式，计算机病毒免疫系统给健康磁盘加上某种已传染病毒的标志，可防止该种病毒的感染，达到免疫的目的。

0.4　办公自动化系统的运行环境

办公自动化系统的运行环境包括软件运行环境和硬件运行环境，这里主要介绍硬件运行环境，重点是办公自动化系统的供电要求、安装要求、环境要求。

0.4.1　办公自动化系统的供电要求

办公楼宇由于其楼内办公用户较多，除了照明用电，还有计算机用电、复印机用电、其他小型办公设备用电等。这就要求办公楼宇的专项用电线路必须进行专业化的设计与施工，以此保障用电线路的安全。同时也要加强办公楼宇专项供电线路及设备的检修。

1. 办公楼宇供电线路与设备分析

由于办公楼宇内计算机数量很多，且还有不少其他不同用途的办公设备，这就加大了办公楼宇的供电要求。针对这样的情况，现代办公楼宇一般都按将照明用电与办公用电分开接入的方式进行楼宇内部的供电线路铺设。由于办公用电关系到楼宇内部办公用户的信息安全、日常管理、日常办公等工作能否正常进行，所以办公用电的供应必须稳定、故障率低，以减少由于供电不稳造成的办公用户信息丢失、设备损坏等情况的发生。同时注意对办公楼宇专项用电线路与设备的日常检修和管理，对于楼内办公用户正常工作的进行也有重要的意义。

2. 办公楼宇专项用电线路与设备的检修

（1）要加强相关配套设施投入，促进办公楼宇专项用电线路与设备检修的实施。

为了更好地保障办公楼宇的正常用电，必须加强相关配套设备的投入，优化专项供电线路结构，增加线路回路或增设变压器。将传统变压器换为节能变压器，对于楼内输变电线路中继站老化零件进行更换。在楼宇附近的变电所中装设无功补偿设备。在负荷的有功功率保持不变的条件下，提高负荷的功率因数，减小负荷所需的无功功率，也就减小了线路和变压器中的有功功率和电能损耗。无功补偿设备有同步调相机、静止补偿器、电力电容器。无功补偿需要量大时可用同步调相机，无功补偿需要量小时可用电力电容器，冲击性负荷用静止补偿器。无功补偿设备的安装极大地稳定了办公楼宇供电，对于楼内电器设备具有重要的影响。加强楼宇专项供电线路检测系统的投入，采用新型的220V电压供电线路故障测距仪对楼内电路进行检测，可以快速发现故障点，同时通过楼内供电线路计算机模拟图形系统的引入，将故障点与楼内实际地形相结合，便于检测维护人员排除故障。积极应用新技术，加快专项电路有关设备的投入，对于办公楼宇专项供电线路与设备的故障检修极其重要。

（2）完善办公楼宇专项供电线路各项记录，促进检修工作的及时完成。

为了更好地对办公楼宇专项供电线路及设备进行检修，维护部门要根据楼宇自身特点设计并完善有关的各项记录，即日常运行记录、设备零部件更换记录、保养记录、故障与排除记录等。在故障发生时，各种记录就显示出其重要性。根据记录内容进行分析，查找相似故障发生地点与原因，可以快速地找出故障点及原因，便于故障的排除。例如，在供电线路发生故障时，针对故障现象，确定故障地点，然后查找线路记录，找出线路故障所在地的楼宇土建情况，初步确定故障原因对于故障的排除有重要的影响。再如，不能确定故障点时，检查日常检测维修记录，确定经常发生同类现象的故障，也可以对故障的确定有一定帮助。

（3）办公楼宇专项供电线路及设备检修注意事项分析。

在办公楼宇专项配电线路中，由于一些地方会因为各种原因导致墙面长期受水分侵蚀，导致墙内线路腐蚀，这种情况极易引起漏电事故。虽然在办公楼宇专项供电线路的埋设中会在专项供电线路外面进行塑料管防护，但是由于装修过程可能影响管壁密封性，使潮气进入管内，长期腐蚀导致线路老化，这种情况应在日常巡回监测时进行相关记录，定期对线路进行更换，防止出现安全事故。对于线路上的瓷质绝缘子受到空气中有害成分的影响，使瓷质部分积累污秽，遇到潮湿天气，污秽层吸收水分，使导电性能增强，既增加电能损耗，又容易造成漏电事故，这种情况下，应根据楼内建筑的实际情况，以及楼外有关设施的自然条件，有针对性地对其进行监控，发现绝缘子老化的现象应及时进行更换。

3. 办公楼宇室外变电站常见故障检测与维护

作为办公楼宇专项供电线路的基础，室外变电站的故障排除与检修也是保障供电的关键。常见的变电站故障主要集中在电压互感器、电流互感器、直流系统接地等几个方面。当互感器及其二次回路存在故障时，表针指示会不准确，值班人员容易发生误判断甚至误操作，因而要及时处理。出现电压互感器常见故障时，其现象为一次侧或二次侧的保险连续熔断两次。出现以上情况应立即停用，并进行检查处理。发生电流互感器故障时，主要表现为有过热现象，内部发出臭味或冒烟，内部有放电现象，声音异常或引线与外壳间有火花放电现象，主绝缘发生击穿，并造成单相接地故障，一次或二次线圈的匝间或层间发生短路，充油式电流互感器漏油，二次回路发生断线等故障。当发现上述故障时，应向上级汇报，并切断电源进行处理。当发现电流互感器的二次回路接头发热或断开时，应设法拧紧或用安全工具在电流互感器附近的端子上将其短路；如果不能处理，则应向上级汇报，并将电流互感器停用等候处理。对于直流回路发生接地时的处理，首先要检查是哪一极接地，并分析接地的性质，再判断其发生原因。看变电站内部有没有明显放电、接地部位（巡视检查应按有关规程进行），如果发现有明显的击穿、放电、接地故障，则应分清回路部位，一个人操作，另一个人监护，切断故障点。在需停止一台主变时，应先停掉一部分不重要的负荷出路，减少到一台主变能承担的负荷后再停止。切断故障部位后，要填写各种记录，及时向调度员及有关领导汇报，制订处理方案、措施，准备相关材料、工具，办理完工单，再进行排除。

总之，通过维护与监控，可保障供电线路的正常运行，减少由于断电事故造成楼内企业的经济损失（直接经济损失：电器的损坏；间接经济损失：断电造成信息中断影响企业日常工作）。另外加强检修人员的培训以及责任制体系的完善，提高检修人员专业技能，可及早发现故障隐患。同时通过责任到人、管理体系的完善等强化人员责任心，通过管理体系的完善加强对检修人员的管理，可使办公楼宇专项供电得到有力保障。

4. 办公机房供电的基本要求举例

（1）三相交流电与单相交流电。

三相交流电在发电、输电和工业用电方面比其他方案有较多的优点，因此世界各国都采用三相交流电的方式。通常由三相交流发电机发出的三相交流电，经三相变压器升为三相高电压，可达 35kV 或 10kV 等高电压分级输送，如果输送距离很远，还可以用更高的电压输送如 220kV 等输送。无论用多高的电压输送，最终需经过最后一级的用户变压器将高于 10kV 的电压降压到单相电压 220V（线电压 380V）后供用户使用，这种电路又称低压用户线路。作为动力使用，仅用三线供电，相与相之间的电压（称线电压）值为 380V，供电动机等容量较大的设备使用。而对于以照明、家用电器、办公设备等为主的用电，则由三相四线制供电，其中一线为零线，另外三线为相线，相线与零线间的电压为 220V。为照明、家用电器、办公设备供电的电源的两根线中，其中一根为相线（又称火线），另一根为零线，也可以说单相电仅用了三相电的三分之一。在接线时切不可将零线接到另一根相线上，否则 380V 的电压接到用户的 220V 的电器上，将会导致重大事故，造成不可挽回的损失。对于相线与零线的区分，可用测电笔进行测试，在不带负载的情况下，测量相线（火线）时，测电笔上的氖泡会发光，测试零线时则不会发光。如果出现两根线都发光则有两种可能，在未接负载的情况下，说明零线可能接错，可用万用表交流 500V 挡测试验证；另一种情况是如果零线断路，即所测处的零线与三相电的零线未接通，而且线路上还接有电器如照明灯泡等时，也会由于电器的回路关系，零线上测电笔有显示，可用万用表交流 500V 挡测试，仅有很低的电压或无电压指示。

用电配电时需要注意三相电的负载需要平衡，也就是说，每相所连接的负载要基本相等，一般相差不能超过 20%，否则会造成三相电压不同，影响用户电器的安全运行。对于仅使用单相的单位来说，三相平衡的问题应由供电单位处理。

（2）室内布线的基本要求。

① 布线首要考虑的是保证人身安全。防止触电，电线不能靠近高温区、易燃物品等，在室内水平布线离地面的高度应大于或等于 2.5m，垂直布线最低点应大于或者等于 1.8m。如果采用暗敷方式，则绝缘电线应当穿管敷设。

无论是电源布线或计算机网络、电话机布线等，它们都需要遵守一定的布线规则。通常将供电电源系统（含电器中的电源部分）称为强电系统，而将计算机网络、有线电视网络和有线电话网络等系统称为弱电系统。由于布线不当，强电系统可能会对弱电系统造成严重的干扰，也可能会出现安全问题。为此，强、弱电系统的布线不宜长距离地平行布线，如果是室内短距离的平行布线，弱电系统布线与强电系统布线之间的距离至少应在 30mm 以上。在特殊情报况下，在较短的距离内，强、弱电系统布线应分别穿管，绝不可穿在同一管内。

② 使用方便、可靠。室内布线要合理、牢固、美观，同时也要考虑便于操作和维修。在有地板或天花板的地方，可以考虑利用地板和天花板的空间进行布线。

0.4.2 办公自动化系统的安装要求

1. 办公自动化系统的工程范围

（1）确定 OA 系统的施工、验收的内容和要求，验收方法和验收结论判定。

（2）确定各种系统施工、验收的项目及指标，适用于智能建筑物内为办公、管理和业务运作而配置的，建立在计算机局域网上的信息处理设备及系统。

2. 计算机网络系统的安装和测试

计算机网络系统包含硬件和软件的内容。一般规定：

（1）网络系统安装环境的检查。网络系统安装前，必须对其安装环境进行检查，包括供电、接地、温湿度、安全、洁净度、综合布线等。

（2）网络设备应遵循的协议、标准。网络设备的系统性能指标应符合 IEEE、ISO、ATM 论坛和国际公认的其他协议标准。网络设备主要有服务器、路由器、交换机等。

（3）网络规划。网络设备安装前，应做好网络规划，包括网络拓扑结构图、网络设备安装位置图、网络地址分配表、路由设置表等。

3. 交换机的安装和测试

（1）安装前的检查要求。

① 设备的品牌、型号、规格、产地和数量应与设计（或合同）相符。

② 外壳、漆层应无损伤或变形。

③ 内部插件等固紧螺钉不应有松动现象。

④ 附件及随机资料应齐全、完好。

（2）交换机的安装。

① 物理安装：交换机可以根据设计要求安装在标准 19in 机柜中或独立放置，设备应水平放置，螺钉安装应紧固，并应预留足够大的维护空间。机柜或交换机接地应符合相关标准的接地要求。

② 系统配置：包括对广域网与本地通信设备配置。

a. 按各生产厂家提供的安装手册和要求，规范地编写或填写相关配置表格，填写的表格同时应符合网络系统的设计要求。

b. 按照配置表格，通过控制台或仿真终端对交换机进行配置，保存配置结果。

4. 特殊办公设备的安装和测试

特殊办公设备可按说明书要求进行安装和测试。

0.4.3 办公自动化系统的环境要求

办公机房中主要设备是计算机及相关办公设备，办公自动化系统的环境要求可参照计算机系统的环境要求。计算机房内部环境应本着安全、防火、防尘、防静电、温度和湿度符合有关要求的原则来设计，并应符合下列要求。

1. 安全

计算机机房最小使用面积不得小于 $20m^2$，一般一套机器按 $1.5\sim2m^2$ 计算；计算机机房的建筑地面要高于室外的地面，以防止室外水倒灌；机房顶棚与吊顶灯具、电扇等设备务必安装牢固，设计用电线路时必须考虑安全用电；门、窗应安装防盗门和防盗网，机房内应安装自动报警器。

2. 防火

机房装修应采用铝合金、铝塑板等阻燃防火材料；应配备灭火器，计算机数量较多的机房应采用烟雾报警器，机房内严禁明火与吸烟；消防系统的信号线、电源线和控制线均应穿镀锌钢管，且在吊顶、墙内暗敷或在电缆桥架内敷设；应保证防火通道的畅通，以备发生紧急情况时用来疏散人员。

3. 防尘

墙壁和顶棚表面要平整光滑，各种管线和电缆线应采用暗敷设，减少积尘面，选择不易产生尘埃且不易吸附尘埃的材料装饰墙面和地面，如钢板墙、铝塑板或环保立邦漆；门、窗、管线穿墙等的接缝处，均应采取密封措施，防止灰尘侵入，并配置吸尘设备。

4. 防静电

机房应严禁使用地毯，特别是化纤、羊毛地毯，避免物体移动时产生的静电（可达几万伏）击穿设备中的集成电路芯片（抗静电电压仅为 $200\sim2000V$）。地面最好铺设防静电地板。

5. 温度和湿度

由于机房内的设备大部分均由半导体元器件组成，它们工作时会产生大量热量，如果没有有效的措施及时把热量散发出去，长时间积累的热量就会加速设备老化，导致设备出现故障，过低的室温会使印制线路板等老化发脆、断裂；相对湿度过低容易产生静电干扰，过高又会使设备内部焊点及接插件等电阻值增大，造成接触不良。为此，机房内应配备高效、低噪声、低振动、足够容量的空调设备，使温、湿度尽可能符合《电子计算机机房设计规范》的有关要求，一般空调参数为温度：夏季 $23℃\pm2℃$，冬季 $20℃\pm2℃$，湿度 $45\%\sim65\%$；同时应安装通风换气设备，使机房有一个清新的操作环境。

运行机构应做好机房环境的日常运行维护工作，主要有：

（1）定期对运行机房的防火、防水、防盗、防雷击、防鼠、接地及门禁等相关设施进行检查、维护，并记录备案。

（2）制订机房供电系统设备维护计划，并按计划进行检修、维护，保障不间断电力供应。

（3）制订机房专用空调维护计划，并按计划进行检修、维护，确保计算机设备对温、湿度的要求。

（4）建立机房档案，详细记录机房的结构、布线，以及设备设施的分布和变动等情况。

一些特殊、具体的机房环境管理工作如下：

应对机房供配电、空调，以及温、湿度控制等设施指定专人或部门定期进行维护管理；

应配备机房安全管理人员，对机房的出入、服务器的开机或关机等工作进行管理；

应建立机房安全管理制度，对有关机房物理访问，以及物品带进、带出机房和机房环境安全等方面做出规定；

加强对办公环境的保密性管理，包括工作人员调离办公室应立即交还该办公室钥匙和不在办公区接待来访人员等；

应对办公环境的人员行为，如工作人员离开座位应确保终端计算机退出登录状态和桌面上没有包含敏感信息的纸档文件等做出规定；

应由指定的部门负责机房安全，并配置电子门禁系统和专职警卫，对机房来访人员实行登记记录、电子记录和监控录像三重备案管理；

应对机房和办公环境实行统一策略的安全管理，出入人员应经过相应级别授权，对进入重要安全区域的人员行为应实时监视和记录。

0.5 本课程的主要内容及学习要求

0.5.1 本课程的性质和任务

《现代办公设备使用与维护》课程是 IT 类及相近专业的一门专业必修课，也是一门理论性、实践性、实用性、技术性、综合性都很强的硬件技术课程，同时也是一门涉及多学科、技术广、应用广的信息处理技术课程。

本课程以常见现代办公自动化设备的使用与维护方法为任务主线，系统学习现代办公设备的发展与现状、组成与结构、原理与特点、功能与使用、维护与管理的相关知识。在 IT 技术飞速发展的时代，具备现代办公设备的正确使用和日常维护的能力显得极其重要。

《现代办公设备使用与维护》课程的主要目标是使学生掌握各种现代办公设备的基本知识、基本原理和操作技能，为将来从事 IT 行业实际工作，进一步提高办公设备操作使用水平、维护水平打下必要的基础，同时具备"办公设备维修工"国家职业资格技能鉴定标准要求的就业条件。

0.5.2 本课程的内容和要求

本课程的内容按现代最新办公信息处理工作过程分为 5 个模块（职业项目）。

（1）办公信息传输设备，包括计算机办公网络、移动办公和智能手机等。

（2）办公信息处理设备，包括多媒体计算机主机系统；常用外设：显示器、投影仪（机）、打印机、外存；计算机的故障诊断与排除等。

（3）办公信息复制设备，包括数码复印机、多功能一体机等。

（4）办公（影像）信息存储（记录）设备，包括数码相机等。

（5）其他辅助办公设备，包括扩音机（功放机）、空调机等。

本课程重点选择目前办公活动中最常用的办公网络、智能手机、多媒体计算机、显示器、投影仪、打印机、数码复印机、多功能一体机、数码相机、功放机等现代办公自动化设备作为典型背景案例构建教学驱动任务，以其使用维护技能与职业素质培养作为目标主线,全面阐述现代办公设备使用与维护的方法,同时学习现代办公自动化设备的最新发展技术。典型教学背景案例是《现代办公设备使用与维护》课程学习任务中的核心任务。必备知识是必须掌握的业务理论知识,要求熟悉常用现代办公设备的基本概念,掌握常用现代办公设备的使用与维护方法。技能训练是必须达到的实际操作技能实践,要求具备常用现代办公设备职业技能标准的条件。本课程中为典型教学背景案例准备了专门的训练任务指导。

0.5.3 本课程的学习方法

本课程软、硬件相结合,以硬件技术为主,根据职业技术教育、市场就业需求和"办公设备维修工"国家职业资格技能鉴定标准的要求,基于工作过程划分为5个项目,以10余个典型办公设备案例作为任务驱动,教材=理论知识+实训指导,提供教学资源,方便以教、学、做一体化模式组织课程教学。每个环节都有项目引入、任务目标、必备知识、技能训练、思考练习、重点小结等内容。

本课程从培养高素质技能型人才的理念出发,从《现代办公设备使用与维护》课程应该掌握的业务理论知识(应知)和实际操作技能(应会)角度入手,突出学生职业素质、专业应用和岗位工作能力的培养。在教和学中要注意结合实用办公设备进行典型案例分析,充分理解办公设备的基本概念和工作原理,逐步掌握有关办公设备的功能特点和使用方法,提高灵活分析解决维护、维修等实际问题的职业能力。

硬件技术的掌握必须通过反复实践,现代办公设备门类繁多、内容复杂,需要优选设备型号和内容才能达到目的。对实训过程中的操作、控制、参数、现象、结果等,一定要养成做记录的习惯,然后进行分析和总结。

本课程的重点是现代办公设备使用与维护的能力,可通过反复实践操作来提高;难点是现代办公设备的结构原理,可通过在实训环境中学习其工作过程来理解。为提高学生自学能力,部分内容可通过学生自学和实践来掌握。

0.5.4 本课程职业能力的提高方法

本课程实践教学的内容包含3个层次,"技能训练"是课程实训,"综合训练"可作为课程实习,绪论中的"开发实例"可作为课程设计或毕业设计的参考内容。

为了强化实践,提高职业能力,可利用部分课内时间和大量课余时间到企业中去学习提高。根据课程教学目标,除了项目1～5中的"技能训练",本课程还安排了一个课内外贯穿全书的现代办公设备和现代办公自动化系统应用、建设与管理综合技能训练,目的在于培养和增强学生职业素质、职业文化、专业应用和岗位工作适应能力。"综合训练"分成4个学习训练阶段,配合课程学习并行安排,横跨全期,时间较长,可分阶段在课外逐步独立实施。每个阶段的具体内容和训练时间都可由校企双方根据课程进度逐步适时安排并督导执行。让学生平时在课外就带着"项目任务"学习,尽早接触、了解、熟悉和掌握现代办公设备和现代办公自动化系统的开发方法和流程,扩大视野,提高兴趣,激励创新。学校和企业也可以根据自己的教学、生产和工作进度,并参照课程实习、课程设计等提高项目中的实施和管理要求。

合理安排课内外时间，组织学生到一些对现代办公设备和现代办公自动化系统应用有代表性的机关、事业、商业（办公设备销售与系统集成）、企业、维修服务部，行业单位和部门的办公、销售、生产、维修等场所，进行综合技能训练或生产实习。综合训练各阶段大致安排如表 0-1 所示。

表 0-1　综合训练各阶段安排参考

第 1 学习训练阶段	参观学习	约 3 周，与课程并行安排
第 2 学习训练阶段	系统集成	约 4 周，与课程并行安排
第 3 学习训练阶段	系统使用	约 5 周，与课程并行安排
第 4 学习训练阶段	系统维护	约 6 周，与课程并行安排

各小组成员名单全期固定不变。各小组要明确每个成员的具体任务，拟订工作计划（包括纪律、安全等），每个成员都要全力协同团队开展工作。各阶段工作任务全面完成后，按小组进行汇报、答辩和考核，校企双方共同组成考核小组，进行系统点评、系统总结和打分。

考核标准可以由校企双方按岗位职业标准（如办公设备维修工）拟订。

思考练习

1．什么是办公自动化？它包括哪些层次？
2．办公自动化的未来发展将体现哪些特点？
3．什么是办公自动化系统？它由哪些要素组成？
4．办公自动化系统应该具有哪些功能？
5．办公自动化技术主要包括哪些？
6．办公自动化的常用设备有哪些？

综合训练

【布置实施第 1 学习训练阶段任务】　参观学习

首先划分任务小组（团队），配合课程并行安排，大约在 3 周内完成。组织学生到一些对现代办公设备和现代办公自动化系统应用有代表性的机关、事业、商业（办公设备销售与系统集成）、企业、维修服务部，行业单位和部门的办公、销售、生产、维修等场所，进行参观和学习。第 1 学习训练阶段工作任务完成后，按小组进行汇报、答辩、总结和考核。

项目 1

办公信息传输设备

项目引入

信息传输的主要任务是将从信息源采集、获取的数据快速、有效地传递到接收端，为信息需求者做进一步的信息处理，提供可识别的、可靠的、可加工的、可保存的数据。

信息传输的主要设备是邮政通信设备（传统）、有线通信设备、移动通信设备、计算机网络等。计算机网络在现代信息传输中发挥了重要的作用。

信息传输设备的主要功能是利用现代通信技术的先进手段，完成把采集、获取的文字、数值、图形、图像、声音、邮件等数据，快速、有效地从发送端传递到接收端，并为后续加工处理提供数据资源保障。

项目1中的办公信息传输设备主要包括计算机网络、智能手机等。本项目主要学习现代办公网络和移动办公信息传输设备的发展与现状、组成与结构、原理与特点、功能与使用、维护与管理的方法和技能。由于智能手机已广泛普及，本项目不讨论电话机的内容。鉴于网络通信软件的广泛应用，本项目中删去了传统传真机的内容，仅在开始介绍其基本概念，将其简单使用方法放到项目3任务6的多功能一体机中介绍。

项目1有2个子任务，分别为办公网络和智能手机的使用与维护。典型教学背景案例为智能手机。单独开设《计算机组装与维护》《计算机网络技术基础》课程的专业，该部分对应内容可略去不讲。

任务目标

1. 熟悉办公信息传输设备的基本概念；
2. 掌握办公信息传输设备的使用与维护方法；
3. 具备办公信息传输设备中智能手机职业技能标准的条件。

智能手机是项目1的典型教学背景案例。重点技能训练任务有以下几个方面：

（1）路由器的安装和使用；
（2）交换机的安装和使用；
（3）智能手机的使用和维护。

 必备知识

任务 1　办公网络的使用与维护

在计算机网络普遍应用于办公活动之前,电话、电报、传真、信件是办公信息传输的主要工具。传真通信是利用扫描和光电变换技术,从发送端将文字、图表、照片等静态图像转换成电信号,再通过有线或无线信道传送到远处的接收端,并在接收端以记录的形式重显(复制)原静止图像(原稿)的通信方式。传输信道可以利用公用电话网、租用专线、传真通信网(F 网)、综合业务数字网(ISDN)。传真机能直观、准确地再现真迹,或者传送不易用文字表达的图片和照片,操作简便,在企业办公、军事通信中应用广泛。传真是堪称原稿原样传输成本最低的可靠选择。邮寄原件虽然比传真正规,但隐私性不佳,尤其是涉及商业机密时。电子邮件的安全性明显逊色,而且当涉及合同和律师函等时,又没有传真可以实现的双方确认功能。如果涉及必须手写签字的场景,那么传真的作用就更明显了。

传真机是一种机电一体化的信息传递设备,是集电话、扫描、复印、打印、计算机等功能于一体的设备。进入网络化时代,单一功能传真机前景暗淡。从目前情况来看,国内的传真机市场已经饱和,尤其是兼备传真功能的多功能一体机,基本已满足市场需求。目前,对传真机需求最大也最迫切的,其实是保密部门和部队,因为传真的安全性和保密性明显优于电子邮件。机关单位也是使用传真机的主力,虽然无纸化办公已经提倡多年,但出于某些需要,目前传真机仍会用于收取一些文件和通告。

如今,人们只要在计算机的 PCI 插槽内插入一块"Fax"(传真)卡,就能起到传真的作用。目前,一些具备传真功能的多功能一体机的出现,抢占了部分单功能传真机市场。随着大规模集成电路、微处理机技术、信号压缩技术的应用,传真机正朝着自动化、数字化、多功能、一体化、高速、保密、体积小、重量轻的方向发展。

随着计算机网络技术的发展成熟,传统的传真机正在逐渐被新型的传真服务器取代。所谓传真服务器是由专业传真软件加专业传真语音卡构建而成的。使用传真服务器后,用户不需要普通传真机,只要在有网络的地方使用计算机、移动终端,就可以通过网络传真软件、浏览器或者 E-mail 等方式收发和无纸化管理传真。在未来,传真服务器将取代传统传真机而成为收发管理传真的主流。

鉴于网络通信软件的广泛应用并基于以上原因,本项目删去了传统传真机的内容(可参考本书第 2 版),仅介绍其基本概念,将其简单使用方法放到项目 3 任务 6 的多功能一体机中介绍。

现代企业的信息化建设离不开互联网的快速发展,随着企业数字化转型的加速,以及通过移动技术获取信息的便捷性和组织行为的转变,PC 端的办公系统在某种程度上无法完全满足工作需求,而移动办公则可有效地利用碎片时间并突破时间空间的限制。

办公网络是基于计算机网络的。本项目主要学习现代计算机办公网络、移动办公和智能手机的使用与维护。

1.1 计算机网络概述

1.1.1 计算机网络的概念与分类

1. 计算机网络的概念

对"计算机网络"这个概念的理解和定义,随着计算机网络本身的发展,人们提出了各种不同的观点。早期的计算机系统是高度集中的,所有的设备安装在单独的大房间中,后来出现了批处理和分时系统,分时系统所连接的多个终端必须紧密连接主计算机。20 世纪 50 年代中后期,许多系统都将地理上分散的多个终端通过通信线路连接到一台中心计算机上,这样就出现了第一代计算机网络。

第一代计算机网络是以单个计算机为中心的远程联机系统。典型应用是美国在 1963 年投入使用的由一台计算机和全美范围内 2000 多个终端组成的飞机订票系统 SABBRE-1。终端指的就是一台计算机的外部设备,包括 CRT 显示器和键盘,无 GPU 和内存。

随着远程终端的增多,在主机前增加了前端机 FEP。当时,人们把计算机网络定义为"以传输信息为目的而连接起来,实现远程信息处理或进一步达到资源共享的系统",但这样的系统已具备通信的雏形。

第二代计算机网络是以多个主机通过通信线路互联起来,为用户提供服务的网络,兴起于 20 世纪 60 年代后期,典型代表是美国国防部高级研究计划署开发的 ARPAnet。

主机之间不是直接用线路相连,而是由接口报文处理机 IMP 转接后互联的。IMP 和它们之间互联的通信线路一起负责主机间的通信任务,构成了通信子网。通信子网互联的主机负责运行程序,提供资源共享,组成了资源子网。

两个主机间通信时对传送信息内容的理解,信息表示形式以及各种情况下的应答信号都必须遵守一个共同的约定,称为协议(如 TCP/IP),如图 1-1 所示。

在 ARPA 网中,将协议按功能分成了若干层次,如何分层,以及各层中具体采用的协议的总和,称为网络体系结构,体系结构是个抽象的概念,其具体实现是通过特定的硬件和软件来完成的。

在 20 世纪 70 年代至 80 年代,第二代计算机网络得到迅猛的发展。

第二代计算机网络以通信子网为中心。这个时期,网络概念为"以能够相互共享资源为目的互联起来的具有独立功能的计算机之集合体",形成了计算机网络的基本概念。

第三代计算机网络是具有统一的网络体系结构并遵循国际标准的开放式和标准化的网络。具有代表性的是 1985 年美国国家科学基金会的 NSFnet。

国际标准化组织 ISO 于 1984 年公布了一个网络体系结构模型,这就是开放系统互联参考模型 OSI(Open System Interconnection),如图 1-2 所示。该模型分为七个层次,也称为 OSI 七层模型,公认为是新一代计算机网络体系结构的基础,为普及局域网奠定了基础。

20 世纪 70 年代后,大规模集成电路开始出现,局域网由于投资少、方便灵活而得到了广泛的应用和迅猛的发展,它与广域网相比有共性,如有分层的体系结构,又有不同的特性,如局域网为节省费用而不采用存储转发的方式,而是由单个的广播信道来连接网上计算机。

TCP/IP 参考模型	OSI 参考模型
应用层	应用层（Application layer）
	表示层（Presentation layer）
	会话层（Session layer）
传输层	传输层（Transport layer）
网络层	网络层（Network layer）
网络接口层	链路层（Data link layer）
	物理层（Physical layer）

图 1-1　TCP/IP 参考模型 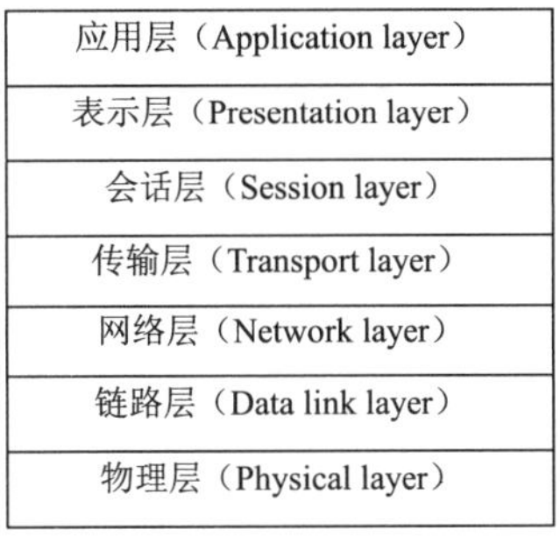　　　　图 1-2　OSI 参考模型

第四代计算机网络从 20 世纪 90 年代末开始，局域网技术发展成熟，出现光纤、高速网络技术、多媒体、智能网络，整个网络就像一个对用户透明的大的计算机系统，后来发展为以 Internet 为代表的互联网。

现在，计算机网络可定义为：将多个地理位置不同且具有独立工作能力的计算机系统，通过通信设备和传输媒体连接起来，由功能完善的网络软件实现硬件、软件、数据资源共享和数据通信（交换）以及分布式信息处理的系统。

从定义中，可以看出计算机网络涉及三个方面的问题：
（1）至少两台计算机互联；
（2）通信设备与线路介质；
（3）网络软件、通信协议和 NOS。

2. 计算机网络的分类

用于计算机网络分类的标准很多，如拓扑结构、应用协议等。但是这些标准只能反映网络某些方面的特征，最能反映网络技术本质特征的分类标准是分布距离，按分布距离分为 LAN、MAN、WAN、Internet。

（1）局域网（Local Area Network，LAN）。

局域网是很常见、应用很广的一种网络。现在局域网随着整个计算机网络技术的发展和提高得到充分的应用和普及，几乎每个单位都有自己的局域网，甚至有的家庭中都有自己的小型局域网。很明显，所谓局域网就是在局部地区范围内的网络，它所覆盖的地区范围较小。局域网在计算机数量配置上没有太多的限制，少的可以只有两台，多的可达几百台，如图 1-3 所示。一般来说在企业局域网中，工作站的数量在几十到两百台左右。在网络所涉及的地理距离上，一般来说可以在几米至 10 千米以内。局域网一般位于一个建筑物或一个单位内，不存在寻径问题，不包括网络层的应用。

这种网络的特点是连接范围窄、用户数少、配置容易、连接速率高。目前局域网最快的速率要算现今的 10Gbps 以太网了。IEEE 的 802 标准委员会定义了多种主要的局域网：以太网（Ethernet）、令牌环网（Token Ring）、光纤分布式接口网络（FDDI）、异步传输模式网（ATM），以及最新的无线局域网（WLAN）。

（2）城域网（Metropolitan Area Network，MAN）。

这种网络一般来说是在一个城市，但不在同一地理小区范围内的计算机互联。这种网络的连接距离可以在 10~100km，它采用的是 IEEE 802.6 标准。MAN 与 LAN 相比扩展的距离更长，连接的计算机数量更多，在地理范围上可以说是 LAN 的延伸。在一个大型城市或地区，一个 MAN 通常连接多个 LAN，如连接政府机构的 LAN、医院的 LAN、电信的 LAN、公司企业的 LAN 等。由于光纤连接的引入，使 MAN 中高速的 LAN 互联成为可能。

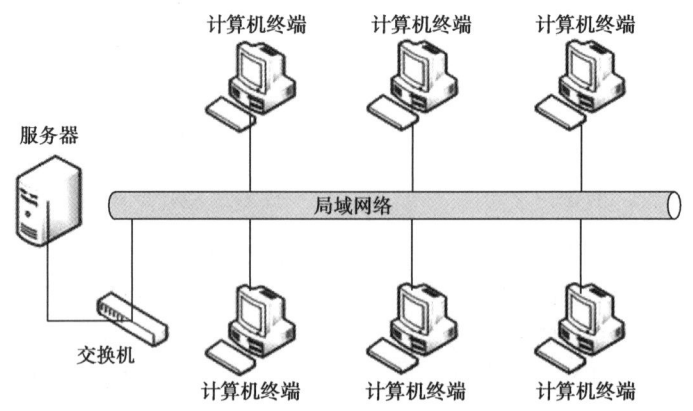

图 1-3　局域网示意图

城域网多采用 ATM 技术做骨干网。如图 1-4 所示，ATM 是一个用于数据、语音、视频以及多媒体应用程序的高速网络传输方法。ATM 包括一个接口和一个协议，该协议能够在一个常规的传输信道上，在比特率不变及变化的通信量之间进行切换。ATM 包括硬件、软件以及与 ATM 协议标准一致的介质。ATM 提供一个可伸缩的主干基础设施，以便能够适应不同规模、速度以及寻址技术的网络。ATM 的最大缺点就是成本太高，所以一般在政府城域网中应用，如邮政、银行、医院等。

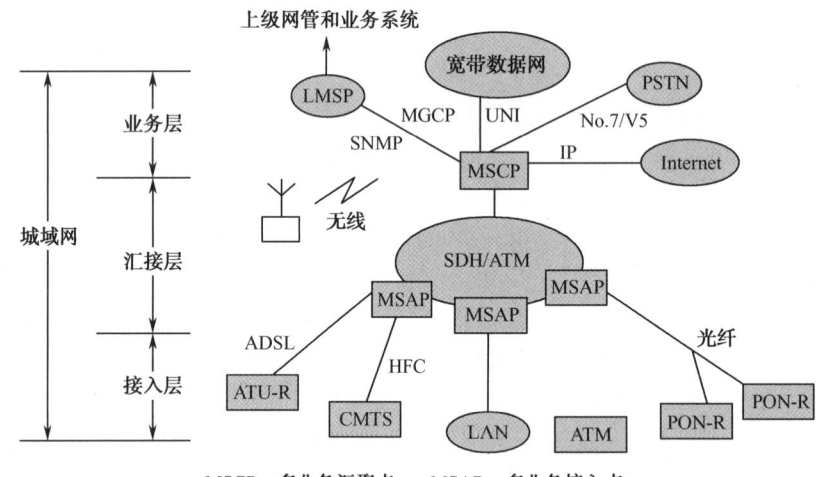

图 1-4　宽带城域网示意图

（3）广域网（Wide Area Network，WAN）。

这种网络也称为远程网，如图 1-5 所示，所覆盖的范围比城域网（MAN）更广，它一般是在不同城市之间的 LAN 或者 MAN 网络互联，地理范围可从几百千米到几万千米。因为距离较远，信息衰减比较严重，所以这种网络一般要租用专线，通过 IMP（接口信息处理）协议和线路连接起来，构成网状结构，解决寻径问题。这种城域网因为所连接的用户多，总出口带宽有限，所以用户的终端连接速率一般较低，通常为 9.6Kbps～45Mbps，如 CHINANET、CHINAPAC 和 CHINADDN。

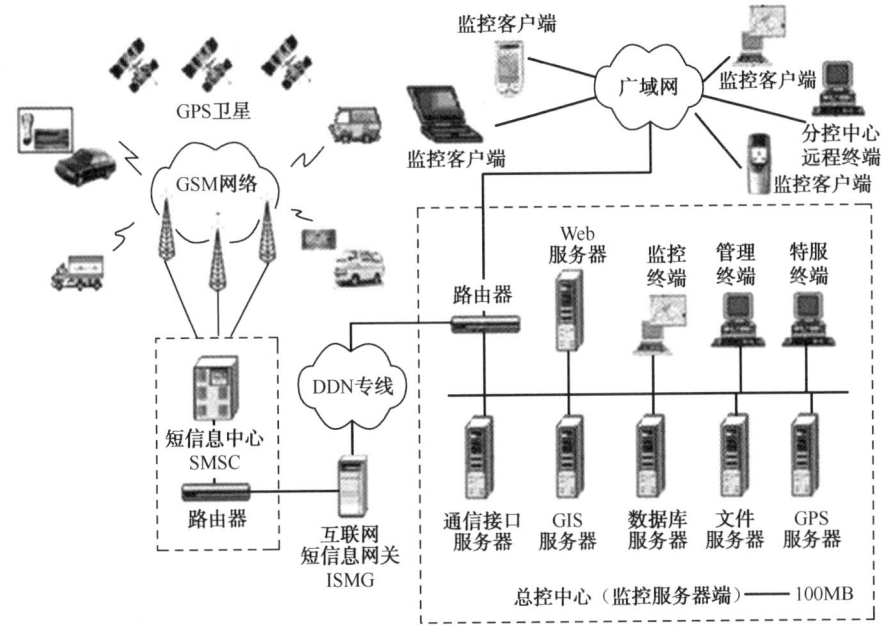

图 1-5　广域网示意图

（4）互联网（Internet）。

在互联网应用如此广泛的今天，它已是我们每天都要打交道的一种网络，无论从地理范围，还是从网络规模来讲它都是最大的一种网络，也就是我们常说的"Web""WWW"和"万维网"等。从地理范围来说，它可以是全球计算机的互联，这种网络的最大特点就是不定性，整个网络的计算机每时每刻随着人们应用网络在不断地变化。当你连上互联网的时候，你的计算机可以算是互联网的一部分，但一旦断开与互联网的连接，你的计算机就不属于互联网了。它的优点是非常明显的，就是信息量大，传播广，无论你身处何地，只要连上互联网，你就可以对任何联网的用户发出你的信函和广告。由于这种网络的复杂性，因此这种网络的实现技术也是非常复杂的。

1.1.2　计算机网络的发展与现状

计算机网络近年来获得了飞速的发展。20 年前，在我国很少有人接触过网络。现在，计算机通信网络及 Internet 已成为我们社会结构的一个基本组成部分。网络被应用于工商业的各个方面，包括电子银行、电子商务、现代化的企业管理、信息服务业等都以计算机网络系统为基础。从学校远程教育到政府日常办公乃至现在的电子社区，很多方面都离不开网络技术。可以不夸张地说，网络在当今世界无处不在。

1997 年，在美国拉斯维加斯的全球计算机技术博览会上，微软公司总裁比尔·盖茨先生发表了著名的演说。在演说中，他的"网络才是计算机"的精辟论点，充分体现出信息社会中计算机网络的重要基础地位。计算机网络技术的发展越来越成为当今世界高新技术发展的核心之一。

网络的发展也对经济产生了影响。数据网络使个人化的远程通信成为可能，并改变了商业通信的模式。一个完整的用于发展网络技术、网络产品和网络服务的新兴工业已经形成，计算机网络的普及性和重要性已经导致在不同岗位上对具有更多网络知识的人才的大量需求。企业需要雇员规划、获取、安装、操作、管理那些构成计算机网络和 Internet 的软硬件系统。另外，计算机编程已不再局限于个人计算机，而要求程序员设计并实现能与其他计算机上的程序通信的应用软件。

在 20 世纪 50 年代中期，美国的半自动地面防空系统（Semi-Automatic Ground Environment，SAGE）开始了计算机技术与通信技术相结合的尝试，在 SAGE 系统中把远程距离的雷达和其他测控设备的信息经由线路汇集至一台 IBM 计算机上进行集中处理与控制。世界上公认的、最成功的第一个远程计算机网络是在 1969 年，由美国国防部高级研究计划署（Advanced Research Projects Agency，ARPA）组织研制成功的。该网络称为 ARPAnet，它就是现在 Internet 的前身。

1. 传统计算机网络

随着计算机网络技术的蓬勃发展，计算机网络的发展大致可划分为 4 个阶段。

第一阶段：诞生阶段。20 世纪 60 年代中期之前的第一代计算机网络，是以单个计算机为中心的多终端远程联机系统，以传输信息为目的，即面向终端的计算机通信网。计算机技术与通信技术相结合，形成了初级的计算机网络模型。此阶段网络应用的主要目的是提供网络通信、保障网络连通。

第二阶段：形成阶段。20 世纪 60 年代中期至 70 年代的第二代计算机网络，是以多个主机通过分组交换网为中心的通信线路互联起来，以能够相互共享资源为目的，为用户提供服务的计算机-计算机网络。在计算机通信网络的基础上，实现了网络体系结构与协议完整的计算机网络。此阶段网络应用的主要目的是提供网络通信、保障网络连通、网络数据共享和网络硬件设备共享。

第三阶段：互联互通阶段。20 世纪 70 年代末至 90 年代的第三代计算机网络，是具有统一的网络体系结构并遵循国际标准的开放式和标准化的计算机网络。ARPAnet 兴起后，计算机网络发展迅猛，各大计算机公司相继推出自己的网络体系结构及实现这些结构的软、硬件产品。由于没有统一的标准，不同厂商的产品之间互联很困难，人们迫切需要一种开放性的标准化实用网络环境，这样两种国际通用的最重要的体系结构就应运而生了，即 TCP/IP 体系结构和国际标准化组织的 OSI 体系结构。解决了计算机联网与互联标准化的问题，提出了符合计算机网络国际标准的"开放式系统互联参考模型"（OSI RM），从而极大地促进了计算机网络技术的发展。此阶段网络应用已经发展到为企业提供信息共享服务的信息服务时代。

第四阶段：高速网络技术阶段。20 世纪 90 年代末至今的第四代计算机网络，其主要特征是全光网、高速化、综合化、智能化和全球化，具备高度的可靠性与完善的管理机制，网络覆盖范围广泛。伴随数字通信、5G、云计算、物联网、大数据、人工智能、虚拟现实等技术，使其迅速得到普及，实现了全球化的广泛应用。

2. 下一代互联网

从计算机网络应用来看，网络应用系统将向更深和更宽的下一代互联网方向发展。

首先，Internet 信息服务将会得到更大发展。网上信息浏览、信息交换、资源共享、分布计算等技术将进一步提高速度、容量及信息的安全性。计算机网络技术、"互联网+"改变了传统企业的生产、制造、管理和经营模式，已经成为我们工作和生活中的主流技术。

其次，远程会议、远程教学、远程医疗、远程购物等应用将逐步从实验室走出来，不再只是幻想。当前的在线教学、网络办公、移动办公即是典型实用案例。网络多媒体技术和 5G 通信技术的应用也将成为网络发展的热点话题。未来将是一个网络无处不在的世界，任何东西都可以进行网络互联（物联网），可以在我们能够达到的任何地方，对想要了解的任何东西进行搜索和远程控制。

综上所述，开放式网络体系结构的发展，使不同软硬件环境、不同协议的网络可以互联，真正达到资源共享、数据通信和分布处理的目标。智能化的发展，提高了网络的性能并可更加合理地进行网络各种业务的管理，真正以分布和开放的形式向用户提供服务。高速化、大容量、高可靠性、高安全性的发展，采用多媒体技术，三网融合，提供了高质量的文本、声音、图像、视频等综合性服务。

"互联网+"是两化（信息化和工业化）融合的升级版，是指在创新 2.0（信息时代、知识社会的创新形态）推动下互联网发展的新业态，也是在知识社会创新 2.0 推动下由互联网形态演进、催生的经济社会发展新形态。"互联网+"计划的目的在于充分发挥互联网的优势，将互联网与传统产业深入融合，以产业升级提升经济生产力，最后实现社会财富的增加。

信息通信技术 ICT 是 21 世纪社会发展的强有力动力之一，并将迅速成为世界经济增长的重要动力。ICT（Information Communications Technology）是信息技术与通信技术相融合而形成的一个新的概念和新的技术领域。ICT=IT+CT，CT 行业是资金密集型领域，IT 服务行业是智力密集型领域。CT 与 IT 均属于信息产业，产业特点相近，产业链有多处节点重合，相辅相成，密不可分。在信息化进程中，IT 与 CT 的融合越来越紧密。通常，一个成功的信息应用系统必然要将 IT 与 CT 这两方面的知识和资源有机地结合起来，如远程教育、远程医疗、电子农业、电子政务、电子商务、信息安全等领域。在我国，ICT 将成为与互联网应用、视频内容以及移动通信并列的四大拓展业务领域之一。

从人与人相连接到万物互联，互联网技术的演进正在给人类社会带来巨大变革。人工智能、万物互联、大数据分析……基于互联网产业发展的需要，互联网体系结构的变革再次提上日程。①社会变革：人工智能将引领第四次工业革命；②万物互联：物联网将开启智慧生活新图景；③安全之盾：IPv6 将为网络安全保驾护航。互联网是人类社会重要的信息基础设施，对经济社会发展和国家安全具有战略意义，与构建和谐社会、建设创新型国家和走新型工业化道路等重大战略的实施紧密相关。下一代互联网技术的主要特征是更大、更快、更安全、更及时、更方便、更可管理、更有效。IPv6 协议的地址是由 128 位编码组成的，能产生 2 的 128 次方个 IP 地址，网速提高 100 倍以上，可连接所有电器。IPv6 的商用是下一代互联网的起点，如今互联网发展进入了以宽带化、移动化、泛在化、云计算为表征的下一代互联网时代。下一代互联网将把人类带进真正的数字化时代，也许只需要 3~5 年，我们将看到互联网完成如下几个方面的变革：

（1）技术。从离散走向统一，从一维走向三维，从窄带走向宽带，从固定走向无线，从.com时代走向.net时代，网络拓扑结构扩展的同时，巨大潜能将得到释放。

（2）生活。从"学习时代"走向"消费时代"，从"读网时代"走向"用网时代"，网络从进入生活开始变成生活的一部分。

（3）商业。从鼠标+水泥到网络辛迪加再到网络巴扎，企业从信息化建设开始走向网络化协作。

（4）经济。从边缘走向核心，从表层渗入深层，网络经济与传统经济从带动时代走向融合时代。

在网络变革的背后，辉映着一个个深邃、睿智、跳脱、沉稳、激进、犀利的思想之间的碰撞……

1.1.3 计算机网络的技术与质量指标

计算机网络的性能与指标很多，下面仅介绍几个常用的主要参数。

（1）比特（bit）。比特是计算机中数据量的单位，也是信息论中使用的信息量的单位。bit来源于binary digit，意思是一个"二进制数字"，因此一个比特就是二进制数字中的一个1或0。

（2）速率（rate）。速率即每秒传输的比特数量，也称为数据率（data rate）或比特率（bit rate），是计算机网络中很重要的一个性能指标。速率的单位为b/s（bit/s、bps，即bit per second）、Kb/s、Mb/s、Gb/s等。速率往往是指额定速率或标称速率。

（3）带宽（bandwidth）。"带宽"本来是指信号具有的频带宽度，单位有Hz、kHz、MHz、GHz。现在通信链路的"带宽"是指数字信道所能传送的"最高数据率"（Max net bitrate）的同义语，单位有bps、Kbps、Mbps、Gbps等。

（4）吞吐量（throughput）。吞吐量表示在单位时间内通过某个网络（或信道、接口）的数据量，常用单位为Mbps。吞吐量经常用于对现实世界中的网络的一种测量，以便知道实际上到底有多少数据量能够通过网络。吞吐量受网络的带宽或网络的额定速率的限制。要注意链路上的可用带宽（带宽）与实际链路中每秒所能传送的比特数（吞吐量）的区别。通常更倾向于用"吞吐量"一词来表示一个系统的测试性能。

（5）时延（Time delay）。时延是指数据（一个报文或分组，甚至比特）从网络（或链路）的一端传送到另一端所需的时间。时延也称为延迟或迟延，单位为毫秒（ms）。需要注意的是，网络中的时延由以下几个不同的部分组成：发送时延和传播时延，处理时延和排队时延。在计算一个数据分组的时延时，应该把这几个时延算进去：总延时 = 发送延时 + 传播延时 + 处理延时 + 排队延时。ITU、IMT-2020推进组等国内外5G研究组织和机构都对5G提出了毫秒级的端到端时延要求，理想情况下端到端时延为1ms，典型端到端时延为5～10ms。我们目前使用的4G网络，端到端理想时延为10ms左右，LTE的端到端典型时延为50～100ms，这意味着5G将端到端时延缩短为4G的十分之一，而3G的端到端时延是几百毫秒量级的。

（6）网络流量（Network traffic或Flow）。网络流量就是网络上传输的数据量。流量是一个数字记录，单位有B（Byte）、KB、MB、GB等。网络流量的大小对网络架构设计具有重要意义。流量为客户上网发送和接收的数据量总和。

1.2 计算机网络的组成结构与工作原理

1.2.1 计算机网络的组成结构

计算机网络系统是由网络硬件和网络软件组成的。在网络系统中，硬件的选择对网络起着决定的作用，而网络软件则是挖掘网络潜力的工具。

1. 网络硬件

网络硬件是计算机网络系统的物质基础，一般是指终端设备、传输介质和网络连接设备，如图1-6所示。要构成一个计算机网络系统，首先要将计算机及其附属硬件设备与网络中的其他计算机系统连接起来，实现物理连接。不同的计算机网络系统，在硬件方面是有差别的。随着计算机技术和网络技术的发展，网络硬件日趋多样化，且功能更强，更复杂，网络连接设备更是如此。常见的网络硬件有服务器、工作站、网络接口卡、调制解调器、路由器、交换机、终端设备及传输介质等。

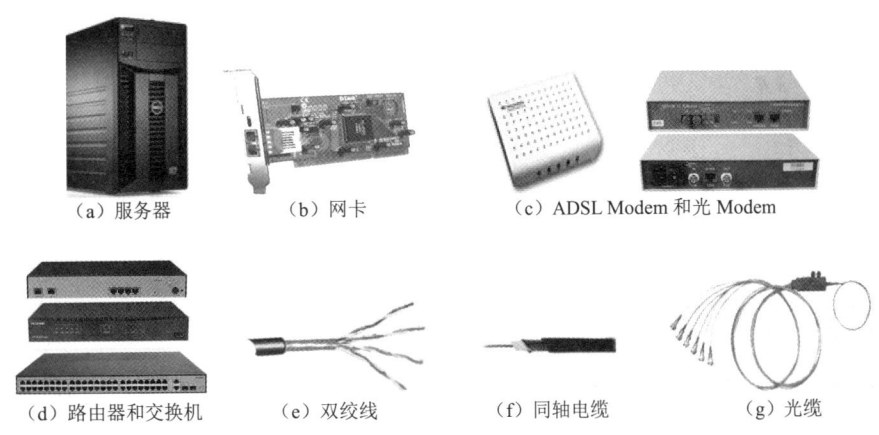

(a)服务器　　(b)网卡　　(c)ADSL Modem和光 Modem

(d)路由器和交换机　　(e)双绞线　　(f)同轴电缆　　(g)光缆

图1-6　部分网络硬件

（1）服务器。在计算机网络中，分散在不同地点、担负一定数据处理任务和提供资源的计算机被称为服务器。服务器是网络运行、管理和提供服务的中枢，它影响网络的整体性能。一般在大型网络中采用大型机、中型机和小型机作为网络服务器，可以保证网络的可靠性。对于网点不多、网络通信量不大、数据的安全可靠性要求不高的网络，可以选用高档计算机作为网络服务器。

（2）工作站。在计算机局域网中，网络工作站通过网卡连接到网络上的一台个人计算机，它仍保持原有计算机的功能，作为独立的个人计算机为用户服务，同时它又可以按照被授予的一定权限访问服务器。工作站之间可以进行通信，也可以共享网络的其他资源。

（3）网络接口卡。网络接口卡也称为网卡或网板，是计算机与传输介质进行数据交互的中间部件，主要进行编码转换。在接收传输介质上传送的信息时，网卡把传来的信息按照网络上信号编码要求和帧的格式接收并交给主机处理。在主机向网络发送信息时，网卡把发送的信息按照网络传送的要求装配成帧的格式，然后采用网络编码信号向网络发送出去。

（4）调制解调器。调制解调器（Modem）是调制器和解调器的简称，是实现计算机通信的外部设备。调制解调器是一种进行数字信号与模拟信号转换的设备。计算机处理的是数字信号，而电话线传输的是模拟信号，在计算机和电话线之间需要一个连接设备，将计算机输出的数字信号变换为适合电话线传输的模拟信号，在接收端再将接收到的模拟信号变换为数字信号由计算机处理。因此，调制解调器成对使用。早期的 Modem 用于普通电话线路，属于低速接入，速率限于 56Kbps，占用电话线。目前，ADSL Modem 也使用普通电话线路，但属于高速接入，最高速率可以达到 2Mbps，且不占用电话线。Cable Modem 用于有限电视网络，最高速率可达到 10M，但为共享带宽。现在大多使用光纤到户（FTTH），因此使用光 Modem。

（5）路由器和交换机。路由器是连接互联网中各局域网和广域网的设备，交换机是一个扩大网络的器材，能为子网络中提供更多的连接端口，以便连接更多的计算机。路由器用来共享一个 IP，交换机用来共享一根网线。所有端口均支持线速数据转发，支持端口翻转功能，可机架安装，即插即用，无须管理；动态 LED 指示灯提供简单的工作状态提示及故障排除手段。

（6）终端设备。终端设备是用户进行网络操作所使用的设备，它的种类很多，可以是具有键盘及显示功能的一般终端，也可以是一台计算机。

（7）传输介质。传输介质是传送信号的载体，在计算机网络中通常使用的传输介质有双绞线、同轴电缆、光纤、微波及卫星通信等。它们可以支持不同的网络类型，具有不同的传输速率和传输距离。

2. 网络软件

在网络系统中，网络中的每个用户都可享用系统中的各种资源，所以系统必须对用户进行控制，否则就会造成系统混乱，造成信息数据的破坏和丢失。为了协调系统资源，系统需要通过软件工具对网络资源进行全面的管理，进行合理的调度和分配，并采取一系列的保密安全措施，防止用户不合理地对数据和信息进行访问，防止数据和信息的破坏与丢失。

网络软件是实现网络功能所不可缺少的软环境。通常网络软件包括网络协议软件、网络通信软件和网络操作系统。

网络协议是网络通信的数据传输规范，网络协议软件是用于实现网络协议功能的软件。目前，典型的网络协议软件有 TCP/IP、IPX/SPX 协议、IEEE 802 标准协议系列等。其中，TCP/IP 是当前异种网络互联应用非常广泛的网络协议软件。

网络操作系统是用于管理网络软、硬件资源，提供简单网络管理的系统软件，是网络的心脏和灵魂。常见的网络操作系统有 UNIX、Linux、Netware、Windows NT（最新版本为 Windows Server 2019）等。

网络通信软件是用以监督和控制通信工作的软件。它除了作为计算机网络软件的基础组成部分，还可用作计算机与自带终端或附属计算机之间实现通信的软件，即应用级提供网络服务功能的专用软件。通信软件通常由线路缓冲区管理程序、线路控制程序以及报文管理程序组成。报文管理程序通常由接收、发送、收发记录、差错控制、开始和终了这几部分组成。下面简单介绍几种常用的网络通信软件。

（1）浏览器。网页浏览器是显示网页服务器或档案系统内的文件，并让用户与这些文件互动的一种软件。它用来显示在万维网或局域网等网络内的文字、影像及其他资讯。这些文字或影像，可以是连接其他网址的超链接，用户可迅速及轻易地浏览各种资讯。网页一般是 HTML 格式的。有些网页是需要使用特定的浏览器才能正确显示的。个人计算机上常见的网页浏览器包括微软的 Internet Explorer、Microsoft Edge、谷歌（Google Chrome）、火狐（Firefox）、360 等。浏览器是经常使用的客户端程序。

万维网或全球网（Web，WWW）是全球最大的连接文件网络文库，是一种把所有 Internet 的信息（包括你愿意加进去的本地信息）组织成超文本文件形式文件的企图。尽管这个梦也许有点不太现实，但是全球网确实让你能访问 Internet 的所有资源，只需用浏览器"读"适当的文件就行了。

网页浏览器主要通过 HTTP 与网页服务器交互并获取网页，这些网页由 URL 指定，文件格式通常为 HTML，并由 MIME 在 HTTP 中指明。一个网页中可以包括多个文档，每个文档都是分别从服务器获取的。大部分的浏览器本身也可支持 HTML 之外的广泛的格式，如 JPEG、PNG、GIF 等图像格式，并且能够扩展支持众多的插件（plug-ins）。另外，许多浏览器还支持其他的 URL 类型及其相应的协议，如 FTP、Gopher、HTTPS（HTTP 的加密版本）。HTTP 内容类型和 URL 协议规范允许网页设计者在网页中嵌入图像、动画、视频、声音、流媒体等。

目前普遍使用的有微软公司的 IE 浏览器和 360 浏览器等。

国际互联网已经进入我们的世界，要在 Internet 上漫游，从中获取信息、发布信息，首先计算机必须以某种方式上网，此外计算机上必须装有网络软件。浏览器是各种网络软件中直观、易用的一类，Microsoft 公司的 Internet Explorer（IE）就是一个非常优秀的浏览器，借助 Internet Explorer 可以使用户的上网漫游轻松自如、妙趣横生。浏览器一般由菜单栏、标准工具栏、状态栏和地址组成。浏览某个网站，只要在浏览器的地址栏中输入网址，再进行确定就可以了。

IE 浏览器是由微软公司出品，并且采用免费（与 Windows 操作系统）捆绑的方式提供给用户的，也就是说，只要你用的是 Windows 系列操作系统，就肯定有 IE 浏览器。如图 1-7 所示为目前流行的 IE 浏览器 11.0 安装引导界面，图 1-8 为 360 安全浏览器安装引导界面。

图 1-7　IE 浏览器 11.0 安装引导界面　　图 1-8　360 安全浏览器安装引导界面

（2）电子邮件。电子邮件（Electronic mail，E-mail，其标志@被大家昵称为"伊妹儿"），又称电子信箱、电子邮政，它是一种用电子手段提供信息交换的通信方式，是 Internet 应用很广的服务。通过网络的电子邮件系统，用户可以用非常低廉的价格（不管发送到哪里，都只需负担电话费或网费即可），以非常快速的方式（几秒钟之内可以发送到世界上任何指定的目的地），与世界上任何一个角落的网络用户联系。这些电子邮件可以是文字、图像、声音等形式。同时，用户可以得到大量免费的新闻、专题邮件，并实现轻松的信息搜索。

电子邮件指用电子手段传送信件、单据、资料等信息的通信方法，这是任何传统的方式都无法相比的。正是由于电子邮件使用简易、投递迅速、收费低廉、易于保存、全球畅通无阻，使得电子邮件被广泛应用，它使人们的交流方式得到了极大的改变。另外，电子邮件还可以进行一对多的邮件传递，同一邮件可以一次发送给许多人。更重要的是，电子邮件系统是整个网与网乃至所有其他网络系统中直接面向人与人之间信息交流的系统，它的数据发送方和接收方都是人，所以极大地满足了大量存在的人与人通信的需求。

电子邮件综合了电话通信和邮政信件的特点，它传送信息的速度和电话一样快，还能像信件一样使收信者在接收端收到文字记录。电子邮件系统又称基于计算机的邮件报文系统，它承担从邮件进入系统到邮件到达目的地为止的全部处理过程。电子邮件不仅可利用电话网络，而且可利用任何通信网传送。在利用电话网络时，还可利用其非高峰期间传送信息，这对于商业邮件具有特殊价值。由中央计算机和小型计算机控制的面向有限用户的电子系统可以看作一种计算机会议系统。电子邮件的发送/接收原理和地址的构成如下：

① 电子邮件的发送和接收。电子邮件在 Internet 上发送和接收的原理可以很形象地用我们日常生活中邮寄包裹来形容。当我们要寄一个包裹的时候，首先要找到任何一个有这项业务的邮局，在填写完收件人姓名、地址等之后，包裹就被寄出，如果到了收件人所在地的邮局，那么对方取包裹的时候就必须去这个邮局才能取出。同样地，当我们发送电子邮件的时候，这封邮件由邮件发送服务器（任何一个都可以）发出，根据收信人的地址判断对方的邮件接收服务器并将这封邮件发送到该服务器上，收信人要收取邮件也只能访问这个服务器才行。

② 电子邮件地址的构成。电子邮件地址的格式是"USER@SERVER.COM"，由三部分组成。第一部分"USER"代表用户信箱的账号，对于同一个邮件接收服务器来说，这个账号必须是唯一的；第二部分"@"是分隔符；第三部分"SERVER.COM"是用户信箱的邮件接收服务器域名，用以标志其所在的位置。

在选择电子邮件服务商之前，我们要明白使用电子邮件的目的是什么，根据自己不同的目的有针对性地去选择。如果经常和国外的客户联系，那么建议使用国外的电子邮箱，如 Gmail、Hotmail、MSN mail、Yahoo mail 等。如果是想当作网络硬盘使用，经常存放一些图片资料等，那么就应该选择存储量大的邮箱，如 Gmail、Yahoo mail、网易 163 mail、126 mail、yeah mail、TOM mail、21CN mail 等。如果自己有计算机，那么最好选择支持 POP/SMTP 的邮箱，可以通过 outlook、foxmail 等邮件客户端软件将邮件下载到自己的硬盘上。

（3）腾讯 QQ。腾讯 QQ 是由深圳市腾讯计算机系统有限公司开发的一款基于 Internet 的即时通信（IM）软件，可以使用 QQ 和好友进行信息交流，自定义图片或相片即时发送和接收，语音视频面对面聊天，功能非常全面。此外，QQ 还具有手机聊天、聊天室、文件点对点断点续传、共享文件、QQ 邮箱、备忘录、网络收藏夹、发送贺卡等功能。QQ 不仅是简单的即时通信软件，通过与全国多家移动通信公司合作，它还能实现 GSM 移动电话的短消息互联等。它是国内非常流行、功能强大的即时通信（IM）软件，特别是在线聊天、即时传送视频、语音和文件等功能很受欢迎。QQ 能与移动通信终端、IP 电话网等多种通信方式相连，使 QQ 不仅是单纯意义的网络虚拟呼机，也是一种方便、实用、高效的即时通信工具。

QQ 目前在国内是使用人数非常多的通信工具。随着时间的推移，根据 QQ 所开发的附加产品越来越多，如 QQ 游戏、QQ 宠物、QQ 音乐、QQ 空间等，必将备受广大 QQ 用户的青睐和欢迎。如图 1-9 所示是 QQ 的登录界面。

图 1-9 QQ 的登录界面

3. 网络结构

网络结构指计算机网络的结构。计算机网络由计算机系统、通信链路和网络节点组成，它是计算机技术和通信技术紧密结合的产物，承担着数据通信和数据处理两类工作。从逻辑功能看，网络又可分为资源子网和通信子网。资源子网提供访问网络和处理数据的能力，它由主计算机系统、终端控制器和终端组成。通信子网提供网络通信功能，它由网络节点、通信链路和信号变换设备组成，而网络中通信子网的结构直接影响网络结构。通信子网按其传送数据的技术可分为点-点通信信道和广播通信信道两种。

从点来看，计算机网络是一台通信主机；从线来看，计算机网络是一条通信链路；从平面来看，计算机网络是由节点、链路和协议三个元素组成的通信系统；从立体来看，计算机网络是 ISO/OSI 参考模型和 IEEE 802、TCP/IP 两种计算机网络主流体系结构；从多维角度来看，计算机网络是 C/S、B/S、SOA 工作模式及应用程序开发对数据通信、数据处理、资源集成、交互服务的网络信息系统。

在不同的网络系统中，网络结构及所选择使用的网络软件是有差别的。对于实用的网络系统来说，选择什么硬件和软件是根据系统的规模、系统的结构决定的。例如 Novell 局域网，如果网络系统所涉及的地理范围小，同时系统所拥有的数据量和通信数据量不大，那么只要一台网络服务器，并具备系统所规定的工作站数，选择适当的通信介质和相匹配的网络接口卡、网络软件、网络操作系统，就可以建立一个完整的网络系统。

在一个远程网络系统中所需要的设备和技术很复杂。在远程通信网中，对于服务器与工作站，服务器通过集中器与工作站直接通信的部分属于短程通信；而服务器与各工作站通信需要经过调制解调器或前端处理机的通信部分则属于远程通信。

计算机网络的拓扑结构通常有星形结构、总线结构、环形结构、树形结构和网状结构，如图 1-10 所示。

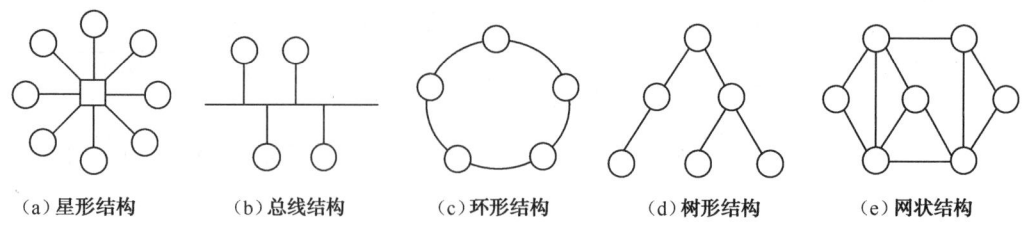

(a)星形结构　　(b)总线结构　　(c)环形结构　　(d)树形结构　　(e)网状结构

图 1-10　计算机网络拓扑结构示意图

（1）星形结构。星形结构是以一个节点为中心的处理系统，各种类型的入网机器均与该中心处理机用物理链路直接相连，与其他节点间不能直接通信，与其他节点通信时需要通过该中心处理机转发，因此中心节点必须有较强的功能和较高的可靠性。

星形结构的优点是结构简单，建网容易，控制相对简单。其缺点是需要集中控制，主机负载过重，可靠性低，通信线路利用率低。

（2）总线结构。将所有的入网计算机均接入一条通信传输线上，为防止信号反射，一般在总线两端连有终结器匹配线路阻抗。总线结构的优点是信道利用率较高，结构简单，价格相对便宜。缺点是同一时刻只能有两个网络节点相互通信，网络延伸距离有限，网络容纳节点数有限。在总线上只要有一个节点连接出现问题，就会影响整个网络的正常运行。目前，在局域网中多采用此种结构。

（3）环形结构。环形结构将各个联网的计算机由通信线路连接成一个闭合的环路。在环形结构的网络中，信息按固定方向流动，或顺时针方向，或逆时针方向。其传输控制机制较为简单，实时性强，但可靠性较差，网络扩充复杂。

（4）树形结构。树形结构实际上星形结构的一种变形，它将原来用单独链路直接连接的节点通过多级处理主机进行分级连接。这种结构与星形结构相比降低了通信线路的成本，但增加了网络复杂性。网络中除了最低层节点及其连线，任一节点连线的故障均影响其所在支路网络的正常工作。

（5）网状结构。网状结构其优点是节点间路径多，碰撞和阻塞可大大减少，局部的故障不会影响整个网络的正常工作，可靠性高；网络扩充和主机入网比较灵活、简单。但这种网络关系复杂，建网不易，网络控制机制复杂。广域网中一般用网状结构。

1.2.2　计算机网络的工作原理

计算机网络的基本原理就是 ISO 的分层理论。所以，计算机网络体系结构是计算机网络原理的基础，它包括参考模型、协议规范、服务定义，其中最重要的是协议规范。

计算机网络是计算机技术和通信技术紧密结合的产物。它不仅使计算机的作用范围超越了地理位置的限制，而且也大大加强了计算机本身的能力。计算机网络的最基本功能就是资源共享和实现数据通信。

（1）资源共享。资源共享是人们建立计算机网络的主要目的之一。计算机资源包括硬件资源、软件资源和数据资源。硬件资源的共享可以提高设备的利用率，避免设备的重复投资，如利用计算机网络建立网络打印机。软件资源和数据资源的共享可以充分利用已有的信息资源，减少软件开发过程中的劳动，避免大型数据库的重复设置。

（2）数据通信。数据通信是指利用计算机网络实现不同地理位置的计算机之间的数据传送。如人们通过电子邮件（E-mail）发送和接收信息，使用 IP 电话进行相互交谈等。

（3）均衡负荷与分布处理。是指当计算机网络中的某个计算机系统负荷过重时，可以将其处理的任务传送到网络中的其他计算机系统中，以提高整个系统的利用率。对于大型的综合性的科学计算和信息处理，通过适当的算法，将任务分散到网络中不同的计算机系统上进行分布式的处理。例如，通过国际互联网中的计算机分析地球以外空间的声音等。

（4）综合信息服务。在当今的信息化社会中，各行各业每时每刻都会产生大量的信息，需要及时地处理，而计算机网络在其中起着十分重要的作用。

1.3 计算机网络的使用与维护

1.3.1 计算机网络的使用

使用计算机网络，就要掌握通过网络传递信息的方法，即如何接入互联网、在互联网上快速搜索信息、保存网上的信息资源、收发电子邮件、在网上使用 FTP 实现传输文件、保证网络安全等。限于篇幅和本书要求，这里侧重介绍部分常用有线和无线办公网络硬件设备的选购、安装、连接和使用的方法。

1. 有线办公网络

网卡、路由器（见图 1-11）、集线器、交换机（见图 1-12）都是有线办公网络的硬件设备。网卡是网络终端与网络的接口设备；而路由器、集线器、交换机是用来引导网络中的信息传输的。

图 1-11　TP-LINK 路由器　　　　　图 1-12　TP-LINK 交换机

（1）集线器（Hub）。集线器实际上就是一种多端口的中继器。集线器一般有 4、8、16、24、32 等数量的 RJ45 接口，通过这些接口，集线器便能为相应数量的计算机完成"中继"功能（将已经衰减得不完整的信号经过整理，重新产生完整的信号再继续传送）。由于它在网络中处于一种"中心"位置，因此集线器也叫作"Hub"。

集线器的工作原理很简单，比如有一个具备 8 个端口的集线器，共连接了 8 台计算机。集线器处于网络的"中心"，通过集线器对信号进行转发，8 台计算机之间可以互联互通。具体通信过程是这样的：假如计算机 1 要将一条信息发送给计算机 8，当计算机 1 的网卡将信息通过双绞线送到集线器上时，集线器并不会直接将信息发送给计算机 8，它会将信息进行"广播"，即将信息同时发送给 8 个端口，当 8 个端口上的计算机接收到这条广播信息时，会对信息进行检查，如果发现该信息是发给自己的，则接收，否则不予理睬。由于该信息是计算机 1 发给计算机 8 的，因此最终计算机 8 会接收该信息，而其他 7 台计算机会因为信息不是自己的而不予理睬。

（2）交换机（Switch）。交换机也叫交换式集线器，交换机工作在中继层，根据"MAC"地址寻址。它通过对信息进行重新生成，并经过内部处理后转发至指定端口，具备自动寻址能力和交换作用，由于交换机根据所传递信息包的目的地址，将每一信息包独立地从源端口发送至目的端口，避免了和其他端口发生碰撞。广义的交换机就是一种在通信系统中完成信息交换功能的设备。

在计算机网络系统中，交换机是针对共享工作模式的弱点而推出的。集线器是采用共享工作模式的代表，如果把集线器比作一个邮递员，那么这个邮递员是个不认识字的"傻瓜"，即让他去送信，但他不知道直接根据信件上的地址将信件送给收信人，而只会拿着信分发给所有的人，然后让接收的人根据地址信息来判断是不是自己的。而交换机则是一个"聪明"的邮递员——交换机拥有一条高带宽的外部总线和内部交换矩阵。交换机的所有端口都挂接在这条外部总线上，当控制电路收到数据包后，处理端口会查找内存中的地址对照表以确定目的 MAC（网卡的硬件地址）的 NIC（网卡）挂接在哪个端口上，通过内部交换矩阵迅速将数据包传送到目的端口。若目的 MAC 不存在，交换机才"广播通知"所有的端口，接收端口回应后，利用交换机会"学习"新的地址，而把它添加到内部地址表中。

可见，交换机在收到某个网卡发过来的"信件"时，会根据上面的地址信息，以及自己掌握的"常住居民户口簿"快速将信件发送到收信人的手中。若收信人的地址不在"户口簿"上，交换机才会像集线器一样将信分发给所有的人，然后从中找到收信人。而找到收信人之后，交换机会立刻将这个人的信息登记到"户口簿"上，这样以后再为该客户服务时，就可以迅速将信件送达。

根据交换机应用网络层，划分为企业级交换机、校园网交换机、部门级交换机和工作组交换机、桌机型交换机。根据工作协议层，划分为第二层交换机、第三层交换机和第四层交换机。

（3）路由器（Router）。路由器是网络中进行网间连接的关键设备，路由器工作在网络层，根据"IP"地址寻址。作为不同网络之间互相连接的枢纽，路由器系统构成了基于 TCP/IP 的国际互联网络 Internet 的主体脉络。

路由器之所以在互联网络中处于关键地位，是因为它处于网络层，一方面能够跨越不同的物理网络类型（DDN、FDDI、以太网等），另一方面在逻辑上将整个互联网络分割成逻辑上独立的网络单位，使网络具有一定的逻辑结构。路由器的主要工作就是为经过路由器的每个数据帧寻找一条最佳传输路径，并将该数据有效地传送到目的站点。

路由器的基本功能是把数据（IP 报文）传送到正确的网络，细分则包括：
① IP 数据报的转发，包括数据报的寻径和传送；
② 子网隔离，抑制广播风暴；
③ 维护路由表，并与其他路由器交换路由信息，这是 IP 报文转发的基础；
④ IP 数据报的差错处理及简单的拥塞控制；
⑤ 实现对 IP 数据报的过滤和记账。

路由器构成了 Internet 的骨架。它的处理速度是网络通信的主要瓶颈之一，它的可靠性则直接影响网络互联的质量。因此，在 Internet 研究领域中，路由器技术始终处于核心地位。

从功能上划分，可将路由器分为核心层（骨干级）路由器、分发层（企业级）路由器和访问层（接入级）路由器。

上面给大家介绍了交换机、集线器、路由器，很多人在购买这些网络设备时，不清楚这些网络设备的区别，都在询问卖家是什么意思，买哪种网络设备更适合自己。下面给大家介绍这三种网络设备的功能区别。

Hub 也就是集线器，它的作用可以简单地理解为将一些机器连接起来组成一个局域网，而交换机（又名交换式集线器）的作用与集线器的大体相同，但是两者在性能上有区别。集线器采用的是共享带宽的工作方式，而交换机是独享带宽。这样在机器很多或数据量很大时，两者将会有比较明显的差别。而路由器与以上两者有明显区别，它的作用在于连接不同的网段，并且找到网络中数据传输最合适的路径，可以说一般情况下个人用户需求不大。路由器产生于交换机之后，就像交换机产生于集线器之后，所以路由器与交换机也有一定联系，并不是完全独立的两种设备。路由器主要克服了交换机不能路由转发数据包的不足。

（4）非对称数字用户环路（Asymmetric Digital Subscriber Line，ADSL）。ADSL 是一种异步传输模式（ATM），是利用公共交换电话网提供宽带接入方式的 Modem，即 ADSL Modem，是个人使用比较多的宽带接入方式。需要注意的是，现在的 ADSL 大多支持路由功能；另外，从早期的 ADSL 宽带，到光纤到户（FTTH），所有的个人宽带都需要拨号上网。

如果个人或少数几台机器共享上网，只通过 ADSL 本身就可以了。如果计算机比较多，则需要再购买一个或多个集线器或路由器。考虑到如今集线器与路由器的价格相差十分小，可选择一个路由器。如果要用交换机，则建议购买一个 8 口的，以满足共享扩充需求。

（5）光纤宽带。现在是光网时代，多数使用光纤到户（FTTH），用一个光 Modem 即可，用户可以通过一根光纤使用电话、宽带、IPTV 等业务，只是装机时需要安装 ONU 设备（Optical Network Unit，光网络单元）。历史上曾经出现过很多 FTTx，包括 FTTP（光纤到驻地）、FTTB（光纤到大楼）、FTTC（光纤到路边）、FTTN（光纤到邻里）、FTTF（光纤到楼层）、FTTZ（光纤到小区）、FTTO（光纤到办公室）等。定义的 FTTH 包括 FTTP、FTTF、FTTO、FTTN，其他 FTTx 不包含在内。

虽然共享上网的方法很多，但是目前常用的还是使用路由器来实现。这种方式的优点是无须对计算机本身增添什么设备，只要"猫"和路由器是打开的，各台计算机都可独立上网。下面就简单介绍路由器共享上网的设置方法。

（1）硬件连接。

如图 1-13 所示是使用 ADSL Modem 和路由器（Router）共享上网的接线方法。其中路由器跟计算机的网线应该采用直通线，"猫"跟路由器的网线应该采用交叉线，但是也可以采用直通线，因为路由器上的以太网口具有极性自动翻转功能。正常工作时，宽带"猫"上的电源灯（PW 或 Power）、同步口灯（DSL 或 Line）和接向路由器的灯（Ethernet），以及路由器上的电源灯、WAN 口灯和 LAN 指示灯将长亮。

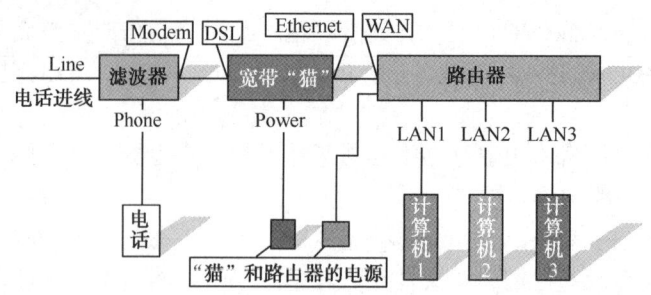

图 1-13　ADSL Modem 和路由器（Router）共享上网的接线方法

（2）配置有线路由器。

共享设置方法。共享上网的各台计算机都是平等的，没有主机和客机之分。所以当进行设置时，首先选择一台计算机（一般是放置位置跟"猫"和路由器最靠近的那台计算机）进行共享上网设置。现在假设操作系统为 Windows 7 平台，在 ADSL 宽带上网方式下，利用 TP-LINK 路由器作为共享上网时的设置方法。这些设置都是在离线的条件下进行的。

① 对计算机本地连接属性的设置。自动获得动态 IP 地址上网的操作步骤是：在桌面上，右击"网络"→"属性"→单击"更改适配器设置"→右击"本地连接"→选择"属性"，这时就会弹出如图 1-14 所示的"本地连接 属性"对话框。

在该对话框的"此连接使用下列项目"选择框中选择并双击"Internet 协议版本 4（TCP/IPv4）"，在弹出的对话框（见图 1-15）中选择"自动获得 IP 地址（O）"和"自动获得 DNS 服务器地址（B）"两项。这样，本地连接的 Internet 协议就设置完成了。

允许用户进行手工设置静态 IP 上网，但是，事先必须从路由器的说明书中查出路由器的地址。例如，已经知道路由器的 IP 地址是 192.168.1.1 时，这个地址就是默认网关；IP 地址一定要与路由器的 IP 地址处于同一网段，即 IP 地址的前三个数必须是"192.168.1"；但是，最后那个数不得与网关的最后那个数相同，也不能与局域网内的其他计算机的相同。选择范围是 2~255。比如，把这台计算机的 IP 地址设置为"192.168.1.100"，把另一台计算机的 IP 地址设为"192.168.1.101"。在 IP 地址为 192.168.1.1 的情况下（这属于私有 C 类 IP 地址），默认的子网掩码就是"255.255.255.0"。至于首选 DNS 服务器的 IP 地址是什么就要问 ISP 了。

计算机的本地连接设置好之后，单击"控制面板"，打开"网络和 Internet"，单击"网络和共享中心"，单击"本地连接"后，在"本地连接 状态"对话框的"常规"选项卡中单击"详细信息"，就可以看到所设置的计算机的 IP 地址和默认网关，"网络连接详细信息"如图 1-16 所示。

② 对路由器属性的设置。启动 Internet Explorer 浏览器，并在窗口的地址栏中输入路由器的 IP 地址"http://192.168.1.1"，之后将弹出一个对话框，输入用户名和密码，如图 1-17 所示。

按生产厂给定的用户名和密码（TP-LINK 给出的用户名和密码都是"admin"）输入就可以了。单击"确定"按钮后，就会有一个配置保存成功的提示"配置保存成功！正在重新启动请稍候。"。

如果设置成功，当选择"开始"→"运行"，打开"运行"对话框，并运行"ping 192.168.1.1"时，就可以"ping"通路由器。单击图 1-18 中的"运行状态"也可以查看计算机运行情况。

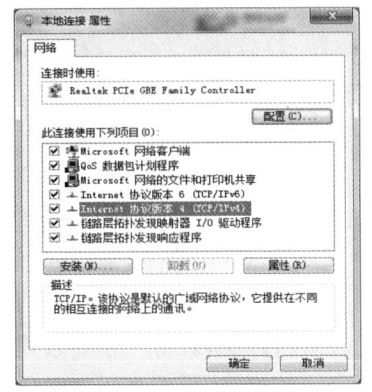 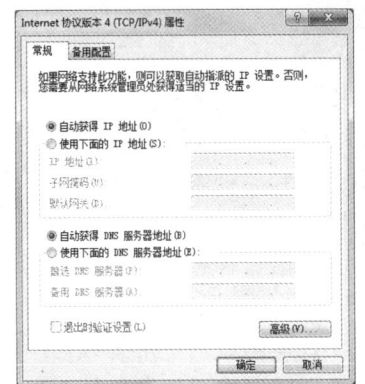 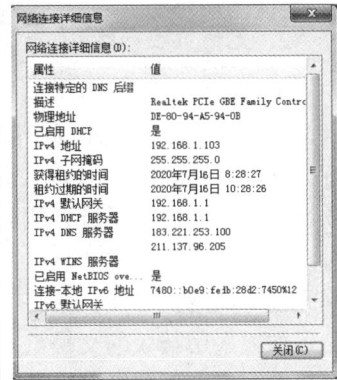

图1-14 "本地连接 属性"对话框　　图1-15 Internet 协议版本4（TCP/IPv4）　　图1-16 网络连接详细信息

③ 对宽带的网络设置。如果你用单机上网，对宽带连接已经做过成功的设置，那么当改用共享连接时，应该把原来那个设置删除。方法是：在桌面上右击"网络"→"属性"→单击"更改适配器设置"→右击"宽带连接"→单击"删除"按钮即可。

建立新连接的方法是：在"对路由器的属性进行设置"的结果显示中（见图1-18）选择并单击"设置向导"→"下一步"按钮后，出现上网方式的三种选择，如图1-19所示。

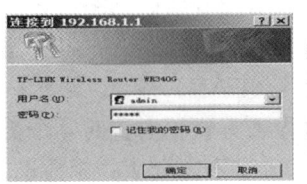  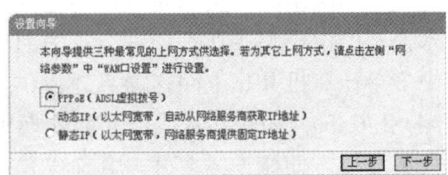

图1-17 输入用户名和密码　　图1-18 运行状态　　图1-19 设置向导

选择"PPPoE（ADSL 虚拟拨号）"→单击"下一步"按钮后，弹出"设置向导"对话框，输入 ISP 提供的上网账号和上网口令（密码）。在"上网账号"框中输入 ISP 提供的用户名（如联通为"10110068***"）和密码（联通为 6 位数码）后，单击"下一步"按钮，出现一个无线上网的基本参数数据，单击"不开通无线安全"按钮。直到提示"恭喜你！……现在你已经可以正常上网"时即可完成上网的设置。

④ 对其他计算机的设置方法。上面介绍的是对其中一台计算机进行的设置。但不是每台计算机都要进行这样全面的设置。其他计算机只需设置该计算机的 IP 地址就可以。设置方法与"①对计算机本地连接属性的设置"相同。设置要求是它应处于路由器和其他计算机的相同网段（如都是"192.168.1.*"），但是 IP 地址不能相同。例如，可以把它设置成"192.168.1.101"。网关必须设置成与路由器的 IP 地址相同，子网掩码则设置为"255.255.255.0"，DNS 也和上面相同，如果单击它，那么也能自动生成。

不过，用户也可以启用宽带路由器的 DHCP 动态分配 IP 功能，这样就不需要在 PC 上进行任何设置了。因为这样设置以后，其他计算机便可以自动获得 IP 地址及默认网关、DNS 等信息。但由于 DCHP 开启以后对于宽带路由器的性能会有一定的影响，所以，一般都使用这种静态分配 IP 地址的方法来获得更高的性能。设置完该计算机的 IP 地址再进行上网时，计算机就会向宽带路由器发送连接请求。

2. 无线办公网络

无线组网技术。对于很多中小企业的各种办公室来说，如何快速安全地组建网络，接入 Internet，跨入信息化之门，是迫切需要解决的问题。尽管现在很多企业都选择了有线的方式来组建局域网，但同时也会受到种种限制，而且也不雅观等。例如，布线会影响办公场所的整体设计。通过无线局域网不仅可以解决线路布局，在实现有线网络所有功能的同时，还可以实现无线共享上网。凭借着种种优势，越来越多的中小企业开始把注意力转移到无线局域网上。

如果采用传统的交换机或集线器组成的星形有线网络，虽然硬件成本较低，但布设难度较大。要实现网络到桌面，烦杂的网络布线和工位布局让人头痛。而如果能采用新兴的无线组网技术，则只需采用少量的布线，再根据每个办公室建筑的结构或计算机的位置，布置单个或数个无线路由器或 AP，就能实现桌面 PC 及移动用户的以太网服务，就可保证厂区内、办公楼内或单个办公室内所有用户都能够便捷地使用无线+有线的方式上网。这不仅能够在布设时更自由地调整网络结构和随意增加或减少工位，还能在一定程度上满足部分中小型企业用户的移动网络办公需求，提高办公效率。随着无线路由器这类设备的出现，不仅为家庭无线上网打开了方便之门，而且也为中小企业无线办公网络提供了解决之道。通过无线路由器的使用，可兼顾传统的有线星形网与无线网络的优点，其较低的布线费用和较低的网络维护费用是有线网络所不能比拟的，对财力有限和没有很专业的网络维护技术人员的中小型企业都很适合；并且，通过无线路由器的使用，它不仅可让企业、办公室中多台计算机共享上网，而且还提供 1 个 10/100M 自适应以太网（WAN）接口，可选择 ADSL/Cable MODEM 或以太网交换机/路由器等多种宽带或网络接入方式。内置的 4 个交换机端口方便在无线之外，用有线方式直接连接 4 台或更多的计算机。不需要大规模改造，在原有的有线局域网基础上添加无线设备，进行无线网络升级，就可以满足新增终端和无线办公的需求。图 1-20 是无线路由器组成有线+无线的混合网络。

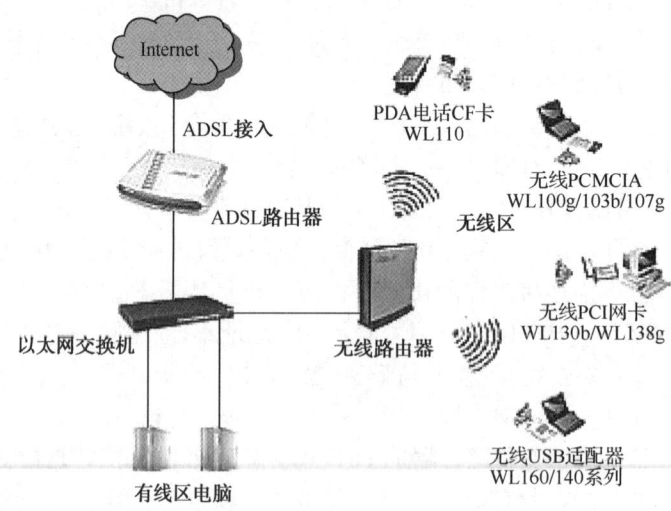

图 1-20　无线路由器组成有线+无线的混合网络

智能手机、平板电脑、笔记本电脑等移动终端的兴起，给无线上网增添了活力。现在，不管在家还是在办公室，只要借助无线路由设备，就可以实现 Wi-Fi 上网。这几年无线路由器的产品如雨后春笋般地出现,第 6 代 Wi-Fi 路由器已经上市,其数据传输速率完全能和移动 5G 媲美。例如,V6 版本的 TP-LINK TL-WDR6300 双频路由器的最高传输速率为 867Mbps,无线频率范围是 867m 的 5G 802.11ac+ 300m 的 2.4G 802.11n,2×2Mimo,2 条 2.4G 天线+2 条 5G 天线。无线路由器成本低,布网方便,安装与设置也非常快捷。目前,无线路由器已经成为办公室移动办公网络上网设备的最佳选择。

常见的无线路由器有 5 个口,1 个 WAN 口,4 个 LAN 口。TP-LINK TL-WR842N 无线路由器如图 1-21 所示。

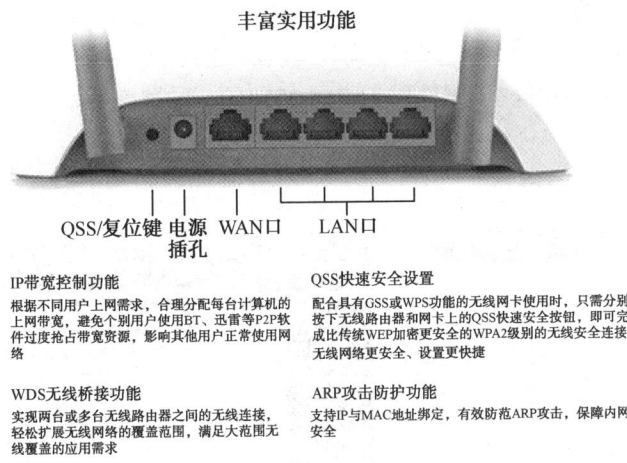

图 1-21　TP-LINK TL-WR842N 无线路由器

实现无线路由器两个主要应用的配置过程是"把路由器连接到外网"和"无线终端连接路由器上网"。下面仅介绍办公室中全新 TP-LINK 无线路由器连接到外网的设置方法。如果不确定路由器之前是否被设置过,那么建议先对 TP-LINK 无线路由器进行复位操作。

TP-LINK 无线路由器正确的复位方法:在路由器通电的情况下,按住后面板上标识为 QSS/RESET 的按钮,持续 5s 以上,保持按压的同时观察 SYS 灯,当 SYS 灯由缓慢闪烁变为快速闪烁状态时,表示路由器已成功恢复出厂设置,此时松开该按钮,路由器将重启。

(1)硬件连接。

如图 1-22 所示,将直通双绞线的一头插在计算机的网卡接口上,另一头插在无线路由器 4 个 LAN 口中的任意一个口上,再把无线路由器的电源适配器一头插在无线路由器的 DC 电源接口上,另一头插在市电插座上,这样,无线路由器的物理连接就完成了。

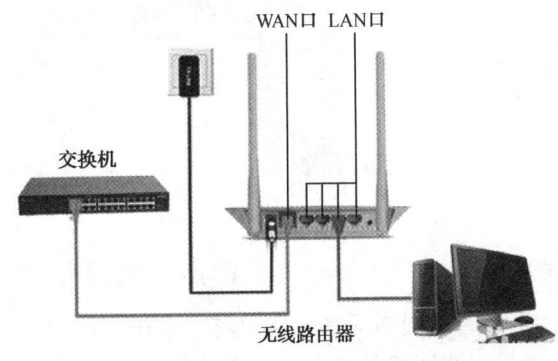

图 1-22　无线路由器硬件连接

(2)配置无线路由器。

① 无线路由器铭牌标签上一般标有无线路由器的默认登录网址、用户名和密码,贴在路由器的底部。找到标签后,我们得到的登录无线路由器的地址为 192.168.1.1(新版以域名形式 tplogin.cn 登录),打开浏览器,输入这个地址并按回车键,弹出登录页面,如图 1-23 所示。

② 设置完密码后,单击"确认"按钮,即可登录无线路由器。一般情况下,因为单位的主路由器的管理地址为 192.168.1.1,所以为了避免与主路由器产生地址冲突,影响正常上网,我们应做的第一件事就是把这台无线路由器的登录地址改成其他内部的地址,单击左侧的"网络参数"→"LAN 口设置",在窗口的右侧界面中将 LAN 口参数按如下设置:IP 地址为 172.16.0.1,子网掩码为 255.255.0.0。设置完后,单击"保存"按钮,如图 1-24 所示。

图 1-23　登录页面　　　　图 1-24　更改无线路由器登录地址

③ 如果登录网页打不开,通常是因为计算机的本地网络连接 IP 地址与无线路由器的登录地址不在同一个网段造成的。所以,将本地网络连接 IP 地址按图 1-25 修改后,单击"确定"按钮,即可正常打开无线路由器的管理页面。

④ 配置 WAN 口网络参数。单击左侧的"网络参数"→"WAN 口设置",打开"WAN 口设置"界面。因为此无线路由器是与交换机连接的,为了保持无线路由器的稳定性,将此无线路由器的地址设置为静态 IP 地址,并将"WAN 口"的地址设置为内网的地址,如图 1-26 所示。

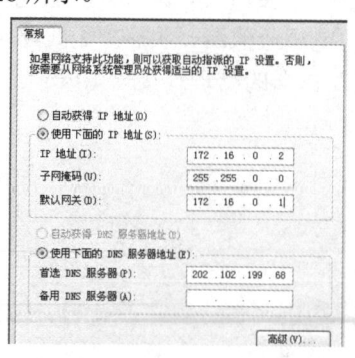
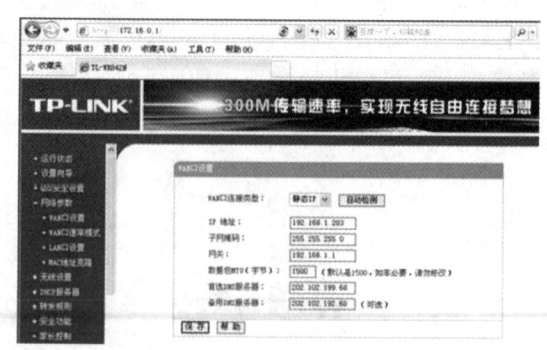

图 1-25　修改计算机 IP 地址　　　　图 1-26　配置 WAN 口网络参数

⑤ 配置无线网络参数。首先设置无线网络名称。单击左侧的"无线设置"→"基本设置",其中"SSID 号"就是无线网络的名称,输入你想修改的名称,如 baofeng-Wi-Fi,然

后单击"保存"按钮即可,如图 1-27 所示。

接着添加无线密码。单击左侧的"无线设置"→"无线安全设置",打开"无线安全设置"窗口,单击窗口中的"WPA-PSK/WPA2-PSK",在"PSK 密码"中输入密码,如 009912345,单击"保存"按钮即可完成无线密码的设置,如图 1-28 所示。这时,只要保证从交换机接过来的网线插在这个无线路由器的 WAN 口就可以正常使用。至此,办公室无线路由器的安装与设置就完成了。

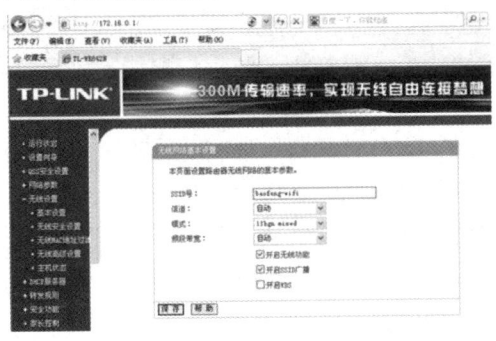

图 1-27　配置无线网络参数

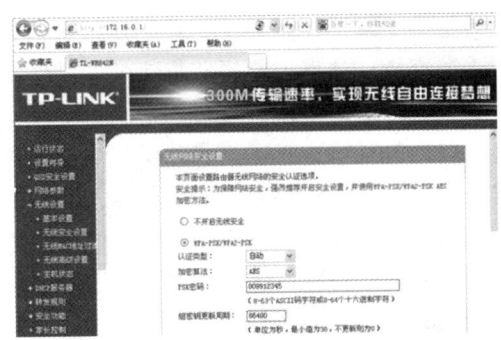

图 1-28　添加无线密码

1.3.2　计算机网络的维护

1. 维护与维修的基本概念

维修是为保持或恢复产品、设备、装置、系统处于正常功能状态而进行的所有技术和管理活动的组合。其中,管理活动包含监督活动。

维修有三种释义:分别为更换配件、维修配件、根据功能改修;维护和恢复;维护、保养、修理。

为便于管理与作业,从不同的角度出发,维修活动有多种不同的分类方法。

(1) 按维修的定义,分为维护与修理,其中,维护也称为保养;

(2) 按维修目的与时机,分为预防性维修与修复性维修;

(3) 按维修活动是否有计划,分为计划维修与非计划维修;

(4) 其他维修类别,改进性维修和现场抢修。

考虑实际维修业务需要,有关维修的分类,通常根据业务需求、经费来源和惯例等来分类,超过定义界定属于正常现象。

家电维修包括手机维修、计算机维修、电器维修、汽车(电气、机械)维修等。对于手机而言,软件更新升级也纳入了维修项目之内,对于汽车而言,撬铆喷漆也属于维修范围。

设备维修是指设备技术状态劣化或发生故障后,为恢复其功能而进行的技术活动,包括各类计划修理和计划外的故障修理及事故修理,又称设备修理。设备维修的基本内容包括设备维护保养、设备检查和设备修理,网络设备、办公设备的维护维修也是如此。

2. 计算机网络维护与管理

计算机网络维护与管理的目的是提高网络的稳定性、安全性。网络管理员的任务是监测和控制组成整个 Internet 的硬件和软件系统,监测并纠正导致网络通信低效甚至不能进行通信的问题,并且尽量降低这些问题再度发生的可能性。在网络正常运行的情况下,对网络基础设施的管理主要包括:确保网络传输的正常,掌握公司或者单位主干设备的配置及配置参数变更情况,备份各个设备的配置文件。计算机网络维护人员应该具备如下基础知识:对基础系统软件(如 Windows)和应用软件(如 Office)熟练掌握,特别是打印机的服务调用、注册表修改和一些常用的网络测试命令(如 ping、ipconfig)。

计算机网络维护是一种日常维护,主要包括网络设备管理(如计算机、服务器)、操作系统维护(系统打补丁、系统升级)、网络安全(病毒防范)等方面。常规工作有计算机桌面上的维护、计算机软硬件故障处理;网络上的路由器、交换机、防火墙配置,服务器运行和维护;通信链路、网站、系统的巡检和优化等。办公网络日常维护的主要任务如下。

(1)基础设施管理。①确保网络通信传输畅通。②负责网络布线架的管理,确保配线的合理有序。③掌握客户端设备接入网络情况,以便发现问题可迅速定位。④采取技术措施,对网络内经常出现的用户需要变更位置和部门的情况进行管理。⑤掌握与外部的链接配置,监督网络通信状况,发现问题后与有关机构及时联系。⑥实时监控局域网络的运行和网络通信情况。

(2)操作系统管理。①在完成网络操作系统配置并投入正常运行后,为了确保网络操作系统正常工作,网络管理员应该熟练利用系统提供的各种管理工具软件,实时监督系统的运转情况,及时发现故障征兆并进行处理。②在网络运行过程中,随时掌握系统配置情况及配置参数变更情况,对配置参数进行备份更新。随时根据系统环境变化、业务发展需要和用户需求,动态调整系统配置参数,优化系统。

(3)应用系统管理。①确保各种网络应用服务运行的不间断性和工作性能的良好性。出现故障时应将造成的损失和影响控制在最小范围。②对于要求不可中断的关键网络应用系统,除了在软件手段上要掌握备份系统参数和定期备份系统、业务数据,必要时在硬件手段上要建立和配置系统的热备份。

(4)局域网环境检查。①利用 ping 命令测试路由、交换机以及外部网络的连通性。②查看所有路由、交换机端口以及状态灯的工作状态,保证设备正常工作。③检查网关设备(防火墙、路由)工作状态,确保外网连接正常。④检查网络线缆,确保网络线缆完好无损。

(5)终端环境检查。①检查终端计算机系统是否摆放整齐,检查机箱及显示器是否干净整洁。②检查终端计算机系统运行是否正常,磁盘空间是否满足工作需求。③检查安装的软件运行是否正常,保证网络环境没有病毒传播问题。一旦发现安全问题必须及时做好有效性处理。④定期对客户机进行抽查,删除无用文件,对存储与工作无关的文件进行删除清理。⑤对于计算机常用外置配件(键盘、鼠标、耳机)进行日常测试维护。⑥做计算机的硬件维修、维护及更换,包括计算机无法启动、蓝屏、系统无法登录等维护。

(6)路由及调制解调器维护。对网络设备要妥善做定期清理、维护,保持清洁,定期做开关机维护。停机维护期间,关闭所有工作站计算机,待网络设备重启后正常运行时再开机。

(7)日常客户机维护。①接受维修任务后立即对故障进行处理。②先登记更换领用清单再领用和更换外置设备(耳机、键盘、鼠标)。③检查客户机标签,及时更新,禁止私自更换。④对客户使用软件提供帮助。⑤定期更改员工 OA 密码、登录设置。⑥做投影仪日常维护、测试。

(8)定期维护及流程。①对机房设备及弱电井调制解调器做日常巡检,温度过高应采取降温措施。②对机房及弱电井设备做断电休息维护（如每月第二个星期天 17:30 下班后）。③对日常客户机问题随叫随到，对离职员工的计算机做瘦身、清理、维护。④做日常巡检，严禁员工用计算机在上班期间干与工作无关的事情。

网络维护的具体工作如下。

（1）硬件清洁。经常清扫硬件灰尘，保持硬件清洁，有效保护硬盘等易损硬件，延长计算机寿命。

（2）提供系统升级方案和网络的实施服务。

（3）硬件安装、调试、养护及故障的检测、排除服务。

（4）网络服务器的安装、调试及服务。

（5）维修计算机硬件，恢复计算机系统，计算机网络维护、调试，计算机技术咨询，系统集成等，搭建局域网。

网络维护的一般工具如下。

（1）网络测线仪：能手牌 CB0040，可以测试网络 RJ45 和电话 RJ11 接口，确认线路通断状态。

（2）网络寻线仪：SM-868TS 型，可以在机房快速找到对应的终端线路，网络和电话都可用。

（3）计算机主板故障多功能检测卡：MKQCP6A 奇冠诊断卡，为三合一 6 位计算机故障检测卡，可根据显示数字找出对应的计算机故障。

（4）万用表：MF-47 万用表（南京电表厂出品），优点是便宜，性价比高，缺点是功能不多，可测试电路中的电流、电压，视频、音响线路的通断情况。

（5）电烙铁：是电子制作和电器维修的必备工具，主要用途是用锡焊接元件及导线，如做音视频插头时要用到。合理地选用电烙铁的功率及种类，对提高焊接质量和效率有直接的关系。

在使用计算机时总会出现各种故障，网络连接出现故障也是很常见的，我们怎么在网络连接出现故障时对其进行维护，用最短的时间来修复网络连接故障呢？下面介绍几种针对计算机网络故障的解决方法。

（1）计算机网络故障的种类。

计算机网络故障主要是指在计算机连接网络过程中或在使用计算机时出现的故障，从而导致计算机无法正常连接网络，不能正常使用。通常情况下计算机网络故障分为硬件故障和软件故障。

① 硬件故障。计算机连接网络通常是通过网线连接的，在连接时一般会出现网络设备或线路损坏、接口松动、线路受到严重干扰，以及人为因素所导致的网络连接错误。出现这些问题时，会表现为网络断开或网络出现反复断线情况。硬件故障主要包括线路故障、接口故障、网卡故障、路由器设备故障。

② 软件故障。软件故障也称为逻辑故障，主要是指软件安装或网络设备配置错误所引起的网络异常。与硬件故障相比，逻辑故障往往要复杂得多。其故障有主机软件故障、进程端口故障、路由器软件故障。逻辑故障中最常见的情况有两类：一类是配置错误，另一类是一些重要进程或端口被关闭。

配置错误往往是导致网络故障发生的重要原因之一。配置故障主要表现在不能实现网络所提供的各种服务，如不能接入 Internet，不能访问某种代理服务器等。

计算机和网络设备之间的通信是靠协议来实现的，协议在网络中扮演着非常重要的角色。协议故障通常表现为我们在网上邻居中能看到自己和其他计算机，但无法在局域网络中浏览 Web、收发 E-mail。

网络管理员出差错占整个网络故障的 5%以上，主要发生在网络层和传输层，是由于安装时没有严格遵守操作指南，或者网络管理员对某个过程没有给予足够的重视造成的。

数据处理故障的最主要原因是硬盘问题。据有关报道，超过 26%的系统失效都归结到海量存储的介质故障上。

（2）计算机网络连接常见故障处理。

按常规，网络故障一般不排除以下几点：网卡有问题、水晶头做得不规范、网线有问题、网卡驱动或网络协议有问题等。

但是根据故障现象来看，以上猜测都可以排除，因为任何一个地方存在问题，都不可能在计算机之间进行数据传输，从而可以判断问题应该出在环境因素上。由于大量的数据传输需要频繁的数据读取，这就要有一个相对平稳的传输环境，而网卡附近有干扰时，这种平稳的环境就会被破坏。一般要确保网卡不插在离显卡很近的插槽上，现在的显卡一般都带有风扇，而显卡风扇将影响网卡的工作，尤其是显卡在频繁工作时，影响将更明显。把网卡拔下来，插到离显卡较远的一个插槽上，即可解决大量数据传输时出现的问题。

当计算机出现网络连接故障时，可以从网络链路、服务器和客户机方面进行分析。常见网络故障的处理方法如下：

① 本地连接断开的计算机网络故障诊断以及维护方法。通过对计算机网络链路出现的故障现象进行分析，可以判断出此类故障大多数为硬件故障，再利用测线仪等工具测试网线、接口、网卡以及交换机端口是否正常，待准确找出故障点后再进行相应处理。

② 本地连接受限制或无连接。这种情况很常见，通常在客户端计算机桌面网络连接图标上会显示一个感叹号。单击后查看为"受限制或无法连接"，一般的情况是因为网卡无法通过 DHCP 服务器获取 IP 地址所造成的。这种情况属于软件故障，可以通过检测计算机 IP 地址等参数的配置、网络的设置、网络协议的安装等是否正确，找出故障原因，并对故障进行修复或者对某些软件进行重新安装，就可以有效地对故障进行处理。

3. 计算机网络的安全保护

"没有网络安全就没有国家安全。"计算机网络安全包括物理安全和信息安全两个方面。通常情况下，计算机网络安全主要指计算机网络的信息安全，尤其是办公网络。一个安全的计算机网络应该具有可靠性高、可用性好、完整性好、保密性强等特点。计算机网络安全保护的重点，主要表现在以下两个方面：一是计算机病毒，二是黑客的入侵。

（1）计算机病毒的防御。

防御计算机病毒应该从两个方面着手，首先，应该加强内部网络管理人员以及使用人员的安全意识，使他们能养成正确上网、安全上网的好习惯。其次，应该加强技术上的防范措施，如使用高技术防火墙、使用防毒杀毒工具等。具体做法如下：

① 权限设置，口令控制。很多计算机系统常用口令来控制对系统资源的访问，这是防病毒进程中最容易和最经济的方法之一。网络管理人员和终端操作人员根据自己的职责权限，选择不同的口令，对应用程序数据进行合法操作，防止用户越权访问数据和使用网络

资源。在选择口令时应注意，必须选择超过 6 个字符且由字母和数字共同组成的口令；操作人员应定期换一次口令；不得写下口令或在电子邮件中传送口令。通常简单的口令就能取得很好的控制效果，因为系统本身不会把口令泄露出去。但在网络系统中，由于认证信息要通过网递，口令很容易被攻击者从网络传输线路上窃取，所以在网络环境中，使用口令控制并不是很安全的方法。

② 简易安装，集中管理。在网络上，软件的安装和管理方式是十分关键的，它不仅关系到网络维护管理的效率和质量，而且涉及网络的安全性。好的杀毒软件能在几分钟内轻松地安装到系统里的每个 Windows 服务器上，并可下载和散布到所有目的机器上，由网络管理员集中设置和管理，它会与操作系统及其他安全措施紧密地结合在一起，成为网络安全管理的一部分，并且自动提供最佳的网络病毒防御措施。

③ 实时杀毒，报警隔离。当计算机病毒对网上资源的应用程序进行攻击时，这样的病毒存在于信息共享的网络介质上，因此需要在网关上设防，在网络前端进行杀毒。基于网络的病毒特点，应该着眼于网络整体来设计防范手段。在计算机硬件和软件、LAN 服务器、服务器上的网关、Internet 上层层设防，对每种病毒都实行隔离、过滤，而且完全在后台操作。例如，某台终端机如果通过 U 盘感染了计算机病毒，势必会在 LAN 上蔓延，而服务器因具有防毒功能，病毒在由终端机向服务器转移的进程中就会被杀掉。为了引起警觉，当在网络中任何一台工作站或服务器上发现病毒时，它会立即报警通知网络管理人员。

④ 以网为本，多层防御。网络防毒不同于单机防毒。计算机网络是一个开放的系统，它是同时运行多程序、多数据流和各种数据业务的系统。单机版的杀毒软件虽然可以暂时查杀终端机上的病毒，可一旦上网仍会被病毒感染，它是不能在网络上彻底有效地查杀病毒，确保系统安全的。所以网络防毒一定要以网为本，从网络系统的角度重新设计防毒解决方案，只有这样才能有效地查杀网络上的计算机病毒。

（2）对黑客攻击的防御。

对黑客的防御策略应该是对整个网络系统实施的分层次、多级别的包括检测、告警和修复等应急功能的实时系统策略，方法如下：

防火墙构成了系统对外防御的第一道防线。在这里，防火墙是一个小型的防御系统，用来隔离被保护的内部网络，明确定义网络的边界和服务，同时完成授权、访问控制以及安全审计的功能。基本的防火墙技术有以下几种：

① 包过滤路由器。路由器的一个主要功能是转发分组，使之离目的地更近。为了转发分组，路由器从 IP 报头读取目的地址，应用基于表格的路由算法安排分组的出口。过滤路由器在一般路由器的基础上增加了一些新的安全控制功能。绝大多数防火墙系统在其体系结构中都包含这种路由器，但只是以一种相当随意的方式来允许或禁止通过它的分组，因此它并不能成为一个完整的解决方案。

② 双宿网关。一个双宿网关就是一台具有两个网络界面的主机，每个网络界面与它所对应的网络进行通信，具有路由器的作用。在应用层网关或代理双宿网关下，它们传递的信息通常是对一特定服务的请求或者对一特定服务的响应。如果认为消息是安全的，那么代理会将消息转发到相应的主机上，用户只能使用代理服务器支持的服务。

③ 过滤主机网关。过滤主机网关是由一个双宿网关和一个过滤路由器组成的。防火墙的配置包括一台位于内部网络中的堡垒主机和一个位于堡垒主机和 Internet 之间的过滤路

由器。这个系统结构的第一个安全设施是过滤路由器，它阻塞外部网络进来的除了通向堡垒主机的所有其他信息流。对到来的信息流而言，由于先要经过过滤路由器的过滤，过滤后的信息流被转发到堡垒主机上，然后由堡垒主机下的应用服务代理对这些信息流进行分析后，才将合法的信息流转发到内部网络的主机上；外出的信息首先经过堡垒主机下的应用服务代理的检查，然后被转发到过滤路由器，最后由过滤路由器将其转发到外部网络中。

④ 过滤子网网关。一个安全的过滤子网建立在内部网络与Internet之间，这个子网的入口通常是一台堡垒主机，分组过滤器通常位于子网与Internet之间以及内部网络与子网之间。分组过滤器通过出入信息流的过滤起到子网与内部网络和外部网络的缓冲作用。堡垒主机上的代理提供对外网络的交互访问。在过滤路由器过滤掉所有不能识别或禁止通过的信息流后，将其他信息流转发到堡垒主机上，由其上的代理仔细进行检查。

所以，可以根据实际情况，单独或者结合使用以上防火墙技术来构筑第一道防线。但是防火墙并不能完全保护内部网络，必须结合其他措施才能提高系统的安全水平。在防火墙之后是基于网络主机的操作系统安全和物理安全措施。按照安全级别从低到高，分别是主机系统的物理安全、操作系统的内核安全、系统服务安全、应用服务安全和文件系统安全；同时主机安全检查和漏洞修补以及系统备份安全作为辅助安全措施。这些构成整个网络系统的第二道安全防线，主要防范部分突破防火墙以及从内部发起的攻击。系统备份是网络系统的最后防线，用来在遭受攻击之后进行系统恢复。在防火墙和主机安全措施后，是全局性的由系统安全审计、入侵检测和应急处理机构组成的整体安全检查和反应措施。它从网络系统中的防火墙、网络主机甚至直接从网络链路层上提取网络状态信息，作为输入提供给入侵检测子系统。入侵检测子系统根据一定的规则判断是否有入侵事件发生，如果有入侵事件发生，则启动应急处理措施，并产生警告信息，而且，系统的安全审计还可以作为以后对攻击行为和后果进行处理、对系统安全策略进行改进的信息来源。

计算机网络的安全与我们的利益息息相关，一个安全的计算机网络系统不仅和网络管理人员掌握的系统安全知识有关，而且和每个使用者的安全操作等有关，人人都要有网络安全意识。例如，现在很多网页挂马都为广告方式，容易使网友中毒，所以不要贪图速度快，因为一不小心很容易点错。要为计算机安装强有力的杀毒软件和防火墙，并定时更新，提防黑客入侵。网络安全是动态的，新的Internet黑客站点、病毒每日都在增加，网络管理人员需要掌握先进的技术，把住计算机网络安全的大门。

4. 防范电信网络诈骗犯罪

随着ICT的迅猛发展，传统诈骗搭上现代信息技术和通信技术的快车，逐渐演变成诈骗手法更加多样、危害后果更加严重的电信诈骗和网络诈骗，即电信网络诈骗。电信网络诈骗犯罪，严重侵害人民群众合法权益，严重影响经济社会健康发展，必须坚决依法严惩。

电信网络诈骗犯罪是指以非法占有为目的，利用电话、短信、互联网等电信网络技术手段，虚构事实，设置骗局，实施远程、非接触式诈骗，骗取公私财物的犯罪行为。其区别于普通诈骗的本质特征主要有两个，分别是"非接触"和"以点带面"。

电信诈骗是指通过电话、网络和短信方式，编造虚假信息，设置骗局，对受害人实施远程、非接触式诈骗，诱使受害人打款或转账的犯罪行为，通常以冒充他人及仿冒、伪造各种合法外衣和形式的方式达到欺骗的目的，如冒充公检法、国家机关、银行、商家、公司、厂家等的工作人员,以伪造和冒充招工、刷单、贷款、手机定位和招嫖等形式进行诈骗。

网络诈骗通常是指为达到以非法占有为目的,在网络上以各种形式向他人骗取财物的诈骗手段,其犯罪的主要行为、环节发生在互联网上,用虚构事实或者隐瞒真相的方法,骗取数额较大的公私财物的行为。

作为一种新型犯罪,电信、网络诈骗不同于其他犯罪,具有以下几个特点。

(1) 非接触性突出,犯罪侵害面宽量大。在电信诈骗整个犯罪过程中,诈骗分子与受害人不用见面就能完成犯罪。这一新型的犯罪手法打破了传统犯罪的时空界限,没有现场。另外,不法分子往往在短时间内通过网络、电话、手机短信等渠道"地毯式"地随机发送虚假信息,侵害范围广,已成为影响经济发展和社会和谐的突出治安问题。

(2) 骗术花样繁多,手法翻新快。诈骗分子紧跟社会热点,针对不同群体量身定制行骗方案,千方百计运用电信设备变换作案手法,编造五花八门的虚假信息,诱使人们上当受骗,每种骗术都在流行不久被人们识破后就变换花样,令人防不胜防,稍不小心便会上当受骗。

(3) 利用电子高科技成果实施远程犯罪。诈骗分子紧跟科技发展步伐,一步步更新作案方式和手段,从最原始的群发短信,发展到铁通一号通和400电话捆绑转接技术。诈骗的钱款可通过计算机连接银行网络,进行远程转账操作,大笔的钱款被瞬间转移提走。

(4) 产业化发展,企业化运作。电信、网络诈骗犯罪集团一般都由几个相对独立的单元组成,即组织领导、拨打诈骗电话、提供技术支撑、开卡和转账取款等,其中有的技术支撑组、转账取款组同时为多个电信诈骗犯罪集团服务,已逐渐演变成专业化、职业化的犯罪集团,彼此相对独立、互为客服关系。

(5) 跨区域、跨国犯罪突出。为逃避打击,电信诈骗犯罪集团由过去在我国大陆设立窝点诈骗本土和台湾地区,以及泰国、日本、马来西亚等国民众,逐渐发展成将拨打诈骗电话、转账取款等窝点和技术支撑平台转移至泰国、印度尼西亚、马来西亚、越南等东南亚国家,跨境、跨国对我国民众实施诈骗。

如何识别电信网络诈骗,有效防范电信网络犯罪呢?最重要的是要增强自我意识,要牢牢谨记"四不原则"与"八个凡是"。

预防电信诈骗的"四不原则":①不汇款;②不轻信;③不泄密;④不链接。

预防电信诈骗的"八个凡是":①凡是自称公检法要求汇款的,都是诈骗;②凡是让你汇款到安全账户的,都是诈骗;③凡是通知中奖、领取补贴要你先交钱的,都是诈骗;④凡是通知家属出事要先汇款的,都是诈骗;⑤凡是索要个人和银行卡信息及短信验证码的,都是诈骗;⑥凡是让你开通网银接受检查的,都是诈骗;⑦凡是自称领导(老板)要求打款的,都要警惕;⑧凡是陌生网站(链接)要登记银行卡信息的,都是诈骗。

任务2 智能手机的使用与维护

随着移动网络的发展,产生了全新的办公模式——移动办公。CDMA和GPRS移动通信技术的出现,以及4G、5G和北斗卫星通信技术的发展,移动办公的时代到来了。在这种高速通信技术的支持下,IT与CT终于实现了初步融合,不仅衍生出了智能手机,同时出现了平板电脑这一融合智能手机和笔记本电脑特点的中间产物。智能手机、平板电脑、笔记本电脑已成为现代办公设备中重要的智能移动终端。

2.1 智能手机概述

2.1.1 智能手机的概念与分类

1. 智能手机的概念

智能手机 SP（Smart Phone），是指像个人计算机一样，具有独立的操作系统，可以由用户自行安装游戏、导航等第三方服务商提供的软件，通过这些软件来不断对手机的功能进行扩充，并可以通过移动通信网络来实现无线网络接入的这样一类手机的总称。例如：

华为 mate30 系列。华为 Mate30 手机搭载麒麟 990 处理器，采用全球首颗商用旗舰 5G SoC 芯片，加入 5G 基带，运行内存为 8GB，机身内存为 128GB/256GB，电池容量为 4200mAh（40W 有线、27W 无线）。

华为 P40 系列。华为 P40 搭载麒麟 990 5G 处理器，采用 6.1 英寸直屏，搭载 5000 万像素三摄系统，内置 EMUI 10.1 系统以及华为 HMS 服务。图 2-1 为华为高端 5G P40 Pro+智能手机。

图 2-1　华为高端 5G P40 Pro+智能手机

2. 智能手机的分类

手机可分为传统的非智能手机（Dumb phone 或 Feature phone）和智能手机（Smart phone）两大类。智能手机除了具有传统手机的基本功能，还有以下特点：开放的操作系统、硬件和软件的可扩充性和支持第三方的二次开发。伴随 4G 网络的深入普及，以及 5G 网络时代的到来，智能手机市场也发生了翻天覆地的变化。目前，智能手机按操作系统来分主要有 iOS、Android、Windows Phone 等主流系统。主流品牌有 iPhone（苹果公司）、HUAWEI（华为技术有限公司）、OPPO（广东欧加控股有限公司）、vivo（维沃移动通信有限公司）、Samsung［三星（中国）投资有限公司］等。

2.1.2 智能手机的发展与现状

1973 年 4 月，美国著名的摩托罗拉公司工程技术员马丁·库帕发明了世界上第一部推向民用的手机，马丁·库帕从此也被称为现代"手机之父"。

世界上第一款智能手机是 IBM 公司于 1993 年推出的 simon，它也是世界上第一款使用触摸屏的智能手机，使用 ROM-DOS 操作系统，只有一款名为"DispatchIt"的第三方应用软件，它为以后的智能手机系统及处理器奠定了基础，有着里程碑的意义。下面简单回顾近年来智能手机的发展历程。

1. 智能手机发展早期

苹果风靡全球，中华酷联格局初定。第一代 iPhone 于 2007 年发布，2008 年 7 月 11 日，苹果公司推出 iPhone 3G。自此，智能手机的发展开启了新的时代，iPhone 成为引领业界的标杆产品。在智能手机的发展初期，苹果凭借单一的 iPhone 手机引爆了整个全球的智能手机发展。尤其是到苹果第四代手机 iPhone 4 和 iPhone 4S 的时候，iPhone 手机更是风靡全球。在 2013 年下半年，苹果迅速发布最新高端智能手机 iPhone 5s，巩固了自己在高端智能手机领域的霸主地位，并发布低价位的智能手机 iPhone 5c，以抢占低端手机市场。

在苹果智能手机的推动下，全球各地的智能手机厂商也都开始纷纷效仿之。

于是，三星奋起追赶，成为在高端市场唯一能够与苹果匹敌的智能手机。在国内市场，国产手机也开始纷纷崛起，并形成了苹果、三星之外的四强格局：中兴、华为、酷派、联想，史称中华酷联。

2. 智能手机发展中期

小米模式崛起，国产手机进入低价时代。在国内的智能手机市场，以小米为代表的低价手机迅速崛起，小米凭借低价和饥饿营销方式成功地获得了大量用户的支持。随着小米手机销量不断攀升，甚至一度排到了国内智能手机市场销量排行榜的冠军位置。

在小米手机的冲击下，越来越多的智能手机厂商开始推出低价手机，并与小米展开价格战，同时在这个期间也涌现出大量的互联网品牌低价手机，如锤子、一加、荣耀等。

3. 智能手机发展后期

小米逐渐没落，vivo、OPPO、乐视生态手机崛起。在国内市场，小米手机开始走下坡路，以乐视为代表的生态手机开始崛起。而在中高端智能手机市场，苹果、三星也正在开始受到来自华为、vivo、OPPO 等智能手机的冲击。

根据 IDC 国际数据公司发布的手机季度跟踪报告称，2016 年，Q2 国内智能手机市场份额华为排名第一，与此同时 vivo、OPPO 两大智能手机的市场份额也大幅攀升，而小米的市场占有率从 2015 年第二季度的 17.1%下降至 9.5%，是市场占有率排名前五的厂商中降幅最大的。2020 年，vivo、OPPO 在中高端智能手机市场迅速崛起，而小米则受到来自荣耀、乐视生态手机的强烈冲击。

随着供应链屏幕技术的完整解决方案的成熟，全面屏将不仅仅只限于高端机市场。柔性屏幕（柔性 OLED）的可弯曲、轻薄的特性，让其在产品设计中产生更多的可能性，一时间成为整个屏幕制造行业的风向标。

全面屏的到来，将对手机的摄像头、生物识别应用等结构设计带来新的挑战。

屏下摄像头是非常强大的手机技术，它将对手机外观进行一次革命，摄像头被集成到屏幕下面且不影响屏幕显示，当屏幕亮起来时，是没有任何摄像头痕迹的，但当打开前置摄像头时，屏幕顶部会变黑，并没有所谓的摄像头弹出就直接完成自拍。这种设计与水滴屏相比，颜值要高许多，并且还保证了机身一体化。毕竟水滴屏和升降设计终究只是一个过渡。

LTPO 是一项节能背板技术，能使设备更加节能。苹果供应链正使用 LTPO 背板技术为 iPhone 13 开发 OLED 显示屏。目前，大多数的智能手机采用 LTPS TFT 作为背板，LTPS 拥有高分辨率、高反应速度、高亮度及高开口率等优势，但缺点是生产成本较高，同时所需的功耗也较大。另外，由于智能手机的屏幕往大型化方向发展，加上电池容量也越来越大，使得设备重量跟着增加，LTPO 在理论上可以比 LTPS 节省 5%～15%的功耗。LTPO 主要通过结合 LTPS 和 Oxide 两大背板技术的优势，实现反应速度更快、功耗更低的 LTPO 方案，以解决目前智能手机的耗电问题。

人工智能的发展为智能手机提供了新的发展机会，语音识别、计算机视觉等技术被应用到智能手机中，从语音助手、指纹识别，到刷脸支付、智能家居控制，智能手机开始承担更多的人机交互功能。

手机会越来越向便携式和专业化两方面分化。将来的手机外形会更多样化，现在流行的大尺寸手机不太可能继续流行下去，从便携的角度来说，现在的手机还不如手表方便。而从专业的角度来说，现在屏幕又太小，根本无法与电视等比拟。所以通信功能将简化成小型的接收器，而娱乐功能则会和云计算技术结合到一起发展成一类单独携带的上网装置。有点类似现在的手机和平板电脑之间的差别，在将来这种差别将日趋明显。

在 5G 融合应用方面，我国将逐渐构建"3+4+X"体系：3 个应用方向为产业数字化、智慧化生活、数字化治理；4 个通用应用为 4K/8K 超高清视频、VR/AR、无人机/车/船、机器人；X 类行业应用为 5G 应用到工业、医疗、交通、安防、教育等领域，产生 X 类创新型行业应用。

4. 云手机时代来临

云手机（Cloudphone）就是将云计算技术运用于网络终端服务，通过云服务器实现云服务的手机。其实就是深度结合了网络服务的智能手机，这类手机凭借自带的系统以及厂商架设的网络终端，可以通过网络实现众多的功能。云手机的价值在于，充分利用 5G 带来的移动宽带网络、手机永远在线的特性和云技术的特点，把手机和整个网络体系联系起来，让手机不再是一个孤独的手机。云端智能将搭建未来手机应用新生态，这可能会带来一场 5G 手机的大变革，云手机只需要一个屏幕，对硬件要求低，最关键的内存、芯片、硬盘等配置，都统统放在云服务上。通过 eSIM 卡，让每一部云手机都可以拥有拨打电话、收发短信的功能。

华为在全球首创的 ARM 芯片的云手机正式开始上线公测，并且采用的还是华为自家的鲲鹏处理器，端云同构，这是一种云端的虚拟手机，基于华为鲲鹏处理器及安卓系统，不需要本地实体手机，适合长时间、大批量群控使用。现在，集华为云、5G 网、显示屏于一体的新设备即云手机已横空出世，其重量轻、耗电省、性能强。华为鲲鹏云手机，是基于华为云裸金属服务器虚拟出的带有原生安卓操作系统，同时具有虚拟手机功能的云服器。作为一种新型应用，云手机对物理手机起到了延伸和拓展作用，应用场景方面，如互联网行业、游戏行业、直播行业以及政企、金融行业等，可支持应用托管、云手游、众播互娱、直播互动以及移动办公等。

华为鲲鹏云手机可以帮助企业：①灵活使用　企业级服务器规模化部署，弹性扩容，按需使用；②便捷管理　批量管理，批量操作，运维更方便；③保障安全　企业核心数据云上运行，信息安全更有保障；④降本增效　大幅降低人工操作和设备采购维护成本。

除此之外，手机与计算机之间的界限正变得越来越模糊。华为云电脑已横空出世，手机也可以办公。你不需要再买硬件，掏出华为手机就能顺畅运行和计算机一模一样的Windows 操作系统，QQ、Word、Excel、看视频、小游戏……全部无压力，如果再接入华为 OTG（USB On-The-Go）鼠标、键盘，将与计算机彻底无异。

2.1.3　智能手机的技术与质量指标

智能手机拥有高分辨率触摸屏、Wi-Fi、高速数据访问、云访问、GPS 导航、NFC、重力感应水平仪等功能。智能手机的逐渐普及，促成了移动网络的概念被广泛认知，互联网走向即时类型后，人人都能够随时随地接入在线，智能手机成为重要的信息产业相关平台，并逐步进驻现代社会的方方面面，成为如衣服一般不可或缺的必需品。

与 PC 相似，目前主流手机的配件都属于国际几大公司，智能手机性能的好与坏，价位的高与低，取决于内部的硬件和软件。主要有 CPU 主频、核心数量、GPU 图形芯片、运行内存 RAM 和手机（机身）内存 ROM 容量、屏幕大小与材质，以及分辨率、摄像头像素、触摸屏、电池容量大小、待机时间、外部接口、操作系统，还有版本、应用程序、电磁辐射等。其中，主频的高低已经不再是衡量性能强弱的第一标准，核心数量和图形芯片正在扛起手机硬件的大旗；而决定屏幕画面的指标有材质和分辨率；作为管理和控制人机互动的操作系统、应用软件等媒介，直接决定用户最终的体验，直接影响手机软件运行流畅度以及操作表现。

存储器是用来存储程序和各种数据信息的记忆部件。由于智能手机没有硬盘这个概念，所以要对"内存"做个说明。手机中的 RAM 和 ROM 都称为内存，通常是指"运行内存"及"非运行内存"。其中 RAM 相当于计算机中的内存，而 ROM（又称手机或机身内存、手机存储）相当于计算机中的 ROM+硬盘。对于支持卡存储的手机而言，ROM 其实意义不大，因为可以用卡进行存储；而 RAM 则与运行速度密切相关，这个与计算机是一样的。手机运行速度主要与手机的 CPU 性能有关，但是运行内存大小决定手机多任务使用时的流畅情况，与运行速度也有一定关系。

触摸屏 TP（Touch panel，触控屏或触控面板），是一个可接收由触头物理触碰而产生的输入信号的感应式液晶显示装置，当人的手接触屏幕上的图形按钮时，屏幕上的触觉反馈系统可根据预先编程的程式驱动各种连结装置，可用以取代机械式的按钮面板，并借由液晶显示画面制造出生动的影音效果。TP 主要有电阻屏和电容屏，电阻屏又分为硬屏和软屏，现在主流的是电容屏，后者比前者贵很多，后者为热感，支持多点触控，前者不支持。

目前智能手机电池都普遍在 1100mA 以上，一般能用一到两天不等，有较好节电特殊方案的智能手机能用 3～5 天。

SAR（Specific Absorption Rate）为移动电话吸收辐射率。国际通用手机辐射值标准为欧洲标准和美国标准，其中欧洲标准为 2.0W/kg，美国为 1.6 W/kg。而我国从 1997 年开始，也制定了《电磁辐射暴露限值和测量方法》，国家环保总局和卫生部要求，当手机辐射值低于 1.0 W/kg 时，才能保证对人体没有危害。

智能手机是 CT+IT 的产品，参数很多，下面仅对其中的几个主要参数做简单介绍。

（1）CPU。CPU 是整部智能手机的控制中枢系统，也是逻辑部分的控制中心。微处理器通过运行存储器内的软件及调用存储器内的数据库，达到控制目的。与计算机一样，CPU 是手机的核心部件之一，它直接关系到手机运行的快慢、耗电量、价格。在制造工艺方面，华为的麒麟 990 采用的是当前最先进的 7nm+EUV 技术，包括麒麟 990 和麒麟 990 5G 两款芯片，代表半导体工艺的最高水平。硬件性能上，麒麟 990 一改目前旗舰 SOC 标志性的"1+3+4"大小核设计，采用 2 个大核、2 个中核和 4 个小核，GPU 由麒麟 980 的 MP10（10 核）升级为 MP16（16 核），这在业内属首次。

（2）手机存储 ROM。ROM 是非易失性存储，非运行内存，用于存储系统、程序、资料、文档、数据的空间，操作系统和应用软件安装在 ROM 中，目前的主流容量是 64GB、128GB。

（3）运行内存 RAM。RAM 是易失性存储，用于存储软件运行的空间，与 CPU 直接交换数据，存储程序运行时产生的临时数据，在运行系统和 App 程序中起重要作用。RAM 具有快速读写能力，程序运行得快慢，与 RAM 的剩余空间有关，目前的主流容量是 6GB、8GB。

（4）屏幕分辨率。屏幕的大小、分辨率、视觉效果，直接关系到使用者的感觉。手机屏幕尺寸的大小是指手机屏幕对角线的长度，单位是 in。规格一般有 3.7in、3.8in、4in、4.2in、4.3in、4.4in、4.5in、4.7in、4.8in、5.0in、5.1in、5.2in、5.3in、5.5in、5.7in、5.8in、6in、6.1in、6.5in、7in 等。画面都是由一个个的小点即像素组成的。屏幕的像素，通常用横向像素×竖向像素的方式来表示，目前主流的趋势是 1920×1080、2560×1440、3840×2160。4∶3（传统）、16∶9（宽屏）、16∶10、18∶9（全面屏）、21∶9（电影），这些比值其实是分辨率比，就是分辨率中横向像素与竖向像素的比值。我们用 PPI 来代表像素密度，PPI 数值表示每英寸包含多少个像素点。一般来说，手机屏幕距离眼睛 10～12in 时，分辨率就达到一定水平，屏幕 PPI 只要达到 300PPI，人眼视网膜就无法分辨像素点了，这样的屏幕被称为"视网膜屏幕"。智能手机按照 300PPI 够用，350PPI 过极限来算，目前主流的 1920×1080 屏幕可以支持 6～7in 的屏幕。

（5）影像支持。高通发布的超高清的视频拍摄，使用骁龙 865 处理器能够在 8K 的画质下进行 30 帧每秒的视频拍摄，也能够在 4K UHD 的画质下进行 120 帧每秒的视频拍摄。

（6）网络速率与频段。这两项指标都对用户的上网体验有决定性的作用。但就上传与下载速率而言，无疑是高通领先很多，能够达到 7.5Gbps 的下载速率与 3.0Gbps 的上传速率，这在安卓阵营内还是首屈一指的。高通的骁龙 865 还支持 mmWave 与 Sub-6GHz 的双通道。华为主要支持 5G。

目前，我国手机产业呈现出技术创新、软件创新、设计创新、模式创新全面开花的局面。总的来说，我国手机产业已经进入赶超国外同行的快速发展期。具体来看，在技术上，柔性屏、5G、屏下指纹、无线充电等新技术在国产手机上的应用已走在世界前列；越来越多的手机与笔记本电脑上都已标配 Type-C 接口。在软件上，国内移动互联网服务商所提供的移动支付、短视频等应用服务已经走向海外。在设计上，华为的鹰翼式折叠屏设计、vivo的升降式摄像头方案，都为手机设计领域的发展提供了新思路。在商业模式上，国内手机的电商直销、生态服务等模式也都有其独特的市场生命力。

进入 5G 商用元年之后，华为、中兴、小米、vivo、OPPO、三星等纷纷推出 5G 手机。5G 手机有望迎来新一轮的机遇，成为带领手机行业走出疫情影响，完成市场破局的关键。在芯片、运营商和通信等厂商的共同推进下，5G 将加速向大规模应用发展。

2.2 智能手机的组成结构与工作原理

随着通信产业的不断发展，移动终端已经由原来单一的通话功能向话音、数据、图像、音乐和多媒体等综合方向演变。下面就从智能手机这个典型移动终端的组成结构和工作原理两个方面来深入了解智能手机的工作过程。

智能手机其实和计算机等电子产品一样，都是由硬件系统和软件系统组成的。目前，智能手机处理器=CPU（数据处理芯片）+GPU（图形处理芯片）+其他。智能手机单元电路总体可分为两大部分：以应用处理器（AP）为核心的逻辑部分和以基带处理器（BP）为核心的通信部分。如果把智能手机整机电路按功能重要程度再稍加细分的话又可分为整机供电电路、逻辑控制电路、用户界面电路、射频通信电路和传感器电路等。

2.2.1 智能手机的组成结构

1. 硬件结构

智能手机的基本硬件结构大多采用主处理器 AP 和从处理器 BP 的双处理器架构，如图 2-2 所示。主处理器 AP（Application Processor，应用处理器），主要运行开放式操作系统以及操作系统之上的各种应用，负责整个系统的控制。从处理器 BP（Baseband Processor，基带处理器），负责基本无线通信，主要包括 DBB（Digital BaseBand，数字基带芯片）和 ABB（Analog BaseBand，模拟基带），完成语音信号和数字语音信号调制解调、信道编码解码和无线 Modem 控制。AP 和 BP 之间通过串口、总线或 USB 等方式进行通信，不同手机芯片生产厂家采用的集成方式不一样，但目前市面上仍以串口通信为主。在智能手机的基本硬件结构中，BP 部分只要再加上一定的外围电路，如音频芯片、LCD 控制、摄像机控制器、扬声器、天线等，就是一个完整的智能手机的硬件结构。

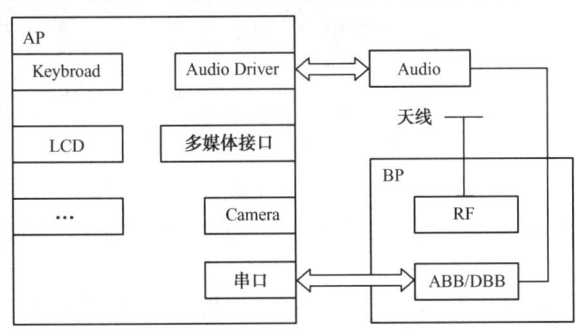

图 2-2 智能手机的双 CPU 架构

2. 软件组成

没有软件的智能手机就是一个裸机。与计算机一样，必须先装操作系统，然后上网下载应用软件才可以使用。但手机与计算机的区别是手机在出厂前，厂家就把操作系统装好了，用户拿到手机后，即可直接下载需要的应用软件。下面以 Android 操作系统为例，介绍智能手机的软件组成。

Android 智能手机操作系统是运行在 AP 上的开源智能手机操作系统。通过图 2-3 不难发现，Android 的系统架构与其他操作系统一样，采用分层架构。从图 2-3 中可以看出，Android 分为四层，从高到低分别是应用程序、应用程序框架、系统运行库和 Linux 内核。

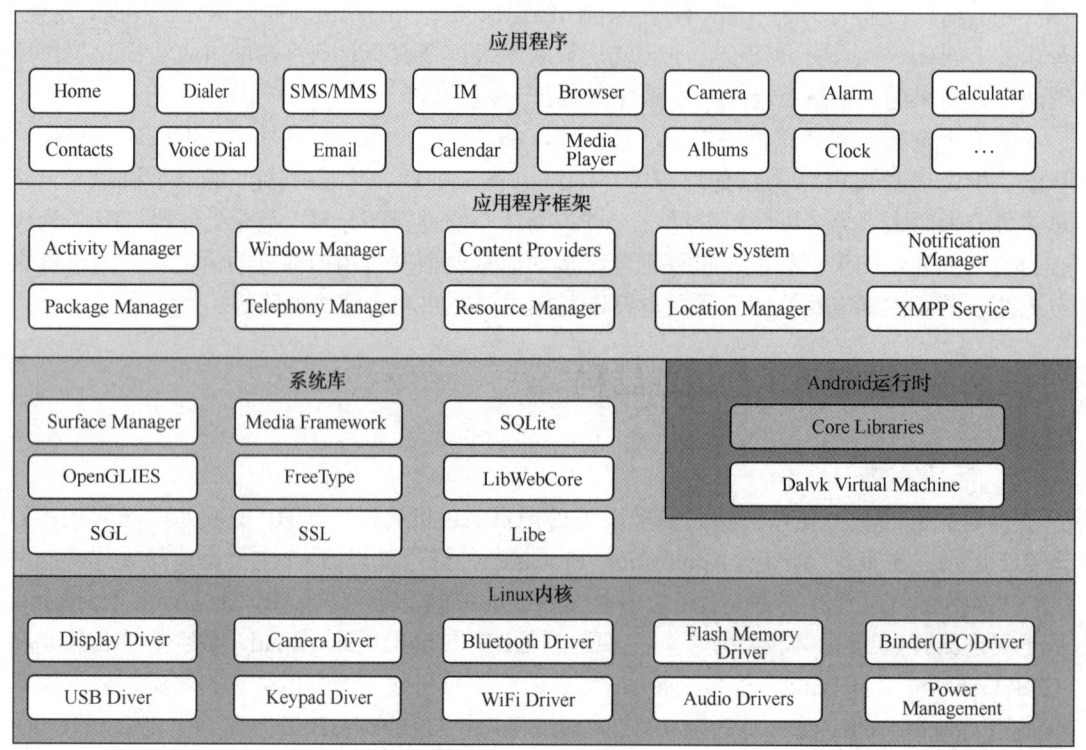

图 2-3　Android 系统架构图

（1）应用程序。Android 会同一系列核心应用程序包一起发布，该应用程序包包括 E-mail 客户端、SMS 短消息程序、日历、地图、浏览器、联系人管理程序等。所有的应用程序都是使用 Java 语言编写的。

（2）应用程序框架。开发人员也可以访问核心应用程序所使用的 API 框架。该应用程序的架构设计简化了组件的重用；任何一个应用程序都可以发布它的功能块，并且其他应用程序都可以使用其所发布的功能块（不过得遵循框架的安全性限制）。同样，该应用程序重用机制也使用户可以方便地替换程序组件。隐藏在每个应用后面的是一系列的服务和系统。

（3）系统运行库。系统运行库包括两部分，分别是系统库和 Android 运行时。系统库是应用程序框架的支撑，是连接应用程序框架层与 Linux 内核层的重要纽带。Android 运行时采用 Java 语言编写，程序在 Android 运行时执行，其运行时分为核心库和 Dalvik 虚拟机两部分。

（4）Linux 内核。Android 的核心系统服务依赖 Linux 2.6 内核，如安全性、内存管理、进程管理、网络协议栈和驱动模型。Linux 内核也同时作为硬件和软件栈之间的抽象层。

2.2.2 智能手机的工作原理

智能手机应用是当前移动应用中的一个流行趋势。未来，随着智能手机的发展，企业管理软件和电子商务软件逐渐在智能手机终端应用，移动开发会变得越来越开放，了解智能手机原理和软件运行机制也变得非常重要。限于篇幅，这里主要从单 CPU 和双 CPU、单任务和多任务、电阻式和电容式触摸屏介绍其智能工作部分的基本原理，至于手机通信部分的原理，读者可参考其他文献资料。

1. 电阻式和电容式触摸屏

首先简单了解手机屏幕的结构。现在手机上所使用的触摸屏显示器主要由三部分组成，分别是钢化玻璃、电阻式触摸屏或电容式触摸屏、LCD 或 OLED 显示屏。

触摸屏（Touch panel）又称触控面板，是可接收触头等输入信号的感应式液晶显示装置。例如，当手指接触屏幕上的图形按钮时，屏幕上的触觉反馈系统可根据预先编写的程序驱动各种连结装置，可用以取代机械式的按钮面板，并借由液晶显示画面制造出生动的影音效果。手机显示屏是用来显示图像的，而触摸屏是用来操作文字和图像的。手机显示屏分为 LCD 屏幕和 OLED 屏幕，触摸屏分为电阻式触摸屏和电容式触摸屏。电阻式触摸屏俗称"软屏"，多用于 Windows Mobile 系统的手机；电容式触摸屏俗称"硬屏"，如 iPhone 和 G1 等采用这种屏质。手机显示屏是输出设备，触摸屏是输入设备；显示屏和触摸屏配合使用才能既有图像又能对图像进行操作。

电阻式触摸屏包含上下叠合的两个透明层，四线和八线触摸屏由两层具有相同表面电阻的透明阻性材料组成，五线和七线触摸屏由一个阻性层和一个导电层组成，通常还要用一种弹性材料来将两层隔开。当触摸屏表面受到的压力（如通过笔尖或手指进行按压）足够大时，顶层与底层之间会产生接触。

电阻式触摸屏的优点是它的屏和控制系统都比较便宜，反应灵敏度很好，而且不管是四线电阻式触摸屏还是五线电阻式触摸屏，它们都是一种对外界完全隔离的工作环境，不怕灰尘和水汽，能适应各种恶劣的环境。它可以用任何物体来触摸，稳定性能较好。缺点是电阻式触摸屏的外层薄膜容易被划伤从而导致触摸屏不可用，多层结构会导致很大的光损失，对于手持设备通常需要加大背光源来弥补透光性不好的问题，但这样也会增加电池的消耗。

电容式触摸屏是利用人体的电流感应进行工作的。电容式触摸屏是一块四层复合玻璃屏，玻璃屏的内表面和夹层各涂一层 ITO，最外层是一层矽土玻璃保护薄，夹层 ITO 涂层作为工作面，四个角上引出四个电极，内层 ITO 为屏蔽层以保证良好的工作环境。

ITO（Indium Tin Oxide，氧化铟锡）是一种 N 型氧化物半导体，ITO 薄膜即铟锡氧化物半导体透明导电膜，它具有高的导电率、高的可见光透过率、高的机械硬度和良好的化学稳定性。它是液晶显示器（LCD）、等离子显示器（PDP）、电致发光显示器（EL/OLED）、触摸屏（TouchPanel）、太阳能电池，以及其他电子仪表的透明电极常用的薄膜材料。

图2-4表示了电容式触摸屏的基本原理。当用户手指触摸屏幕时，用户手指和触摸屏表面形成一个耦合电容，对于工作面上的高频电流来说，电容是直接导体，于是手指从接触点吸走很小的电流。这个电流分别从触摸屏的四角上的电极中流出，并且流经这四个电极的电流与手指到四角的距离成正比，控制器通过对这四个电流比例的精确计算，得出触摸点的位置信息。

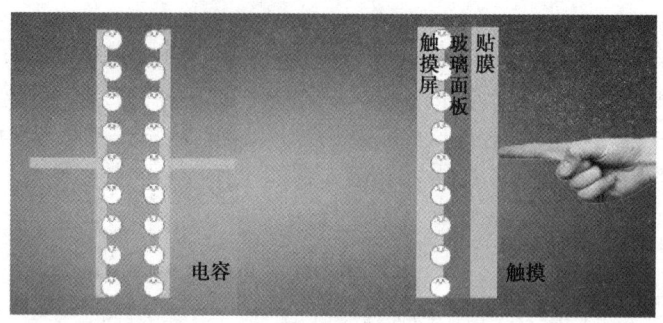

图2-4 电容式触摸屏基本原理

相对于电阻式触摸屏，电容式触摸屏的使用更加方便，对于屏幕，需要用的是生物体（手指上的肉体），而非手指甲大力按压，这样屏幕上就不会留下难看的刮花痕迹，而且反应灵敏，是电阻式触摸屏所不能达到的。电容式触摸屏是触屏手机的一个趋势，它颜色鲜艳，而且比电阻式触摸屏省电，目前的中高端手机都采用电容式触摸屏。电容式触摸屏所具有的特性，使手机屏幕具有多点触控功能，增加了手机的可操控性，提升了手机的使用价值。

2. 单CPU和双CPU

手机有CPU、存储器、输入输出设备，其中一个比较重要的输入输出设备就是空中接口（移动终端与基站之间的接口）。手机通信功能可以利用空中接口协议和基站建立通信，然后完成语音和数据的传输。空中接口要求的通信功能由通信协议处理单元和手机协议软件一起通过CPU来实现。一般手机CPU的芯片不是独立的，而是基带处理芯片的一个单元，也被称作CPU核心。手机的核心是基带处理芯片，其中包含比较通用的CPU核单元、DSP核单元、通信协议处理单元。

以前大部分手机都是单CPU的，也就是只有基带处理芯片中的CPU核。通信协议、用户界面都要在这个CPU核上运行。不过DSP核单元会分担一些计算比较复杂的程序算法，如语音编解码、安全层的各种算法、应用软件的业务逻辑算法等。随着手机的发展，摄像头、蓝牙、MP3、MP4这些功能都可以依靠硬件来实现，相对来说给CPU的压力不是很大，但嵌入式浏览器、虚拟机、嵌入式数据库、应用软件等会对CPU资源有较高的要求。单CPU的首要任务是完成通信协议，并且对通信协议软件有很精确的定时要求，因此，单CPU还要兼顾应用软件就比较困难了，于是便有了双CPU手机。双CPU手机的其中一个CPU专门负责执行通信协议，另一个CPU负责UI、虚拟机、嵌入式数据库、嵌入式浏览器等功能，两个CPU可以分开，或者做在一个芯片里。在市场上很多没有基带处理芯片开发能力的手机设计公司就购买国外的手机模块，在外面再加一块CPU实现双CPU；手机模块执行通信协议，后加的 CPU 执行 UI 和应用软件，两者通过串口通信。智能手机基本上全是双 CPU 的，如 iOS、Android、Windows Mobile、Symbian 等手机操作系统全是运行在第二块 CPU 上的。这些商业操作系统无法和无线通信协议软件集成到一块 CPU 上。双 CPU 的手机功能强，但它们一般体积大，耗电多，成本高。大部分手机应用在单 CPU 方案里也能实现。现在国内小巧、实用、低成本的单 CPU 方案仍然占据较大的市场份额。

3. 单任务和多任务

手机软件与 PC 软件相同，都是从中断向量表开始执行的。复位的处理程序是中断向量表的第一个跳转指令，然后是中断处理、错误处理的跳转指令。当手机加电后就跳转到复位的处理程序，开始检查内存、初始化 C 运行环境，然后创建第一个任务，其他任务会由这个任务顺序创建、启动。有一些手机的协议栈是单任务的，没有操作系统，由主程序轮流调用各个软件模块的处理程序来模拟多任务环境，但是绝大多数手机程序都是多任务的。手机软件可以粗略地分成启动模块、操作系统、协议栈、本地存储、数据业务、驱动程序、用户界面和其他应用。

4. 第三方软件运行环境

可以通过数据线或者网络下载一些可执行文件到文件系统中，然后由一个装载器执行这些文件。这样第三方就可以开发一些应用程序，下载到手机中来扩充手机功能。第三方软件在虚拟机中便可以运行，如 Java 虚拟机、Android 第三方软件运行在 Dalvik 虚拟机等。

2.3 智能手机的使用与维护

2.3.1 智能手机的使用

智能手机的主要特点：具备无线接入互联网的能力；具有 PDA 的功能；具有开放性的操作系统；人性化；功能强大；运行速度快。智能手机称霸是如今手机市场潮流所致。智能手机便于携带，交流方便，支持移动支付，且能安装办公软件，迅速成为个人通信和移动办公的主要工具之一，我们必须掌握一定的智能手机选购、设置、使用与维护方法。

1. 智能手机选购策略

购买智能手机主要的就是看其耐用程度；基本功能方面就是接打电话时的通话质量问题；还有就是智能方面、续航方面。

选购智能手机时，一般主要考虑的指标，第一是信号和速度，包括信号接收能力与通话质量，主频至少 2GHz 以上，运存 RAM 至少 4GB；第二是显示屏清晰度；第三是电池续航能力，包括发热控制；第四就是产品外观等。

目前，旗舰手机总体应该具备 5G 网络功能；一个轻薄的机身；手机屏幕更大；强大的成像系统；顶级的芯片；优秀的散热；主流辅助功能 NFC、红外、无线充电等应有尽有。具体参数要求是高刷新频率（90/120/144Hz）；搭载指纹解锁功能；采用 OFDMA 技术支持多个终端同时并行传输的 Wi-Fi 6；UFS 3.1 高速闪存；手机全面屏幕形态如图 2-5 所示，依次有刘海屏、水滴屏、挖孔屏、全面屏（屏下摄像头技术）；长效续航的大电池容量增加到 5000mAh 以上，并支持快充，如 44W 超快闪充技术，65W 氮化镓快充，20W 以上的无线快充等。

图 2-5　手机全面屏幕形态

随着互联网技术的不断发展，我们的日常生活越来越离不开网络。智能手机的流畅使用与无线网络信号的强弱和速率相关。在办公室和家庭中，一个好的 5G 智能手机，应该拥有一个好的 Wi-Fi 路由设备。下面主要强调一下 Wi-Fi 6。

ISM 频段（Industrial Scientific Medical Band）指的是专门为工业、科学和医学使用的电磁波频段，一般来说这些频段在使用上无须许可证和费用，只要遵循一定的功率并在自己应该在的频段内工作即可。世界各国的 ISM 频段标准并不相同，但是这其中的 2.4GHz 频段是世界各国所共用的，因此 Wi-Fi、蓝牙、ZigBee 以及一些其他的无线通信协议都选在这个频段进行工作。正是这段开放的 ISM 频段，打开了 Wi-Fi 世界的大门。尽管 Wi-Fi 联盟经常使用"Wireless Fidelity 无线保真"这个词，但其实 Wi-Fi 这个词本身没有任何意义，也没有缩写和全写，正确写法就是 Wi-Fi。

在当前的手机圈涌现出一大波的流行关键字，像 5G、Wi-Fi 6 等便是其中的高频词汇。在 5G 正式商用的时代，作为互联网的载体，Wi-Fi 6 5G 路由器也将逐渐成为家庭用户的刚需。5G 是万物互联的时代，网速的变化将带来生活模式的全面质变。Wi-Fi 6 和 5G 相似，都需要端到端的支持。Wi-Fi 6 协议相较于 Wi-Fi 5 有高带宽、高并发、低时延、低功耗四大优势，被称为室内"5G"。最容易被感知的就是，我们可以并联更多终端设备，而在这个条件下，还能提供良好的网络使用状态。Wi-Fi 6 被认为是 5G 网络在室内的一个补充，所以可见它的传输速率更快，而且响应延时会更低，一个最重要的好处就是 Wi-Fi 6 设备的功耗很低，Wi-Fi 6 与 Wi-Fi 5 相比，功耗可以降低 30%。

新一代的 iPhone 11 已经支持全新的 Wi-Fi 6。Wi-Fi 6 在新 iPhone 上的优先级排在 5G 的前面。表 2-1 表明 Wi-Fi 协议发展历程与主要特点。虽然无线网络已经有二十年的历史，但它还在不断发展并保持与时俱进。从拨号时代到宽频互联网的采用，再到智能手机，而现在我们已经进入物联网的初期，无线网络一直在不断开发适应市场需求的新技术。如果历史可以给我们一些启示，那么在未来的很多年内，无线网络一定会继续为我们提供更多便利。

与 Wi-Fi 5 所采用的 OFDM 技术不同，Wi-Fi 6 的 OFDMA 技术可以支持多个终端同时并行传输，用户不必再因排队等待、拥挤而浪费时间，在提升效率的同时降低延时，能够感觉到更快的网速。Wi-Fi 6 不仅能提升单个设备的峰值速率，而且关注密集用户使用场景下的多用户高速率并发传输和平均吞吐率，为整个无线生态服务，这已经成为未来的必然趋势。

表 2-1　Wi-Fi 协议发展历程与主要特点

	802.11b	802.11a	802.11g	802.11n	802.11ac	802.11ax
新名称				Wi-Fi 4	Wi-Fi 5	Wi-Fi 6
年代	1999	1999	2003	2009	2014	2019
最高速率	1～11Mbit/s	1.5～54Mbit/s	3～54Mbit/s	72～600Mbit/s	433～6933Mbit/s	600～9608Mbit/s
频率	2.4GHz	5GHz	2.4GHz	2.4/5GHz	5 GHz	2.4/5GHz 1～6GHz ISM

图 2-6 是华为 AX3 系列路由器外形。华为 AX3 系列路由器有 AX3 和 AX3 Pro 两种版本，AX3 是凌霄四核 1.2 GHz，AX3 Pro 是凌霄四核 1.4 GHz；AX3 缺少了 NFC 组件，不再支持 NFC 联网；AX3 缺少了 5G 信号的功放芯片，理论上信号不及 Pro 版本；内存方面 AX3 是 128M，AX3 Pro 是 256M。AX3 Pro 性能强大，功能全面，是一款非常适合公司或家庭用户的新一代 Wi-Fi 6 路由器。

华为 AX3 Pro 系列路由器采用端到端自研制的凌霄 Wi-Fi 6+芯片，独特优势来源于该芯片的协同技术，使得速率更快、穿墙更广。华为 AX3 Pro 路由器有黑白两色可选，搭载的凌霄四核 1.4GHz 芯片大幅提升了多设备连接效率。支持多路由器一键 Mesh 组网（无线网格网络），多台华为路由器也可以通过 H 键轻松实现 Mesh 组网覆盖。支持 NFC 功能，手机解锁屏幕，碰一碰路由器，无须输入密码，就可以轻松连接无线网络，使用带 NFC 功能的安卓手机轻触路由器正面右下角的 NFC 标志即可连接 Wi-Fi。

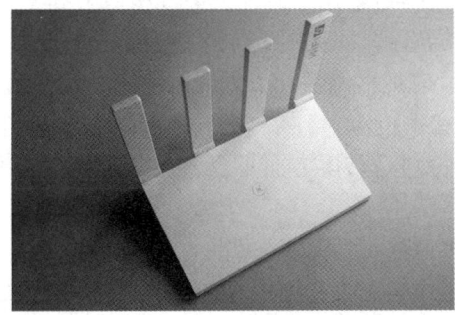

图 2-6　华为 AX3 系列路由器外形

2. 激活和基本设置

苹果公司最新研发的产品有 iPhone11，iPhone11 Pro，iPhone11 Pro Max，iPhone SE。下面以 iPhone11 为例，介绍智能手机的激活和使用方法。

激活 iPhone11。首先要插入 SIM 卡，然后长按电源键启动手机，开机后按照手机提示操作。选择系统语言，选择国家和地区。部分设置可以后期修改，所以选择快速设置。选择键盘语言，单击"下一步"按钮。连接 Wi-Fi 无线网络。系统进入激活程序，提示需要几分钟，等待激活完成。跳过设置，进入欢迎界面，上推进入主界面即可。值得一提的是，iPhone11 使用面部识别安全功能，只要用户用脸对准手机，iPhone11 会自动识别用户的面部进而解锁，此外通过面部识别还可用于购买 AppStore 应用程序等。

完成基本设置。激活以后，还要完成手机的一些基本设置，如设置是否启用定位服务，创建并登录 Apple ID，是否同意 iOS、icloud 及 game cebter 条款等，接下来就是导入通信录。如果你以前的通讯录没存在 SIM 卡里的话，那么可以用之前手机上用的 QQ 或者微信把通讯录同步到这里；如果存在卡上，那么就简单了，进入设置中的"邮件、通讯录、日历"，导入 SIM 卡通讯录即可。

安装应用软件。需要注意的是，因为苹果产品都使用 iOS 封闭系统，安装软件不像安卓系统那样直接单击安装，而需要通过 iPhone 自带的 App Store 软件单击进入，才能下载安装，而且上面的很多应用软件都是需要付费的。

3. 智能手机使用注意事项

手机已经成为人们生活中离不开的重要物品，工作、生活、交友、购物等，都可以在手机上完成。随着智能手机、移动互联网的普及，手机更是将掌上生活延伸到了极致。下面简单介绍智能手机日常使用时的注意事项。

OTG（On The Go）技术就是在没有 Host 的情况下，实现设备间的数据传送。通过 OTG 技术，可以给智能终端扩展 USB 接口配件以丰富智能终端的功能。OTG 是主流安卓手机/平板电脑自带的一种智能终端扩展功能，手机/平板电脑可利用 OTG 功能，通过 OTG 线，外接 USB 鼠标、键盘、U 盘等设备。注意，OTG 不支持充电功能。

Type-c 接口是一种基于最新传输标准 USB3.1（最大传输速率为 10Gbps=1250MB/s）的 USB 接口，常用于智能手机底部，用作充电、数据传输等。由于 Type-C 具有各种优势，已经成为最有希望统一各种接口的接口标准。

现在市场上主要流行的智能手机操作系统有 Android（安卓）、iOS、Windows 等；每种操作系统的操作界面以及操作方式都有很多不同之处，但也有很多相似之处。

智能手机主要用于平时通话和智能化数据管理。首先要会正确使用通讯录。手机的上网功能很消耗话费，在不需要网络的情况下，应把网络关闭。无线网络有时比手机网速快，要会使用手机连接无线网络，这样就可以节省手机流量。

普通的智能手机具有一定的安全隐患，特别是防爆方面不容忽视。防爆智能手机主要应用于煤矿、石油、化工等易燃、易爆的危险场所。

手机的连续升级使手机的功能不断加强，智能化将成为手机的重要特征。由于手机的功能过于强大，人们使用手机的时间过长，会影响人们的正常生活及健康。手机是电子产品，有电磁辐射，如果长时间拿在手中，用于工作、聊天、浏览新闻或者进行视频观看，会对人体造成一定的损害，应该控制每天使用手机的时间。手机与网络改变了人们的生活方式，变革总是有利有弊，只有合理地加以控制，才可以承其利，控其弊。

信息社会中，信息安全非常重要。养成怎样的手机使用习惯，才能保护好我们的手机信息安全呢？

不要轻易单击带链接的信息。一些广告信息或垃圾信息，如"赚外快""超值优惠"等，特别是带链接的信息，很明显的垃圾欺诈信息，用氢 OS 系统自带垃圾信息和骚扰电话拦截；还有一些不能识别或使用第三方软件接收的信息，我们不能确定其安全性，大家需要谨慎对待，不要轻易点开信息里面的链接。

不要轻易扫描二维码。二维码在生活中很常见，通过扫二维码可以加好友、进行收付款、报名参加线上活动等。但病毒等有害信息是可以植入二维码中的，对于不信任的二维码，不要出于好奇心或者被诱惑而扫描。

要及时升级软件。软件漏洞被发现后要及时地修复。很多第三方软件都在最新版的更新中修复了安全漏洞,所以不管是手机系统还是应用软件,都要关注官方的升级,及时更新。

定期清理手机垃圾文件和不安全因素。可以选择信任的管家软件对手机进行管理。定期对手机进行检查和管理,这样不仅可以清除垃圾文件和不安全因素,还能为手机腾出内存空间,保持手机运行流畅。氢OS内置清理助手的用法:在桌面右滑单击"剩余空间",或者打开文件管理器单击"清理",即可对手机空间进行清理。

多方携手,保证安全。"没有网络安全就没有国家安全。"管理部门、手机厂商、应用开发商、网络安全研究者应多方携手,为创造安全的手机使用环境共同努力,也希望大家在日常生活中提高信息安全意识,注意保护好自己的隐私和信息安全,防止网络和电信诈骗。

2.3.2 智能手机的维护

智能手机的维护应该包括硬件维护和软件维护两个方面。

1. 硬件维护

硬件维护主要注意以下几点。

(1)手机外壳。在生活中,我们经常会发现一些人的手机外壳伤痕累累,仿佛经历了许多坎坷。而真正的原因除了正常的磨损,主要是摔落、敲打或摇晃造成的。震动会使手机内部插接件松动,甚至元件脱焊、接线松动,所以不能直接放在如行进中车辆的硬座位上等不稳定的地方。不注意保护手机外壳,受伤的不仅是手机的外貌,还会损坏手机的机芯(内部电路板)。

为手机增加一个保护套,以清水套等透明硅胶套为佳,因为它既不影响外观,又有很强的防护作用,甚至用一两年的手机,仍然像新手机一样。多一层保护套就等于为手机加了一件外衣,一是能够减少手机外壳的磨损,二是发生摔落或遇水时,能够减轻对手机的损害。

(2)电池。手机电池是为手机提供电力的储能工具,手机电池一般用的是锂(Li)电池和镍氢(NiH)电池。手机电池一般由电芯、保护电路和外壳三部分组成。"mAh"是电池容量的单位,中文名称是毫安时。

硬件部分的维护首先要做的就是正确使用电池,其他方面坏了,就只能找厂家了。如何正确使用电池?我们要注意的便是电量。通过电量的提示,及时为手机充电或拔掉电源。一般我们都会有一种想法,就是手机电池中的电要全部用完再充电比较好,因为以前使用的充电电池大部分是镍氢(NiH)电池,而镍氢电池有所谓的记忆效应,若不用完就充电的话会导致电池寿命急速减少,因此我们要等用到剩最后一点电再充电。但现在的手机及一般IA(Information Appliance,信息家电或信息终端)产品大部分都用锂(Li)电池,而锂电池没有记忆效应的问题。若大家还是等到快用完电后再充的话,反而会使锂电池内部的化学物质无法反应而减少寿命。最好的方法就是,没事就充电,让它随时随地保持最佳满格状态,这样电池就可以使用很长时间。

智能手机的CPU、屏幕等硬件的耗电量都是不可忽视的。一定要用好手机的节能功能。

(3)屏幕和按键。大多数时候,手机的屏幕和按键容易被过度磨损。当然安卓手机多为触屏机，按键较少，但是大多数的屏幕被人整天"上下其手"，再加上不恰当的使用习惯，普通的屏贴恐怕过几天就会伤痕累累。而我们在使用过程中，为了避免屏幕或键盘的过度磨损，要注意自己指甲的长度，越长的指甲杀伤力也越大。

电容式触摸屏的工作原理是，当手指接触到屏幕时，会带走屏幕上的点电流，屏幕会从四个角落均匀输送出均等电流来填补到手指按压的位置，并以此来做定位，所以在输电电压不稳的情况下，飘移这种效果就会出现。正因为如此，应尽量避免电量低于20%后充电，如果低于20%时最好马上充电，而且现在的手机锂（Li）电池随用随充比用尽再充要更好。

手机屏幕怕高温，当屏幕表面温度达到40℃左右时，就可能引发飘移现象，长期处于这种高温下，电容屏就会降低寿命。

要尽量避免让手机与音箱或其他具有磁性的物品近距离接触。

在少数情况下，手机屏幕仍有可能出现坏点。判断坏点的方法是，不管显示屏所显示出来的图像如何，显示屏上的某一点或几点永远显示同一种颜色。手机屏幕在生产中造成的坏点，并不表示屏幕出现了故障，如果不是很明显，用户无须过于担心，只要在购买时多加注意就行了。然而，经常摔手机的人就要小心了，因为震动会影响手机主板的开关电路，可能产生液晶的坏点，甚至逐渐扩散，最后就只能看到"繁星"一片了。

（4）手机主板。手机是由电子元件组成的，而这些元件大都集中在手机主板上。电子在电路中运动都会发热，特别是CPU高占用率运行时，更增添了发热量。长时间不关手机，并且手机内部长时间温度较高，内部会慢慢受到热量侵蚀，手机主板就可能老化得快，短时间内没什么问题，但用上一年半载后，你就会慢慢发现有死机、操作失灵等现象。

此外，手机内部的电子线路上要防止灰尘沉积，平时不要轻易打开外壳来清洁。对有键盘的手机，如果其下的导电软橡胶层破裂要及时更换，否则清水及灰尘极易沿裂纹进入机内。

（5）接口。保护好充电接口或USB接口，一些手机会有专门的橡胶保护盖，这是因为这些部位如果过度氧化或接触某些金属后，对手机的充电、信号有很大影响，一定要经常保持充电接口和USB接口的清洁。

2．软件维护

在软件维护方面，我们要特别关注垃圾清理、软件安装、安全保护等几个方面。

（1）垃圾清理。如果发现智能手机运行时间越长，运行速度越慢，经常出现卡顿、死机、自动关机等现象，那么一般是因为手机在使用的过程中产生了大量缓存垃圾，运行空间越来越小的缘故，此时要及时清理手机缓存。但是一定要注意，有重要信息的应用不要清理。常用方法主要有：

① 使用第三方手机管理软件清理。如腾讯手机管家、金山清理大师、360清理大师等。

② 手动清理。在手机文件管理器中或者用数据线连接计算机找到系统缓存目录，删除缓存文件。

③ 处理.thumbnails目录下大文件。在安卓手机4.0以上系统DCIM目录中会生成一个名为.thumbnails的文件夹，是查看相册、浏览图片时产生的缩略图文件，里面的文件大的有几GB，甚至几十GB，日积月累，会导致手机不能查看相册、拍照、接收和下载文件。进入文件夹管理器，显示以点开头的文件，删除.thumbnails文件夹。

④ 及时转移手机内照片等图片。

平常要定时清理手机中的垃圾，必要时重启手机，结束手机后台程序，也可以关闭开机自启动软件，关掉推送通知等。可以定期删除手机里日历项、待办事项、通话记录等数据，删除不需要的文件，给手机内存"减压"，提高手机系统运行速度。也可以下载安装一些专业的系统内存清理维护软件来保证手机的运行速度。安装手机安全卫士可以防止恶意软件的危害。为了防止下载到不良软件，用户需要提高自身的安全意识，要了解软件的用途，遇到不合理的现象，应谨慎处理。要尽量到一些比较正规、严谨的软件下载网站、论坛下载自己需要的各种应用软件，以确保软件本身的来源，保证其安全性。

（2）软件安装。Android 应用软件安装有如下 4 种方式。

① 系统应用软件安装：开机时完成，没有安装界面；

② 网络下载应用软件安装：通过 market 应用软件完成，没有安装界面；

③ ADB 工具安装：没有安装界面；

④ 第三方应用软件安装：通过 SD 卡里的 APK 文件安装，有安装界面，是由 packageinstaller.apk 应用软件处理安装及卸载过程的界面。

应用软件安装的流程及路径。应用软件安装涉及如下几个目录：system/app 是系统自带的应用程序，无法删除；data/app 为用户程序安装的目录，有删除权限，安装时把 APK 文件复制到此目录；data/data 是存放应用程序的数据的目录；Data/dalvik-cache 将 APK 中的 dex 文件安装到 dalvik-cache 目录下（dex 文件是 dalvik 虚拟机的可执行文件，其大小约为原始 APK 文件大小的四分之一）。

安装过程。复制 APK 安装包到 data/app 目录下，解压并扫描安装包；把 dex 文件（Dalvik 字节码）保存到 dalvik-cache 目录下；在 data/data 目录下创建对应的应用数据目录。

卸载过程。删除安装过程中在上述三个目录下创建的文件及目录。

在手机中快速安装软件的步骤是：在手机"设置"界面中找到"安全"（有的在应用程序中），打开后找到"未知来源"，打上"√"，表示允许安装来自未知来源的应用软件，不同的版本可能找到的方法不一样，但是在"设置"中肯定会有这一项。如果没找到也不要紧，可以忽略这一步，安装的时候可能会提示，到时候允许就可以了。打开手机上的浏览器，在地址栏中输入网站地址，进入后单击需要的下载软件，安装就可以了。也可以用微信扫描二维码，进入下载界面安装。

如果遇到手机不能正常安装应用软件时怎么办？

① 最常见的就是未知软件安装失败。这时只要正确设置安装权限即可。

② 系统版本原因。可通过刷机升级系统来解决。

③ 其他问题。如果软件不支持手机型号，则要按照手机的型号去下载对应的软件；软件下载不完整出现错误无法安装时，要先删掉该软件，再重新下载一个完整的软件继续安装即可；下载软件的证书过期，可将手机的时间调到软件的过期证书时间之前，软件安装好以后再把手机时间调整回来即可；在手机内存已满的情况下是无法安装软件的，这个时候可以清除一些垃圾文件或者不用的软件；当软件是旧版本的时候，就会出现软件安装错误，只要把旧版本的软件卸载清除，然后安装新的软件即可。

最好不要任意安装各种应用软件。软件和文档存多了，手机的数据读写速度就会变慢，这和"死机"的道理相同。

（3）安全保护。现在是移动信息时代，也是互联网科技时代。作为现代信息接收移动终端，手机使用得非常普遍。大多数人用手机除了满足通信需求，还有办公、金融和理财等需求。既然有这么多重要功能与作用，可见手机的安全性是很重要的。近几年智能手机已经成为生活必需品，手机安全事故也频频发生。银行卡被盗刷、支付宝现金被转走、隐私照片不慎流出，各种案例都在不停地提醒用户重视手机安全问题。应运而生的手机安全防护软件开始活跃于市场，如腾讯手机管家、百度手机卫士、360手机卫士等，为手机安装一个安全软件就相当于为手机安装防火墙，可以提高手机的安全系数。

大家每天都在使用手机App，可是互联网中存在很多安全隐患，如何保护手机App安全呢？可以从以下六大方面来实现。①设置手机开机密码；②设置开机指纹；③安装杀毒软件；④给客户端添加应用锁；⑤设置客户端密码；⑥设置手势密码。

智能手机和台式机、笔记本电脑一样，都是基于一套开放的平台，所以中病毒是常事，要注意查杀病毒。鉴于此，随时备份重要资料，是使用智能手机时必须做的工作。

保持手机安全不是一件容易的事，但应该成为你优先考虑的事。随着新漏洞不时被曝出，确保自己能及时发现手机上的任何可疑活动十分重要。安全保护就是要力争做到：实现陌生电话拦截；实现陌生短信拦截；设置自己的私密好友；不再担心自己的私密信息被别人看到，系统自动对私密好友的信息进行隐藏处理；进行密码设置，防止信息泄露。

随着功能的不断增多，手机成了大量日常活动的平台，如网页浏览、订票、设置提醒、分享文件、即时通信、视频电话，甚至手机银行。鉴于所有的这些功能，手机面临很多网络威胁，由于其具有便携性，也容易遭受物理攻击。其中一些安全威胁包括专门为手机设计的恶意软件，如间谍软件、未授权访问、网络钓鱼和盗窃。但也不是完全束手无策，以下列出的，就是能帮你化解手机威胁的实用招数：使用强口令/生物特征识别；确保公共或免费Wi-Fi是被保护的；利用VPN；加密你的手机；安装反病毒应用；更新或升级到最新的软件。需考虑的其他事项还有：避免开启自动填写、注销登录。

2.3.3 智能手机的维修

性能故障是指手机自身原因出现的故障，多数指硬件方面的问题，这种故障是在保修范围内的。

软件故障指的是手机操作系统里面的软件出现故障，这种故障一般自己可以修复和解决。

由于软件故障的处理在手机维修中的重要性，使得生产手机维修仪器的厂家推出了各种各样的软件故障维修仪，主要分为几大类，一类是将字库或码片拆下来重写，常用的仪器是UP-48、128以及其他类型的编程器；另一类是免拆机的软件修复。而在免拆机情况下对手机软件的重写，又可分为两种情况，一种情况是用免计算机、免拆机的软件维修仪进行修复；另一种情况是用带计算机、免拆机的软件维修仪进行修复。

综上所述，手机的软件直接关系到手机的某些功能和手机是否能够正常使用。对于手机维修者来说，由于软件的故障占相当大的比例，为了提高维修者的软件维修水平，必须了解软件的结构原理，能够判断软件故障的现象，掌握常见一些软件维修仪的使用技巧，排除软件故障才能得心应手。

1. 常见问题处理

智能手机的日常保养和维护固然很重要，但用的时间久了，难免会出现这样那样的问题。如果智能手机出现了以下的一些常见问题，也不用紧张，如果自己不能处理的话，那么当务之急就是找专业人员进行及时处理。

（1）不能开机。手机在开机过程中，其内部会有一个比较复杂的处理过程。所以不能开机的原因，要由维修点进行具体的检查和处理。

（2）自动关机。这可能是多方面原因造成的。例如，电池触点不能正常通电，主板异常。另外，静电过大也会引起手机自动关机，尤其是在干燥的冬天。

（3）手机死机。如果操作手机不当，也会导致手机死机。尤其是当我们在发短信的时候，如果按键操作的速度过快或者在短时间内连续受到短信息轰击，造成手机 CPU 负载过大，短时间内 CPU 产生的热量不能散发出去，那么就会造成手机死机。因此，我们在使用手机的时候，操作一定要注意规范性；尽量不要公开自己的手机号码，以免受到短信息轰击。当然，如果是其他不能解决的原因，还是及时送到专门的维修中心为好。

（4）能开机和关机，但在基站信号强度足够的地理区域不能登记入网。该故障也是常见的故障之一，它涉及较多的模块单元。当接收、发射、频率合成器、CPU、软件等有问题时，都会造成此类故障。

（5）插入 SIM 卡后，手机检测不到。由于手机内器件的接触点面积很小且接触压力不能太大，再加上有些手机 SIM 卡座的结构设计不够合理，故容易出现这种故障。

（6）信号时好时坏。在排除了电池故障和外界环境干扰的情况下，故障原因可能是手机内部存在虚焊点（特别是对于受到碰撞、挤压、跌落的手机更是如此）。也可能是软件存在问题，如基站系统已升级，现有手机却没有及时跟进，产生信号不稳定的现象，这时就需要对手机进行软件升级。

（7）工作或待机时间明显变短。出现此故障可能有以下几个方面原因。

① 电池未充足电，导致质量变差、容量减小。

② 与手机通话时的耗电量大小有关。而这又涉及三个方面，一是手机质量，当手机发射功率相同时，质量好的手机因效率高而耗电较小；二是手机和基站的距离，当手机距离基站较近时，手机会将发射功率自动降低，耗电就会小一些，反之，当手机距离基站较远时，会因手机自动加大输出功率而耗电大一些；三是通话声音的大小，通话声音的强弱也会影响手机的耗电量。

③ 手机内存在漏电故障，特别是对于浸过水的手机更是如此。

（8）软件故障。

如遇到启动不了或白屏问题：拔卡，重启（这个步骤是检验问题软件是在手机内存还是在存储卡上的方法，如果拔卡后可解决问题，那么一定是安装在存储卡上的软件问题）。

看看关于启动的有哪些软件（如 SMan 系统管理软件、Vibor 智能手机跨平台网络电话及即时通信软件等第三方软件），然后删除这些软件，重启试一试，还不行的话，就格式化手机，如果仍然不行，则应尝试刷机。

现在人们真的是手机不离身，天天使用手机难免会出现一些小故障，没必要每次都跑维修店，其实使用中的一些小问题，完全可以自己解决。下面介绍一些手机故障处理小技巧。

① 手机死机。

原因分析：内存占得太多，系统垃圾多；手机中毒等。

解决办法：卸载不常用的软件，清理系统垃圾，安装杀毒软件进行手机杀毒等。

② 自动关机。

原因分析：手机没电了；设置了定时开关机；静电引起等。

解决办法：连接充电器给手机充电；重启手机；保持手机清洁，给手机配戴保护套。

③ 耗电快，待机时间短。

原因分析：后台应用程序太多；开启了蓝牙、GPS；屏幕太亮等。

解决办法：关闭后台程序，关闭蓝牙和 GPS，适当调低屏幕亮度。

④ 触屏不灵。

原因分析：如果在充电时触屏不灵敏，那么一般为非原装充电器输出电压不稳定，而造成触屏不灵；屏幕保护膜导致的；系统软件原因；硬件故障等。

解决办法：撕开屏幕保护膜；更换充电器；按两次开关来释放静电等。

⑤ 机身发烫。

原因分析：手机工作的时候会产生热量，这是正常现象，在玩大型游戏的时候或充电时使用手机，发热现象较为明显。

解决办法：避免长时间操作手机，避免边充电边玩手机。

⑥ 照片或资料保存不了。

原因分析：内存卡损坏，内存空间不足；手机反应迟钝等。

解决办法：更换内存卡，清理内存卡里存储的资料或应用程序数据等。

⑦ 手机数据丢失。

原因分析：手机内存故障；自己不小心误删了数据。

解决办法：在手机应用商店或者手机浏览器上下载手机数据恢复精灵，选择要恢复的内容就可以了。

2. 常用维修方法

对于新手机，因为生产工艺上的缺陷，硬件故障多发生在机芯与机壳结合部分的机械应力点附近，且多因元器件焊接不良、虚焊等引起。与摔落、挤压损坏的手机故障有共同点，碰坏的手机在机壳上能观察到明显的机械损伤，机芯的相应部分也是重点检查对象。进水与电源供电造成的手机故障有共同点，进水的手机，如果没有及时处理，那么时间一长线路就被氧化，甚至造成断线；进行检修时不要盲目地进行通电实验和随便拆卸、吹焊元器件及电路板，这样很容易使旧的故障没排除又出现新的故障，使原来可以简单修复的手机变得更加复杂了。总而言之，能通过原理了解各大电路的工作上电时序，快速通过检修找到故障部位是最重要的。下面介绍手机故障维修中的常用方法。

（1）询问法。当拿到一部故障手机时首先要询问用户，在什么样的情况下出现了故障，是否被修过，针对用户反映的情况以及故障的现象，综合判断故障发生的部位。如被摔过的手机，应考虑手机芯片虚焊、断点、元件脱落、线路板断裂等；对进水的手机，应考虑电源模块损坏，铜箔及管脚生锈、腐蚀、断线；被人修过的手机，要注意芯片是否被动过或更换，元件有无装错等。

（2）直观法。通过询问后再进行直观检查，可发现一些故障。如摔过的手机外壳有裂痕，重点检查线路板上对应处的元件有无脱落、断线；进水手机主板上是否有水渍，甚至生锈，引脚间是否有杂物等；按键不正常，看按键点上有无氧化引起的接触不良；用吹气法判断送话器是否正常。

（3）软件法。供电电压不稳定、吹焊存储器时温度不当、软件程序本身问题或存储器本身性能不良，易造成软件丢失或错乱，导致不开机、无网络或其他软件故障。通常用免拆机维修仪重写软件资料解决，若不联机可拆下硬盘或码片用编程器编程。如果出现写不了字或显示字库（硬盘）损坏，则说明存储器本身损坏。

（4）清洗法。手机进水或进入灰尘，使元件之间绝缘电阻减小而造成的一些故障，可用超声波清洗仪进行清洗解决。如有些三星手机出现"系统失败请与系统服务商联系"的故障，大多是尾插与外部设备连接的时钟、数据传输线上的元件漏电或短路引起，可先清洗尾插部分，若能排除即可；如果不能排除，则可去掉这些元件。若因氧化引起的按键失灵，用天那水或酒精擦洗即可。

（5）分析法。只有了解手机的结构和工作原理，才能根据发生故障的现象进行分析、判断，很快找到故障部位。如果不懂手机的工作原理，全靠记忆和经验去维修手机，对故障不会分析和判断，跳不出"一吹、二洗、三搬家"的圈子，那么必然会走弯路。

（6）综合法。任何事情都是熟能生巧，维修手机也不例外。手机的故障不外乎硬件故障和软件故障两大部分，只要了解手机的结构和工作原理，会分析和判断，综合运用多种维修技巧，配合相应的维修仪器，修复手机的故障并不是一件非常困难的事。

（7）比较法。有比较才能有鉴别。检修手机时，如果觉得某些元件的型号、位置、电压值、电流值和波形不正常，则可用同型号的正常机板相对应的部位进行比较。如三极管的位置、某电阻或电容是否装错，阻值是否正常，某两点是否连接等，通过比较很快可查出故障原因。

（8）代替法。当怀疑某个元件有问题时，可以从正常手机上拆下相同的元件装机实验，效果立竿见影。如果代替后故障排除，则说明原元件已损坏；如果代替后故障仍然存在，则说明问题不在此元器件，应继续查找。代替法适用于手机中所有的元器件。在某些情况下可以用单频元件代替双频元件，如常用 14 系列单频功放代替日立公司的双频功放，但只能在有 GSM 频段的地区使用。

（9）短路法。常用于缺少某些损坏元件时的应急修理，如天线开关、高放前后的滤波器、合路器、功放等元件损坏时，手头暂时没有元件，可直接把输入端和输出端短路（天线开关短路后手机只能工作在一个频段），若短路后手机恢复正常，说明该元件损坏。

（10）断路法。该方法是将怀疑的电路或元件断开，若断开后故障消失，说明问题就在断开的电路上。当加电出现大电流时，功放是直接采用电源供电的，可取下供电支路电感或电阻，不再出现大电流，说明功放已击穿损坏；如果不装 SIM 卡手机有信号，装卡后无信号，怀疑功放有问题，同样可断开功放供电或功放的输入通路，若有信号证明功放已损坏。

（11）信号法。常用于检修手机射频电路。用信号发生器输入固定的频率，检测在信号通路上有无正常的波形数据，以判断故障部位。通过将导线在电源线上绕几圈，利用感应信号去碰触手机的天线，检测接收通道上有无杂波来判断故障。对于摩托罗拉手机，可用测试卡或检修仪载入测试功能，以检测手机的接收、发射等功能是否正常，也可以进入发射状态进行发射电路的检修。

（12）补焊法。手机在使用过程中，摔碰后容易出现虚焊或接触不良，引起多种故障。可通过显微镜观察或用按压法判断出故障部位，进行补焊解决出现的问题。

（13）飞线法。当手机被摔过或拆卸带有封胶的芯片时，焊盘掉点是经常发生的事，除了空点，有用的焊点要用飞线来解决。通常在该点相连的引线上或元件上用细漆包线连接后，在焊盘的掉点处用镊子把去掉绝缘的引线头弯成焊点大小的圆圈，用绿油把引线固定，在紫光灯下（常用紫光灯验钞器）烤 5~30min 即可。芯片以外的电路断线，同样可以用飞线的方法解决。

（14）假天线法。简单实用，在检修射频电路故障时，用 10cm 左右的长导线或锡丝、镊子、示波器探头作为假天线，分别连接在信号通路的输入端和输出端，如果在接收通道某元件的输出端接上假天线后手机正常工作，则说明假天线以后的电路正常，然后把假天线移到此元件的输入端，如果不能正常工作，则问题就在此元件上。

（15）刷机报错法。当对 iPhone 产品刷机时，苹果服务器需要检测验证 iPhone 产品的相关硬件或参数。如果在验证过程中，苹果服务器检测到相关数据错误，则无法通过刷机操作，进而 itunes 软件会弹出对应的错误代码。表 2-2 为常见错误代码所表示的故障含义。例如，在常见故障代码中，硬盘故障多数会弹出报错信息"发生未知错误 9，未能恢复此 iPhone"等。

表 2-2 常见错误代码所表示的故障含义

大致故障点	报 错 代 码			
供电	21	23	4014	
CPU	4005	4013		
暂存	4014			
硬盘	9	14	40	28
基带电源	-1	1		
基带 CPU	1	-1		
码片	3	27		
摄像（6 代、6P）	56			

（16）对地电阻法。平时注意收集一些手机某些部位的对地电阻值，如电源簧片、供电滤波电容、SIM 卡座、芯片焊盘、集成电路引脚等对地电阻值。在检查手机时，可根据某点对地电阻值的大小来判断故障。若某点到地的正常电阻是 10kΩ，故障手机此点的电阻远大于 10kΩ 或无穷大，说明此点已断路，若电阻为零说明此点已对地短路。电阻法还可用于判断线路之间有无断线以及元件质量的好坏等。

（17）电压法。正常的手机相应点电压是一个固定的数值，一旦手机损坏，故障处的电压值必然发生变化，通过检测电压值是否正常，就可以很快找到故障发生部位。若某处电压为零，说明供电电路有断路；若某处电压比正常值低，只要供电正常，说明负载有问题。在测量电压时，还要注意是连续的直流供电，还是脉冲线性供电（用万用表测量电压是在变化的）。

（18）电流法。维修电源时，电流表显示的数值是手机工作时各单元电路电流的总和，不同工作状态下的电流基本上是有规律的。若手机出现故障，电流必然发生变化。有经验的维修人员，通过不同的电流值，可以大致判断出故障的部位。若加电即有几十 mA 的电流，说明电源正极某一支电路的元件漏电；若加电后电流大于 500mA，说明 CPU 或电源、功放、电源滤波电容等元器件有击穿短路，不同机型有不同特征，但检修方法大致一样。

（19）波形法。手机在正常工作时，同一电路在不同的工作状态下信号的波形也不同。在检修故障时，用示波器测信号波形是否正常，可很快判断出故障所发生的部位。若检修时无信号，先测有无正常的接收基带信号，来判断是射频电路还是逻辑电路有问题，若有正常的接收基带信号，说明射频电路正常，问题在逻辑电路；在检修不发射问题时，同样可以测有无正常的发射基带信号，来判断故障是逻辑电路还是射频电路引起的。

（20）感温法。常用于小电流漏电或元件击穿引起的大电流的检测。如手机加电即有几十毫安漏电，虽不影响使用，但电池待机时间大大缩短，在检修时可稍微提高供电电压，使漏电电流增大，用手或脸、唇等人体对热敏感部位去查找发热元件，哪个元件发热即为损坏；也可用松香烟熏线路板，使元件涂上一层白雾，加电后观察，哪个元件雾层先消失，即为发热件。如手机加电即有 500mA 以上大电流，可调低电源电压，使电流不超过 200mA（不扩大故障），通电后用上述方法查找出发热元件，予以更换。

（21）按压法。用于检测由于元件接触不良或虚焊引起的各种故障。如手机时开机时不开机，怀疑硬盘或 CPU 虚焊，可用大拇指和食指对相应芯片两面适当用力按压，若按压某个芯片时可以开机，即为虚焊，补焊即可。

（22）悬空法。主要用于检修手机的供电电路有无断路，简单实用，方便快捷。方法是：维修电源的正端接到手机的地端（负极），维修电源的负极和手机的正电端悬空不用，电源的正极加到电路中所有能通过直流的电路上，此时，用示波器（或万用表，地均与维修电源的地连接）测你所怀疑断路的部位，若有电压说明没有断路；若测不到电压说明已断路（或空点）。

（23）调整法。由于发射信号过强引起的发射关机或过弱引起的发射复位、重拨等故障时，检修或更换功放、功控电路无效果的，可适当调整相关电路中元件数值达到修复目的。如摩托罗拉 V998 和诺基亚手机，由于发射功率过大引起发射关机，均可增大功控电路中的电阻来解决；若属于发射功率小引起的发射重拨，可减小预放管基极供电电阻，增大预放的放大量，使手机正常工作。

（24）区分法。在检修因控制信号或供电电路不正常时，可根据控制信号或供电电压的数值，把电路中相同的直流电压引过来，进行故障区域的区分。若加电后电路可以工作，说明受控电路正常，问题在控制或供电电路，若加电后电路仍不正常，问题在受控电路。如摩托罗拉 V998 的 RX-EN、TXEN、DM-EN、-5V-EN 和 T2688 射频供电管的控制信号，均为 2.8V 的信号；若不正常，可把电源输出的 2.8V 加到相对应的控制端上（要断开原来的控制线），若该电路正常说明受控电路正常，重点检修控制信号的产生电路；否则，故障在受控电路。

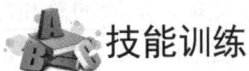 技能训练

训练任务 1.1　路由器的安装和使用

1. 任务要求

学会 Wi-Fi 路由器的安装和使用方法。

2. 训练情景

训练器材：Wi-Fi 路由器、计算机、网线。

训练场景：办公设备实训室。

3. 计划内容

（1）利用实训室资源，通过老师的指导，对 Wi-Fi 路由器的外观和接口进行了解，掌握 Wi-Fi 路由器各接口的功能和作用。掌握 Wi-Fi 路由器各接口的连接方法。掌握不同 Wi-Fi 路由器的厂商、型号、区别方法、性能指标、选购及安装使用注意事项。

（2）通过反复动手训练，熟练掌握 Wi-Fi 路由器安装和接口连接方法。

（3）掌握通过 PC 的浏览器登录到 Wi-Fi 路由器上进行配置的方法。

（4）认真阅读 Wi-Fi 路由器使用说明书，掌握 Wi-Fi 路由器的安装、使用、日常维护方法及注意事项。

4. 注意事项

（1）注意路由器的摆放位置。我们在安装路由器的时候，要注意路由器的摆放位置，不要放在角落或者有许多遮挡物的地方。除此之外，为了防止其他设备对路由器的信号产生干扰，要远离微波炉、无线鼠标等设备。

（2）确保物理连接正常。安装的时候要分清 LAN 接口与 WAN 接口，连接成功的话，在路由器上都会亮起相应的指示灯。

5. 总结考核

（1）查资料或上网，阅读产品说明书，从技术规范上归纳总结 Wi-Fi 路由器厂商、型号、选购及安装使用方法。

（2）独立归纳整理完成 Wi-Fi 路由器安装的实训总结。

（3）独立归纳整理 Wi-Fi 路由器使用的实训总结。

（4）对任务要求、训练设备、内容、操作步骤和训练结果进行系统分析和总结，归纳在技能训练中的收获和体会。撰写并提交一份技能训练总结报告。

训练任务 1.2　交换机的安装和使用

1. 任务要求

学会交换机的安装和使用方法。

2. 训练情景

训练器材：交换机、计算机、网线。

训练场景：办公设备实训室。

3. 计划内容

（1）利用实训室资源，通过老师的指导，对交换机的外观和接口进行了解，掌握交换机接口的功能和作用。掌握交找机接口的连接方法。掌握不同交换机的厂商、型号、区别方法、性能指标、选购及安装使用注意事项。

（2）通过反复动手训练，熟练掌握交换机安装和接口连接方法。

（3）掌握通过 PC 上的超级终端软件登录到交换机上配置的方法。

（4）认真阅读交换机使用说明书，掌握交换机的安装、使用、日常维护方法及注意事项。

4. 注意事项

（1）交换机机房应干燥、通风，无腐蚀气体，无强电磁干扰。

（2）交换机机房湿度应保持小于 80%，温度恒定在 25℃左右，有条件时应安装相应设施。

（3）交换机接地应遵循本说明书中所述接地要求，要单独、良好接地。

（4）交换机电压要稳定，防止因电源电压突变、波动等而引起交换机工作出现异常。

（5）交换机与其他设备之间应保持相应距离，严禁其他设备与交换机叠放。

（6）交换机与配线架之间的连接电缆要规范、合理，配线架（箱）跳接线要简洁、清晰，防止出现并线、串线等现象。

（7）配线架内外引出线要安装保安避雷装置。

5. 总结考核

（1）查资料或上网，阅读产品说明书，从技术规范上归纳总结交换机厂商、型号、选购及安装使用方法。

（2）独立归纳整理完成交换机安装的实训总结。

（3）独立归纳整理完成通过 PC 上的超级终端软件登录到交换机上配置的实训总结。

（4）对任务要求、训练设备、内容、操作步骤和训练结果进行系统分析和总结，归纳在技能训练中的收获和体会。撰写并提交一份技能训练总结报告。

训练任务 1.3　智能手机的使用和维护

1. 任务要求

学会使用和维护智能手机。

2. 训练情景

训练器材：智能手机、SIM 卡、充电器、数据线。

训练场景：办公设备实训室。

3. 计划内容

（1）利用实训室资源，通过老师的指导，对智能手机的外观和接口进行了解，掌握智能手机的一般激活和使用方法。掌握安卓和苹果智能手机的激活和使用方法。

（2）通过反复动手训练，熟练掌握智能手机的维护方法。

（3）学会智能手机下载和使用软件的方法。

（4）学会智能手机连接 Wi-Fi 的方法。

（5）学会智能手机连接计算机的方法。

（6）认真阅读智能手机的使用说明书，掌握不同智能手机厂商和型号的智能手机的激活、使用、日常维护方法以及注意事项，掌握智能手机正确的充电方式。

4. 注意事项

（1）注意智能手机电池不耐用或待机时间短的问题。

（2）注意智能手机越用越慢的问题。

（3）注意智能手机死机的问题。

（4）注意智能手机使用移动互联网时的流量问题。

（5）注意关于下载软件不能使用的问题。

（6）注意定期查杀病毒。

5. 总结考核

（1）查资料或上网，阅读智能手机使用说明书，从技术规范上归纳总结不同智能手机厂商、型号、选购及使用方法。

（2）独立归纳整理完成智能手机维护的实训总结。

（3）对任务要求、训练设备、内容、操作步骤和训练结果进行系统分析和总结，归纳在技能训练中的收获和体会。撰写并提交一份技能训练总结报告。

思考练习

一、简答题

1. 简述计算机网络的基本概念和分类。
2. 简述计算机网络的发展历史。
3. 计算机网络的主要性能与指标有哪些？
4. 简述计算机网络的组成结构。
5. 简述计算机网络的工作原理。
6. 简述办公网络设备的选购、安装、使用操作方法。
7. 简述办公无线路由器的安装和使用方法。
8. 简述办公网络的维护、维修方法。
9. 简述智能手机的基本概念和分类。
10. 简述智能手机网络的发展历史。
11. 智能手机的主要性能与指标有哪些？
12. 简述智能手机的组成结构。

13. 简述智能手机的工作原理。
14. 简述常用智能手机的选购、应用软件安装、使用操作方法。
15. 简述常用智能手机系统的维护、维修方法。

二、选择题

1. 互联网最早起源于（　　）。
   A．ARPAnet　　　B．NSFnet　　　C．Esnet　　　D．COMnet
2. 网络中使用的传输介质中，抗干扰性能最好的是（　　）。
   A．双绞线　　　B．光缆　　　C．细缆　　　D．粗缆
3. WWW 服务是由（　　）做技术支持的。
   A．TCP　　　B．IP　　　C．HTTP　　　D．TCP/IP
4. 电子邮件在 Internet 上的任何两台计算机之间进行传递时，采用的协议是（　　）。
   A．POP3　　　B．HTTP　　　C．SMTP　　　D．TCP/IP
5. 当你收到的邮件的主题行的开始位置有"回复"或"Re"字样时，表示该邮件是（　　）。
   A．对方拒收的邮件　　　　　　　B．当前的邮件
   C．发送给某个人的答复邮件　　　D．希望对方答复的邮件
6. 目前，计算机网络使用的有线介质有双绞线、同轴电缆和（　　）。
   A．光缆　　　B．微波　　　C．激光　　　D．红外线
7. 计算机网络的体系结构是指网络的层次及其（　　）的集合。
   A．设备　　　B．软件　　　C．协议　　　D．规则
8. 与 OSI 参考模型相比，计算机局域网的参考模型只相当于 OSI 的（　　）。
   A．最高两层　　　B．最低两层　　　C．最高三层　　　D．最低三层
9. 计算机网络的 OSI 模型是指（　　）。
   A．网络拓扑结构　　　　　　　　B．网络组成结构
   C．网络协议　　　　　　　　　　D．网络体系结构
10. 因特网的域名由四级组成，中间用点号隔开。四级从左到右分别代表（　　）。
    A．网络名、机构名、主机名和最高域名
    B．最高域名、机构名、网络名和主机名
    C．主机名、网络名、机构名和最高域名
    D．组名、本地名、主机名和网络名
11. IP 地址是由（　　）位二进制数组成的。
    A．4　　　B．12　　　C．32　　　D．36
12. 下列四项中，合法的 IP 地址是（　　）。
    A．202.45.233　　　　　　　B．202.38.64.400
    C．101.3.305.77　　　　　　D．115.123.20.254
13. 中国和美国在域名中的国家代码是（　　）。
    A．ch 和 am　　　B．ch 和 us　　　C．cn 和 us　　　D．cn 和 am
14. 在 Internet 域名中，gov 表示（　　）。
    A．军事机构　　　B．政府机构　　　C．教育机构　　　D．商业机构

15．调制解调器（Modem）的功能是（　　）。
  A．数字信号编码　　　　　　　　　B．数字信号的整形
  C．模拟信号的放大　　　　　　　　D．模拟信号和数字信号的转换

16．Internet 采用目前最为流行的（　　）方式，大大增强了网络信息服务的灵活性。
  A．主机/仿真终端　　　　　　　　　B．客户机/服务器
  C．工作站/服务器　　　　　　　　　D．拨号 PPP

17．Android 一词的本义是指"机器人"，同时也是（　　）于 2007 年 11 月 5 日宣布的基于 Linux 平台的开源手机操作系统的名称。
  A．微软公司　　　　　　　　　　　B．英特尔公司
  C．谷歌公司　　　　　　　　　　　D．摩托罗拉公司

18．（　　）操作系统仅支持电容式触摸屏。
  A．Ophone　　B．iPhone　　C．Windows Mobile　　D．Symbian
  E．Android

19．下面关于 Wi-Fi 的说法，正确的是（　　）。
  A．一种可以将个人电脑、手持设备（如 PDA、手机）等终端以有线方式进行相互连接的技术
  B．一种可以将个人电脑、手持设备（如 PDA、手机）等终端以无线方式进行相互连接的技术
  C．移动的无线网络
  D．联通、电信的无线网络

20．Android 平台上可以运行什么程序？（　　）
  A．任何程序均可运行　　　　　　　B．Windows Mobile 程序
  C．Symbian 程序　　　　　　　　　D．Java 程序

21．在 Android 平台下，程序文件的后缀名是（　　）。
  A．.apk　　　　B．.sis　　　　C．.sisx　　　　D．.cab

三、判断题

1．互联网最早起源于 NSFnet。　　　　　　　　　　　　　　　　　　　　　　（　　）
2．电子邮件可以发送或接收文字、图像、图形、照片等形式的信息，但目前还不能发送或接收语言信息。　　　　　　　　　　　　　　　　　　　　　　　　　　　　（　　）
3．WWW 是基于超文本方式的信息查询工具，它以"树状结构"组织信息。
　　　　　　　　　　　　　　　　　　　　　　　　　　　　　　　　　　　（　　）
4．Usenet 实质上是发送和接收"信件"。　　　　　　　　　　　　　　　　　（　　）
5．Archie 系统的目的就是向 Internet 用户提供存放信息的数据库，负责数据库的创建和维护。　　　　　　　　　　　　　　　　　　　　　　　　　　　　　　　（　　）
6．Internet 并不是一个计算机网络，而是一个网络的网络。　　　　　　　　　（　　）
7．网关一般属于同类型局域网的互联设备。　　　　　　　　　　　　　　　　（　　）
8．可同时发送电子邮件给多个收信人。　　　　　　　　　　　　　　　　　　（　　）
9．在访问 Internet 资源时，URL 中不可默认路径文件名。　　　　　　　　　（　　）

10. Internet 上主机的 IP 地址和域名是通过域名服务器转换的。　　　(　)
11. 浏览器只能用来浏览网页，不能通过浏览器使用 FTP 服务。　　　(　)
12. 物理地址是指安装在主机上的网卡的地址。　　　　　　　　　　(　)
13. Internet 就是 WWW。　　　　　　　　　　　　　　　　　　　　(　)
14. 计算机网络产生的基本条件是通信技术与计算机技术的结合。　　(　)
15. 智能手机 ROM 空间越大运行速度越快。　　　　　　　　　　　　(　)
16. iOS 系统能支持多任务同时运行。　　　　　　　　　　　　　　　(　)

重点小结

项目 1 的学习任务是计算机网络、办公网络、移动办公网络和智能手机的使用与维护。必备知识要求是熟悉办公信息传输设备的基本概念；掌握办公信息传输设备的使用与维护方法。智能手机是项目 1 的典型教学背景案例，是学习任务中的核心任务。技能训练要求是具备办公信息传输设备中智能手机职业技能标准的条件，学会使用智能手机；初步学会维护智能手机及系统。

智能手机的相关国家标准：

在 YD/T 1538—2014 标准中，数字移动电话机商品应符合灵敏度/频率特性，包括发送和接收方向，即发送灵敏度/频率响应和接收灵敏度/频率响应。另外，GB/T 18287—2013、GB 9254—2008、GB/T 22450.1—2008 中对于手机的电池标识、辐射要求等也做了进一步的说明。

1. 数字移动电话机商品应符合响度评定值，包括发送方向和接收方向，即发送响度评定值和接收响度评定值。

2. 数字移动电话机商品应符合失真项目标准。

GB/T 18287—2013《移动电话用锂离子蓄电池及蓄电池组总规范》中规定，电池放电时间不低于 5h。

GB/T 17626.2—2006 检测方法，数字移动电话机应满足，空气放电±8kV，接触放电±4kv 的静电要求。

GB 9254—2008 标准，数字移动电话机商品的电源端传导骚扰应满足 GB 9254—2008 B 类的限值要求。

GB/T 18287 标准，数字移动电话机商品电池的标识应满足 GB/T 18287 的要求。

GB/T 22450.1—2008《900/1800MHz TDMA 数字蜂窝移动通信系统电磁兼容性限值和测量方法 第 1 部分：移动台及其辅助设备》和 GB/T 19484.1—2013《800MHz/2GHz cdma2000 数字蜂窝移动通信系统的电磁兼容性要求和测量方法第 1 部分：用户设备及其辅助设备》检测要求。

GB 21288—2007《移动电话电磁辐射局部暴露限值》中要求，国家对所有提供公众靠近人体头部使用的移动电话都规定了比吸收率（SAR）的最大值。公众暴露限值：在 100kHz～6GHz 频率范围内，局部暴露（头部和躯干）任意 10g 生物组织，任意连续 6min 平均比吸收率（SAR）值不得超过 2.0/kg。

综合训练

【布置实施第 2 学习训练阶段任务】 系统集成

按照划分的任务小组（团队），配合课程并行安排，大约在 4 周内完成。组织学生到一些对现代办公设备和现代办公自动化系统应用有代表性的机关、事业、商业（办公设备销售与系统集成）、企业、维修服务部，行业单位和部门的办公、销售、生产、维修等场所，进行现代办公设备和现代办公自动化系统软硬件系统集成的学习和训练，了解和熟悉不同行业对办公设备和办公自动化系统的需求、架构和实现的方法。第二学习训练阶段工作任务完成后，按小组进行汇报、答辩、总结和考核。

项目 2

办公信息处理设备

项目引入

信息处理的主要任务是收集、筛选和加工处理所关心的数据，为决策提供相关信息。

信息处理的主要设备是多媒体计算机系统，该系统包括硬件系统和软件系统，核心是计算机。计算机网络在信息处理中也发挥了重要的作用（见项目1，本项目中不再赘述）。

信息处理设备的主要功能是利用计算机数据处理的先进手段，完成对文字、数值、图形、图像、声音等多媒体数据的加工处理，并将处理后的信息加以保存。

项目 2 中的办公信息处理设备主要包括计算机、显示器、投影仪、打印机、便携式计算机（笔记本电脑）等。主要学习办公信息处理设备的发展与现状、组成与结构、原理与特点、功能与使用、维护与管理的方法和技能。本项目中删去了扫描仪和光盘驱动器的内容。

项目 2 有 2 个子任务，分别为多媒体计算机及外设的使用与维护、计算机的故障诊断与排除方法。典型教学背景案例为多媒体计算机主机系统；常用外设为显示器、投影仪（机）、打印机、外存等。单独开设《计算机组装与维护》《计算机网络技术基础》课程的专业，该部分对应内容可略去不讲。

任务目标

1. 熟悉办公信息处理设备的基本概念；
2. 掌握办公信息处理设备的使用与维护方法；
3. 具备办公信息处理设备（多媒体计算机系统）中的多媒体计算机主机系统、显示器、投影仪、打印机职业技能标准的条件。

多媒体计算机主机系统，显示器、投影仪（机）、打印机等常用外设是项目 2 的典型教学背景案例。重点技能训练任务有以下几个方面：

（1）多媒体计算机主机系统的使用与维护；
（2）显示器的使用与维护；
（3）投影仪的使用与维护；
（4）针式打印机的使用与维护；

（5）喷墨打印机的使用与维护；

（6）激光打印机的使用与维护。

必备知识

任务3　多媒体计算机及外设的使用与维护

3.1　计算机系统概述

3.1.1　计算机的概念与分类

现代计算机也称电脑，它是一种利用程序存储、顺序执行原理进行信息处理的，由硬件系统和软件系统组成的数字化机电设备。

根据用途分为通用机和专用机。根据规模大小、功能强弱分为巨型机、大型机、中型机、小型机和微型机。

微型计算机（Micro Computer）是以微处理器作为主要功能单元的计算机。微型计算机一般由计算模块、存储模块、供电模块和操作系统等基本部件组成，这些基本部件组装在同一箱体中。微型计算机可以外接或内置外围设备，由硬件系统和软件系统共同构成完整的计算机系统。微型机是应用最广的一种信息处理设备。微型机也称个人计算机（Personal Computer，PC），一般分为台式计算机、便携式微型计算机（笔记本电脑）、平板电脑（Tablet PC）和掌上电脑（Personal Digital Assistant，PDA）4类，如图3-1所示。第一台微型计算机是1971年诞生的MCS-4位机。经过近50年的发展，现代处理器和微型机的应用已经普及到64位。PC的主要特点是体积小、质量轻、价格低廉、应用广泛。

（a）台式计算机　　　　　（b）笔记本电脑　　　　　（c）Tablet PC　　　　（d）PDA

图3-1　微型计算机

多媒体计算机（Multimedia Personal Computer，MPC）是能对文本、声音、图形、动画、视频图像等多媒体信息进行获取、编辑、存储、处理、加工和表现的一种计算机。多媒体个人计算机（MPC）的基本硬件结构可以归纳为以下7个部分：一个功能强大、速度快的中央处理器（CPU）；可管理、控制各种接口与设备的配置；具有大容量的存储空间；高分辨率显示接口与设备；可处理音响的接口与设备；可处理图像的接口设备；可存放大量多媒体数据的配置等。

目前市场上,多媒体个人计算机主要有台式和便携式两种,同时有国产和进口的品牌机,还可以自己组装,常称作兼容机(Do It Youself,DIY)。

3.1.2 计算机的发展与现状

1946年2月世界上第一台电子计算机ENIAC诞生。

电子计算机的发展如表3-1所示。

表3-1 电子计算机的发展

代次	时间	电子元件	数据处理方式	运算速度	应用领域
第一代	1946—1957年	电子管	汇编语言、代码程序	5000~3万次/秒	国防及高科技
第二代	1958—1964年	晶体管	高级程序设计语言	数十万~几百万次/秒	工程设计、数据处理
第三代	1965—1970年	中、小规模集成电路	结构化、模块化程序设计、实时处理	数百万~几千万次/秒	工业控制、数据处理
第四代	1971年至今	大规模、超大规模集成电路	分时、实时数据处理、计算机网络	上亿条指令/秒	工业、生活等各方面

微型计算机的发展如表3-2所示。

表3-2 微型计算机的发展

代次	时间	CPU	数据位数	主频(MHz)
第一代	1971—1972年	Intel4004、8008	4位、8位	1
第二代	1973—1977年	Intel8080	8位	2
第三代	1978—1984年	Intel8086、Intel80286	16位	>5
第四代	1985—1992年	Intel80386、Intel80486	32位	>25
第五代	1993—2005年	Pentium、PentiumPro、PentiumMMX、PⅡ、PentiumⅢ、P4、Pentium D、PentiumEE	64位	60~2200
第六代	2006年至今	Core、Core2 Duo、Core2 Quad、Core i3/ i5/ i7	64位	2200及以上

计算机技术的发展主要是靠CPU不断的推陈出新所推动的,所以CPU的发展史是让人津津乐道且回味无穷的。在CPU以及其他芯片领域,Intel与AMD公司之间的竞争关系能代表CPU的发展历史。以Intel和AMD公司的产品为线索,可以清晰地了解CPU的成长过程。

1971年11月15日,Intel公司的工程师霍夫发明了世界上第一个商用微处理器4004。1978年进入X86时代,Intel公司推出了命名为i8086的16位微处理器,同时还生产出与之相配合的数学协处理器i8087,由于这两种芯片所用的指令集相互兼容,所以人们统称它们为"X86"指令集。随后推出了80286/386/486。1993年迈入Pentium时代,Intel公司推出了全新一代的"586"处理器Pentium。2011年3月,采用32nm工艺全新桌面级和移动端处理器,采用了i3、i5和i7的产品分级架构。

1969年5月1日,AMD公司成立。1972年9月,AMD公司开始生产"晶圆",这也为AMD公司进入电子设备行业迈出了崭新的一步,同时也为与Intel公司的进一步合作奠定了基础。1976 年，AMD 公司与 Intel 公司签署专利相互授权协议。1987 年 4 月，AMD 公司向 Intel 公司提起诉讼，这也标志着两个商业巨头长达 11 年的合作关系开始宣告破裂。1998 年 3 月，为了与 AMD 公司在低端市场有所抗衡，Intel 公司出品了一款全新的 CPU"赛扬"，它的出现也标志着 Intel 公司正在从低端市场慢慢地开始蚕食 AMD 公司的江湖地位。2006 年 7 月 27 日，酷睿双核处理器问世，无论是桌面、移动还是服务器领域都凭借着超高的性价比而得到市场的认可。从此，AMD 公司在 CPU 的市场份额开始逐年下降。2010 年，AMD 公司独立显示核心出货量取代 NVIDIA 成为世界第一，AMD 公司对 ATI 公司的成功收购恰好为自己的芯片在除了 CPU 的领域再次开出美丽的花朵；2017 年 2 月，Ryzen 处理器发布，锐龙的推出也宣告了 AMD 公司在 CPU 市场的再次崛起。

当前，计算机正向巨型化、微型化、智能化、网络化、个性化（人性化）方向发展。新一代计算机在元器件和体系结构上都将会有一次大的飞跃。

3.1.3 计算机的技术与质量指标

计算机的技术性能与质量指标非常多，而且较为复杂。

计算机产品的技术性能参数与质量指标主要有存储容量、主频等（如 CPU 频率、总线速度、存储器、输入/输出控制器、外围设备控制器、网络特性等），均在产品标准中规定。

计算机通用规范包含微型计算机通用技术规范。台式微型计算机、便携式微型计算机、服务器、工控机的技术要求、试验方法、检验规则及标志、包装、运输、存储等可具体参考《中华人民共和国国家标准》GB/T 9813。其中，GB/T 9813.1—2016 为计算机通用规范 第 1 部分：台式微型计算机；GB/T 9813.2—2016 为计算机通用规范 第 2 部分：便携式微型计算机；GB/T 9813.3—2017 为计算机通用规范 第 3 部分：服务器；GB/T 9813.4—2017 为计算机通用规范 第 4 部分：工业应用微型计算机。

微型计算机的主要性能指标有字长、主频、内核、运算速度、内存容量、外存容量等。

1. 字长

字长是指 CPU 内部一次可并行处理二进制代码的位（bit）数，字长主要影响计算机的精度和速度。典型的计算机字长为 8 位、16 位、32 位、64 位等，当前计算机的主流字长为 64 位。

2. 主频

主频是指 CPU 内核运行的时钟频率。主频越高，CPU 运行的速度就越快。典型的 CPU 主频为 866MHz、1.4GHz、2.0GHz、3.0GHz、3.4GHz、4.2GHz 等。

3. 内核

内核是 CPU 的核心，一个 CPU 可以有多个内核（也就是多核处理器），而一个内核只能属于一个 CPU。多核处理器是指在一枚处理器中集成两个或多个完整的计算引擎（内核）。例如，英特尔（Intel）i7-9700K 为 LGA1151 芯片接口，八核八线程 CPU，睿频可至 4.9GHz。

4. 运算速度

运算速度是指微型计算机每秒钟执行指令的条数,单位为 MIPS。

5. 内存容量

内存容量是指内存储器能存储二进制信息的字节(B,Byte)数量,一般以 KB、MB、GB 为单位。当前计算机的主流内存容量为 4~16GB。

6. 外存容量

外存储器容量就是外存容量,通常是指硬盘容量(包括内置硬盘和移动硬盘)。外存储器容量越大,可存储的信息就越多,可安装的应用软件就越丰富。目前,硬盘容量一般为 500GB~12TB,以后存储容量还会更大。

3.2 计算机系统组成结构与工作原理

3.2.1 计算机系统的组成结构

计算机硬件由五大部分组成,典型的冯·诺依曼计算机是以运算器为中心的,现代的计算机已转化为以存储器为中心,如图 3-2 所示。

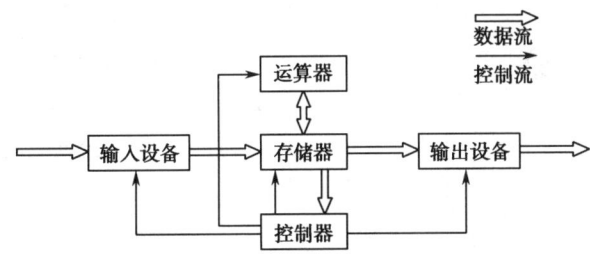

图 3-2 计算机五大组成部分

微型计算机系统如图 3-3 所示,它包含硬件系统和软件系统两大部分。硬件系统是指由机械元件、光电元件和电子元件组成的计算机硬件,按照计算机系统结构的要求构成的一个有机整体。硬件系统包括主机和外设。主机由 CPU(含运算器和控制器)、内存组成,是整个硬件系统的主体部分。软件系统是指系统软件和应用软件的集合。

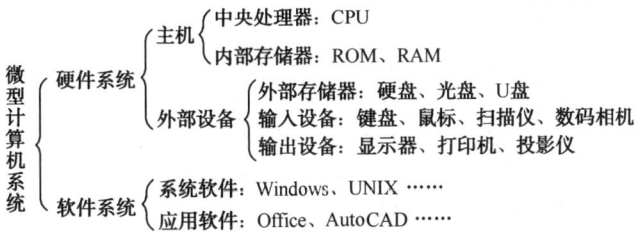

图 3-3 微型计算机系统

微型计算机硬件系统基本结构如图 3-4 所示。

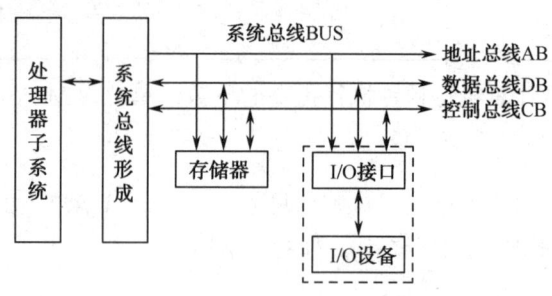

图 3-4　微型计算机硬件系统基本结构

多媒体个人微型计算机的系统组成如图 3-5 所示。

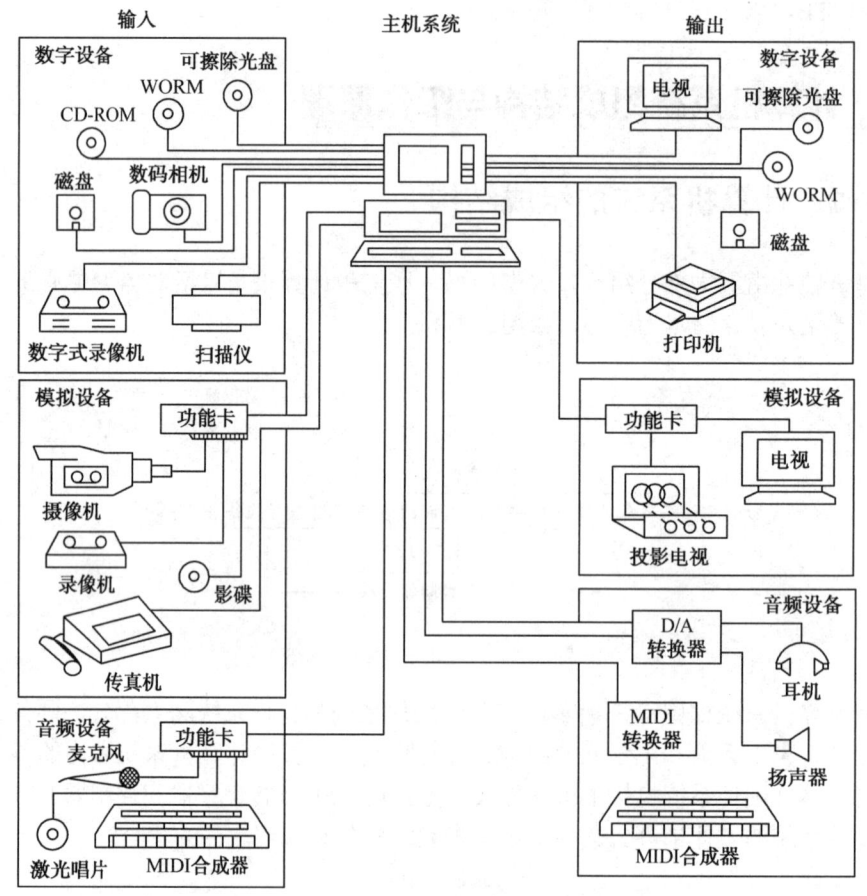

图 3-5　多媒体个人微型计算机的系统组成

多媒体个人微型计算机主机箱及其内部常见硬件如图 3-6 所示。主机箱用于支撑和固定主机硬件，其内部主要由主板、CPU、内存条、硬盘、光盘驱动器、电源、各种接口适配器（如显卡、声卡、网卡）等构成。

需要注意的是，虽然硬盘和光驱装在计算机主机箱内部，但从逻辑概念上来讲，它们仍然属于外部设备的范畴。

项目 2　办公信息处理设备

（a）主机箱外形

（b）主机箱内部

（c）电源

（d）主板

（e）CPU 及散热风扇

（f）内存条　　　　　　　（g）硬盘　　　　　　　（h）光盘驱动器

图 3-6　多媒体个人微型计算机主机箱及其内部常见硬件

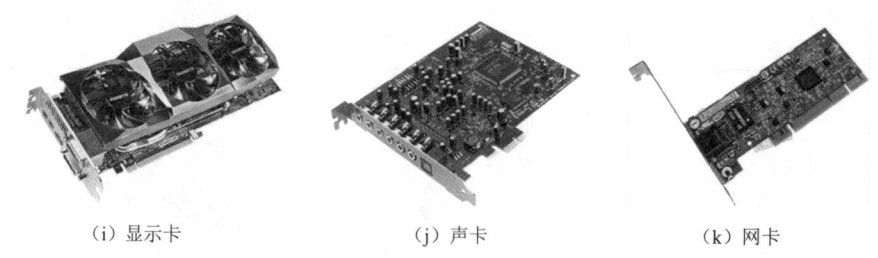

(i) 显示卡　　　　　(j) 声卡　　　　　(k) 网卡

图 3-6　多媒体个人微型计算机主机箱及其内部常见硬件（续）

主机箱外部常见设备如图 3-7 所示，主要有显示器、U 盘、键盘、鼠标、音箱、光纤 Modem、打印机、扫描仪、投影仪等。

(a) LCD 显示器　　　(b) U 盘　　　　　(c) 键盘

(d) 鼠标　　　　　(e) 音箱　　　　(f) 光纤 Modem

(g) 打印机　　　　(h) 扫描仪　　　　(i) 投影仪

图 3-7　主机箱外部常见设备

由于外部设备种类繁多，组成结构各异，功能特点不同等，将在后面做单独讨论。

3.2.2　计算机系统的工作原理

图 3-8　计算机系统的层次结构

在硬件系统的基础上，加装合适的软件系统，就构成了完整的计算机系统。计算机系统的层次结构如图 3-8 所示。

冯·诺依曼计算机的工作过程是一种"存储程序，执行程序"的过程。其中包含三个基本步骤：事先编写程序、存储程序、自动连续执行程序。

计算机指令在执行时分为三个阶段或周期：取出指令、分析指令、执行指令。

3.3 多媒体计算机主机系统的使用与维护

多媒体计算机主机系统的使用与维护是项目 2 的典型教学背景案例。

3.3.1 主机系统的使用

下面将介绍计算机的基本使用方法和应该注意的事项，重点是多媒体计算机主机系统软硬件的日常使用方法。

1. 计算机主板

图 3-6（d）是计算机主板。主板作为计算机系统中各部件的载体，CPU、内存、显卡、声卡和网卡等都安装在其中，它还为硬盘、光驱、打印机、扫描仪、投影仪等设备提供接口，因此，主板的品质将直接影响整个机器的性能和稳定性。

主板主要有 ATX（标准型）、Micro-ATX（紧凑型）、Mini-ITX（迷你型）、E-ATX 等结构类型。目前，在电子市场上有很多知名的主板品牌，如华硕（ASUS）、技嘉（GIGABYTE）、微星（MSI）等。

主板上可分为多个功能块，每个功能块都由一些焊接安装的芯片或元件构成。主板主要由控制芯片［南桥、北桥（现在有的集成在 CPU 中）］、CPU 插槽、总线扩展槽、SATA 扩展槽、内存插槽、总线（AB，CB，DB）、各种 I/O 接口、BIOS 芯片（ROM，存储 BIOS 设置程序）、CMOS 芯片（RAM，存储 CMOS 设置参数）和 CMOS 电池等组成。

芯片组（南桥、北桥）是主板的灵魂与核心，是 CPU 与计算机中其他所有部件进行通信及沟通的桥梁，负责在它们之间转发数据。主板支持的 CPU 类型、内存规格和容量，以及扩展槽、各种接口的类型和数量等，都是由芯片组决定的。因此，芯片组的优劣，在一定程度上决定了主板甚至整台计算机的性能与级别的高低。

CPU 插槽用来安装 CPU。目前 CPU 的接口大多是针脚（SOCKET）或触脚式（LGA）的，对应到主板上就有相应的插槽类型。CPU 的接口类型不同，其针脚（触脚）数、体积、形状都有变化，所以不能相互接插。生产 CPU 的厂商主要有 Intel 和 AMD 两家公司，现在 Intel 公司的 CPU 产品主要有酷睿（Core）、奔腾（Pentium）和赛扬（Celeron）系列。其中，酷睿系列为 Intel 公司的主打产品，性能最强，又分为 i3、i5 和 i7 系列，分别对应低、中、高端市场；奔腾系列面向入门级计算机，赛扬系列已很少有人使用。AMD 公司的 CPU 产品包括集成了显示芯片的 APU 系列（中低端均有）、面向高端市场的羿龙（Phenom）和推土机（FX）系列，面向中低端市场的速龙（Athlon）系列［以前面向低端市场的闪龙（Sempron）系列已基本绝迹］。当前 CPU 都是双核心、四核心、六核心或八核心的，其中以双核心和四核心的居多。CPU 的制造工艺为 7nm。

内存插槽用于插内存条。内存插槽的规格决定可以使用的内存规格。目前，主要有两种类型的内存插槽，分别对应 DDR3 和 DDR4 两种内存规格。内存有 ROM（Read Only Memory，只读存储器）和 RAM（Random Access Memory，随机存储器）两种。ROM 是主板上存储 BIOS 程序的芯片，ROM 的一个主要特征是断电后数据不会丢失。RAM 是随机存取存储芯片，是与 CPU 直接交换数据的内部存储器，也叫主存（习惯上将其称作内存），通常做成内存条。内存条是 CPU 可通过总线寻址并进行读写操作的记忆部件，它可以随时读写，而且速度很快，但断电后数据会丢失，通常作为操作系统或其他正在运行中的程序的临时数据存储媒介。通常所说的计算机内存的大小，是指内存条的总容量。内存就其发展的顺序来看，可以分为 EDO RAM、SDRAM、DDR、DDR2、DDR3、DDR4 等几种类型。其中前 4 种内存已经被淘汰，DDR3 和 DDR4 是现在市场的主流。DDR 是 21 世纪初主流内存规范，DDR 内存全称是 DDR SDRAM（Double Data Rate SDRAM，双倍速率 SDRAM），其内存条有 DDR2、DDR3、DDR4 等不同型号。随着科技的发展，DDR5 也逐渐浮出水面。作为 DDR4 的继承者，DDR5 内存在性能上高出 DDR4 一大截。DDR5 内存从 8GB 容量起步，单条容量最高可达 32GB，I/O 带宽能达到 3.2~6.4Gbps，电压为 1.1V，内存带宽可达 DDR4 内存的两倍，内存频率从 3200MHz 起步，主流频率可提升至 6400MHz（DDR3 主流频率为 1600MHz，DDR4 起步频率为 2133MHz）。主流台式机中采用的内存容量都在 8GB 以上。比较知名的内存品牌包括金士顿/KINGSTON、威刚/ADATA、美商海盗船/CORSAIR、金邦/GEIL、联想/Lenovo、三星/SAMSUNG 等。其中，金士顿为最大的内存生产商之一；金邦内存具有高性能、高品质和高可靠性等特点。

总线扩展槽（PCI 和 PCI-E）可以说是总线的延伸，用于扩展计算机的功能。大部分主板都有多个扩展槽，在它上面可以插入计算机的各种标准配件，如显卡、声卡、网卡、视频采集卡等。目前，常见的总线扩展槽主要是 PCI 和 PCI Express（PCI-E），PCI 正逐步被 PCI-E 取代。PCI Express 是用于取代 PCI 的第三代 I/O 总线技术。PCI Express 扩展槽根据总线的位宽不同而有所差异，包括×1、×4、×8、×16 和×32 几种规格（前三种主要用来插接网卡、声卡等设备），×16（主要用来插接显卡）。其中，×1 的传输速率为 500MB/s，而×16 就等于 16 倍于×1 的速率，即 8 GB/s。现在主流的 PCI Express 2.0/3.0 标准的速率已提升至原来的 2/4 倍，可达到 16/32 GB/s。从 H61 芯片组开始，许多较新型的台式机主板取消了 PCI 插槽。

SATA 接口。SATA 即 Serial ATA（串行 ATA），全称是 Serial Advanced Technology Attachment，它是由 Intel、IBM、Maxtor、Seagate 等公司共同提出的硬盘接口规范，用来连接硬盘、光驱等设备。

主板外部接口一般是指主板和其他外部设备之间连接的部位（可参考图 3-12）。

主板的技术指标要与所选 CPU 的品牌、规格和档次配套。目前，CPU 的厂商主要是 Intel 和 AMD，选购之前首先要了解 CPU 属于哪个厂商的，确定主板使用的芯片组情况和支持的 CPU 和插槽类型。如果选购的是高端 CPU，那么最好选购一款高性能的主板，避免出现"小马拉大车"的情况。

2. 计算机线缆连接

计算机主机系统是整个系统的核心部分，但必须与一定的外设连接起来，再装上软件后，形成计算机系统，才能正常工作。普通多媒体计算机的线缆连接示意图如图 3-9 所示。

从位置分：计算机线缆连接分为内部连接和外部连接。

从功能分：计算机线缆连接分为信号连接和电源连接，电源连接又分为交流电源连接和直流电源连接。

计算机主机箱内部线缆连接的过程是指把主机箱前端面板控制、开关稳压电源、主板、硬盘、光驱等部件的信号和电源分别连接起来的过程。

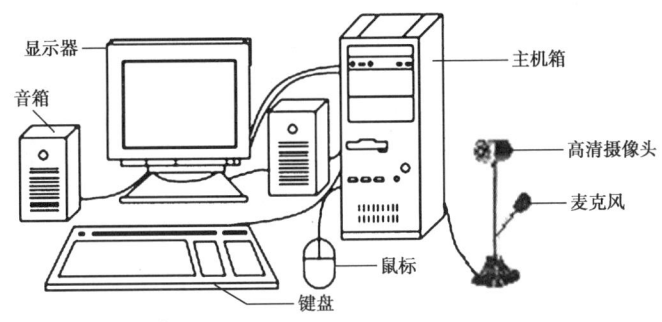

图 3-9 普通多媒体计算机的线缆连接示意图

计算机主机箱外部线缆连接的过程是指把主机和显示器、键盘、鼠标、音箱等设备的信号和电源分别连接起来的过程。

主机箱以及所有外部设备的交流电源插头都插在交流电源接线板上。

计算机部件的线缆连接应注意如下事项：

（1）在进行部件的线缆连接时，一定要注意插头、插座的方向。

一般计算机部件的线缆插头、插座都有防误插设施，也叫"防呆装置"，它是预防不小心出错时的措施，如缺口、倒角（如 D 字形状）等，只要留意它们，就会避免出错。SATA 接口的硬盘与光驱数据线相同。但 IDE 接口略有不同，光驱一般使用 40 芯电缆，而硬盘则使用 80 芯电缆。另外，连接光驱、硬盘的 IDE 接口数据线缆边上有一条线是红色的，它表明这是 1 号线，应与插座的 1 号针连接。由此，也可辅助验证插接连线是否正确。

（2）插接时，插头、插座一定要完全插入，以保证接触可靠。

如果方向正确但插不进去，则应修整一下插头（电源插头带残留毛边，难以顺畅插入的情况比较多见）。

（3）不要抓住线缆拔插头，以免损伤线缆。

在拔线缆时，不要只抓住线缆去拔插头，也不要用力过猛，以免损伤线缆。正确的做法是用手捏住线缆的插头尾部拔插头。

如图 3-10 所示为主机箱内部的部分插头和线缆，如图 3-11 所示为主机箱外部的部分插头和线缆，如图 3-12 所示为主机箱外部接口示意图。

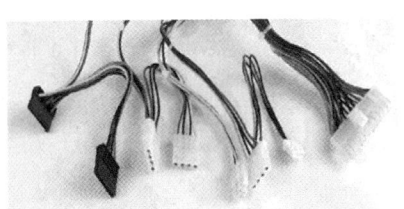

（a）ATX 电源插头

（b）主机箱与主板的连接插头

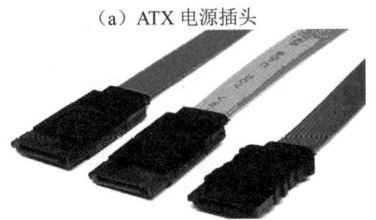

（c）SATA 数据线

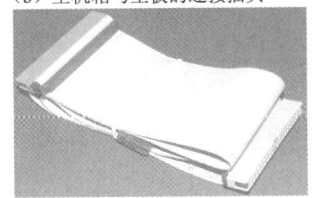

（d）IDE 数据线（PATA）

图 3-10 主机箱内部的部分插头和线缆

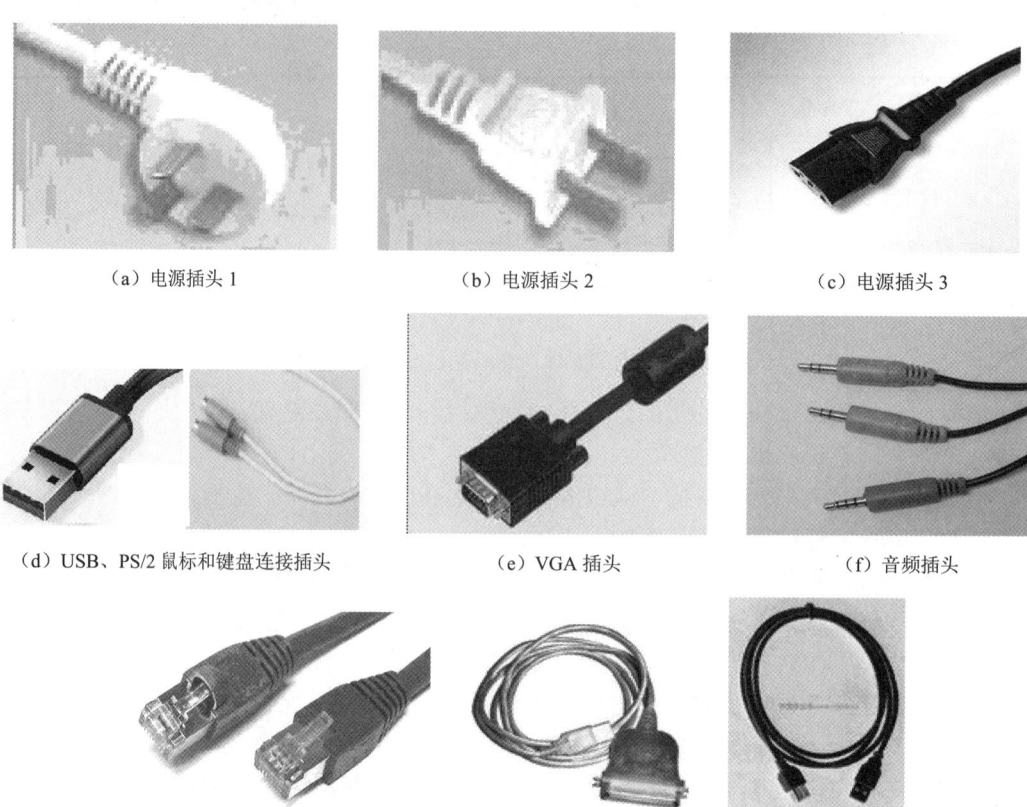

图 3-11 主机箱外部的部分插头和线缆

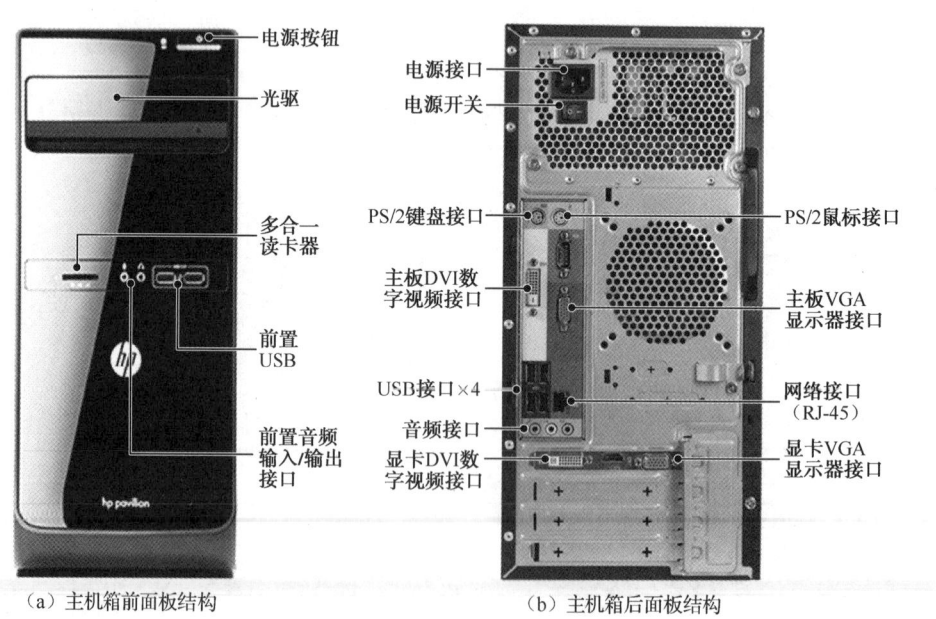

图 3-12 主机箱外部接口示意图

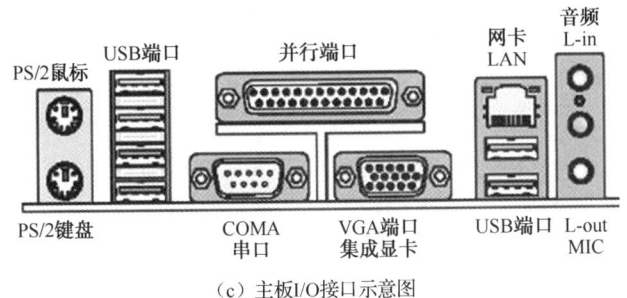

（c）主板I/O接口示意图

图 3-12　主机箱外部接口示意图（续）

3. 计算机上按钮的操作

先打开显示器的电源开关，等显示器电源指示灯亮后，再通过按主机箱面板上的电源开关按钮（Power ON/OFF）的方式启动计算机，称为"冷启动"，意即"冷机启动"。正常启动后主机箱面板上的电源指示灯（Power LED）会常亮。启动过程中或启动后有读盘操作时，硬盘指示灯（HDD LED）会闪亮。计算机在进行冷启动时，先进行 POST（Power On Self Test）加电自检过程，并完成各种初始化引导工作，随后就进入 Windows 系统桌面，等待进行进一步操作。

如果我们在 DOS 下按"Ctrl＋Alt＋Del"组合键（或从 Windows 中选择重启计算机）来进行"热启动"，那么 POST 加电自检过程将被跳过去，另外，检测 CPU 和内存测试也不会再进行。

如果启动过程中和运行过程中出现卡机、死机、黑屏、蓝屏等现象，那么按主机箱面板上的复位按钮（Reset），也能重新引导系统。

计算机启动时，首先运行 BIOS 中的加电自检程序 POST，进行硬件自检，同时会用 PC 喇叭发出一些报警声。如表 3-3 所示为 Award BIOS 报警信号含义一览表，可供读者在计算机启动、使用和维护过程中参考。

表 3-3　Award BIOS 报警信号含义一览表

报 警 信 号	含　　义
1 短	系统正常启动。机器没有任何问题
2 短	常规错误。进入 CMOS Setup，重新设置不正确的选项
1 长 1 短	内存或主板出错。换一条内存试试，若还是不行，只能更换主板
1 长 2 短	显示器或显示卡错误
1 长 3 短	键盘控制器错误。检查主板
1 长 9 短	主板 Flash RAM 或 EPROM 错误，BIOS 损坏。换一块 Flash RAM 试试
不断地响（长声）	内存条未插紧或损坏。重插内存条，若还是不行，只能更换一条内存
不停地响	电源、显示器未和显示卡连接好。检查所有的插头
重复短响	电源有问题
无声音无显示	电源有问题

4. BIOS 设置操作

计算机在进行分区、格式化和安装操作系统之前，需要通过 BIOS 设置程序对系统的启动顺序进行设置，同时为了优化系统，也需要对 CMOS 参数进行合理的设置。BIOS（Basic Input Output System）是基本输入输出系统，它实际上是一段程序，用来对硬件提供底层的支持，是硬件与软件程序之间的一个"转换器"或者说接口，负责解决硬件的即时需求。BIOS 程序固化在主板上的 ROM（Read Only Memory）只读存储芯片中，主要包含 I/O 中断服务程序、系统信息设置程序、开机上电自检程序 POST、系统启动自举程序等。其主要功能是为计算机提供底层的、最直接的硬件设置和控制。

如果 BIOS 配置信息不正确，会导致系统性能降低或系统不能识别部分新硬件，并由此引发一些意想不到的软件、硬件故障，甚至不能启动系统。此外，BIOS 是否先进、完善，也会直接影响整机性能的发挥。

CMOS（Complementary Metal Oxide Semiconductor）叫作"互补金属氧化物半导体存储器"，是计算机主板上一块用来保存 BIOS 设置信息的 RAM（Random Access Memory）可读写存储芯片。它只要很少的电量就可以维持系统设置或配置的参数信息（常称作 COMS 参数）。CMOS 存储芯片由安装在主板上的纽扣电池供电。即使系统掉电，存储的 BIOS 设置参数也不会丢失。因此，CMOS 芯片与其保存的内容是"躯体"与"灵魂"的关系。但是，如果拿掉电池、电池能量耗尽或者电池接触不良，那么 CMOS 芯片就会因为断电而丢掉内部存储的所有数据，从而导致无法启动系统。如果出现这种情况，可以更换电池或者检查导致接触不良的原因，并重新设置 COMS 参数。

CMOS RAM 存储器，容量一般为 128 字节至 256 字节，它的作用是用来保存当前系统的硬件配置和用户对某些参数的设定。也就是说，CMOS 芯片是 BIOS 设置参数的存放场所。由于 BIOS 与 CMOS 有紧密的联系，所以在实际使用过程中就有了"BIOS 设置"和"CMOS 设置"的说法。其实，这两种说法指的是一回事。完整的说法应该是"通过 BIOS 设置程序对 CMOS 参数进行设置"。

过去通过 BIOS 设置的参数通常保存在名叫 MC146818A 的独立 CMOS 芯片内，而目前是将 MC146818A 集成到了主板南桥中。

BIOS 有传统 Legacy BIOS 和最新 UEFI BIOS 两种不同的引导方式。现在新出的计算机一般都有这两种引导方式。目前，市场上的主板大部分都采用 UEFI BIOS，一些低端主板和品牌机仍然使用传统 BIOS（其中又以 AMI BIOS 居多）。EFI BIOS 是传统 BIOS 的继任者，由 Intel 公司最先开发；后来，UEFI 联盟（包括 Intel、微软等 140 多个公司）在 EFI BIOS 基础上开发出了 UEFI BIOS。与传统 BIOS 相比，UEFI BIOS 使用图形化的操作界面，可使用鼠标操作，可选择中文语言界面，从而使操作更加容易。此外，UEFI BIOS 还提高了计算机的安全性，缩短了计算机的启动时间。

传统 Legacy BIOS 有三种不同的版本：Award BIOS、AMI BIOS 和 Phoenix BIOS。Legacy 是传统 BIOS，要先进行 POST 加电自检。硬盘以 MBR 引导，支持最多 4 个主分区。以前的系统都是 BIOS+MBR。

最新的 BIOS 是 UEFI BIOS，全称为"统一的可扩展固件接口"（Unified Extensible Firmware Interface），是一种详细描述类型接口的标准。这种接口用于操作系统自动从预启动的操作环境，加载到一种操作系统上。UEFI 是现在新出的 BIOS 标准，无须进行 POST

加电自检。支持硬盘 GPT 分区，可支持多达 128 个主分区，新的系统为 UEFI+GPT。

一般，笔记本电脑开机按"F2"键，台式机按"Del"键进入 BIOS 界面。不同品牌计算机开机进入 BIOS 界面的方法稍有不同。Award BIOS：按"Del"键；AMI BIOS：按"Del"或"ESC"键；Phoenix BIOS：按"F2"键；UEFI BIOS：按"Del"键。

BIOS 的常用设置有：恢复 BIOS 默认或优化设置；设置计算机从光驱或 U 盘启动；设置与取消密码；退出 BIOS。

BIOS 的设置步骤：设置出厂默认或优化设定值；检测硬盘参数；设置日期、时间、错误停止设定；设置启动顺序；如果有必要可以设置密码；保存设置并退出。

BIOS 的设置技巧：优化设置；启动顺序；标准设置；保存设置。

U 盘优先启动顺序设置：制作启动 U 盘；优化设置；开启主板集成设备中的 USB 功能和控制；高级设置中设置 U 盘为 First Boot Device（1st Drive）；设置高级设置中硬盘启动优先级"Hard Disk Boot Priority"，使用小键盘上的加减号"+、-"来选择 U 盘作为第一优先启动设备（1st Boot Device）；保存退出。

5. 计算机安全使用要求

在使用计算机时，按照一定的步骤进行正确操作，可以大大减少计算机的故障率，延长计算机的使用寿命。

计算机设备使用步骤如下所述。

（1）开机时，应先开外部设备再开主机。

（2）关机时，在软件方面，应先关闭所有的应用程序，再使用"开始"菜单中的"关闭计算机"命令；在硬件方面，应先关主机再关外部设备。

（3）当有外部设备无法正常使用时，可先开主机再开外部设备。

（4）不要频繁地开关机，关机后至少要间隔 1min 以上才能再次开机。

运行时的保养和维护。计算机在使用过程中出现一些故障是不可避免的，重要的是当出现故障时应采取有效的措施，防止故障扩大。计算机是由各种设备连接组成的，应避免设备间的冲突和接触不良等故障。

计算机故障的防护方法：

（1）开机时，不要移动主机和显示器。必须移动时首先关机并把电源插头拔下。严禁在开机状态下拔插任何线缆。

（2）发现系统有火星、异味、冒烟时应立即切断系统电源，故障排除后方可启动计算机。

（3）发现计算机有异常响声、过热等现象时，应设法找到原因，排除后方可使用。

除了计算机基本硬件，通常还会用到打印机、扫描仪、投影仪等其他与计算机相连的外设，这些设备的维护和使用注意事项主要有：

（1）计算机的外设不应接得太多，否则将影响计算机运行的速度。

（2）打印机、扫描仪、投影仪等不使用时，不要将其电源打开。

（3）注意各种外设的连接线路，避免插错而引起故障。

（4）注意散热、防尘、防水、防静电，设备不使用时最好用专用的罩子将其遮盖好。

3.3.2 主机系统的维护

本节将介绍基本的计算机维护方法和应该注意的事项，重点是多媒体计算机主机系统的日常维护方法。

当计算机使用一段时间后，程序的运行速度会越来越慢，不时还出现蓝屏、死机等现象。这说明计算机也需要"养生保健"，即需要定期地进行维护，这样才能保证它正常运行。如何保养和维护好一台计算机，最大限度地延长计算机的使用寿命，使计算机保持在比较稳定的状态，这是我们非常关心和经常面临的问题。

从时间上来看，计算机的维护应包括日维护、周维护、月维护和年维护。日维护就是用脱脂棉轻擦计算机表面的灰尘，检查各线缆是否松动，进行查杀病毒等操作。周维护就是检查并确认硬盘中的重要文件是否已备份，删除不再使用的文件和目录等。月维护就是检查所有线缆插接是否牢固，检查硬盘中的碎块文件，进行磁盘整理等操作。年维护就是打开主机箱后用吸尘器吸去主机箱内的灰尘，然后全面检查硬盘系统等。从内容上来看，计算机的维护应包括硬件维护、软件维护、网络维护、数据维护。硬件维护包括主机维护和外部设备维护等。软件维护包括系统软件、应用软件、文档资料等的维护。网络维护包括机房环境、服务器、交换机、Internet、系统安全等的管理。数据维护包括定期备份重要数据，病毒检查，数据恢复等。

计算机硬件和物理网络日常维护多用手工方式；软件、逻辑网络和数据维护多借助工具软件。

计算机系统维护工具主要用于系统启动、系统安装、系统设置、系统优化、系统和数据备份与恢复、机房和网络管理等。

常用的维护工具软件有U盘启动制作工具软件、Windows PE、注册表编辑器 Regedit、Windows 优化大师、系统备份/恢复工具 Ghost、360安全卫士、Windows 磁盘清理工具、Windows 磁盘碎片整理工具、Windows 系统还原工具等。

1．U盘启动制作工具软件

U盘不但能存储和传递数据文件，而且还可以制作成U盘启动盘（引导盘），解决没有光驱带来的烦恼，主要用来修复和重装系统，在计算机系统无法进入或崩溃时进行补救操作。用U盘启动制作工具软件将U盘制作成系统启动盘，可启动Windows PE系统，并引导安装软件完成一键装机或进行系统和数据备份与恢复，是当前计算机装机维护工作中的流行方法。U盘启动区自动隐藏，防病毒感染破坏，剩下的空间可以正常当U盘使用，无任何干扰影响。市面上的启动盘制作工具大同小异。大白菜U盘启动制作工具是一款启动U盘制作软件，内含一款全能Windows PE，可自定义加入其他Windows PE（如Windows 7/10 PE）和系统维护工具，最后制作成系统启动/维护菜单界面，打造全能启动/维护U盘。其中，大白菜Windows PE系统整合了全面的硬盘驱动，能识别一切硬盘和U盘，能保证成功引导Windows PE，可方便快捷地完成计算机各种操作系统的安装和维护。

大白菜U盘启动制作工具V6.0为最新装机维护版，完美兼容新旧主板，融合所有计算机，三种启动模式全面支持UEFI；一键装机方便快捷，自由更换系统，增强支持GHO/ISO/WIN/ESD/SWM快速装机，全面优化增强Windows 7/10 PE系统，更全面的SRS

驱动支持；还支持苹果电脑识别安装，优化智能快速装机，大幅提升工作效率。系统镜像一般为 ISO 格式，ISO 文件里面含有 GHO/WIM/ESD 等系统安装文件，安装系统实际上就是将 GHO、WIM 或 ESD 等文件还原/解压到硬盘分区上并重建 Windows 系统引导的过程。

该软件提供了更高一级的定制启动系统，如加入 Windows 7/10 PE 系统并启动，Windows 7/10 PE 则自动进行网卡驱动，直接就可以上网，这为系统安装提供了极大的便利。当 U 盘启动制作中提示制作结束时，自动安全弹出 U 盘，并重新插拔 U 盘，即可完成启动 U 盘的制作工作。接着用 U 盘启动计算机，进入 Windows PE，用智能装机工具就可快速安装操作系统。

（1）启动 U 盘制作与使用的主要步骤如下。

① 做好制作启动 U 盘前的软件、硬件准备，建议使用一个 8G 以上容量的 U 盘；

② 用大白菜 U 盘启动制作工具软件制作启动 U 盘；

③ 下载需要的 GHO、WIM 或 ESD 等系统镜像文件并复制到 U 盘中，即准备一个需要安装的操作系统文件（Windows 10/Windows 7/Windows 8/XP）；

④ 进入 BIOS/UEFI 设置 U 盘启动顺序；

⑤ 用 U 盘启动快速进入 Windows PE 并安装操作系统。

用大白菜超级 U 盘启动制作工具软件制作启动 U 盘的制作主界面如图 3-13（a）所示。启动 U 盘制作完成后，重启并设置 CMOS 使计算机 U 盘引导，系统启动/维护主菜单界面如图 3-13（b）所示。步骤分为两个过程，第一个过程是制作一个大白菜 U 盘启动盘，第二个过程是利用这个启动盘重装系统。

 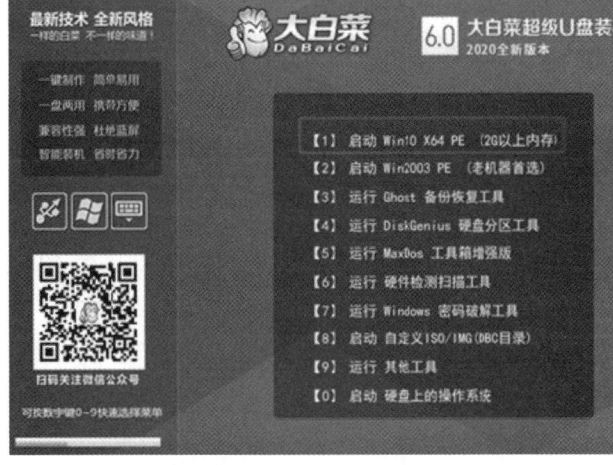

（a）启动 U 盘制作主界面　　　　　　　　（b）系统启动/维护主菜单界面

图 3-13　大白菜超级 U 盘启动制作工具软件界面

（2）制作 U 盘启动盘的操作方法。

① 下载大白菜 U 盘启动盘制作工具，并进行解压安装；

② 插入 U 盘，打开安装好的大白菜 U 盘启动盘制作工具，如果没有特殊的要求，则可以使用默认的模式与格式，单击"一键制作成 U 盘启动盘"；

③ 若出现制作失败的情况，可以尝试使用"首选方案"或者"备用方案"再次进行制作尝试；

④ 制作成功后会有弹框提示；

⑤ 将准备好的系统文件复制到 U 盘中，也可以将该系统文件放到你需要重装系统的计算机中系统盘以外的磁盘上。

（3）用 U 盘启动盘重装系统的方法。

① 将需要进行重装系统的计算机重启或开机，开机的同时一直按 U 盘启动快捷键，U 盘启动快捷键可用大白菜工具的"快捷键查询"功能进行查询；若该机型无法使用快捷键，可设置 BIOS/UEFI 启动顺序进入 Windows PE。

② 进入 Windows PE 菜单选择界面，如选择：[1]启动 win10 ×64 PE（2GB 以上内存）。

③ 进入 Windows PE 桌面后打开大白菜一键装机。

④ 单击"打开"找到之前放在 U 盘中或计算机磁盘上的系统文件，然后选择你想要将系统安装到计算机中的那个磁盘的"盘符"，单击"执行"按钮即可。若未准备系统文件，可选择"系统下载"功能，下载一个你所需要的原版系统文件。

⑤ 选择执行后弹窗提示，可选择需要的驱动，若无特殊要求可使用默认勾选项，单击"是"按钮后继续安装。

⑥ 等待还原操作，还原操作完成后，弹框会提示重启，选择重启进行系统安装，等待安装结束进入桌面，即安装成功。

2. Windows PE

Windows 预安装环境即 Windows PE（Windows Preinstallation Environment），是带有有限服务的最小 Win32 子系统，基于以保护模式运行的 Windows XP Professional 及以上内核。它包括运行 Windows 安装程序及脚本、连接网络共享、自动初始化基本过程以及执行硬件验证所需的最小功能，用于安装、部署和修复 Windows 桌面版（家庭版、专业版、企业版和教育版）、Windows Server 和其他 Windows 操作系统。Windows PE 含有 Windows XP、Windows Server 2003、Windows Vista、Windows 7、Windows 8、Windows 8.1、Windows 10 的 PE 内核。

Windows PE 主要的使用环境是虚拟机，虚拟机环境与实际 PC 环境几乎没有区别。当内含 Windows PE 的启动 U 盘制作好以后，开机设置 CMOS 为 U 盘引导启动，重启计算机，则可启动 Windows PE 系统或 Windows 7 /10 PE 系统。Windows 预安装环境界面如图 3-14 所示。Windows PE 启动相当快捷，而且对启动环境要求不高；其功能几乎相当于安装了一个 Windows 的命令行版本。因此，对于个人计算机用户来说，只要将其写入 U 盘（或刻录在一张光碟上），既可以放在硬盘上使用，又可以放心地去解决初始化系统之类的问题；而对于小型网络环境（如办公室、网吧等）用户来说，这一功能尤其实用。

Windows PE 是简化版的 Windows 或 Windows Server，可放在一个能直接启动的 U 盘或者 CD/DVD 光盘中，特点是启动时出现 Windows 或 Windows Server 的图形界面（GUI），也能运行 Internet Explorer 和 Edge 游览器。Windows PE 启动后就可以使用网络环境，支持 IPv4 和 IPv6。利用 Windows PE 可创建、删除、格式化和管理 NTFS 文件系统分区。

Windows PE 是一个用于为大量同规格计算机做快速且一致性 Windows 安装准备的计算机最小操作系统。Windows PE 支持网络，它可以用于启动无操作系统的计算机、对硬盘驱动器分区和格式化、复制磁盘映像，以及从网络共享启动 Windows 安装程序，附带了命令提示字符、记事本和 Ghost 等维护工具。在计算机不能正常运行的情况下，可运用有关的系统维护软件修复计算机。

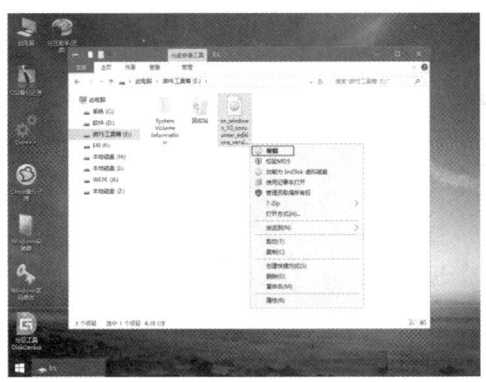
（a）Windows 10 PE 系统桌面

（b）Windows 10 系统桌面

图 3-14　Windows 预安装环境界面

用 Windows PE 代替 MS-DOS 引导盘，执行计算机各种操作系统的安装和维护任务，可在较短的时间内顺利地完成磁盘的创建、删除、格式化和维护管理。主要功能如下：

（1）创建和格式化磁盘分区，包括 NTFS 文件系统分区。Windows PE 允许使用 NTFS 文件系统格式化磁盘，而无须使用第三方实用程序，而且，Windows PE 提供的文件系统实用程序可脚本化，因此完全可以进行自动化分区和格式化。

（2）访问网络共享以运行故障排除工具和安装操作系统。Windows PE 提供与 Windows Vista 类似的网络客户端功能。事实上，Windows PE 提供的网络驱动程序与 Windows Vista 随附的网络驱动程序相同，允许快速、轻松地访问网络。

（3）加载和访问 32 位和 64 位设备驱动程序，用于音频、视频、母板芯片集、电池和其他使用 Windows Vista 驱动程序的设备。Windows PE 提供加载 Windows 大容量存储器、网络连接、音频、视频和其他类型驱动程序的功能。

（4）自动化任务。Windows PE 中的脚本编写功能远远超出 MS-DOS 引导盘的功能。例如，Windows PE 使用 VBScript，它是一种功能强大的脚本编写语言，比 MS-DOS 的批处理文件更容易使用。Windows PE 在其运行的系统上支持千兆字节的内存，并使用受保护模式的"传输控制协议/Internet 协议"（TCP/IP）堆栈提供网络连接支持。通过编辑一个基于文本的"可扩展标记语言"（XML）文件，可以轻松地添加启动脚本或应用程序。如果已经创建用于 MS-DOS 的脚本，或许还能在 Windows PE 中使用它们；也可以轻松地将现有的基于 MS-DOS 的脚本导入 Windows PE 中。

（5）运行 Win32 应用程序。由于 Windows PE 支持多数重要的 Microsoft Win32 API，所以 Windows PE 可以运行大部分图形和基于控制台的 Windows 应用程序。此外，由于 Windows PE 支持多线程和多任务处理，还可以同时运行多个实用工具软件。

3．系统备份与恢复

做好系统备份对日常维护工作是相当重要的。利用 Ghost 备份/恢复工具软件，可以非常方便地完成系统的备份和恢复工作。

（1）启动 Ghost。进入 DOS，启动 Ghost 后的主菜单如图 3-15 所示。

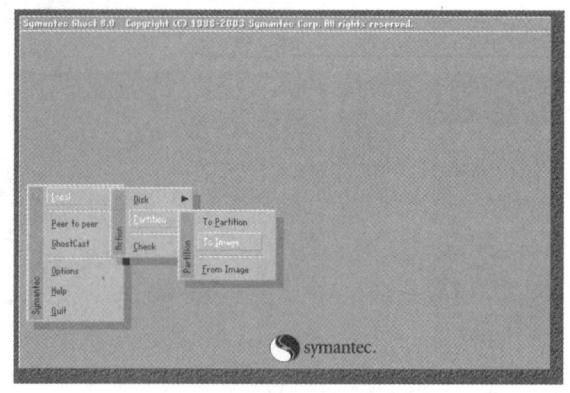

图 3-15　Ghost 主菜单

在主菜单中，有以下几项。

Local：本地操作，对本地计算机上的硬盘进行操作，也是常用的操作。

Peer to peer：通过点对点模式对网络计算机上的硬盘进行操作。

Ghost Cast：通过单播/多播或者广播方式对网络计算机上的硬盘进行操作。

Option：使用 Ghost 时的一些选项，一般使用默认设置即可。

Help：一个简捷的帮助。

Quit：退出 Ghost。

启动 Ghost，若选择 Local→Disk 子菜单项对本地硬盘进行操作，有以下三个选项。

To disk：两个本地硬盘之间直接互相备份。

To Image：将整个硬盘生成一个镜像压缩文件。

From Image：将镜像压缩文件还原到硬盘中。

启动 Ghost 之后，若选择 Local→Partition 子菜单项对分区进行操作，有以下三个选项。

To Partition：将分区的内容复制到另外一个分区，即两个不同分区之间直接互相复制。

To Image：将分区的内容复制到一个镜像文件中，即将整个分区生成一个镜像压缩文件。一般备份系统均选择此操作。

From Image：将镜像压缩文件恢复（还原）到分区中。系统备份后，可选择此操作恢复系统。

（2）备份分区。进入 DOS，启动 Ghost。选择 Local→Partition→To Image，分区到镜像：对分区进行备份。备份分区的步骤如下：选择硬盘→选择分区→设定镜像文件的位置→选择压缩比例→进行备份，如图 3-16 所示。

备份过程中，Ghost 会列出备份进度、速度、已复制、待复制、已用时间、剩余时间，以及处理的分区、镜像文件和当前正在处理的文件等信息。

备份完成后，将所做备份的镜像文件妥善保存，以便在系统需要恢复时使用。

（3）恢复分区（见图 3-17）。一旦系统遭到破坏，利用之前所做的备份镜像可在几分钟内恢复系统分区。进入 DOS，启动 Ghost。选择 Local→Partition→From Image，可对分区进行恢复。恢复分区的步骤如下：选择镜像源文件→选择目标硬盘→选择分区→确认恢复。

系统分区恢复完成后，Ghost 会提示重新启动计算机。重新启动后，系统已经恢复到当初备份时的状态。

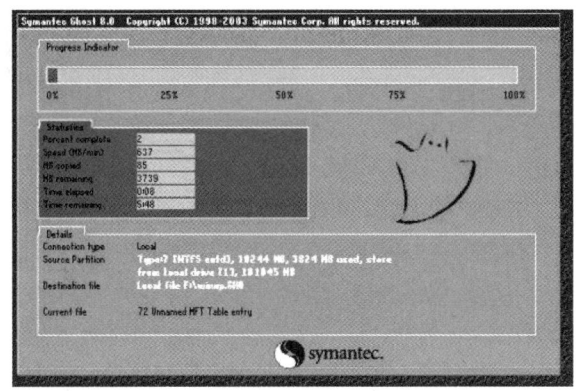

图 3-16 开始备份

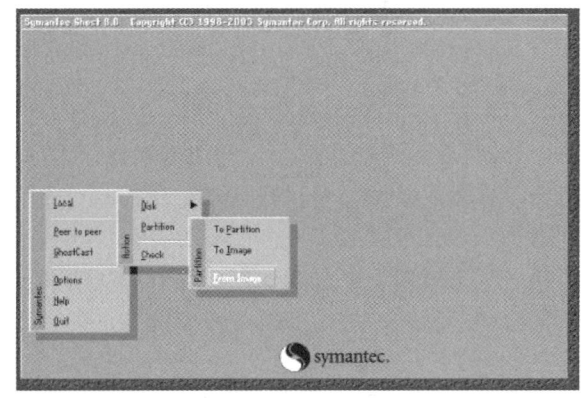

图 3-17 恢复分区

当前流行的一键备份与恢复软件"一键 GHOST"（OneKey ghost），有硬盘版、光盘版和 U 盘版。"DOS 之家"同步发布的启动盘，能满足各种用户的需要，既可独立使用，又能相互配合，深受广大计算机维护人员的欢迎。主要功能包括一键备份系统、一键恢复系统、中文向导、GHOST、DOS 工具箱。

该软件支持 64 位的 Vista/Windows 7/Windows 8/Windows 10 系统，功能强大，集成万能驱动，智能化程度较高，支持系统转换和实现全自动无人值守装机，装机过程不需要过多操作，真正实现一键就能安装系统的目的，是装机人员的理想选择。

4. 360 安全卫士

360 安全卫士是一款由奇虎 360 公司推出的功能强、效果好、深受广大用户欢迎的安全杀毒软件。360 安全卫士拥有查杀木马、清理插件、修复漏洞、电脑体检、电脑救援、保护隐私、电脑专家、清理垃圾、清理痕迹等功能。360 安全卫士独创了"木马防火墙""360 密盘"等功能，依靠抢先侦测和云端鉴别，可全面、智能地拦截各类木马，保护用户的账号、隐私等重要信息。360 安全卫士使用极其方便、实用，是目前国内很受欢迎的免费维护工具软件，它可提供全方位的系统安全保护，从而提高计算机自身免疫力。主要功能如下：

（1）系统体检。对计算机进行详细的检测，包括系统漏洞、软件漏洞、木马和恶评插件、杀毒软件等，如图 3-18 所示。

图 3-18　系统检测

（2）查杀修复。使用 360 云引擎、360 启发式引擎、小红伞本地引擎、QVM 四引擎并联合 360 安全大脑杀毒。系统中如果存在漏洞，会成为病毒、木马攻击的安全隐患，360 安全卫士可检测并在线修复存在的系统漏洞。开启实时保护，可在一定程度上保护系统的安全。

（3）电脑清理。清理插件、清理垃圾、清理痕迹并清理注册表。

（4）优化加速。进行启动项管理，加快开机速度，操作简便、直观，对每个启动项有简要描述，方便初级用户使用。

（5）功能大全。360 安全卫士提供多种功能，如系统全面诊断、应用软件管理、修复 IE 浏览器、管理系统服务和系统进程等。

（6）软件管家。可安全下载应用软件及小工具。

（7）电脑门诊。可解决计算机其他疑难问题。

5. 计算机硬件维护

计算机硬件需要维护的部分有主机箱内部组件、硬盘、光驱、键盘、鼠标、显示器以及打印机等。这里主要介绍主机箱内部的维护，主要可以从以下几个方面进行：

（1）主机不要频繁地启动、关闭，开机、关机，要有 1min 以上的间隔；

（2）不要轻易打开主机箱；

（3）在开机状态下不要搬运主机。

给计算机美容，即定期清理主机箱内部的灰尘是必要的，其具体操作如下：

（1）拆卸主机箱的侧面板；

（2）小心取下 CPU 上的散热风扇和散热片，清理上面的灰尘；

（3）取下显卡、网卡和声卡等板卡，用橡皮擦拭这些板卡的金手指；

（4）清理主板、显卡和网卡等板卡上的灰尘；

（5）清理面板进风口附近和电源排风口附近的灰尘；

（6）将电源盒拆开，仔细清洁电源风扇后再安装好；

（7）清洁完毕后将主机箱内的所有组件都安装好，再盖上机箱盖。

3.4 多媒体计算机输入设备的使用与维护

下面将重点介绍多媒体微型计算机数据输入设备的使用与维护方法。常用的多媒体微型计算机输入设备主要有键盘、鼠标、扫描仪等。

计算机网络设备在现代多媒体微型计算机信息处理系统中，具有非常重要的地位，它们同时起到了信息输入设备和信息输出设备的作用，这些内容在项目 1 中已做介绍，这里不再重复。

3.4.1 键盘的使用与维护

1. 键盘概述

键盘是常用的也是主要的输入设备，通过键盘（见图 3-19），可以将英文字母、数字、标点符号等字符输入到计算机中，从而向计算机发出命令、输入数据等。

图 3-19　键盘

键盘常见的接口有 AT、COM、PS/2、USB 等。PS/2、USB 是现代键盘的主流接口。

按照键盘的工作原理和按键方式的不同，可以划分为机械式、塑料薄膜式、导电橡胶式、电容式键盘四种。

机械式键盘采用类似金属接触式开关，工作原理是使触点导通或断开，具有工艺简单、易维护的特点，但噪声大。

塑料薄膜式键盘内部一般有三层，实现了无机械磨损。其特点是低价格、低噪声和低成本，在市场上占有相当份额。

导电橡胶式键盘的触点结构通过导电橡胶相连。键盘内部有一层凸起带电的导电橡胶，每个按键都对应一个凸起，按下时即可把下面的触点接通。

电容式键盘使用类似电容式开关的原理，通过无接点按键时改变电极间的距离引起电容容量改变从而驱动编码器。特点是无磨损且密封性较好。

键盘品牌主要有罗技、Microsoft、双飞燕、戴尔、RAPOO、Raze、樱桃、新贵、多彩、力胜等。

人体工程学键盘（见图 3-20），是在标准键盘上将指法规定的左手键区和右手键区这两大板块左右分开，并形成一定角度，使操作者不必有意识地夹紧双臂，可保持一种比较自然的形态。

104 比 101 多了 Windows 专用键，包括两个 Win 功能键和一个菜单键。Win 功能键上面有 Windows 旗帜标记，按下它可以打开"开始"菜单，与其他键组合也有功效，如"Win+E"：打开资源管理器；"Win+D"：显示桌面；"Win+U"：辅助工具；菜单键相当于按鼠标右键。

多媒体键盘（见图 3-21）是在传统的键盘基础上增加了不少常用快捷键或音量调节装置。这些多媒体按键（快捷键）使计算机操作进一步简化，对于收发电子邮件、打开浏览器软件、启动多媒体播放器等都只需要按一个特定按键即可。

 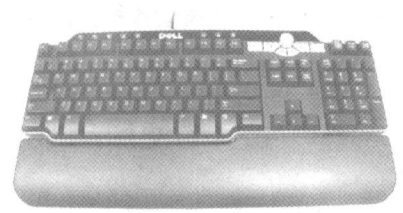

图 3-20　人体工程学键盘　　　　　　　图 3-21　多媒体键盘

当前，为了适应移动办公的便携要求，无线键盘、蓝牙键盘和智能键盘也在逐渐兴起中。

2. 键盘的使用与维护

键盘怕潮气、灰尘和拖曳。现在大部分的键盘都采用塑料薄膜开关，即开关由三张塑料薄膜构成，中间一张是带孔的绝缘薄膜，两边的薄膜上镀有金属线路和触点，受潮腐蚀、沾染灰尘都会使键盘触点接触不良，操作不灵。发现这种情况后，应细心地打开键盘的后盖，用棕刷或吸尘器将脏物清除出来。拖曳键盘易使键盘线断裂，使键盘出现故障。所以，我们要尽量保持工作场所的干净整洁，特别是键盘边上要干净；不要在计算机附近吸烟；不要在键盘附近吃东西；不要把喝水的杯子放在键盘附近；除了 USB 接口，不要带电插拔键盘；定期用纯酒精擦洗键盘；不用时，要盖上保护罩。

3.4.2　鼠标的使用与维护

1. 鼠标概述

鼠标是计算机图形界面软件中重要的定位操作设备。从原始鼠标、机械鼠标、光机鼠标、光电鼠标再到如今的光学鼠标，鼠标技术经历了漫漫征途终于修成正果。毫无疑问，光学鼠标是我们所追求的终极类型，诸多优点使它成为光机鼠标无可争议的接替者。而在光学鼠标发展的近几年中，我们亲眼目睹它的飞速进步，光学引擎的更新换代带来更高的精度、更快的速度以及更经得起推敲的性能。而与鼠标相关的其他技术的进展也不容小觑，纵横滚轮技术给我们带来更便捷的操作体验。蓝牙技术的引入让我们尽享无线操作的自由，皮革材料和丝绸表面处理工艺让鼠标成为艺术品的同时提供了绝佳的握感。

鼠标按工作原理可分为机械式（机电式）、光机式、光电式、光学式、感应式等。

从接口来讲，鼠标常见的有 AT、COM、PS/2、USB 等。PS/2、USB 是现代鼠标的主流接口。

从鼠标的构造来讲，有机械式（机电式）和光电式。光电鼠标是指利用光的反射来确定鼠标的移动，鼠标内部有红外光发射和接收装置，要让光电鼠标发挥强大的功能，一定要配备一块专用的感光板。光电鼠标的定位精度比机械鼠标要高出许多。

另外,鼠标还有单键、两键和三键之分。

鼠标也分为有线鼠标和无线鼠标。无线鼠标是在光电鼠标的基础上进行的改良,通过 RF 无线传输实现无线,同时内部使用充电电池。目前常用的无线连接方式有红外线和蓝牙方式。为了适应移动办公的便携要求,无线鼠标、蓝牙鼠标和智能鼠标正在逐渐兴起中。

鼠标品牌主要有罗技、Microsoft、Razer、双飞燕、雷柏、多彩、惠普、新贵、富勒等。

光电鼠标是当前的主流产品。如图 3-22 所示,在光电鼠标内部有一个发光二极管,通过该发光二极管发出的光线,照亮光电鼠标底部表面;然后将光电鼠标底部表面反射回的一部分光线,经过一组光学透镜,传输到一个光感应器件内成像。这样,当光电鼠标移动时,其移动轨迹便会被记录为一组高速拍摄的连贯图像。最后利用光电鼠标内部的一块专用图像分析芯片(DSP,数字微处理器)对移动轨迹上摄取的一系列图像进行分析处理,通过对这些图像上特征点位置的变化进行分析,来判断鼠标的移动方向和移动距离,从而完成光标的定位。

感应式鼠标通常用在便携式计算机上,如图 3-23 所示,利用一块感应面板,测试面板上受到的压力,根据压力的不同来判别触点和移动方向。

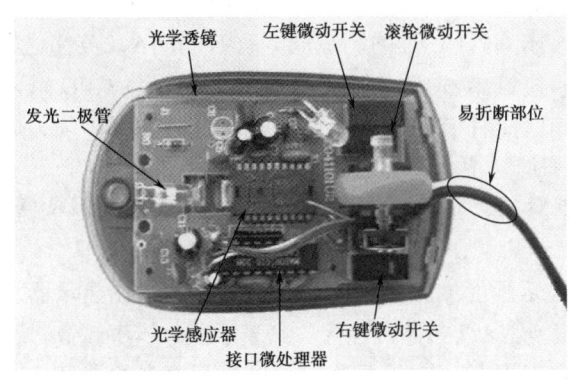
图 3-22　光电鼠标

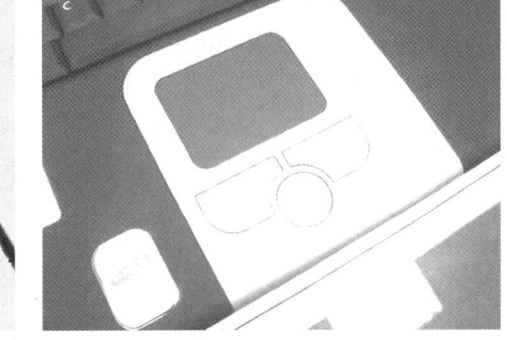
图 3-23　感应式鼠标

2. 鼠标的使用与维护

鼠标怕灰尘、强光和生拉硬拽。基于轨迹球的鼠标,价格便宜、使用方便,但有个最大的问题,就是容易脏,小球和滚轴上沾上灰尘会使鼠标机械部件运作不灵。要定期清洗机电式鼠标的小球和滚轴。另外,强光会干扰光电管接收信号,要避免在阳光下打开和使用光电鼠标。生拉硬拽会使"鼠尾"断裂,使鼠标失灵。尽量使用专用鼠标垫,定期清洁鼠标垫,鼠标垫要根据不同的材料选择不同的清洁剂,能用清水解决问题最好。除了 USB 接口,不要带电插拔鼠标;定期用纯酒精擦洗鼠标。

3.5　多媒体计算机显示设备的使用与维护

3.5.1　显示器的使用与维护

显示器是一种可视图像显示设备。显示器需要连接到主机的显卡上才能工作。下面先介绍显卡的使用与维护,再介绍显示器的使用与维护。

1. 显卡的使用与维护

显卡又称显示卡或显示适配卡,它工作在 CPU 和显示器之间,是显示器与主机通信的控制电路和接口,现在的显卡都是 3D 图形加速卡。显卡的基本作用就是控制图形的输出,将主机输出的数字信息转换成字符、图形和颜色等模拟信息,并传送到显示器上显示。

显卡按主板的结构方式分为集成显卡或独立显卡。

集成显卡是指在主板芯片组内集成显示芯片,使用这种芯片组的主板可以在不需要独立显卡的情况下实现普通的显示功能,以满足一般的家庭娱乐和商业应用,节省用户购买显卡的开支。集成显卡不带显存,使用系统的一部分主内存作为显存,具体的数量一般是系统根据需要自动动态调整的。

独立显卡有它自己的显示芯片和显存颗粒,不占用 CPU 和内存,独立显卡的好处在于数据处理不需要 CPU 来帮助完成,释放 CPU 的占用率,本身自带的 GPU 可以处理 3D 数据且性能突出。缺点是独立显卡的性能虽强,但发热量和功耗比较高,需要额外投资购买显卡,而且好显卡的价格很高。

目前,显卡市场品牌主要有七彩虹、影驰、华硕、蓝宝石、NVIDIA、技嘉、微星等。上游主流独立显卡芯片厂商(显卡的核心技术 GPU 芯片的制造商)有 NVIDIA(英伟达)和 AMD 两家公司,人们习惯称其对应显卡为 N 卡和 A 卡。现在 Intel 公司已将 GPU 融入 CPU 中,被称为"核芯显卡"。显卡下游制造商有很多,N 卡除了七彩虹,还有华硕、微星、技嘉、影驰等。在 A 卡方面,蓝宝石和迪兰更为著名。

显卡的性能指标有分辨率、色深、刷新频率、显示芯片、显存容量与类型、显存位宽、接口种类等。

(1)分辨率。分辨率也叫解析度,指显示画面的细腻程度,它代表显卡在显示器上所能描绘像素点的数量,一般以"横向像素点 X×纵向像素点 Y"来表示。分辨率越高,在显示器上显示的图像越清晰,图像和文字可以更小,在显示器上可以显示更多的东西。在最大分辨率范围内可通过桌面属性进行分辨率设置调节。

例如,对 16∶9 宽高比常见的分辨率有:1280×720(17in),1366×768 & 1360×768(18.5in),1600×900(20in),1920×1080(21.5、23、23.6、24、24.6、25、27in)等,1920×1080(又称 1080p,即"全高清")将成为主流。

(2)色深。色深即颜色数,是指显卡在当前分辨率下能同屏幕显示的色彩数量,一般以多少 Bit 或多少色表示。当色深达到 24Bit,即 16777216 色时为真彩色。色深的位数越高,屏幕上所能显示的颜色数就越多,显示的图像质量就越好。在最大分辨率范围内可通过桌面属性进行色深设置调节。

例如,Super VGA 显卡分辨率为 1600×1200,色深为 32Bit,即 4294967296 色。

(3)刷新频率。刷新频率指影像在显示器上更新的速度,即影像每秒在屏幕上出现的帧数,单位为 Hz。刷新率越高,屏幕上图像的闪烁感越不明显,图像越稳定。刷新频率最好在 75Hz 以上。

必须注意,并非所有的显卡都能够在最大分辨率下达到 75Hz 以上的刷新频率(这个性能取决于显卡上 RAM DAC 的速度),而且显示器也可能因为带宽不够而不能达到要求。一些低端显示卡在高分辨率下只能设置刷新频率为 60Hz。在带宽和最大分辨率范围内可通过桌面属性进行刷新频率设置调节。

（4）显存容量和显存位宽。显存容量是显卡上本地显存的容量数，这是选择显卡的关键参数之一。显存容量的大小决定显存临时存储数据的能力，在一定程度上也会影响显卡的性能。显卡支持的分辨率越高，需要安装的显存就越多。目前，主流的显存为 128MB、256MB、512MB，某些专业显卡甚至已经具有 1GB 的显存。显卡的显存位宽直接影响显卡的性能。现在市场上主流的显卡基本上是 128 位显存位宽和 128/256MB 显存容量的配置，高端的也有 256 位显存位宽的显卡，甚至有 512 位显存位宽的专业显卡，但其价格也会成倍地增加。

（5）从图 3-24 可以看出，PCI-E 显卡 PCB 电路板上有下列部件。

① 显示芯片 GPU（Graphic Processing Unit，图形处理器）的主要任务是图形处理，尤其是 3D 图形处理，使显卡减少了对 CPU 的依赖，并完成部分原本由 CPU 做的工作。目前，设计、制造显示芯片的厂家有 NVIDIA、AMD（ATI）、SIS、3DLabs 等公司。家用娱乐性显卡都采用单芯片设计的显示芯片，而在部分专业的工作站显卡上采用多个显示芯片组合的方式。GPU 工作时会发热，一般都要配备 GPU 风扇。

② 显示内存 RAM 主要用于暂时存储显示芯片将要处理的数字数据和处理完毕的数字数据。

③ 数/模转换器（RAM/DAC）负责将显存的数字信号转换成显示器能够接收的模拟信号。

④ 显卡 BIOS 主要用于存放显示芯片与驱动程序之间的控制程序，另外还保存显卡的型号、规格、生产厂家及出厂时间等信息。

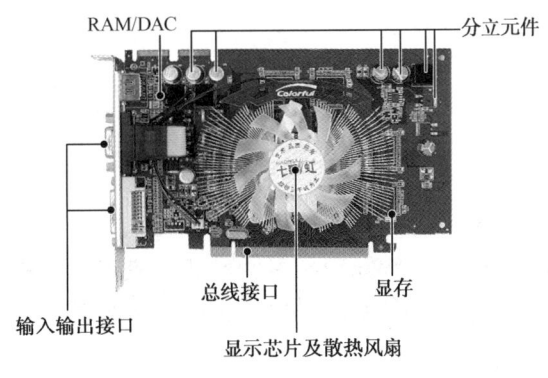

图 3-24 PCI-E 显卡结构

（6）显卡的总线类型主要有 ISA、PCI、AGP、PCI-E，目前最流行的是 AGP 和 PCI-E。

① AGP 接口（Accelerate Graphical Port）是 Intel 公司开发的一个视频接口技术标准，是为了解决 PCI 总线的低带宽而开发的接口技术。它通过将图形卡与系统主内存连接起来，在 CPU 和 GPU 之间直接开辟更快的总线。AGP 有 AGP 1X、AGP 2X、AGP 4X、AGP 8X 等多个标准。AGP 的频率为 66MHz，32 位，则 AGP 1X 的数据传输速率=66MHz×32/8=264MB/s。

② PCI-E 是最新的总线和接口标准，它原来的名称为"3GIO"，也是由 Intel 公司提出的。PCI-E 采用的是点对点的串行连接方式（Serial Interface），主要优势就是数据传输速率高。目前，PCI-E 拥有×1、×2、×4、×8、×12、×16 和×32 等不同标准，其中规格最低的 PCI-E×1

也可以提供 512MB/s 的数据传输速率，PCI-E×16 配合双通道内存系统的数据传输速率则高达 8GB/s。除此之外，PCI-E 在兼容性、扩展性、易用性等方面也都相当出色，并且设计更为简洁，为板卡厂商简化主板设计提供了很大帮助。因此，它很快得到了各大 IT 巨头的鼎力支持。现在 PCI-E 显卡已非常普遍，而且，出现了双显卡，性能更加优秀。在需要频繁交换大量数据的多媒体应用中（如利用视频采集卡进行影像处理），PCI-E 的优势十分明显，所以它取代现有的 PCI 和 AGP 接口是大势所趋。

（7）显卡主要有以下输出接口。

① VGA（Video Graphics Array）视频图形阵列接口：作用是将转换好的模拟信号输出到显示器中。

② DVI（Digital Visual Interface）数字视频接口：视频信号无须转换，信号无衰减或失真，它将是未来 VGA 接口的替代者。

③ S-Video（Separate Video）S 端子：也叫二分量视频接口，一般采用五线接头，它是用来将亮度和色度分离输出的设备，主要功能是为了克服视频节目复合输出时的亮度跟色度的互相干扰。

④ HDMI（High Definition Multimedia Interface）高清晰多媒体接口：它把声音和图像集成在一个接口上，无须在信号传送前进行数/模或者模/数转换，可以保证高质量的影音信号传送。

选择显卡时，总的原则是根据自己的使用要求来选择。目前，专业领域的显卡有丽台（LEADTEK）、NVIDIA Quadro P2200 等，家用领域兼游戏领域的显卡有 NVIDIA GeForce RTX 2080 Ti 等。

显卡的安装包括硬件安装和驱动程序安装。

（8）显卡的安装步骤如下：

① 取下主机箱内对应 PCI-E 插槽的挡板；

② 将显卡竖直放在 PCI-E 插槽上并插到位；

③ 用螺丝刀将显卡固定在主机箱内。

显卡的驱动程序安装步骤如下：

显卡大多为即插即用型的。在 Windows 下，一般都能自动检测到显卡，并自动匹配，安装相应的驱动程序。目前，各品牌显卡都附带自己的驱动程序光盘，一些厂家的网站上还提供驱动程序的下载。

安装驱动程序的步骤如下：右击桌面→属性→设置→高级→适配器→更改→选中"显示指定位置的所有……"→下一步→浏览→插入显卡驱动光盘到光驱→找到所安装的 Windows 对应目录→选中"****.inf"→确定→选择与使用硬件型号相同的产品→确定→开始复制文件→重新启动计算机。

2. 显示器的使用与维护

显示器（Display）通常也被称为监视器，它是一种将一定的电子文件，通过显卡的图形图像信号转换成可视图像反映在显示屏幕上，再反射到人眼的显示工具。

（1）显示器类型。由于制造材料和工作原理的不同，常见的显示器有以下一些类型。

① 阴极射线显示器（CRT），优点是技术成熟，价格便宜，寿命较长，可靠性高，但是体积大、耗电量大、笨重。主要用于台式计算机显示器，现已逐步退出市场。

② 液晶显示器（LCD），优点是轻薄，体积小，功耗极低；缺点是成本较高，响应速度慢，对比度不够高，低温下工作性能较差。主要用于便携式计算机和台式计算机显示器。LCD 是无机材料显示器。一种有机材料制造的 OLED 显示器正在不断发展中。

③ 发光二极管显示器（LED），优点是工作电压低，机械强度高，工作温度范围宽，耗电低，价格便宜。主要用于各种霓虹广告牌，大型电子显示屏。

④ 等离子体显示器（PDP），优点是平面显示，对比度较高，视角宽，响应速度快，寿命长，工作范围宽。主要用于信息处理终端装置的显示板、壁挂电视机。

⑤ 真空荧光显示器件（VFD），优点是对比度高，亮度高，工作电压较低，约数十伏，寿命较长。主要用于电子秤、电子数码显示。

常用的有 CRT 和 LCD 显示器，由于科学技术不断发展，使 LCD 迅速发展成为目前市场的主流显示器。下面主要介绍 LCD 显示器，其主流品牌有三星、AOC、飞利浦、戴尔、LG、华硕、优派、明基等。

（2）显示器性能指标。下面仅介绍几个主要的显示器性能指标。

① 尺寸。如图 3-25 所示，屏幕对角线的长度就是显示器的尺寸，单位为 in（1in=2.54cm）。常见的尺寸有 17in，19in、20in、22in、23in、24in、27in 等。普通屏的宽高比为 4∶3，宽屏的宽高比为 16∶9。

② 分辨率（Resolution）。分辨率是定义显示器画面解析度的标准，由每帧画面的像素数决定。计算方法为

分辨率=水平显示的像素个数×垂直扫描线数

例如，17in 显示器最佳分辨率为 1024×768，指每帧图像由水平 1024 像素、垂直 768 条扫描线组成，如图 3-26 所示。

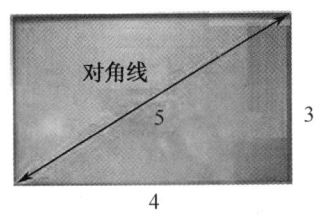
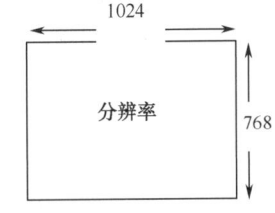

图 3-25　显示器尺寸　　　　　　图 3-26　分辨率

19in 显示器的最佳分辨率为 1440×900，23in 显示器的最佳分辨率为 1920×1080。

现在市场上主流的显示器宽高比都是 16∶9，所以只要知道一边的长度，就可以知道显示器的分辨率。一般讲"1080P""2K""4K"，其中，P 表示的是"纵向的像素数"，K 表示的是"横向的像素数"；1080P，即 FHD，常规的分辨率为 1920×1080，即拥有 207 万左右的像素；2K，即 QHD，常规的分辨率为 2560×1440，理论上来说就是 FHD 像素的两倍，但是实际上会小一些；4K，即 UHD，主流分辨率为 3840×2160，为 FHD 的 4 倍，像素达到夸张的 829 万。当然，由于大部分用户对显示器的需求还是为了满足工作需要，因此大多数用户会选择 1080P 的。

③ 场频。场频又叫垂直刷新频率，是每秒屏幕重复绘制显示画面的次数，即重绘率，以 Hz 为单位。通常不小于 75Hz 的垂直刷新频率不易被人眼所察觉，100Hz 能很好地保护视力。

④ 带宽。这是表示显示器显示能力的一个综合指标。指每秒扫描的图像个数，即单位时间内每条扫描线上显示的频点数总和，以 MHz 为单位。带宽越大表明显示器显示控制能力越强，显示效果越佳。

$$带宽=分辨率×场频（逐行模式）×损耗系数$$

其中，损耗系数约为 1.5。

例如，17in 显示器最小带宽=1024×768×85Hz×1.5≈100MHz

（3）液晶显示器的构成原理。

图 3-27（a）为 AOC V2 系列液晶显示器外形，采用全新的 Zero Edge 三边无边框技术，可以让整个屏幕的视角变得更加宽阔，视觉上也更加简约耐看。

液晶显示器的构成并不复杂，主要由液晶模组（液晶面板+背光板）、驱动板（也称主板，注意不是液晶面板内的行列驱动电路）、电源板、按键控制板组成。

液晶显示器（Liquid Crystal Display，LCD）是一种采用液晶控制透光度技术来实现图像显示的显示器，面板主要由液晶、导电玻璃、导电电极、彩色滤光片等组成。LCD 内部结构如图 3-27（b）所示，它是将液晶置于两片导电玻璃之间，靠两个电极间电场的驱动，引起液晶分子扭曲排列的电场效应，以控制光源透射或遮蔽功能，在电源开、关之间产生明和暗的变化而将图像显示出来的。如果加上彩色滤光片，则可显示出彩色影像。

由于通过控制是否透光来控制明和暗，当色彩不变时，液晶也保持不变，这样就无须考虑刷新率的问题。刷新率不高但图像很稳定，无闪烁感。

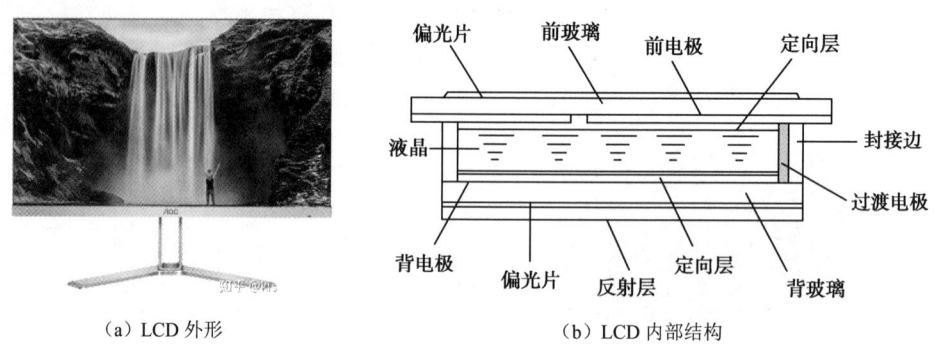

(a) LCD 外形　　　　　　　　(b) LCD 内部结构

图 3-27　LCD 外形及内部结构

液晶显示器还通过液晶控制透光度的技术原理让底板整体发光，所以它做到了真正的完全平面。一些高档的数字液晶显示器采用数字方式传输数据和显示图像，这样就不会产生由于显卡造成的色彩偏差或损失。液晶显示器具有完全没有辐射的优点，即使长时间观看液晶显示器屏幕也不会对眼睛造成很大伤害；体积小、能耗低也是 CRT 显示器无法比拟的，一般一台 15in 液晶显示器的耗电量只相当于 17in 纯平 CRT 显示器的三分之一。

液晶显示器是一种采用液晶为材料的显示器。液晶是介于固态和液态间的有机化合物，将其加热会变成透明液态，冷却后会变成结晶的混浊固态。在电场作用下，液晶分子会发生排列上的变化，从而引起其通过的光线变化，这种光线的变化通过偏光片的作用可以表现为明暗的变化。人们通过对电场的控制最终控制光线的明暗变化，从而达到显示图像的目的。

根据液晶分子的显示排列方式，常见的液晶显示器面板类型有 TN（Twisted Nematic，扭曲向列型；Super TN，超扭曲向列型；Double layer STN，双层超扭曲向列型）、VA（Vertical Alignment，垂直取向，又分为 MVA 和 PVA）、IPS（In-Plane Switching，平面转换）。TN 类是传统型，VA 类是"软屏"，IPS 类是"硬屏"。按屏幕视角分为窄视角的 TN、DSTN，宽视角的 IPS、VA 等。液晶显示器的背光源可分为 CCFL 和 LED 等。

从液晶面板材料的驱动方式来分，市面上的液晶显示器主要有 DSTN（Double layer STN，双层超扭曲向列型）和 TFT（Thin Film Transistor，薄膜晶体管型）两类。TFT 是主动矩阵（有源矩阵），指在液晶显示器上的每一液晶像素点都由集成在其后的薄膜晶体管来驱动。相对 DSTN，TFT 具有屏幕反应速度快、对比度和亮度高、可视角度大、色彩丰富等特点，是主流 LCD 显示设备。DSTN 是被动矩阵（无源矩阵），由双扫描扭曲阵列液晶分子所构成的液晶显示器，对比度和亮度较差，可视角度小，色彩有 256 色，但是它结构简单，价格低廉，仍有市场。目前，最常见的是 TFT 型驱动，它通过有源开关的方式来实现对各个像素的独立精确控制，因此相比之前的 DSTN 无源驱动（俗称伪彩），可以实现更精细的显示效果。

IPS 屏幕采用平面转换技术，改变了液晶分子颗粒的排列方式，加快了液晶分子的偏转速度，保证在抖动时画面清晰度还能有超强的表现力，消除了传统液晶显示屏在受到外界压力和摇晃时会出现模糊及水纹扩散现象。由于液晶分子在平面内旋转，所以 IPS 屏幕天生就拥有相当好的可视角度表现，四个轴向方面可以达到接近 180°的广视角模式，IPS 面板的优势是可视角度高、响应速度快、色彩还原准确，是液晶面板里的高端产品，多用于液晶电视。虽然 IPS 屏幕技术非常厉害，本质还是 TFT 屏幕，毕竟是基于 TFT 衍生的产品，它也被俗称为"Super TFT"。

一般显示器的接口有 VGA、DVI、HDMI、Display Port 等。主流显示器主要使用 VGA 和 DVI 接口的输入信号插头。

购买显示器时，一定要认准通过安规认证的产品。安规认证是指对显示器的磁场、电场、辐射、能源效率、防火、原料、制程、环境生态影响等做严格的安全规范。当然通过越多安全认证规范的产品，在品质上越有保障。常见的显示器低辐射安规认证有 MPRII、TCO，现在一般都通过了 MPRII，最好选用通过 TCO 认证的产品，可大大减少辐射。

通过 OSD（On-Screen Display）可调节显示器的相关屏幕参数（见图 3-28）。OSD 是将按键或旋钮的功能整合在一起，透过显示器的窗口以图标的方式显示出来，让使用者能更清楚地了解调节的项目与过程。OSD 主要调节的参数有亮度、对比度、高度、宽度、彩色等。

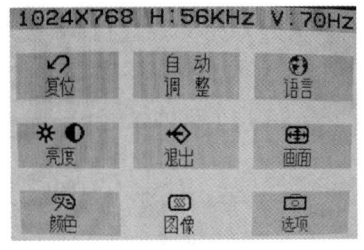

图 3-28 OSD

对液晶显示器，要合理使用调节按钮；尽量避免长时间显示同一幅画面；平常最好使用推荐的最佳分辨率；要设置好刷新频率；保持使用环境的干燥通风；要防止强光直接照射液晶显示器；远离一些化学药品；杜绝经常用手指点屏幕的坏习惯；要定期进行屏幕清洁；防止灰尘进入液晶显示器内部。

（4）液晶显示器使用维护。日常维护要点有：

①液晶显示器长时间不用时，应关闭电源或设置主机为省电模式；②尽量减少较长时

间使用高亮全白画面，以上两点可减缓背光灯老化，延长显示器使用寿命；③保持储存及使用环境干净，正确清洁屏幕表面；④远离高温、高湿环境；⑤严禁将液体倾洒于屏幕和机器上；⑥严禁挤压、碰撞屏幕表面；⑦避免不必要的震动；⑧切勿自行拆装机器。

需要注意的是，液晶显示器使用时间长了屏幕上会留下污渍，污渍主要分为两类：一类是屏幕表面所吸附的灰尘；另一类是使用时不经意在屏幕上留下的指纹和油渍。在清洁这些污渍的时候，可能会因为使用了一些错误的方法，伤害自己"娇贵"的液晶显示器屏幕，如：

①用水清洁。用很少的水去除污渍并不会对屏幕表面造成严重的损坏，但是水顺着屏幕流进了液晶显示器的内部，就会造成电路的损坏，并且用水清洁屏幕的效果并不理想。

②用纸巾或抹布擦拭。目前，有很多人都在使用这种方法清洁污渍。事实上，这种方法对液晶显示器屏幕的损害是比较大的。液晶显示器屏幕的表面有一层特殊的涂层，是用来减少反光和炫光，增加对比度和调节色彩的，用普通的纸巾或抹布擦拭会刮伤该涂层，使它失去原有的作用。

为满足用户对液晶显示器屏幕清洁的需要，厂商推出了专门清洁屏幕的清洁套装。屏幕清洁套装主要由专用清洁液和极细纤维布组成。使用步骤：先把清洁液喷在纤维布上；再用蘸有清洁液的纤维布轻轻擦拭液晶显示器屏幕的表面，直到屏幕干净为止。

要避免超负荷工作。液晶显示器屏幕之所以会发亮，是因为屏幕后面有背光灯。长时间让液晶显示器工作在高亮度状态下，将会大大缩短背光灯的寿命，这样亮度会越来越低，最后什么也看不见，变成黑屏。因此，在日常使用中，在保证视觉效果的前提下，应把亮度值调低一些。

除了注意亮度值不能调得太高，还要尽可能不让屏幕长时间显示同一幅画面。因为长时间显示同一幅画面会使屏幕上的某些像素点过热，像素点一旦因过热损坏便不能修复，就会形成通常说的"坏点"。液晶显示器连续使用 72h 以上，老化速度就会加快。所以，液晶显示器在连续使用一段时间后，应该让它"休息"一下；用户要离开较长时间的话，应该关闭它。用正确的操作方式，才能更好地延长液晶显示器的使用寿命。

要保护好液晶显示器，就要改掉用手指触摸屏幕的坏习惯。因为，手指经常触碰屏幕，不但会在屏幕上留下指纹或污渍，而且触碰力度比较大会造成液晶屏幕出现"坏点"，因此尽量不要用手指或者硬物（如笔尖）去接触屏幕。

另外，还要避免液晶显示器受到撞击和震动。由于液晶显示器是由精密元件组成的，所以较强的撞击和震动，容易造成屏幕的损坏。因此，液晶显示器应该放在一个不容易被人碰到的、平稳的桌面上，以避免人为损坏。

3.5.2 投影仪的使用与维护

1. 投影仪概述

投影仪又称投影机，是一种可以将图像或视频投射到幕布（墙）上的光电投射设备，适用于大屏幕图像放大显示。它可以通过不同的接口与计算机、VCD、DVD、BD、游戏机、DV 等相连接，播放相应的视频信号。投影仪广泛应用于家庭、办公室、学校和娱乐场所。

（1）投影仪类型。投影仪外观如图3-29所示。与显示器相似，投影仪从最初的CRT技术起步，发展到现在逐步分化成两大阵营：基于液晶透射成像的LCD和根据光反射成像的DLP。根据工作方式不同，投影仪有CRT、LCD、DLP等不同类型。按应用环境，主要分为家庭影院型、便携商务型、教育会议型、主流工程型、专业剧院型和测量投影仪，常用的投影仪光源一般有三种：传统灯泡光源、LED光源以及激光光源。目前，智能投影仪和无线投影仪正在发展中。

图3-29　投影仪

智能投影仪相比传统投影仪的优势在于它能适应互联网发展的需要，搭载了智能系统，大大简化了操作过程。智能投影仪指内部有操作系统、自带连接Wi-Fi音响，体积小，联网便可以观看电视剧、电影、综艺、上网课的投影仪。而传统投影仪则需要搭配播放器、计算机、电视盒子等使用，体积也比较大。

在追求高效办公的今天，无线投影仪能明显降低时间成本，便捷的无线投影仪能缩短会议准备时间，Wi-Fi热点功能让没有无线网络覆盖的办公场地实现了无线投影，清晰的投影效果更是让参会人员立即知晓会议内容，提高了办公效率。

投影仪的其他功能，如支持侧投、背投、镜头位移、梯形矫正等功能属于锦上添花，有这些功能的投影仪无疑是更好的选择。如今，原本应用在商教领域的投影仪，插上了翅膀，飞入了寻常百姓家，作为家庭娱乐和办公会议设备受到了人们的欢迎。

（2）投影仪性能指标。投影仪的性能指标很多，以下仅介绍几个主要参数供选用时参考。

① 投影距离。投影仪的焦段关乎投影距离与投影大小，焦段长的投影仪需要较长的投影距离。短焦投影仪适用于狭小空间，可短距离投射较大画面。因此购买之前需要确认投影距离与画面尺寸。

② 分辨率。现在主流的视频为1080P，即分辨率为1920×1080。购买投影仪时，分辨率最好不要低于1920×1080，720P等多数投影仪用于商业教育等领域。只看投影仪上商家标的分辨率是不够的，还要看显示芯片的大小。越大的芯片能分布的微型晶片越多，而一个晶片就是一个像素。例如，0.33in的芯片只能分布92万个微型晶片，1280×720=921600。因此0.33in的芯片所能表现出来的实际画质只有720P。

③ 流明（亮度）。一般3000流明以上的投影仪才能在白天观看屏幕时获得较好的观影体验。此外，还要考虑观影距离、环境光强弱、环境光照射方向、幕布材质等问题。家里观看投影时可以关灯并拉上窗帘，对流明度要求不大但商用的投影仪，最好选3000流明以上的。

（3）投影仪的技术原理。

① CRT投影仪采用的技术与CRT显示器的类似，是最早的投影技术。它的优点是寿命长，显示的图像色彩丰富，还原性好，具有丰富的几何失真调整能力。由于技术的制约，无法在提高分辨率的同时提高流明值，直接影响CRT投影仪的亮度值，到目前为止，其亮度值始终徘徊在300流明以下，加上体积较大和操作复杂，已经被淘汰。

② LCD投影是利用液晶的光电效应，即液晶分子的排列在电场的作用下发生变化，

影响液晶单元的透光率和反射率,从而产生不同灰度层次及颜色的图像。这一点和液晶显示器的原理相似。现在通用的是三片液晶板投影仪,它由一套光学系统把强光通过分光镜分成 R、G、B 三束光,分别透过 R、G、B 三色液晶板,信号经过 A/D 转换,调制加到液晶板上,通过控制液晶单元的开启、闭合,从而控制光路的通断,R、G、B 光最后在棱镜中汇聚,由投影镜头投射在屏幕上形成彩色图像。LCD 投影仪采用透射式投影技术,目前已很成熟。投影画面色彩还原真实鲜艳,色彩饱和度高,光利用效率很高,LCD 投影仪比用相同瓦数光源灯的 DLP 投影仪有更高的 ANSI 流明光输出。目前,市场高流明的投影仪主要以 LCD 投影仪为主。它的缺点是黑色层次表现不是很好,对比度一般都在 500∶1 左右徘徊,从投影画面的像素结构可以明显看到。

③ DLP(digital light processor,数字光处理器),是由美国德州仪器公司开发研制的。DLP 投影仪的核心是 DMD(digital micromirror device,数字微镜装置)。现在比较通用的是由一片 DMD 构成的 DLP。光源发出的光经过一个高速旋转的(60r/s)分色轮,分解成不同时段的 R、G、B 三色光,交替射在 DMD 表面。DMD 由很多微小的镜片组成,每个小镜片均可在+12°与−12°之间自由旋转。输入信号经过处理后作用于 DMD 芯片上,通过控制微镜片的旋转角度来实现光路的开启与闭合。最后不同时段的 R、G、B 由 DMD 微镜片反射后叠加而形成完整的彩色图像。DLP 投影仪的技术是反射式投影技术,是现在高速发展的投影技术。该技术的采用,使投影图像灰度等级、图像信号噪声比大幅度提高,画面质量细腻稳定,尤其在播放动态视频时图像流畅,没有像素结构感,形象自然,数字图像还原真实精确。出于成本和机身体积的考虑,目前 DLP 投影仪多半采用单片 DMD 芯片设计,所以在图像颜色的还原上比 LCD 投影仪稍逊,色彩不够鲜艳生动。

LCD 与 DLP 投影仪,各有所长。LCD 投影仪技术很成熟,色彩绚丽,色度还原性好,稳定性很高,但由于采用透射成像,光利用率不高,明暗对比度低,体积较大。DLP 投影仪采用反射成像,对比度、亮度都很高,色彩锐利,但由于图像是在不同时段叠加的,难免在色彩表现及静态图像处理上有所不足。DLP 投影仪大多体积很小,适合于移动办公、小型教学及商务演示活动,而 LCD 投影仪较适用于正规的教育、科研活动中。

投影仪通常使用 UHP、UHE、金属卤素等灯泡。灯泡作为投影仪的投射光源,是唯一的消耗材料,在使用一段时间后其亮度会迅速下降到无法正常使用的程度。

UHP 灯泡是一种理想的冷光源,但由于价格较高,一般应用于高档投影仪上。UHP 灯泡产生冷光,外形小巧,在相同功耗下,能产生大光量,寿命较长,当衰竭时,即刻熄灭。优点是使用寿命长,一般可以正常使用 4000h 以上,亮度衰减很小。

UHE 灯泡也是一种冷光源,UHE 灯泡是目前中档投影仪中广泛采用的理想光源。优点是价格适中,在使用 4000h 以前亮度几乎不衰减。

金属卤素灯泡发热高,对投影仪散热系统要求高,不宜长时间(4h 以上)使用。金属卤素灯泡产生暖光,较大功率的金属卤素灯泡才能产生与 UHP 灯泡同等的光度,使用寿命较短。与 UHP 灯泡不同的是,金属卤素灯泡坏了时表现为渐渐熄灭。金属卤素灯泡的优点是价格便宜,缺点是半衰期短,一般使用 1000h 左右亮度就会降低到原先的一半左右。

现在市场上的投影仪品牌,传统的有爱普生、明基、索尼等,以爱普生为例,它的主要投影仪产品大部分采用 3LCD 技术,为灯泡光源,适合商用、教学等领域。新兴的也是主流的智能投影仪厂商,主要有极米、坚果、当贝、腾讯激光、天猫、米家等。这些品牌的投影仪往往采用 DLP 显示技术,主打中高端产品。

2. 投影仪的使用与维护

在选购投影仪时,主要考虑的是它的亮度和分辨率,其次就是使用的场合,是作为办公、教学、商务,还是作为家庭影院。

投影仪已广泛用于会议室演示和教学中。它是一种电子元件和光学仪器的精密结合体,商家要求用户在使用过程中不得擅自开机维修。因此,这就要求我们在使用中精心维护,尽量避免因常识性的错误,造成设备损坏。

(1)投影仪的使用注意事项。

① 和投影仪连接的信号源设备大多使用开关电源供电,所在设备中的零线之间可能有较高的电位差。所以,在连接时尽可能在设备之间使用共同地线。

② 一定要避免带电热插拔各种信号电缆,带电插拔时产生的瞬间电流极易损坏电子元件,造成设备损坏。

③ 投影仪使用时最好用原装的连接线,信号线的长度一般不超过 15m,过长会造成信号的衰减,必要时需要安装信号放大器。

④ 开机时机器有预热的过程,大概 10s。在此期间,千万不要以为投影仪还没有工作而反复按启动键,频繁开机产生的冲击电流会影响灯泡的使用寿命。

例如,EMP820 在开机时,操作指示灯一直绿灯闪烁,这表明机器处于正常启动状态。如果遇到遥控器不能开机的情况,那么首先考虑遥控器中的电池是否正常,然后检查投影仪是否处于自我保护状态。

⑤ 关闭投影仪时,要先等散热风扇停止运行后再关电源。投影仪散热不及时易引发灯泡爆炸。

例如,EMP820 在关机冷却期间,风扇转动数分钟后才停止,此时操作指示灯橙色闪亮,当风扇停止转动且操作指示灯不亮时,方可关机。

⑥ 目前,投影仪正常工作可超 4h 以上,为了确保安全,投影仪内部有两个温度检测保护装置。如果"温度提示灯"红灯闪烁,说明投影系统液晶板因温度过高进入保护状态;如果"主灯指示灯"红灯闪烁,说明灯泡因温度过高进入保护状态,这时必须关闭投影仪 15~20min 才能继续使用。LCD 投影仪的一个不足就是对温度过于敏感。

⑦ 投影仪进入工作状态后,温度迅速上升,灯泡的两端电压达 60~80V,灯泡内气体压力大于 100Pa,温度达 1000℃以上,这时千万不能碰击、移动投影仪,否则灯泡易爆炸。一定要在关闭投影仪之后进行移动。当然,剧烈震动更是在绝对禁止之列,它极易造成滤光片位移,导致三片 LCD 不聚集、RGB 图像颜色不重合的图像故障。

⑧ 投影仪正常显示时,如果暂时停止显示,不能随意关机,更不可用合上镜头盖的方式来关闭显示。可以使用投影仪提供的"屏保"功能或关闭视频源来暂停显示。

(2)投影仪的维护维修方法。

① 注意防尘。由于投影仪散热都有专门的风扇以每分钟几十升空气的流量进行冷却,高速气流经过空气过滤器,可能夹有微小尘粒,吸附在光学系统中,经放大后会在画面中出现明显的斑点。所以室内禁止吸烟,室内清扫要以湿拖把拖地为主,保持室内的清洁、湿润。空气过滤器如需除尘,需将投影仪竖起,用吸尘器除去灰尘,严禁用电吹风吹去浮尘,否则只能将灰尘吹离原来的位置,而不能彻底清除干净。

② 投影仪出现偏色的故障原因。有时，构成图像的正常 R、G、B 缺少一色或两色，在实际操作中遇见这种情况基本上是硬件线路故障造成的，主要是由于投影仪两端接口焊接不牢或多次插拔而导致脱焊、折断等原因。所以在插拔投影仪信号线接头时，一定要很小心，能不插拔尽量不插拔。

③ 更换灯泡。投影仪的灯泡是投影仪的唯一耗材，当投影仪亮度调到最大时，图像仍很暗，同时主灯泡指示灯橙色闪亮，这就表明主灯泡更换期快到了。市面上常见的投影仪灯泡主要是冷光源灯泡，它与以前用的金属卤素灯泡相比有功耗低、寿命长的优点，主要种类有 UHP（PHILPS 公司专利生产）、UHE（EPSON 专用品牌）等。UHP 能用 4000h 以上，价格在 3000 元左右；UHE 能用 2000h 以上，价格在 2000 元左右。所以投影仪的保养主要就是对灯泡的维护，建议找专业维修人员更换灯泡。另外，不同品牌的投影仪，灯泡是不能互换的，一定要根据投影仪品牌选购灯泡。

④ 投影仪损坏时，用户不能自行打开投影仪，其内部没有任何用户可更换的备件，因为内部有高压，接触任何部分都很危险。在雷击、闪电的情况下最好不要使用投影仪，这时应将电源插头拔下，以确保安全。

3.6 多媒体计算机打印设备的使用与维护

打印设备的使用与维护也是项目 2 的典型教学背景案例之一。

3.6.1 打印机的基本概念

1. 打印机概述

打印机（Printer）是计算机系统中常用的输出设备之一，是用于将计算机处理的运算结果或中间结果以人所能识别的数字、字母、符号和图形等，依照规定的格式打印在纸或其他相关介质上的机电设备。随着信息社会的发展，其普及率在迅速提高并已进入家庭。

打印机的种类很多，其分类方法也很多。常见打印机的分类如下：

（1）按打印输出方式分类，有针式打印机、喷墨打印机、激光打印机和热转换打印机。日常办公和生活中最常见的打印机为针式打印机、喷墨打印机、激光打印机。

（2）按与计算机的接口方式分类，有 EPP 并行接口打印机和 USB 接口打印机。

（3）按照用途分类，有通用、专用、商用、家用、便携、网络打印机等。

（4）一般来讲，按工作原理分类的较多。常见打印机按工作原理的分类如图 3-30 所示。

2. 打印机的发展与现状

毕升和沈括的活字印刷术是打印机雏形的古代发明人之一。

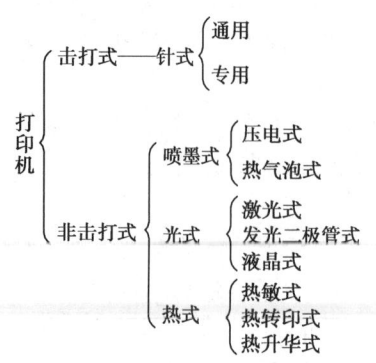

图 3-30 打印机按工作原理分类

近代从 1885 年全球第一台打印机的出现，到后来各种各样的针式打印机、喷墨打印机和激光打印机，它们在不同的年代各领风骚。

世界上第一台针式打印机是由 Centronics 公司推出的，可由于当时技术上的不完善，没有推广进入市场，所以几乎没有人记住它。1968 年 9 月，由日本精工株式会社推出 EP-101 针式打印机，它被人们誉为第一款商品化的针式打印机。

世界上第一台喷墨打印机产生于 1984 年的 HP 公司。

20 世纪 60 年代末 Xerox 公司发明了第一台激光打印机。

1992 年，联想集团与激光打印机的发明者——美国 Xerox 公司合作，研制出第一代中文激光打印机。

目前，在市场主流中除了喷墨和激光打印机，还有热转印打印机，它们形成了三足鼎立的新局面。打印机的著名品牌主要有 HP（惠普）、Epson（爱普生）、Canon（佳能）、Samsung（三星）等。

打印机正向轻、薄、短、小、低功耗、高速度、网络化和智能化方向发展。

互联网络的飞速发展，有人预言无纸时代即将来临，打印机的末日已到。然而全球纸张消费量每年以成倍的速度在增长，打印机的销量以每年平均接近 8%的速度在增加。这一切都预示着打印机不但不会消失，而且发展会越来越快，应用的领域越来越宽广。

3．打印机的技术与质量指标

衡量打印机好坏的指标主要有三项：打印分辨率、打印速度和打印幅面。

更全面的技术指标有分辨率、打印速度、打印纸幅面、工作噪声、行宽、工作寿命、接口方式和缓冲区大小等。

（1）分辨率。分辨率是打印机的一项重要技术指标。由于它对输出质量有重要影响，因而打印机通常是以分辨率（Resolution）的高低来衡量其档次的。分辨率的单位是 dpi（Dot Per Inch），其含义是指每英寸可打印的点数。例如，一台打印机的分辨率是 600dpi，这就意味着其打印输出每英寸打 600 个点。dpi 值越高，打印输出的效果越精细、越逼真，当然输出时间也就越长，售价越贵。

（2）打印速度。打印时每分钟输出页数 PPM（Pages Per Minute）是彩色喷墨打印机、激光打印机（包括彩色激光）、热转换打印机用来衡量输出速度的一个重要指标。PPM 值是指连续打印时的平均速度，如果只打印一页，还需要加上首页预热时间。具体到某一类型产品时，由于输出的对象（有纯文本的，有带彩色文本的及带真彩色照片的，再加上覆盖率不同）不同，加上生产厂商的测试标准不统一，因而导致 PPM 指标相差较大。鉴于此，PPM 只能作为一个参考值。

（3）打印纸幅面。打印纸幅面也是打印过程中必须考虑的因素。宽行打印时必须用针式打印机。

（4）接口传输速度。计算机和打印机有一段物理距离，不同线路在传递数据时的速度是不一样的。打印机接口数据传输率的高低、容量传递的多少对打印速度的影响较明显，目前打印机最常使用的接口主要有 EPP 并口和 USB 两种。EPP 并口传递的数据量只有 1Mbps 左右，而 USB 1.1 接口则可以提供 12Mbps 的数据带宽。USB 接口以其更高的传输速率和更为方便的使用已经成为今后的趋势。打印机与计算机的通信口多种多样，支持哪种通信口由打印机驱动程序来决定。

（5）内存速度和大小。打印机内存的速度和大小，也是决定打印机打印速度的重要指标，特别是在处理大的（如 20MB）打印文档时，更能体现内存的作用。内存大，则可以为 CPU 提供足够的运算空间和存储临时数据的空间，即缓存空间。内存小，在打印一些复杂文档时，则需要重新输入这些复杂文档的数据，相对来讲就减慢了打印速度。

（6）处理器速度。打印机处理器速度的高低直接影响打印快慢。打印机的 CPU 管理打印机内部数据交换，将打印语言编写出的打印代码转换为实际打印文字的速度直接取决于 CPU 的运行速度。如 Lexmark 面向高端用户的 Z52 喷墨打印机采用 40MHz、32bit 的高速处理器，它可以为 Z52 带来每分钟 15 页的高速打印；而面向低端的 Z12，其处理器只有 24MHz，速度也就只有 6PPM。

（7）色饱和度。色饱和度是指输出在一个点（Dot）内彩色的充满程度，即通常所说的彩色覆盖比例。色饱和度对于不同类型打印机其标准并不相同。它不仅与打印机的设计结构及工作模式有关，而且还与所使用的打印介质（纸张等）有一定关系。对于彩色激光打印机，由于它是将极其精细的墨粉热熔（或热压）于打印纸上，所以能够很容易实现较好的色饱和度；而对于彩色喷墨打印机，只有选用满足质量要求的纸张，才能达到比较理想的色饱和度。

（8）预热时间。受激光打印机工作原理的限制，每台打印机都需要预热时间，并且每个厂商都会将预热时间写在说明书中。如 HP 采用瞬时热熔技术，将加热辊的厚度减少一半，采用高效加热灯管，大大缩短了预热时间，达到加快首页输出的目的。

（9）灰度增强技术。灰度增强技术是提高激光打印机输出质量比较常用的一种方法。它是在不改变打印机原有像素尺寸的情况下，将输出的灰度级（层次）提高。这种技术主要通过打印机的 ASIC 芯片来实现，同时以增大打印控制器的内存容量作为辅助手段。由于各个生产厂家所选用的 ASIC 芯片不同，采用的解决问题方法各异，因此最终所达到的灰度增强效果差别很大。在商品化产品中 EPSON 公司的 MGT（Micro Gray Technology）算是做得比较好的技术之一。

（10）兼容性。选购打印机时，还需要考虑它与计算机的兼容性。不是所有的打印机都能和 Windows 或者苹果平台兼容。

必须注意，打印机都要针对操作系统正确安装厂商提供的具体型号的驱动程序才能正常工作。

（11）接口。接口即计算机与打印机的连接口。通常有 EPP 和 USB 接口。

（12）打印耗材。打印机的打印耗材是购买打印机以后需要付出的潜在成本，这些耗材包括色带、墨水、墨粉、打印纸和打印机备件等。

3.6.2 针式打印机的使用与维护

1. 针式打印机概述

针式打印机（见图 3-31）是一种典型的击打式点阵打印机，曾在很长一段时间内作为打印机主流产品而占据市场。目前，喷墨打印机和激光打印机已日趋普及，但针式打印机因为其运行成本低廉、易于维护，在对于环境和打印质量要求不太高的场合，用它打印一般文档仍不失为好的选择，针对一些特殊需要（如财会、银行票据打印），其仍处于不可替代的位置。

针式打印机的分类：

（1）根据打印针的数量不同分类，有 1 针、5 针、7 针、8 针、9 针、12 针、14 针、16 针、18 针、24 针、32 针和 48 针等类型。目前，国内使用最多的是 24 针打印机，常用机型有 EPSON LQ-1600K 等。

（2）按用途通常分为通用针式打印机（通用针打）、存折针式打印机（存折针打或票据针打）、行式针式打印机（行式针打）和高速针式打印机（高速针打）。

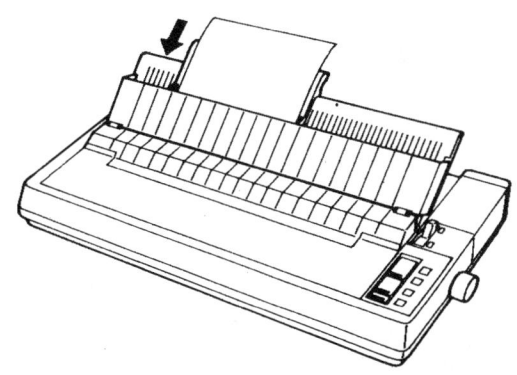

(a) 针式打印机外形

(b) 打印头

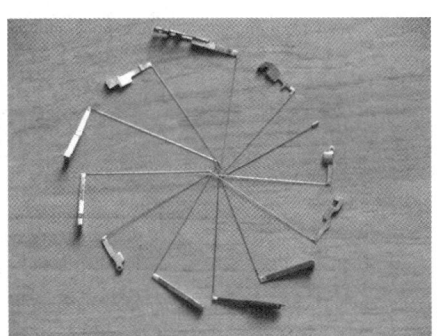

(c) 打印针

图 3-31 针式打印机

针式打印机的特点是价格低；对纸张质量要求低；可以用 132 列的宽行纸，并且可以连续走纸，适合于打印较宽的表格等；可以利用复写纸，一次打印多份，这是喷墨、激光打印机做不到的；可以打印腊纸，然后进行油印。点阵打印机的缺点是噪声大、速度慢、精度低，不适合打印图形，尤其是彩色图形。

2. 针式打印机的组成结构与工作原理

针式打印机的基本组成如下：

（1）印字机构（打印头）：将控制电路送来的打印信号脉冲，通过电流、电磁的转换，驱动打印针来击打色带，在打印纸上形成打印痕迹。

（2）字车机构：将字车电机的动力通过传动皮带驱动字车架，带动打印头左、右横移。

（3）走纸机构：将走纸电机的动力，传给打印辊或链式走纸机构，使打印纸按规定的节拍不断移动。

（4）色带机构：在字车正、反向横移时，使色带都以同一方向匀速移动，使色带在整个长度上均匀使用。

（5）控制机构：由控制面板通过控制电路控制各机构有机协调地工作。

针式打印机的工作原理是利用其接收的点阵图，按照位置利用针头接触色带，在纸上打印出相应的点，最后组成相应的图像。

打印时必须在联机状态下，通过接口接收主机发送的打印控制命令、字符打印命令或图形打印命令，通过控制电路和检测电路，间歇驱动送纸机构运动（纵向）和打印头运动（横向），同时激励打印针间歇瞬间撞击打印色带，在纸上打印出所需内容。

3. 针式打印机的使用与维护

针式打印机的选购原则是按需选购，重视性能指标、使用寿命、可靠性、功能优异、字库、服务质量、打印噪声等，同时要咨询厂家，所能打印的业务，速度高低，打印负荷是多少，是否有专业的打印软件，产品稳定性与保修期限等。

下面以 EPSON LQ-1600K（见图 3-32）为例，讲述针式打印机的安装和使用方法。

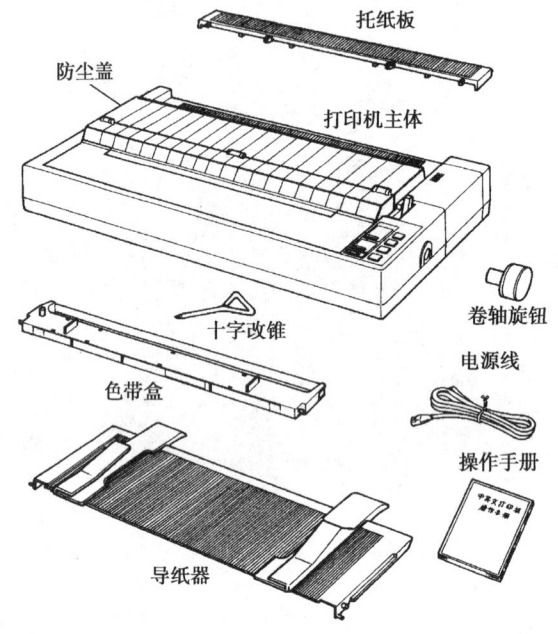

图 3-32 EPSON LQ-1600K 组成部件

（1）针式打印机的安装方法。

① 色带盒的安装步骤如图 3-33 所示，先确认打印机与电源断开，再拿去防尘盖；将打印头滑到打印机中部；按说明书上所讲的方法把色带正确装入色带盒；朝箭头方向旋转旋钮使色带张紧，这一步骤使色带有皱的松弛部分绷紧，使后面的装配更容易。

拿着色带盒的两个黑色小柄，色带朝着对面的方向，把色带盒用力推到位，使黑色塑料小钩挂到打印机的小槽上。

把色带推到打印头和色带导轨之间，色带应正好被卡在打印头的金属片内，同时向箭头方向旋转色带张紧旋钮，使色带更好地到位。

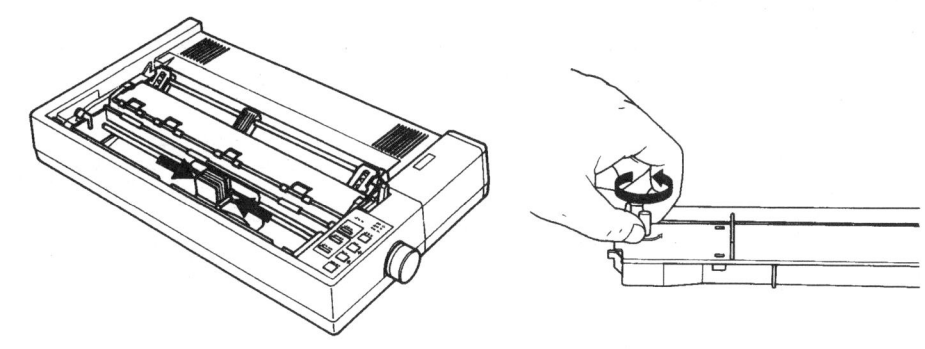

（a）朝箭头方向旋转旋钮使色带张紧

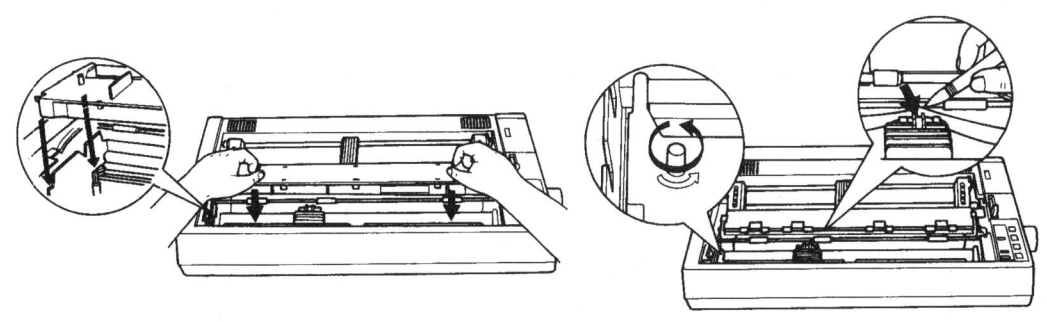

（b）把色带盒用力推到位　　　　　（c）向箭头方向旋转色带张紧旋钮，使色带更好地到位

图 3-33　色带盒的安装

把打印头从一头滑到另一头并反复几次，以检验安装，不可使色带皱褶或扭转，否则应及时调整。

② 导纸器和防尘盖的安装，按图 3-34（a）～（d）的顺序进行。

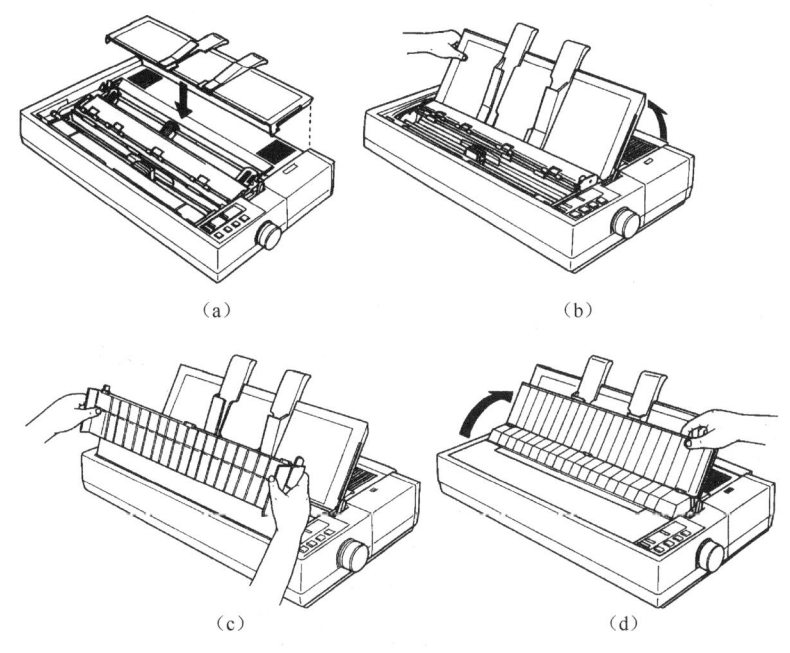

图 3-34　导纸器和防尘盖的安装

③ 打印机数据线与计算机的连接应在断电的情况下进行，方法如图 3-35 所示。
④ 打印机通电。按照图 3-36 所示将电源线插入打印机电源口。

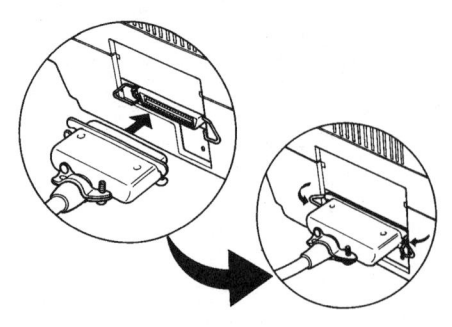
图 3-35　打印机数据线与计算机的连接

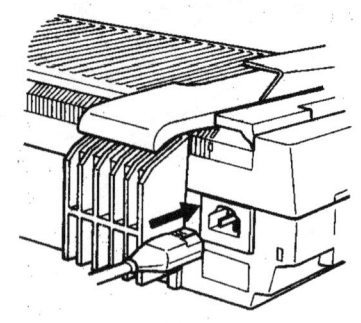
图 3-36　将电源线插入打印机电源口

⑤ 安装打印驱动程序。按厂商提供的型号操作即可。

针式打印机使用和维护的注意事项：使用环境要干净、无尘，不受阳光直射，温度适宜，通风良好。打印机工作平台要平稳、无震动。不可在打印机上放其他物品。不能频繁打开、关闭电源开关。应根据纸张厚度调整辊筒间隙。及时更换色带，不可使用破损色带。根据使用情况对打印机内部进行定期清理。打印时，切不可用手转动辊筒走纸。切不可在通电时插拔打印机数据线。

（2）针式打印机的使用方法。

针式打印机打印纸的安装和纸张适应控制如图 3-37 所示。

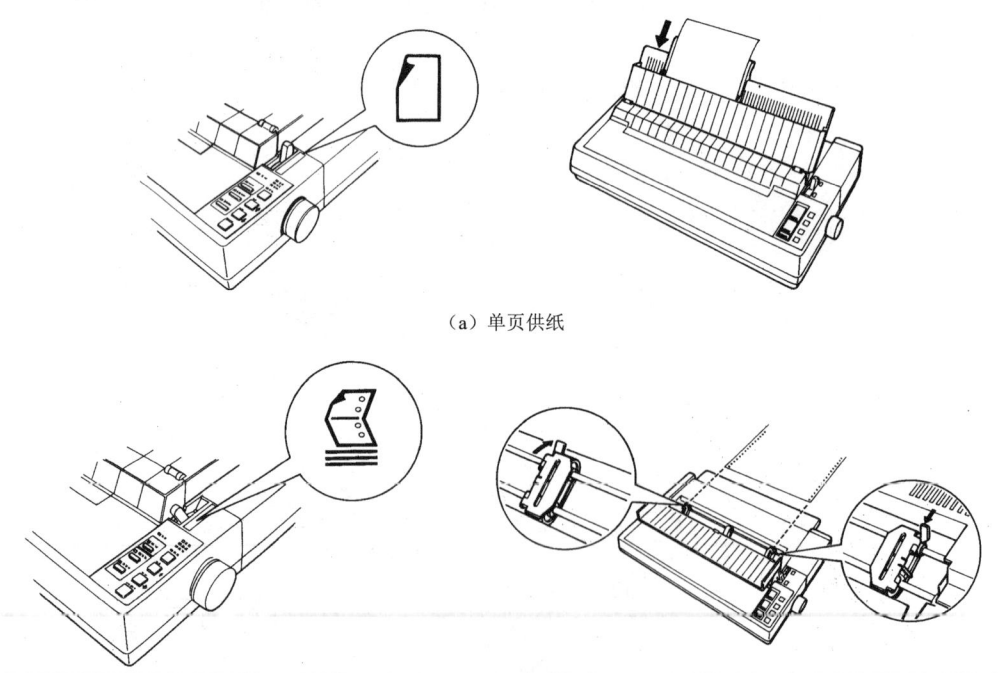

（a）单页供纸

（b）纸张适应控制

图 3-37　打印纸的安装和纸张适应控制

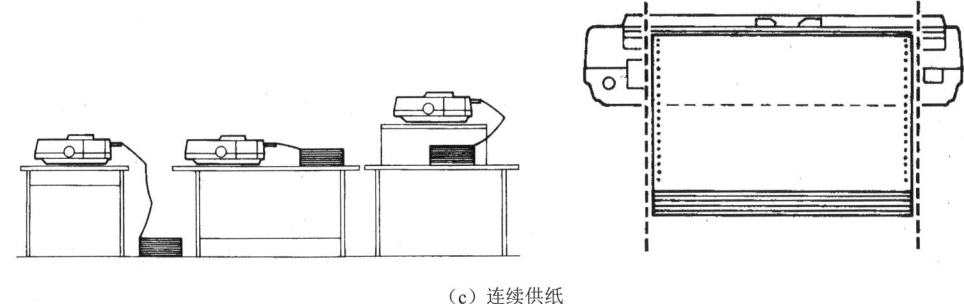

(c) 连续供纸

图 3-37 打印纸的安装和纸张适应控制（续）

① 打印纸的安装和纸张适应控制，供纸可单张，也可连续。打印用纸与复印用纸相同；针式打印机可用腊纸，也可用宽行打印纸。

② 打印机通电自检。如图 3-38 所示，按住"换行/换页"键的同时打开打印机电源开关，可以实现脱机打印自检测试页。

③ 开始执行打印作业。

联机后，启动 Word，打开要打印的文档，编辑排版后，做好页面设置，单击"打印"按钮。

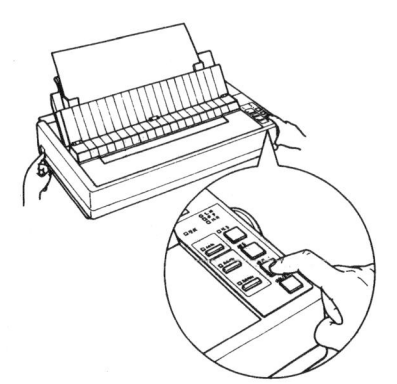 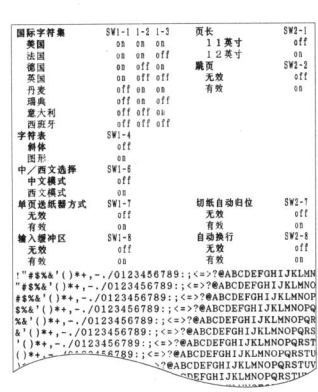

图 3-38 脱机打印自检测试页

（3）针式打印机的日常维护工作。

① 使用前应认真阅读操作使用手册，正确设置开关，正确使用控制面板。针式打印机控制面板上的主要操作有"电源开关""暂停""进纸/退纸""换行/换页"等。

② 打印机应工作在干净、无尘、无酸碱腐蚀的环境中，避免阳光直晒，过潮过热。工作台必须平稳、无震动。

③ 经常进行打印机清洁维护，保持打印机外观清洁，内部可见部位无纸屑、灰尘。

④ 务必使用含有地线的三线电源，并一定使地线接地。

⑤ 按操作规程正确装卸纸张。在联机情况下，不要用手旋转进纸手轮，以免影响微动进纸量；在加电情况下，不要插拔通信电缆插头，以免烧毁接口元件。如果出现走纸或字车运行困难，则需要断电检查，不要强行工作，以免损坏电路或机械传动部分。

⑥ 为了保证打印质量和维护保养好打印头，每次打印前，应认真检查打印色带位置是否正确，纸厚调整杆位置是否适当。

⑦ 保持机械运动部件和部位的定期清洁与润滑。

⑧ 经常清洁打印头和橡胶打印辊。要正确调整打印头和打印辊之间的间隙。

⑨ 色带盒中的色带若需更换，要小心进行，在打开色带盒的过程中，切勿掰断卡扣塑料片和定位塑料柱，并在取出旧色带前，认真观察色带所经路径，以便仿照放置。

4. 针式打印机的常见典型故障现象及排除

（1）打开针式打印机电源开关的时候，打印机"嘎嘎"响，并报警，显示无法联机打印。

这与使用环境和日常的维护有很大的关系。如果使用的环境差，灰尘多，就较易出现该故障。因为灰尘积在打印头移动的轴上，与润滑油混在一起，越积越多，形成较大阻力，使打印头无法顺利移动，导致无法联机打印。所以只要关掉电源，先用软纸把轴擦干净，再滴几滴缝纫机油，反复移动打印头把脏东西都排出来，最后在干净的轴上滴几滴缝纫机油，移动打印头使机油分布均匀，开机即可正常工作。

（2）打印出的字符缺点少横，或者机壳导电。

这是由于打印头扁平数据线磨损造成的。打印头扁平数据线磨损较小时，可能打印出的字符缺点少横，会误以为打印头断针。当磨损较多时，就会在磨损部分遇上机壳时导电。解决办法很简单，更换扁平数据线即可。

（3）输出空白纸。

对于针式打印机，引起输出空白纸的原因大多是色带油墨干涸、色带拉断、打印头损坏等，应及时更换色带或维修打印头。

（4）打印纸输出变黑。

引起该故障的原因是色带脱毛、色带上油墨过多、打印头脏污、色带质量差和推杆位置调得太近等。检修时应先调节推杆位置，如果故障不能排除，再更换色带，清洗打印头，一般即可排除故障。

（5）打印字符不全或字符不清晰。

可能有以下几方面原因：打印色带使用时间过长；打印头长时间没有清洗，脏物太多；打印头有断针；打印头驱动电路有故障。先调节打印头与打印辊之间的间距，若故障不能排除，再换新色带，如果还不行，就需要清洗打印头了。方法是：卸掉打印头上的两个固定螺钉，拿下打印头，用针或小钩清除打印头前、后夹杂的脏污，一般都是长时间积累的色带纤维等，在打印头的后部看得见针的地方滴几滴仪表油，以清除一些脏污，先不装色带空打几张纸，再装上色带，这样问题基本上可以解决。如果是打印头断针或是驱动电路问题，就只能更换打印针或驱动管了。

（6）打印字迹偏淡。

引起该类故障的原因大多是色带油墨干涸、打印头断针、推杆位置调得过远，可以用更换色带和调节推杆的方法来解决。

（7）打印时字迹一边清晰而另一边不清晰。

此现象主要是因为打印头导轨与打印辊不平行，使两者距离有远有近所致。解决方法是调节打印头导轨与打印辊的间距，使其平行。具体做法是：分别拧松打印头导轨两边的调节片，逆时针转动调节片以减小间隙，最后把打印头导轨与打印辊调节到平行就可解决问题。调节时要注意调对方向，可以逐渐调节，多试着打印几次。

(8) 打印纸上重复出现污迹。

针式打印机重复出现脏污的故障大多是由于色带脱毛或油墨过多引起的,更换色带盒即可排除。

3.6.3 喷墨打印机的使用与维护

1. 喷墨打印机概述

喷墨打印机是一种把墨水喷到纸张上形成点阵字符或图像的打印机。这种印字技术早在 20 世纪 50 年代就已被研究,但是由于存在喷墨量的控制、墨滴扩散程度、喷嘴堵塞等问题,直到 20 世纪 60 年代末 70 年代初才形成商品投入市场。进入 20 世纪 80 年代,随着计算机的发展和普及,市场对打印机的需求量增大,喷墨印字技术才得到较大发展。20 世纪 90 年代后,随着技术的不断改进,喷墨打印机具备了结构简单、工作噪声低、体积小、价格日益降低、能进行彩色打印、印字质量接近激光打印机等诸多优点,逐步受到用户青睐,迅速得到了普及。

科学家已经使用喷墨盒"打印"出精确模式的干细胞,正将此技术应用到一个完全崭新的领域,探索打印细胞三维结构的途径。科学家希望此项技术能够制造出微型器官用于医学测试,希望将来人类能够按照需求制造出可移植器官。

科学家正在利用 3D 打印机制造诸如皮肤、肌肉和血管片段等简单的活体组织,未来很有可能制造出像肾脏、肝脏甚至心脏这样的大型人体器官。如果生物打印机能够使用病人自身的干细胞,那么器官移植后的排异反应将会减少。

进入 21 世纪,3D 打印制造技术迅速发展。3D 打印机,即快速成形的一种机器,它以数字模型文件为基础,运用粉末状金属或塑料等黏合材料,通过逐层打印的方式来构造物体。其原理是把数据和原料放进 3D 打印机中,机器会按照程序把产品一层层制造出来。打印出来的产品可以即时使用。过去常在模具制造、工业设计等领域被用于制造模型,现正逐渐用于一些产品的直接制造,说明这项技术正在普及。3D 打印机也可以打印食品。3D 打印机需求量较大的行业包括政府、航天和国防、医疗设备、高科技、教育业及制造业。

3D 打印技术日渐普及,已应用于医学、建筑和军事等领域,甚至开始家用化。但该技术在逐渐被广泛应用的同时,危害也逐步暴露出来。

喷墨打印机的分类:

(1) 从喷墨技术看有连续式和随机式两种。

(2) 按颜色可分为单色和彩色两种。

(3) 按幅面大小可分为 A3 幅面和 A4 幅面的,常用的是 A4 幅面的。

(4) 按打印机内置字库可分为汉字喷墨打印机和西文喷墨打印机。

(5) 按用途可分为台式和便携式两种。

(6) 按打印机精度即分辨率来分,可分为高档、中档、低档三种。

喷墨打印机的主要优点是具有较高的分辨率,可高达 1200dpi,甚至更高;工作噪声较低;印字机构的可动部件少,可靠性高;打印速度较快;运行功耗低;容易实现质量较高的彩色打印;打印头无磨损或很少出现磨损现象;设备体积小,占用空间较小。主要缺点是喷墨印字技术与其他非击打式印字技术一样，不具备复制能力；打印质量与打印速度、墨质、纸张关系密切；耗材（主要指墨盒）成本高；打印幅面较小。

2. 喷墨打印机的组成结构与工作原理

喷墨打印机基本上由机械和电气两部分组成。

机械部分主要由喷头、墨盒、清洁机构、字车和走纸部分组成。其中喷头和墨盒是打印机的关键部件，打印质量和速度在很大程度上取决于该部分的质量和性能。

电气部分主要由主控制电路、驱动电路、传感器检测电路、接口电路和电源等部分组成。

喷墨打印机的打印头由几百个细小的喷墨口组成。其基本工作原理是在喷墨口上先产生小墨滴，再利用打印头把细小的墨滴导引至设定的位置上，墨滴越小，打印的图片就越清晰。

当打印头横向移动时，喷墨口可按一定的方式喷射出墨水，落到打印纸上，形成字符、图形等。喷墨打印机的特点是价格适中；打印质量接近激光打印机，比点阵打印机打印的效果好；打印速度比点阵打印机快；使用时噪声小；与点阵打印机相比，体积小、质量轻；但耗材费用较高；对纸张的要求较高；喷墨口不易保养。

如图 3-39 所示，喷头和墨盒的结构大致分为两类，一类是喷头和墨盒做在一起，墨盒上既有墨水又有喷头，墨盒本身为消耗品，当墨水用完后，需更换整个墨盒，所以耗材成本较高，HP 产品多采用该类墨盒；另一类是喷头和墨盒分开，当墨水用完后仅需更换墨盒，耗材成本较低，EPSON 产品多采用该类墨盒。

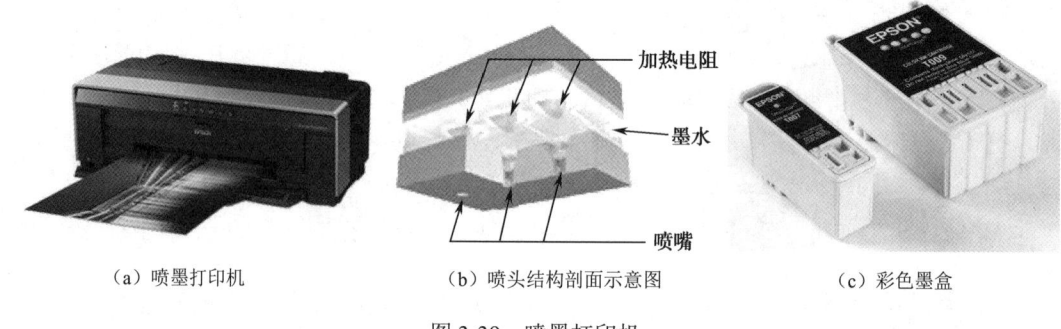

(a) 喷墨打印机　　(b) 喷头结构剖面示意图　　(c) 彩色墨盒

图 3-39　喷墨打印机

3. 喷墨打印机的使用与维护

下面以 HP DeskJet 920C 为例，讲述喷墨打印机的安装和使用。

喷墨打印机的安装步骤是：插上打印机电源线；安装打印墨盒；打印机与计算机连接；安装打印驱动程序。准备好硬件连接电缆和驱动程序软件，软件可存放在光盘或硬盘上，或者通过网络可以访问的其他位置。

喷墨打印机的控制面板上主要有"电源开关""电源指示灯""状态指示灯"等。

喷墨打印机的使用步骤是：为打印机供纸，如图 3-40 所示；设置打印机属性；执行打印机自检；开始文档的打印。

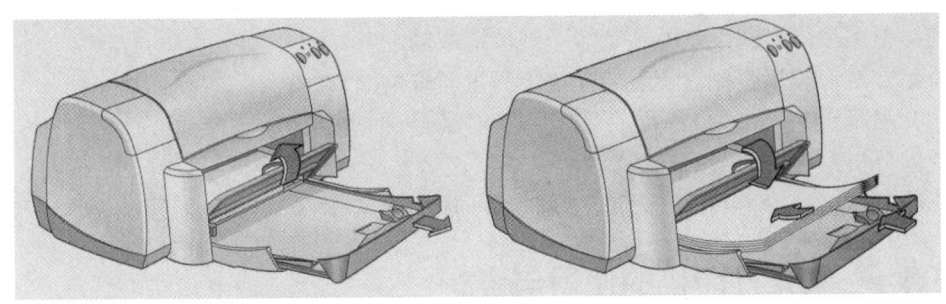

图 3-40　HP DeskJet 920C 喷墨打印机供纸

喷墨打印机在日常使用过程中要注意做好以下几项工作：

（1）在使用环境、清洁方法和电源要求上，基本上与针式打印机的相同。

（2）不要盲目操作。在开启喷墨打印机电源开关后，电源指示灯或联机指示灯会闪烁，这表明喷墨打印机正在预热，在此期间不要进行任何操作，待预热完毕后指示灯不再闪烁时方可进行操作。

（3）正确使用纸张。在正式打印之前，一定要根据纸张的类型、厚度以及手动、自动送纸方式等情况，调整好打印介质各个控制杆的位置。由于喷墨打印机结构紧凑小巧，所支持的打印幅面有限，所以打印前一定要对所打印的内容针对相应幅面进行恰当设置（对于不同打印机可根据相应的使用说明，通过打印机面板、打印机工具或编辑软件等进行设置）。喷墨打印机不宜使用过薄的纸张。整叠的单页打印纸放入送纸器前，一定要充分翻拨，整齐之后放入，切忌受潮。打印透明胶片时，必须单张送入打印，而且打印好的透明胶片要及时从托盘中取出，等完全干燥后方可保存。

（4）保持机械运动部件和部位的清洁与润滑。润滑油可用钟表油或缝纫机油，加油前先用柔软干布擦去油污垢。加油位置要准确，主要是打印头滑动部件，不要加到不该加油的地方。

（5）必须正确使用和维护打印头。打印机在初始位置的时候通常处于机械锁定状态，此时不能强行用力移动打印头，否则会导致机械部件的损坏。安装或更换打印墨盒，应在打印机手册或相应的安装指导下通电进行，并且为了保证打印质量，每次重装打印墨盒后，原则上应按步骤进行打印头校正。

（6）定期清洁打印头。打印机使用一段时间后，如果打印质量下降，输出不清晰，出现纹状或其他缺陷，可利用自动清洗功能来清洗打印头。清洗时可通过联机计算机利用打印机附带软件中的打印头清洗工具进行，有的也可通过打印机自身控制面板上的按钮来进行。清洗打印头会消耗少量墨粉，如果连续清洗几次后效果仍不理想，就要考虑更换墨盒。

4．喷墨打印机常见故障分析与处理

（1）故障现象：打印机运动正常，但不喷墨。

原因分析：一般喷墨打印机在墨粉用尽时，墨尽指示灯会闪烁，同时打印会被终止，该故障现象表明，墨粉并不缺，推断其原因，可能是喷头阻塞。

排除方法：运用本身的自动清洗打印头功能进行自动清洗。

（2）故障现象：刚换完墨盒，墨尽灯仍亮。

原因分析：喷墨打印机墨盒的安装要按照一定的步骤进行，系统检测不到新墨盒，很可能是由于不按规定操作或墨盒安装不到位造成的。

排除方法：按相应墨盒安装的规定步骤重新安装墨盒。

（3）故障现象：墨头部件运行困难，有时乱撞。

原因分析：导轴润滑不好。

排除方法：用棉花或干软布清洁导轴后，加少量润滑油。

3.6.4 激光打印机的使用与维护

1. 激光打印机概述

激光打印机是一种高速度、高精度、低噪声的非击打式打印机。激光打印机脱胎于20世纪80年代末的激光照排技术，流行于20世纪90年代中期。激光打印机是现代高新技术的结晶，其工作原理与针式打印机和喷墨打印机相差甚远，因而也具有二者完全不能相比的高速度、高品质和高打印量，以及多功能和全自动化输出性能。激光打印机一面市就以其优异的分辨率、良好的打印品质和极高的输出速度，很快赢得用户普遍赞誉，但因高昂的价格，使它一度只能高居贵族专业应用领域。庆幸的是，随着技术的日趋成熟和它的大规模生产，使其成本和售价不断下降，近年来，在追求质量和效率的现代化办公室里，得到广泛应用，逐渐成为办公自动化必备设备之一。

根据应用环境可以分为普通激光打印机、彩色激光打印机和网络激光打印机三种。

激光打印机的显著优点是打印速度快、品质好、工作噪声小，所以目前广泛应用于办公自动化（OA）和各种计算机辅助设计（CAD）领域。在轻印刷系统的照排、计算机网络共享等方面，也是激光打印机的天下。

但是激光打印机的整机和耗材价格不菲，特别是彩色激光打印机可称得上真正的贵族设备。

综上所述，激光打印机的打印效果最好，几乎达到印刷品的水平；打印速度最快，打印噪声很小；但耗材多、价格较高。激光打印机外形及组成如图3-41所示。

（a）激光打印机的外形

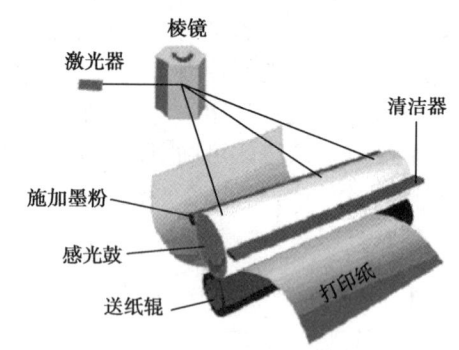
（b）激光打印机的组成

图3-41　激光打印机的外形及组成

2. 激光打印机的组成结构与工作原理

激光打印机由激光扫描系统、电子照相系统和控制系统三大部分组成。

激光打印机的主要部件：感光鼓即硒鼓，是图像生成系统的核心；墨粉，单色激光打印机一般使用黑色墨粉；盒组件为电子照相（Electro-Photographic）盒，是由墨粉源和打印机图像生成系统的大部分结构组成的一个单一的、可更换的盒；精密机械，即电子控制包（Electrical Control Package），是控制电路的总称，可分成 4 个功能区，即接口电路、主逻辑电路、存储器和控制面板。

激光打印机从输入打印命令到产生打印输出结果，一般要经过格式转换、光栅转换和扫描输出三个阶段。它的工作原理要复杂一些。首先，计算机把需要打印的内容转换成数据序列形式的原始图像，然后把这些数据传送给打印机。打印机中的微处理器将这些数据存于打印机内存中，再经过打印机语言将这些数据破译成点阵的图样，破译后的点阵图样被送到激光发生器，激光发生器根据图样的内容迅速做出开与关的反应，把激光束投射到一个经过充电的旋转鼓上，鼓的表面凡是被激光照射到的地方电荷都被释放掉，而那些激光没有照到的地方仍然带有电荷，通过带电电荷吸附的碳粉转印在纸张上从而完成打印。

激光打印机的工作过程可归纳成如下 6 个过程。

（1）删除和清洁：感光鼓释放电荷，清洗感光鼓；
（2）充电：感光鼓充电，新图像才能写到感光鼓上；
（3）曝光：在感光鼓的表面上形成（书写）一幅潜在的图像（静电潜影）；
（4）显影：显影辊→墨粉→感光鼓→隐藏的图像；
（5）转印：墨粉从感光鼓转印到打印纸上，再去电；
（6）定影：将熔化的墨粉挤入纸的纤维中。

3．激光打印机的使用与维护

下面以 HP 6L Pro 为例，讲述普通激光打印机的安装和使用方法。

（1）激光打印机的安装。

HP 6L Pro 打印机的外形和各部件名称如图 3-42 所示。图中：①为重磅介质输出槽；②为送纸道手柄；③为控制面板按钮；④为指示灯；⑤为纸张输出盒；⑥为纸张输出支架；⑦为纸张输入支架；⑧为单页输入槽；⑨为纸张输入盒；⑩为导纸板；⑪为打印机端盖。

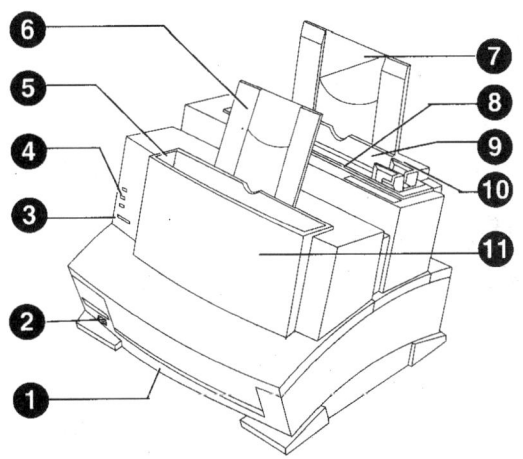

图 3-42　HP 6L Pro 激光打印机的外形和各部件名称

感光鼓的安装如图 3-43 所示。

① 用双手将打印机端盖朝前拉向自己，打开打印机端盖。
② 轻快地来回晃动感光鼓，使碳粉在盒内尽量分布均匀。
③ 抓住感光鼓侧面的清洁密封带末端，用力将整条密封带拉出。
④ 拿住感光鼓手柄（箭头朝向打印机），使其向下滑到打印机中。感光鼓的两端会滑到打印机中的黑色塑料凹槽内。用力将其推入到位，然后合上打印机端盖。

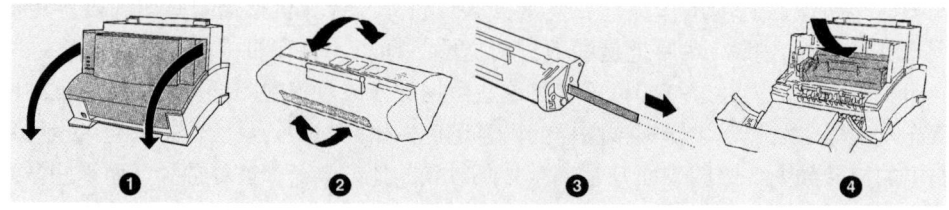

图 3-43　感光鼓的安装

连接打印机的并行电缆和电源线，如图 3-44 所示。
① 将并行电缆连接至打印机。插入电缆前，确保端口指向正确方向。
② 将打印机的两个线夹扣到电缆上，以固定电缆。牢固的电缆有助于防止计算机和打印机之间出现通信问题。
③ 将电缆连接至计算机的并口。拧紧连接并口的固定螺钉，以固定电缆。
④ 用随打印机提供的电源线，将打印机连接至接地的电源插座或墙上插座。

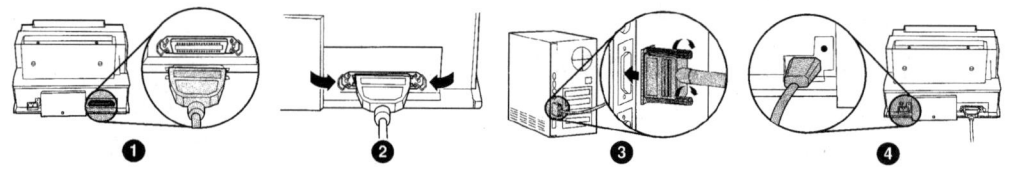

图 3-44　连接并行电缆和电源线

将纸张装入打印机，如图 3-45 所示。
① 升高纸张输入盒和纸张输出盒上的支架，直至其卡入到位。
② 纸张输入盒中最多可放 100 张纸。
③ 用纸张输入盒上的导纸板使纸张居中。
④ 进行打印机自检。
⑤ 安装驱动程序。

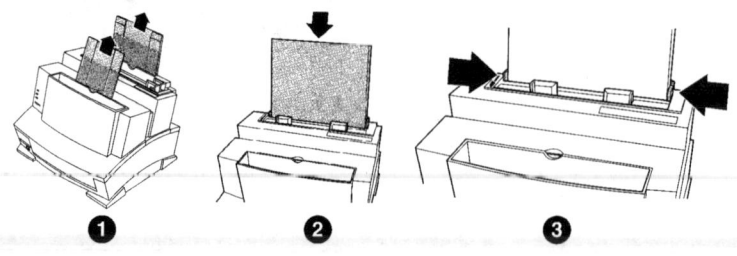

图 3-45　装入纸张

（2）激光打印机的使用。

激光打印机的使用如图 3-46 所示。

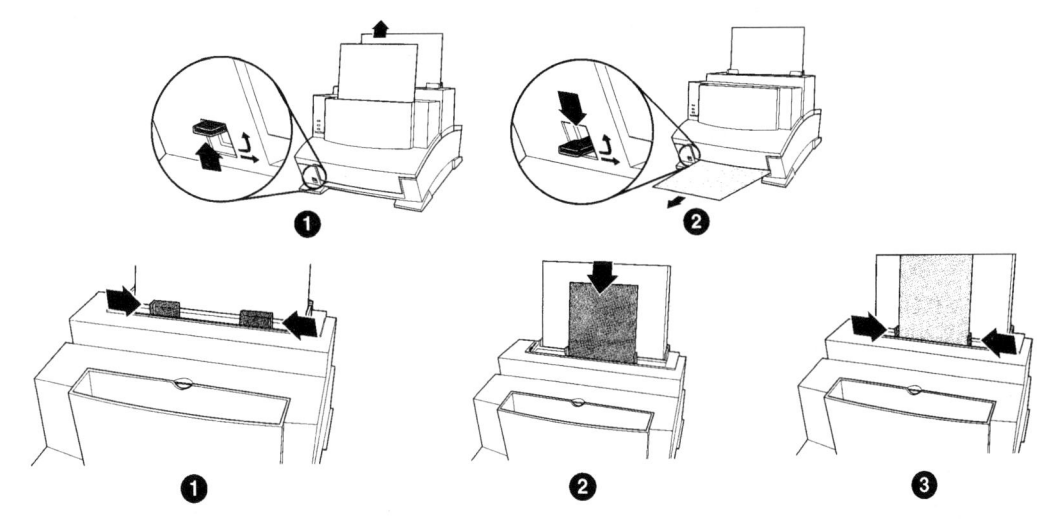

图 3-46　激光打印机的使用

① 打印机控制面板的使用。在控制面板上主要有电源开关按钮和"注意""就绪""执行"等指示灯。

② 选择纸张或其他介质输出通道。

③ 使用单页（直通送纸道，即单页输入方式）输入槽。

在信头和信封上打印：

① 打印信头和信封时，应尽量使用单页输入槽。

② 放入信头和信封时，应使其打印面朝前，顶部（或左部）朝下。

③ 打印信封时，将出纸道手柄置于下方位置，以减少出现起皱和卷曲现象。

④ 若确实要打印多个信封，可用多页纸输入槽，但应视信封结构和纸张厚度适量放入，一般最多不要超过 10 张。

双面打印：

① 按正常方式打印第一面。一些办公软件程序中，包括双面打印时的一些有用选项，如只打印"奇数页"或"偶数页"等（请参考办公软件中有关内容）。

② 打印第二面时，应先冷却并整平纸张后再进行，以获得更好的打印质量。

③ 放入纸张时，应确保已打印面朝向打印机背面且纸张顶端向下。

在特殊介质上打印：

激光打印机的设计使其可以在多种介质上打印，但在使用标准纸张以外的其他介质时，必须使这些介质符合打印机指定介质的要求，并在使用时注意以下几点：

① 尽量使用直通送纸道，即单页输入方式；并使出纸道手柄置于下方位置。

② 认真调整导纸板，使输入介质居中。

③ 自定义尺寸打印时，不要在小于 76.2mm 宽或 127mm 长的介质上打印，应在软件中将边距至少设置为 6.4mm。另外，要始终以纵向方向将介质放入打印机，若要横向打印，应从软件中设定。

④ 打印透明胶片后，要立即放在平面上冷却。

⑤ 打印不干胶标签时，不要使用与衬纸分开的标签或已起皱、已损坏的标签，不要使用部分标签已被撕下的标签，不要将一张标签送入打印机超过一次。

⑥ 在打印机属性窗口进行恰当设置。

激光打印机可以像喷墨打印机一样，通过打印机属性的相关设置，满足各种打印需要。其方法和喷墨打印机的设置基本一样，此处不再详述。

（3）激光打印机的维护。

激光打印机在日常使用过程中要注意做好以下几项工作：

① 在使用环境、清洁方法和电源要求上，基本上与针式打印机的相同，有关内容请参考针式打印机的维护部分。

② 不要盲目操作。在打开激光打印机电源开关后，电源指示灯或联机指示灯会闪烁，这表明激光打印机正在预热，在此期间不要进行任何操作，待预热完毕后指示灯不再闪烁时方可进行操作。

③ 正确使用纸张。在正式打印之前，一定要根据纸张的类型、厚度以及手动、自动送纸方式等情况，调整好打印介质各个控制杆的位置。激光打印机不宜使用过薄的纸张。整叠的单页打印纸放入送纸器前，一定要充分翻拨，整齐之后放入，切忌受潮。

④ 通过经济方式延长墨粉使用寿命。延长墨粉使用寿命的一个较好方法是使用"经济方式"。"经济方式"打印比普通打印使用的墨粉大约少50%。虽然打印的图像较淡，但适于打印草图或校样。通过打印机属性窗口可轻松设置，对 HP LaserJet 6L Pro 打印机而言，只需在属性窗口中选中"EconoMode（节省墨粉）"选项即可。

⑤ 通过重新分布墨粉延长墨粉使用寿命。

打印件出现浅淡区域通常表明感光鼓已接近其墨粉使用寿命，通过重新分布感光鼓中的剩余墨粉，可以暂时复原打印质量，但这种方法不能多次使用。操作时，先取出感光鼓，然后轻快地来回晃动，使墨粉在盒内分布均匀，再装入感光鼓即可。

4. 激光打印机常见典型故障及排除方法

（1）常见典型故障现象之一：卡纸。

可能的原因：纸张未正确装入；纸张输入盒太满；导纸板未调整至正确位置；在未清空并重新对齐纸盒中所有介质的情况下，添加了更多的纸张；纸张输出盒太满；在打印时调整了送纸道手柄；打印时打开了打印机端盖；使用的纸张不符合规格；在打印时电源中断。

清除卡纸的方法：

对于进纸区域的卡纸，若从纸张输入盒或单页输入槽可以看到大部分卡住的纸张，可用手小心地将卡住的纸张竖直向上拉出；或者重新对齐纸张并装入，打印机将自动恢复打印。卡纸时要先关电源，再用手小心地将卡住的纸张拉出。

对于内部区域的卡纸，可按以下步骤清除：打开打印机端盖，取出感光鼓；将绿色松纸手柄向后推；用手慢慢拉动卡住的纸张，使其脱离机器；清除可能掉下的纸张碎片；重新装入感光鼓，合上打印机端盖，打印机将自动恢复打印。

（2）常见典型故障现象之二：不进纸。

可能的原因：纸张未正确装入，卡纸。

解决不进纸的方法：轻按并松开控制面板按钮，打印机再次尝试送入介质，若不成功，再尝试下一步。从输入盒中取出纸张，重新整齐，再装入打印机，确保导纸板松紧适度地夹住纸张，使纸张居中，若不成功，再尝试下一步。取出感光鼓，检查是否有卡纸，若有，应及时清除，重新装入感光鼓后合上端盖。

（3）常见典型故障现象之三：打印件颜色浅淡或有垂直排列的白色条纹。

可能的原因：墨粉不足或启用了"经济方式"，打印机的内置光学器件被污染。

解决打印件颜色浅淡或有垂直排列的白色条纹的方法：补充墨粉，更换感光鼓或取消"经济方式"，或者请求服务商更换内置镜片。

（4）常见典型故障现象之四：打印件有纵向或横向的黑色条纹或不规则污迹或全黑。

可能的原因：感光鼓受损或未正确安装，打印机需要清洁，纸张太粗糙或受潮或不符合打印用纸规格。

解决打印件有纵向或横向的黑色条纹或不规则污迹或全黑的方法：更换或重新安装感光鼓，或清洁打印机，或更换纸张。

3.7 多媒体计算机外存设备的使用与维护

辅助存储器（外存）是辅助内存工作的非易失性海量记忆部件，它的存储介质通常为磁性介质、光介质或 Flash 芯片等，常见的有磁带、软盘、硬盘、光盘、U 盘、固态硬盘（SSD）存储器等。随着 U 盘、读卡器、移动硬盘的普及，软驱已经没有实用价值。这里主要介绍硬盘、光盘、USB、SSD 存储器。

3.7.1 硬盘的使用与维护

1. 硬盘概述

硬盘（Hard Disc Drive，HDD）是计算机中主要的外部大容量存储媒介之一。普通的传统机械硬盘由一个或者多个铝制或者玻璃制的圆形碟片组成，碟片外表覆盖一层铁磁性材料。绝大多数硬盘都是固定硬盘，被永久性地密封固定在硬盘驱动器内部。硬盘主要由盘体、控制电路板和接口部件等组成。硬盘的内部物理结构通常是指盘体，它是一个密封的腔体，里面密封着磁头、盘片（磁片、碟片）等部件；在内部存储的逻辑结构上被划分为盘面、磁道、扇区以及柱面。控制电路板上主要有硬盘 BIOS、硬盘缓存（Cache）和主控制芯片等单元。硬盘接口包括电源插座、数据接口和主、从跳线等。置于主机箱中叫内置硬盘，不能热插拔；置于主机箱之外可以随身携带的硬盘叫移动硬盘，可以热插拔。

硬盘分为机械硬盘（传统硬盘，HDD）、固态硬盘（新式硬盘，SSD）、混合硬盘（一块基于机械硬盘诞生出来的新硬盘，HHD）。HDD 采用磁性碟片作为存储介质来存储信息，SSD 采用 Flash 闪存颗粒（芯片）来存储信息，HHD（Hybrid Hard Disk）是把磁性硬盘和闪存集成到一起的一种硬盘。

电子集成驱动器 IDE（Integrated Drive Electronics）是指把"硬盘控制器"与"盘体"集成在一起的硬盘接口。随着 IDE/EIDE 得到日益广泛的应用，全球标准化协议将该接口自诞生以来使用的技术规范归纳成为全球硬盘标准，这样就产生了"高级技术附件规格"

ATA（Advanced Technology Attachment），它可以使用户方便地在 PC 上连接硬盘。ATA 技术是一个关于 IDE/EIDE 的技术规范族，ATA 也是最早的 IDE 标准的正式名称，ATA 硬盘一般使用 IDE 接口，分为 PATA 硬盘（parallel ATA，并行 ATA 硬盘接口规范）和 SATA 硬盘（serial ATA，串行 ATA 硬盘接口规范）。

机械硬盘有 5.25in、3.5in、2.5in、1.8in、1.3in、1.0in、0.85in 等尺寸。从整体的角度上看，硬盘接口分为 PATA、SATA、SCSI、SAS 和光纤通道 FC 等五种。PATA 用传统的 40/80-pin 并行口数据线连接主板与硬盘，因为速度限制及并口线的抗干扰性太差，且排线占空间，不利于计算机散热，逐渐被 SATA 所取代。SATA（Serial ATA），即串行 ATA 硬盘，有 SATA、SATAⅡ、SATAⅢ，是现在 PC 的主流，分别采用一根像 USB 插头那样细的电源线和数据线与主板相连。SCSI（Small Computer System Interface）小型计算机系统接口的硬盘则主要应用于服务器市场。SAS（Serial Attached SCSI）即串行连接 SCSI，是新一代的 SCSI 技术。而光纤通道 FC（Fibre Channel）只用于高端服务器的多硬盘系统环境，可提高多硬盘系统的通信速度，但价格昂贵。

移动硬盘（Mobile Hard Disk）是以硬磁盘或闪存为存储介质，可在计算机之间交换大容量数据，强调便携性的存储产品，尺寸主要有 3.5in、2.5in、1.8in 等。移动硬盘多采用 USB、IEEE1394 等传输速率较快的接口，能以较高的速率与系统进行数据传输。移动硬盘数据线的类型很多，目的就是满足人们的不同需要，区别就在数据线接口上，主要类型大概可以分为 USB2.0、USB3.0 和 eSATA 三种。移动硬盘可以是常规的机械硬盘，也可以是新出现的固态硬盘。

固态硬盘（Solid State Drives）简称固盘，是用固态电子存储芯片阵列制成的硬盘，由控制单元和存储单元（Flash 芯片、DRAM 芯片）组成。固态硬盘的优点是读写速度比机械硬盘快、耐用、稳定性好、发热小、噪声低等。固态硬盘可以作为移动硬盘，也可以安装在计算机内部作为内置硬盘。不同接口类型的尺寸有多种分类。四种最常见的 SSD 硬盘尺寸外形包括 2.5in SATA、mSATA、M.2，以及 PCI-E。新一代的固态硬盘普遍采用 SATA-3 接口、mSATA 接口、M.2 接口、PCI-E 接口、SAS 接口、CFast 接口和 SFF-8639 接口。固态硬盘的接口规范、定义、功能及使用方法与传统硬盘的完全相同。在产品外形和尺寸上也完全与传统硬盘一致，但 I/O 性能相对于传统硬盘大大提升。由于固态硬盘没有普通硬盘的旋转介质，因而抗震性极佳，同时工作温度很宽，扩展温度的电子硬盘可工作在 −45～+85℃。广泛应用于军事、车载、工控、视频监控、网络监控、网络终端、电力、医疗、航空、导航设备等领域。

目前，传统的内置硬盘市场品牌主要有希捷、WD 西部数据、日立、三星等。随着科学技术的飞速发展，移动硬盘容量不断增大，价格不断下降，移动硬盘将成为主流的移动存储产品，如图 3-47 所示。移动硬盘市场品牌主要有希捷、西数、三星、东芝、联想、LaCie 莱斯、Netac 朗科、爱国者、纽曼、Eaget 忆捷等。

SSD 的价格随着 NAND 闪存价格的不断下降而下降，固态硬盘有可能取代机械硬盘。未来的硬盘使用场景，更可能是以 500GB 左右的 TLC 或者 MLC 闪存盘来做系统主盘，用 2T 或者更大的 QLC 闪存盘来做仓库盘，这样便能完美地发挥各自优点，避开不足。

硬盘主要性能指标：

  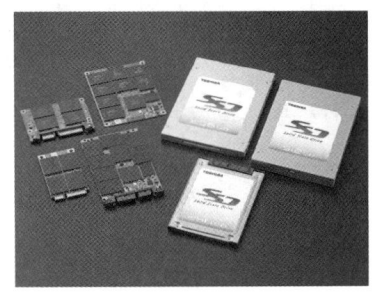

图 3-47　固定硬盘（左）、移动硬盘（中）、固态硬盘（右）

（1）存储容量。硬盘存储容量主要有 250GB、500GB、640GB、1TB、4TB、10TB、20TB 等。

（2）硬盘转速。硬盘转速（Rotational Speed）是指硬盘电机主轴的转速，是决定硬盘内部传输率的关键因素之一。它的快慢在很大程度上影响了硬盘的速度，同时主轴转速的快慢也是区分硬盘档次的重要标志之一。硬盘的主轴电机带动盘片高速旋转，产生浮力使磁头飘浮在盘片上方，将所要存取资料的扇区带到磁头下方，转速越快，等待时间也就越短。目前，市场上常见的硬盘转速一般有 5400r/s、7200r/s，甚至 10000r/s。

（3）数据传输率。数据传输率（Data Transfer Rate）指当硬盘找到某数据后，将数据内容传送至 CPU 进行处理的速度，单位为 MB/s。

外部数据传输率指硬盘的缓存与主存之间交换数据的速度。内部数据传输率指硬盘磁头从缓存中读写数据的速度。

（4）缓存。缓存（Cache）是硬盘与外部总线交换数据的场所。硬盘读数据的过程是将磁信号转化为电信号后，通过缓存一次次地填充与清空，再填充，再清空，一步步按照 PCI 总线的周期送出。

目前，大多数 SATA 硬盘的缓存为 8MB，而 Seagate 的"酷鱼"系列则使用了 32MB Cache，在服务器或特殊应用领域中甚至达到了 64MB、128MB。

（5）S.M.A.R.T.技术。S.M.A.R.T.（Self-Monitoring, Analysis and Reporting Technology）为自监测、分析及报告技术。支持该技术的硬盘，通过硬盘上的监测电路和主机上的监测软件对磁头、盘片、电机、电路的运行情况与历史记录及预设的安全值进行分析、比较，当出现安全值范围以外的情况时，会自动向用户发出警告；可以减少数据丢失，对硬盘潜在故障进行有效预测，提高数据的安全性。

（6）串行 ATA。SATA 以连续串行的方式传送数据，一次只传送 1 位数据。这样能减少 SATA 接口的针脚数目，使连接电缆数目变少，效率更高。实际上，SATA 仅用四个针脚就能完成所有的工作，分别用于连接电缆、连接地线、发送数据和接收数据，同时这样的架构还能降低系统能耗和减小系统复杂性。SATA 的起点更高、发展潜力更大，SATA 1.0 定义的数据传输率可达 150MB/s，这比目前最新的并行 ATA（ATA/133）所能达到的最高数据传输率 133MB/s 还高，而 SATA 2.0 的数据传输率将达到 300MB/s，SATA 3.0 的数据传输率将达到 600MB/s。

2. 硬盘的使用与维护

硬盘外部结构主要有接口、控制电路板、外壳等。

硬盘接口包括电源接口插座和数据接口插座两部分。电源接口插座就是与主机电源相连接，为硬盘正常工作提供电力保证的。数据接口插座则是硬盘数据与主板控制芯片之间进行数据传输交换的通道，不同的硬盘数据接口决定着硬盘与计算机之间的连接速度，在整个系统中，硬盘数据接口的优劣直接影响程序运行快慢和系统性能好坏。使用时是用一根数据线将其与主板上的硬盘数据接口和硬盘端面上的数据接口相连接。当前主流的硬盘数据接口线主要是 SATA（见图 3-48）。硬盘的接线端面如图 3-49 所示。硬盘控制电路板（见图 3-50）包括主轴调速电路、磁头驱动与伺服定位电路、读/写电路、高速缓存、控制与接口电路、ROM 芯片、缓存（Cache）等。

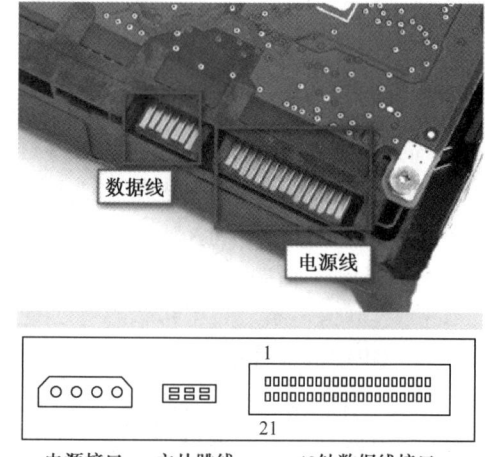

图 3-48　硬盘接口数据线 SATA（左）与 IDE（右）　　图 3-49　硬盘的接线端面 SATA（上）与 IDE（下）

硬盘的外壳与底板结合成一个密封的整体，正面的外壳可保证硬盘盘片和机构的稳定运行。在固定面板上贴着产品标签，上面有产品型号、产品序列号、产地、生产日期、CHS 参数、主从跳线图等信息。除此之外，还有一个透气孔，它的作用就是使硬盘内部气压与大气气压保持一致。另外，硬盘侧面还有一个向盘片表面写入伺服信号的 Servo 孔。

硬盘的内部结构（见图 3-51）由磁头、盘片、主轴、电机、接口及其他附件组成，其中磁头和盘片组件是硬盘的核心，它封装在硬盘的净化金属腔体内，包括浮动磁头组件、磁头驱动机构、盘片、主轴驱动装置及前置读写控制电路这几个部分。

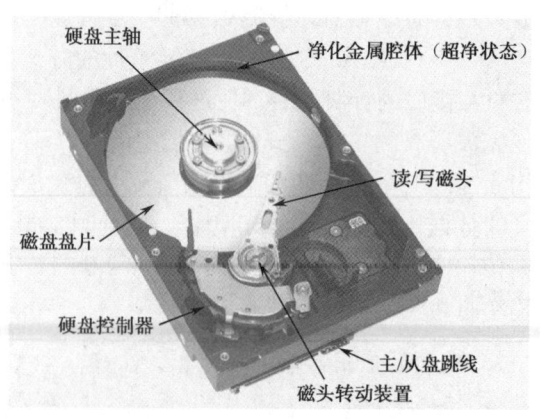

图 3-50　硬盘控制电路板　　　　　　　　　　图 3-51　硬盘内部结构

硬盘使用注意事项：要养成正确关机的习惯，硬盘在工作时不能突然关机。用户不能自行拆开硬盘盖，要防止灰尘进入。注意防高温、防潮、防电磁干扰。轻易不要进行低级格式化，要定期整理硬盘上的信息，尽量不要使用硬盘压缩技术，要定期对硬盘进行杀毒。注意防震，用手拿硬盘时要小心，在工作中不能移动硬盘。

3.7.2 U 盘的使用与维护

1. U 盘概述

U 盘的称呼最早来源于朗科公司生产的一种新型存储设备，使用 USB 接口进行连接，即插即用，不需要驱动器，无外接电源，又叫"闪存""闪盘"等。

目前，市场上 U 盘的品牌有 Netac 朗科、KingSton 金士顿、SanDisk 闪迪、SAMSUNG 三星、Toshiba 东芝等。

U 盘数据接口有 USB1.1、USB2.0、USB3.0、USB3.1。USB2.0 的接口颜色是黑色的，USB3.0 的接口颜色是蓝色的。

近年来，越来越多的手机与笔记本电脑上都标配了 Type-C 接口，甚至这股风还吹向了存储行业。从 U 盘到移动硬盘的接口，Type-C 接口开始迅速普及，用起来很省心，正反两面都能插。这样在光线不好的情况下，我们再也不需要像 Micro-USB 与 Type-A 插口一样，去纠结它的正反面了，可以说正式解决了"USB 永远插不准"的世界性难题，这一点就足以秒杀其他 USB 接口。Type-C 接口有 3.0 与 3.1 两个版本，其中 3.1 版本最大数据传输速率可以达到 10Gbps，传输速率是传统 USB3.0 的 2 倍多。更高速的 Type-C 接口无疑能够带给我们更好的使用体验。闪迪产品还采用兼容性更强的 Type-A+Type-C 的双接口设计，当用户需要使用的时候，只需要向左或向右推动机身上的滑杆，即可轻松推出 Type-A 或 Type-C 接口，无论是新设备还是老设备都可以兼容，避免了设备无 Type-C 接口的尴尬，有了它你就能轻松应对生活和工作所需。Type-C 接口是一种基于最新传输标准 USB3.1 的 USB 接口，常用于智能手机底部，用作充电、数据传输等。由于 Type-C 具有各种优势，已经成为最有希望统一各种接口的接口标准。

U 盘等外设一般都是 USB 接口，我们可以通过 OTG 线（OTG 转换器亦可）将手机的 Micro USB 或 Type-C 接口转换成 USB 接口，从而连接 U 盘。

目前还有一种 OTG（On The Go）接口的 U 盘，可以直接插手机的 macrousb 接口。OTG U 盘就是支持 OTG 技术的 U 盘，该 U 盘可以直接连接手机。

U 盘的主要性能指标：

（1）存储容量。U 盘的存储容量是指 U 盘最大所能存储的数据量，是 U 盘最为关键的参数。主流容量有 8GB、16GB、32GB、64GB、128GB、256GB 等。

（2）数据传送速度。U 盘用的是 Flash 闪存，数据传送速度一般与数据接口和 U 盘芯片质量有关，以前用于区分速度的 USB1.1（12Mbps=1.5MB/s）和 USB2.0 标准现在已经统一改成 USB2.0。USB2.0 最大传输率为 480Mbps（60MB/s），USB3.0 最大传输率为 5Gbps（625MB/s），USB3.1 最大传输率为 10Gbps（1250MB/s）。

（3）双启动 U 盘。双启动 U 盘的最大特点是既能作为 USB 外接软盘/硬盘支持从软盘启动，又能作为大容量存储器支持从硬盘启动。它的左侧面是状态开关，可以选择将双启动设置为"FD"(软盘状态)或"HD"(硬盘状态)。右侧面是写保护开关,写保护开关打开时在U盘上可以进行读写操作,关闭时只能读不能写,以防止文件被意外抹掉或感染病毒。

(4)加密型U盘。是对存储的数据具有安全保密功能的U盘,通过两种方法来确保数据的安全保密:一是用密码(U盘锁),二是对内部数据加密(目录锁)。加密型U盘无须安装驱动程序,已在安装光盘中提供加密用的工具软件。在加密功能方面,有单一只对盘内文件进行软加密的,有专门对整盘进行硬加密的,还有内外兼顾做双重加密的。

2. U盘的使用与维护

U盘的结构见图3-52,U盘基本上由五部分组成:USB端口、主控芯片、Flash(闪存)芯片、PCB底板、外壳封装。

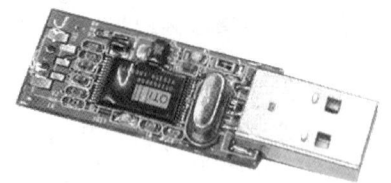  

图3-52 U盘结构

Flash芯片的存储单元为三端器件,与场效应管有相同的名称:源极、漏极和栅极。栅极与硅衬底之间有二氧化硅绝缘层,用来保护浮置栅极中的电荷不会被泄漏。采用这种结构,使得存储单元具有电荷保持能力,就像装进瓶子里的水,当倒入水后,水位就一直保持在那里,直到你再次倒入或倒出,所以闪存具有记忆能力,如图3-53所示。

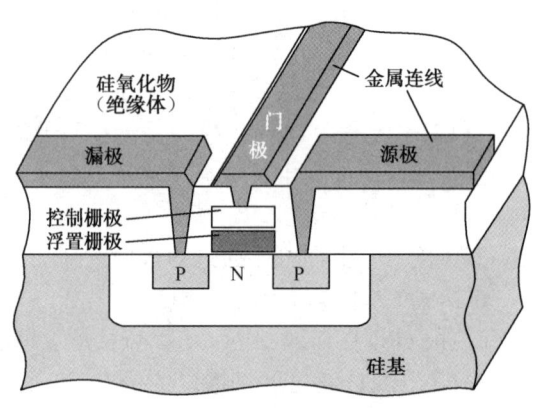

图3-53 U盘存储原理

使用时,一般需要把U盘格式化成exFAT格式或FAT32格式。但如果想提高读写速度,则尽量将U盘格式化为NTFS格式。在计算机维护中,U盘可以作为启动盘使之发挥作用。U盘在终结了软盘和软驱的使命后,又将让光盘光驱淡出计算机配置。一款支持三重启动(USB-ZIP、USB-CDROM、USB-HDD)的闪存盘U320新近在深圳问世。生产厂商深圳朗科公司称,这是全球第一款模拟光盘启动功能的U盘。

U盘出现的常见故障是能被计算机识别,但没有盘符出现,或者有盘符出现,但当打开U盘时却提示要进行格式化,而格式化又不能成功。在排除操作系统的故障后,这种坏 U 盘一般都可以通过软件低级格式化来修复。目前，常用的低级格式化修复工具有 Mformat、Lformat 等。

3.8 其他多媒体计算机设备的使用与维护

3.8.1 多媒体设备的使用与维护

多媒体计算机的基本硬件结构可以归纳为以下七个部分：一个功能强大、速度快的中央处理器（CPU）；可管理、控制各种接口与设备的配置；具有大容量的存储空间；高分辨率显示接口与设备；可处理音响的接口与设备；可处理图像的接口设备；可存放大量数据的配置等。

多媒体计算机系统由多媒体硬件系统、多媒体操作系统、媒体处理系统工具和用户应用软件组成。

多媒体硬件系统包括提供诸多多媒体功能的硬件设备。多媒体硬件设备品种繁多，主要包括计算机硬件、声音/视频处理器、多种媒体输入/输出设备及信号转换装置、通信传输设备及接口装置等。其中，最重要的是根据多媒体技术标准而研制生成的多媒体信息处理芯片和板卡、光盘驱动器等。

多媒体操作系统又称多媒体核心系统（Multimedia Kernel System），具有实时任务调度、多媒体数据转换和同步控制、对多媒体设备的驱动和控制，以及图形用户界面管理等功能。

多媒体处理系统工具又称多媒体系统开发工具软件，是多媒体系统的重要组成部分。

用户应用软件是根据多媒体系统终端用户要求而定制的应用软件或面向某一领域的用户应用软件系统，它是面向大规模用户的系统产品。

在多媒体计算机硬件系统中，声卡和视频卡是主要的声音/视频处理设备。视频卡可细分为视频捕捉卡、视频处理卡、视频播放卡及 TV 编码器等，其功能是连接摄像机、VCR 影碟机、TV 等设备，以便获取、处理和表现各种动画和数字化视频媒体。下面主要介绍声卡。

1. 声卡的使用与维护

声卡（Sound Card）也叫音频卡。声卡是多媒体技术中最基本的组成部分，是实现计算机声波/数字信号相互转换的一种声音处理硬件。声卡的基本功能是把来自话筒、磁带、光盘的原始声音信号加以转换，输出到耳机、扬声器、扩音机、录音机等声响设备，或者通过音乐设备数字接口（MIDI）使乐器发出声音。

声卡有三个基本功能：一是音乐合成发音功能；二是混音器（Mixer）功能和数字声音效果处理器（DSP）功能；三是模拟声音信号的输入和输出功能。声卡处理的声音信息在计算机中以文件的形式存储。声卡工作需有相应的软件支持，包括驱动程序、混频程序（mixer）和 CD 播放程序等。从结构上，声卡可分为 A/D 电路和 D/A 电路两部分。A/D 电路负责将麦克风等声音输入设备采集的模拟声音信号转换为计算机能处理的数字信号，而 D/A 电路负责将计算机使用的数字声音信号转换为喇叭等设备能使用的模拟信号。

声卡按主板的结构方式，分为集成声卡和独立声卡。Realtek 声卡一般都是集成声卡。

在声卡特别是独立声卡的发展历史上，具有代表性的作品几乎都是 Creative（创新）公司的产品，高端系列 Audigy 产品向来做工精细，一直遥遥领先，例如，Sound Blaster Audigy 5 PCI-E（推荐搭配 7.1 声道）。声卡按主板接口主要分为板卡式、集成式和外置式三种接口类型。从声卡的规范来分，可以分为 AC'97 声卡和最新的 HD 高清音频规范。

HD Audio 是 High Definition Audio（高保真音频）的缩写，原称 Azalia，是 Intel 与杜比（Dolby）公司合力推出的新一代音频规范。主要被 Intel 915/925 系列芯片组的 ICH6 系列南桥芯片采用。HD 高清音频规范优化了 AC'97 的线路设计，减少了模拟信号被干扰的可能，不仅信噪比相对 AC'97 有了明显改善，回放和录音也大幅强化，最高可以实现 8 个 32 位、192kHz 采样率的音频播放，并且支持 EAX 音效、接口侦测、接口功能自定义等功能，甚至还整合了耳机功放，以便驱动高抗阻监听耳机。

HD Audio 的制定是为了取代独立音频规范，与 AC'97 有许多共通之处，某种程度上可以说是 AC'97 的增强版，但并不能向下兼容 AC'97 标准。它在 AC'97 的基础上提供了全新的连接总线，支持更高品质的音频以及更多的功能。与 AC'97 音频解决方案类似，HD Audio 同样是一种软硬混合的音频规范，集成在 ICH6 芯片中（除去 Codec 部分）。与现行的 AC'97 相比，HD Audio 具有数据传输带宽大、音频回放精度高、支持多声道阵列麦克风音频输入、CPU 的占用率更低和底层驱动程序可以通用等特点。

特别有意思的是，HD Audio 有一个非常人性化的设计，HD Audio 支持设备感知和接口定义功能，即所有输入输出接口可以自动感应设备接入并给出提示，而且每个接口的功能可以随意设定。该功能不仅能自行判断哪个端口有设备插入，还能为接口定义功能。例如，用户将 MIC 插入音频输出接口，HD Audio 便能探测到该接口有设备连接，并且能自动侦测设备类型，将该接口定义为 MIC 输入接口，改变原接口属性。由此看来，用户连接音箱、耳机和 MIC 就像连接 USB 设备一样简单，在控制面板上点几下鼠标即可完成接口的切换，即便是复杂的多声道音箱，菜鸟级用户也能做到"即插即用"。

板载声卡的劣势正是独立声卡的优势，而独立声卡的劣势又正是板载声卡的优势。独立声卡从几十元到几千元有着各种不同的专业档次；在性能上集成声卡完全不输给中低端的独立声卡，在性价比上集成声卡又占尽优势。在中低端市场，在追求性价比的用户中，集成声卡是不错的选择。

目前，主流独立声卡品牌有艾肯/ICON、华硕/ASUS、创新/Creative、Focusrite 福克斯特、Terratec 德国坦克、M-Audio、ESI、客所思 XOX、罗兰/ROLAND、乐之邦/Musiland 等。

（1）声卡的组成。SB Live 声卡结构如图 3-54 所示。

声卡的线路板多为四层板，也有少数六层板的。

音效处理芯片（主芯片）主要完成 WAVE 波形的采样与合成、MIDI 音乐的合成，同时混音器、效果器也在其内部实现，是声卡最基本的部件。AC'97 规范把模拟部分独立出来，成为多媒体数字信号编解码器小芯片；而声卡的主芯片即数字部分则成为数字信号控制器大芯片。

除此之外，声卡上还有稳压电路块、主芯片外围控制芯片、运算放大器等。

声卡上还有很多输入输出接口，下面简单介绍一下。

游戏杆/MIDI 接口：用于连接游戏杆、手柄、方向盘等外接游戏控制器，同时也可用来连接 MIDI 键盘和电子琴。

线性输出插孔（LINE OUT）：用于将声卡处理好的声音信号输入有源音箱、耳机和功放。

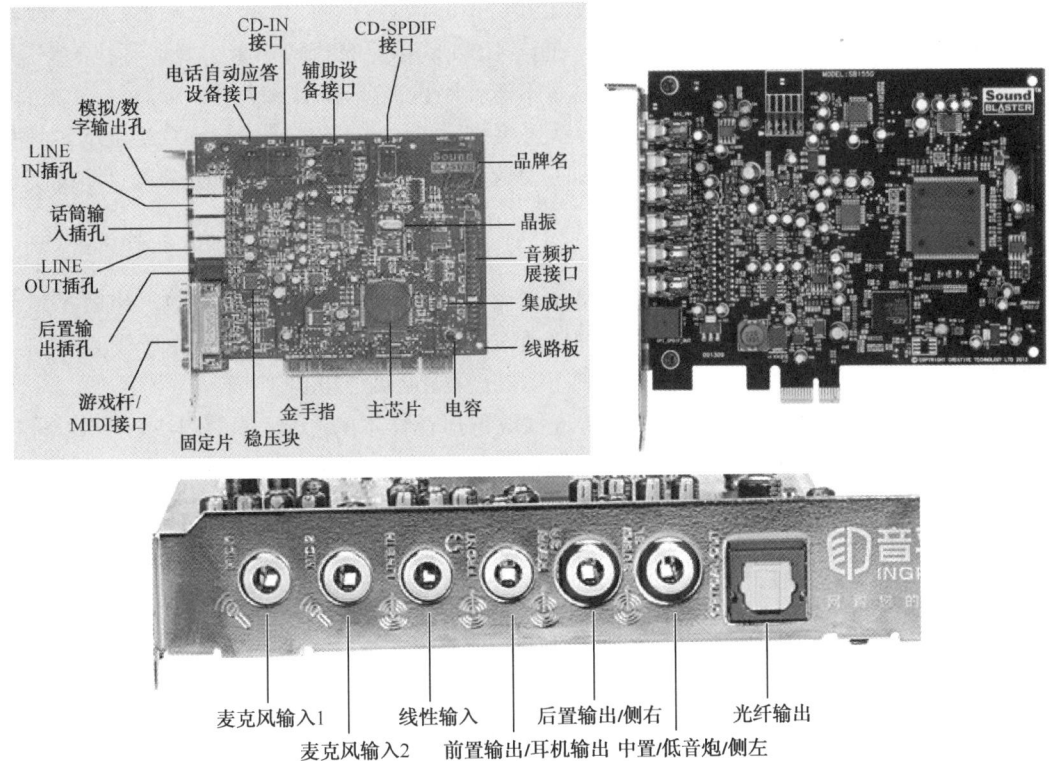

图 3-54　SB Live 声卡结构示意图

话筒输入插孔（MIC IN）：用于连接话筒，主要用在语音识别、娱乐和录音等方面。

线性输入插孔（LINE IN）：用于将随身听或电视机等外部设备的声音信号输入计算机。

电话自动应答设备接口（TAD，Telephone Answering Device）：配合 Modem 卡和软件，可使计算机具备电话自动应答功能。

模拟 CD 音频输入接口（CD-IN）：将来自光驱的模拟音频信号接入。

辅助音频输入口（AUX-IN）：用于将 MPEG 编/解码卡、电视卡、DVD 解压卡等设备的声音信号输入声卡，使各种设备的声音信号都能通过声卡送到音箱。

数字 CD 音频输入接口（CD-SPDIF）：作用是接收来自光驱的数字音频信号，确保最大限度地减少声音失真。

数字子卡扩展插针（SPDIF-EXT）：用于与配套的子卡连接，实现数字信号的输入和输出，使声卡能和专用的数字录音设备相连接（如 DAT、MD），并可输出 AC-3 信号等。

（2）声卡类型。声卡发展至今，主要分为板卡式、集成式和外置式三种接口类型，以适用不同用户的需求，三种类型的产品各有优缺点。

板卡式：板卡式产品是现今市场上的中坚力量，产品涵盖低、中、高各档次，售价从几十元至上千元不等。早期的板卡式产品总线接口多为 ISA 接口，由于此接口总线带宽较低、功能单一、占用系统资源过多，已被淘汰。后来 PCI 接口取代了 ISA 接口，目前 PCI-E 接口已成为主流，它们拥有更好的性能及兼容性，支持即插即用，安装使用都很方便。

集成式：集成式是指芯片组支持整合的声卡类型，比较常见的是 AC'97 和 HD Audio，使用集成式声卡的芯片组的主板可以在比较低的成本上实现声卡的完整功能。集成式声卡一般有软声卡和硬声卡之分。这里的软硬之分，指的是是否具有声卡主处理芯片。一般软声卡没有主处理芯片，只有一个解码芯片，通过 CPU 的运算来代替声卡主处理芯片的作用；而硬声卡则自带主处理芯片，很多音效处理工作就不再需要 CPU 参与了。

外置式：是创新公司独家推出的一个新兴事物，它通过 USB 接口与计算机连接，具有使用方便、便于移动等优势。但这类产品主要应用于特殊环境，如连接便携式计算机实现更好的音质等。

（3）声卡的主要性能指标。

采样位数：即采样值或取样值。它是用来衡量声音波动变化的一个参数，也就是声卡的分辨率。它的数值越大，分辨率就越高，所发出声音的能力也就越强。由于受人耳的声音精确度限制，一般在多媒体计算机中采用 16bit、24bit 或 32bit 的声卡。

采样频率：采样频率即取样频率，指每秒取得声音样本的次数，如图 3-55 所示。采样频率越高，声音的质量就越好，声音的还原也就越真实，但同时它占用的资源也比较多。由于人耳的分辨率很有限，太高的频率并不能分辨出来。在 16bit 声卡中有 22kHz、44kHz 等几级。其中，22kHz 相当于普通 FM 广播的音质，44kHz 相当于 CD 音质。DVD 视频和音频基本使用 24bit/96kHz。现代采录中好的专业声卡甚至支持高达 192kHz 的采样率。

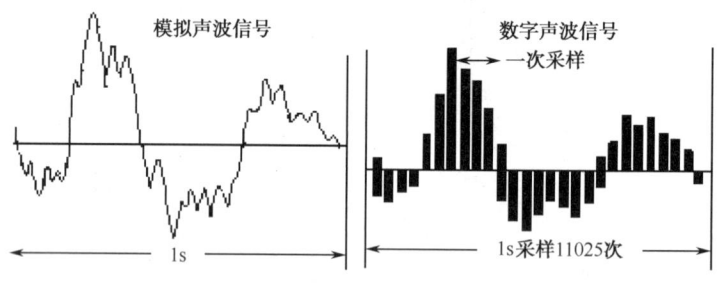

图 3-55　采样频率

MIDI：MIDI 为音乐设备数字接口，它是一种电子乐器之间以及电子乐器与计算机之间的统一交流协议。很多流行的游戏、娱乐软件中都有不少以 MID、RMI 为扩展名的 MIDI 格式音乐文件。MIDI 文件是一种描述性的"音乐语言"，它将所要演奏的乐曲信息用字节进行描述。例如，在某一时刻，使用什么乐器，以什么音符开始，以什么音调结束，加以什么伴奏等，也就是说，MIDI 文件本身并不包含波形数据，所以 MIDI 文件非常小巧。

信噪比（Signal to Noise Ratio，SNR）：是一个诊断声卡抑制噪声能力的重要指标。通常有用信号和噪声信号功率的比值就是 SNR，单位是分贝（dB）。SNR 值越大则声卡的滤波效果越好。

按照微软在 AC'97 中的规定，至少要大于 80dB 才符合标准。所以，从 AC'97 开始，声卡上的 ADC、DAC 必须和混音工作及数字音效主芯片分离。

独立声卡目前一般多为 PCI-E 插槽。不管是独立声卡还是集成声卡，都要根据硬件设备的型号来安装驱动程序。

2. 音箱的使用与维护

音箱是将音频信号变换为声音的一种设备。多媒体计算机配置的音箱多数是箱体内自带功率放大器，对音频信号进行放大处理后由音箱本身回放声音的一种电声设备。会议室、教室用的大功率音箱，需要另外配置功率放大器。

目前，主流音箱品牌有漫步者、惠威、麦博、山水、雅马哈、博士、索尼等。音箱的输出功率从几瓦到几十瓦不等。

音箱是语音的载体，是声音的播放端，那么，再给它赋予一个声音的"拾取"和"植入"，以及更多交互与服务功能，就诞生了智能音箱。智能音箱不是简单的音箱+蓝牙或者音箱+Wi-Fi，而是涵盖了内容服务、互联网服务以及语音交互功能的智能化产品，提供音乐、有声读物等内容服务、信息查询、网购等互联网服务，还能和智能家居连接，实现场景化智能家居控制。在国内，主流的智能音箱有阿里巴巴、小米、百度、华为、喜马拉雅、京东等品牌，其中天猫精灵方糖、小爱同学、小度智能音箱、小雅智能音箱、华为 AI 智能音箱等产品较受欢迎。在国外，主流的智能音箱有谷歌 Home、苹果 HomePod 等。

（1）音箱的组成。音箱由扬声器、箱体和分频器组成。扬声器又称喇叭，是一种电声换能器件。音频电信号通过电磁、压电或静电效应，使其纸盆或膜片振动周围空气产生音响。扬声器在电子元器件中是一个薄弱的器件，而对于音响效果而言，它却又是一个最重要的器件。箱体用来消除扬声器单元的声短路，抑制其声共振，拓宽其频响范围，减少失真。音箱的箱体外形结构有书架式和落地式之分，还有立式和卧式之分。箱体内部结构又有密闭式、倒相式、带通式、空纸盆式、迷宫式、对称驱动式和号筒式等，使用最多的是密闭式、倒相式和带通式。分频器有功率分频和电子分频器之分，主要作用是频带分割、幅频特性与相频特性校正、阻抗补偿与衰减等。

（2）音箱的分类。

按使用场合来分，可分为专业音箱与家用音箱两大类。

按放音频率来分，可分为全频带音箱、低音音箱和超低音音箱。

按用途来分，可分为主放音音箱、监听音箱和返听音箱等。

按箱体结构来分，可分为密封式音箱、倒相式音箱、迷宫式音箱、声波管式音箱和多腔谐振式音箱等。

（3）箱体设计。

倒相式设计：倒相式设计具有较高的功率承受能力和更低的失真，音量感足、灵敏度高，适用于各种场合。倒相式设计的箱体与外界大气相连接，扬声器做冲程运动的时候，箱体内的气压与箱体外的气压差不会像密闭式的那么大，这种设计往往能推动更大的空气体积，因此往往低音量感较好。2.1 声道倒相音箱如图 3-56 所示。

密闭式设计：密闭式设计具有低频力度强、瞬态好、反应迅速、低频清晰等优点，听古典乐、室内音乐效果极佳；但下潜深度有限、低频量感不足。密闭的箱体导致箱体内与箱体外的气压不同，扬声器振膜会被外界气压迅速压回，这样扬声器的冲程距离变得较短，因此密闭箱的低音下潜深度相对较差，但它的低音表现往往会比倒相式的干净快速。5.1 声道密闭音箱如图 3-57 所示。

图 3-56　2.1 声道倒相音箱　　　　图 3-57　5.1 声道密闭音箱

（4）音箱主要性能指标。

① 频率范围。频率范围是指最低有效放声频率至最高有效放声频率之间的范围，单位为 Hz。音箱的重放频率范围最理想的是均匀重放人耳的可听频率范围，即 20～20000Hz。但要以大声压级重放，频带越低，就必须考虑经受大振幅的结构和降低失真，一般还需增大音箱的容积。所以目标不宜定得太高，50～16kHz 就足够了，当然，40～20kHz 更佳。

② 输出功率。输出功率分为标称功率和最大承受功率。

标称功率就是通常所说的额定功率，它决定了音箱可以在什么样的状态下长期稳定工作的能力。

最大承受功率是指扬声器短时间所能承受的最大功率。

例如，某音箱的输出功率为：卫星音箱 3W×2；低音音箱 10W；总输出功率 16W。

③ 失真。失真分为谐波失真、互调失真和瞬态失真三种。普通多媒体音箱的失真度应小于 0.5%，低音炮的失真度应小于 5%。

谐波失真是指在声音回放的过程中，增加了原信号没有的高次谐波成分而导致的失真。

互调失真是指来自两个频率 F_1 和 F_2，在 F_1+F_2 与 F_1-F_2（取绝对值）之间所产生的谐波从而引起的失真。这些谐波彼此之间又能继续组合出和、差、乘积。例如，信号频率 14kHz 与 15kHz 产生的谐波失真就包括 1kHz、29kHz 的谐波。

瞬态失真是指因为扬声器具有一定的惯性质量存在，盆体的振动无法跟上瞬间变化的电信号的振动，从而导致原信号与回放音色之间存在的差异。

④ 信噪比。即放大器的输出信号电压与同时输出的噪声电压之比。一般来说，信噪比越大，说明混在信号里的噪声越小，声音回放的质量越高，否则相反。信噪比一般不应该低于 70dB，高保真音箱的信噪比应达到 110dB 以上。

⑤ 标称阻抗。标称阻抗（单位：Ω）是指扬声器输入的信号电压有效值 U 与信号电流有效值 I 的比值。因扬声器的阻抗是频率的函数，故阻抗数值的大小随输入信号的频率变化而发生变化。我国国家标准规定的音箱阻抗优选值为 4Ω、8Ω、16Ω，国际标准推荐值为 8Ω。

⑥ 灵敏度。灵敏度（单位：dB）是指当给音箱系统中的扬声器输入电功率为 1W 时，在距音箱正面各扬声器单元的几何中心 1m 处，所测得的声压级（声压与声波的振幅及频率成正比，声压级是表示声压相对大小的指标）。在这里需要特别指出的是，灵敏度虽然是音箱的一个指标，但是与音质、音色无关，它只影响音箱的响度，可用增加输入功率来提高音箱的响度。

⑦ 声道数。音箱所支持的声道数是衡量音箱档次的重要指标之一。

单声道是比较原始的声音复制形式，缺乏对声音的位置定位，而立体声技术则彻底改变了这一状况。声音在录制过程中被分配到两个独立的声道，从而达到很好的声音定位效果，更接近临场感受。立体声技术广泛运用于自 Sound Blaster Pro 以后的大量声卡，成为影响深远的一个音频标准。时至今日，立体声依然是许多产品遵循的技术标准。

计算机多媒体音箱主要有 2.0、2.1、5.1 和 7.1 四个标准，4.1 和 6.1 这些过渡型的标准已基本被淘汰。其中 2.0 和 2.1 由于价格便宜、摆放简单、节省空间等因素，受到大众的欢迎，因此 2.0 和 2.1 占据了多媒体音箱半壁江山。

音箱声道中的 X.Y 含义为：小数点前面表示主音箱个数，小数点后面表示低音炮个数，即 X 代表几只主音箱，Y 代表低音炮。"2.0"表示只有两只主音箱。"2.1"表示有两只主音箱和一个低音炮。"5.1"表示有左右两只前置主音箱，左右两只后置音箱（环绕音箱），一个中置音箱和一个低音炮（低音炮的位置任意）。

"5.1"的配置是目前比较流行的"影院音响"，它在录音的时候就区分了左右前后的声道，而人说话的声音则主要由"中置"来录制，低音炮则加强了低音效果，所以在再现音乐效果的时候，听起来有身临其境的感觉。

使用音箱前应该检查音箱的接线。在进行开机、关机、重启等操作时，应将音箱音量调至最小或将电源关闭，以防止大的冲击电流对音箱造成损害或烧毁。音箱的摆放位置及音场定位也有技巧。音箱平常不用时应加上防尘罩或保护罩。音箱对温度、湿度的变化也较敏感。

3.8.2 供电设备的使用与维护

电源是向电子设备提供功率的装置，也称电源供应器。计算机电源是一种安装在主机箱内部的封闭式独立部件，有 AT 和 ATX 两种类型，现代计算机都使用 ATX 直流开关稳压电源，它提供计算机中所有部件所需要的电能。电源功率的大小，电流和电压是否稳定，将直接影响计算机的工作性能和使用寿命。

电源的 ATX 标准是 Intel 公司提出的，目的当然就是配合 ATX 主板。不过它的版本变化和主板不一样，不是尺寸、布局的变化，主要是根据当前计算机的需要，改变供电电压、供电接口一类的设计。目前，市面上的电源多遵循 ATX 2.03 或更新的 ATX 12V 标准。

ATX 2.03 标准采用+5V 和+3.3V 电压，分别为功耗较大的处理器及显卡直接提供所需的电压。而单独的+12V 输出则主要应用在硬盘和光驱设备上，因为当时处理器和显卡的功耗都相对较低，所以各部件相安无事。

但 P4 处理器的推出改变了这一切。由于它的功耗较高，使用符合 ATX 2.03 规范的产品时，+5V 的电压根本不能提供足够的电流。基于此，Intel 公司对 ATX 标准进行了修订，推出了 ATX 12V 1.0 规范。它和 ATX 2.03 的主要差别是改用+12V 电压为 CPU 供电，而不再使用之前的+5V 电压。这样加强了+12V 输出电压，将获得比+5V 电压大许多的高负载性，以此解决 P4 处理器的高功耗问题。其中最明显的变化是首次为 CPU 增加了单独的 4pin 电源接口，利用+12V 的输出电压单独向 P4 处理器供电。此外，ATX 12V 1.0 规范还对浪涌电流峰值、滤波电容的容量、保护电路等做出了相应规定，确保了电源的稳定性。

ATX 电源规范经历了 ATX 1.1、ATX 2.0、ATX 2.01、ATX 2.02、ATX 2.03 和 ATX 12V 等版本。目前，国内通行的电源标准是 ATX 12V，而该标准又可分为 ATX 12V 1.2、ATX 12V 1.3、

ATX 12V 2.0、ATX 12V 2.2、ATX 12V 2.3、ATX 12V 2.31 和 ATX 12V 2.52 规范等版本。2.3 以上版本都有专门给显卡供电的 6pin 接口，加强了 12V 输出功率，适合搭配高功率的主流显卡。ATX 12V 规范面世之前，主机电源还是依赖 5V 电压运行，但随着时间推移，ATX 12V 已成主流。2020 年 1 月，Intel 公司公开了新一代 ATX 12V O（O=Only）规范，电源接口也有比较大的改动，之前主板上的 24pin 将不复存在，而变成一个小巧的 10pin 连接头。ATX 12V O 规范把电源上除了 12V 的所有电压输出移除，提高了电源转换效率，电源上被删除的+3.3V、+5V 以及-12V 和+5VSB 转移到了主板上。目前，ATX 12V O 只针对 OEM 经销商和整机供应商。ATX 12V O 规格并不会取缔 ATX 12V，Intel 公司会让多种 ATX 规格并存，以保持现在电源与主板的兼容性，让大家有更多选择。美国加州能源委员会认为降低闲置功耗是节电的最直接方法，同时认为台式机的闲置时间远远大于中高负载的运行时间，推行 ATX 12V O，从源头上降低不必要的功率损耗应该是更方便的方法。

主板的供电有 CPU 供电、芯片组供电、内存供电、显卡供电等。其中以 CPU 供电最为关键，它的品质好坏，直接关系到系统的稳定性，作为计算机组装技术人员来说，必须有深入的了解。电源品牌主要有海盗船、海韵、全汉、航嘉、长城、金河田等。

（1）电路组成与工作原理。

ATX 直流开关稳压电源内部电路结构按其组成功能分为输入整流滤波电路、高压反峰吸收电路、辅助电源电路、脉宽调制控制电路、PS 信号和 PG 信号产生电路、主电源电路及多路直流稳压输出电路、自动稳压稳流与保护控制电路等。

ATX 直流开关稳压电源所采用的都是双管半桥式无工频变压器的脉宽调制变换型稳压电源。它将交流电整流成直流后，通过变换型振荡器变成频率较高的矩形或近似正弦波电压，再经过高频整流滤波变成低压直流电压。

为防止负载过流或过压损坏电源，在交流市电输入端设有熔断器，在直流输出端设有过载保护电路。

（2）电源的铭牌标识。

在电源的铭牌中，除了注明产品型号、制造厂商、产品认证等内容，主要标识的还有电源的输出电压、输出电流指标，如表 3-4 所示。

表 3-4　ATX 电源输出表（ATX 12V 2.31）

输出电压	+12V	+5V	+3.3V	-12V	…	+5VSB
输出电流	22A	17A	21A	0.3A	…	2A

（3）ATX 电源插头电压。

ATX 电源插头如图 3-58 所示。

 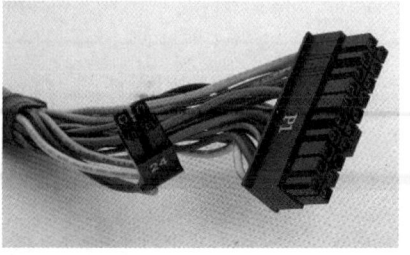 

图 3-58　ATX 电源插头（20pin、24pin、10pin）

ATX 电源插头电压见表 3-5。+5V：向系统主板、外部选件及键盘供电；+12V：为软驱、硬盘、光驱供电；-5V：用于软驱中锁相式数据分离电路；+12V/-12V：向串行口提供 EIA 接口电路电源；PW-OK：是供主板检测电源好坏的输出信号；+5VSB：是供主板、系统在 ATX 待机状态下的电源，以及开闭自动管理和远程唤醒通信联络相关电路的工作电源；PS-ON：为主机启闭电源或网络计算机远程唤醒电源的控制信号。

表 3-5 ATX 电源插头电压

插头序号	电源插头电压	插头颜色	插头序号	电源插头电压	插头颜色
1	3.3V	橙色	11	3.3V	橙色
2	3.3V	橙色	12	-12V	蓝色
3	COM	黑色	13	COM	黑色
4	+5V	红色	14	PS-ON	绿色
5	COM	黑色	15	COM	黑色
6	+5V	红色	16	COM	黑色
7	COM	黑色	17	COM	黑色
8	PW-OK	灰色	18	-5V	白色
9	5VSB	紫色	19	+5V	红色
10	+12V	黄色	20	+5V	红色

（4）电源主要性能指标。

① 电源功率。电源功率是电源最主要的性能参数，一般指直流电的输出功率，单位是 W。功率越大，代表可连接的设备越多，计算机的扩充性就越好。随着计算机性能的不断提升，耗电量也越来越大。大功率的电源是计算机稳定工作的重要保证，电源功率的相关参数在电源标识上一般都可以看到。ATX 直流开关稳压电源的功率一般为 250～600W，通过高频整流滤波电路共输出至少六组直流电压。新型电源还支持 P4、双核、多核 CPU 和 GPU，配置+12V 专用电源。现在 CPU 供电接口主流规格已经达到 8+8pin，也出现过 8+8+8pin 供电需求的显卡，可以看出硬件对电源供电的需求规格越来越高。因此，CPU 和 GPU 对电源的能效表现和稳定性提出了更高要求。当今，CPU、GPU、硬盘、外设等主要配件都在经历大变革，如处理器核心猛增，M.2 SSD 开始流行，USB 设备速度翻番，等等，所以对供电的要求有明显变化。这也是 Intel 公司的 ATX 12V 2.52 规范调整的地方。ATX 12V 2.52 规范已经为未来的硬件升级做好了准备，此时选择 ATX 12V 2.52 规范的电源，就是选择了未来，也兼容现在。

② 过压保护。AT 电源的直流输出电压有±5V 和±12V 四种，ATX 电源的输出多了 3.3V 和辅助性的 5V 电压。如果电源的电压太高，则可能烧坏计算机的主机及其插卡，所以市面上的电源大都具有过压保护的功能。即当电源一旦检测到输出电压超过某一值时，就自动中断输出，以保护板卡。

③ 电源的安全认证。为了避免因电源质量问题引起严重事故，电源必须通过各种安全认证才能在市场上销售，因此电源的标签上都会印有各种国内、国际认证标记。其中，国际上主要有 FCC、UL、CSA、TUV 和 CE 等认证，国内认证为中国安全认证机构 CCEE 的长城认证。

(5) 电源使用注意事项。

脱机带电检测 ATX 电源，首先测量在待机状态下的 PS-ON 和 PW-OK 信号，前者为高电平，后者为低电平。插头 9 脚除了输出+5VSB，不输出其他电压。

若将 ATX 开关电源人为唤醒，可用一根导线把 ATX 插头 14 脚 PS-ON 信号与任一地端（3、5、7、13、15、16、17）中的一脚短接，这是检测的关键。将 ATX 电源由待机状态唤醒为启动受控状态，此时 PS-ON 信号为低电平，PW-OK、+5V SB 信号为高电平，ATX 插头+3.3V、±5V、±12V 有输出，开关电源风扇旋转。

上述操作也可作为选购 ATX 开关电源脱机通电验证的方法。

对开关电源的散热风扇的维护应该引起充分的重视。一般来说，计算机在正常工作时发出的声音很小，除了硬盘读/写数据发出的声音，主要是散热风扇发出的声音，其中尤以开关电源风扇发出的声音最大。有的开关电源长期使用后，在工作时会产生一些噪声，主要是由于电源风扇转动不畅造成的。如果风扇工作不正常，时间长了就有可能烧毁电机，造成整个开关电源的损坏。针对电源风扇发出声音的原因，平时需要进行如下维护保养工作。电源盒是最容易集结灰尘的地方，如果电源风扇发出的声音较大，那么每隔半年把风扇拆下来，清洗一下积尘和加点润滑油，进行简单维护。由于电源风扇安装在电源盒内，拆卸不太方便，所以一定要注意操作方法。

3.9 多媒体计算机常用办公软件

操作系统是计算机系统的关键组成部分，负责管理与配置内存、决定系统资源供需的优先次序、控制输入与输出设备、操作网络与管理文件系统等基本任务。操作系统是管理计算机硬件资源，控制其他程序运行并为用户提供交互操作界面的系统软件的集合。目前，办公中最常用的就是 Windows 7、Windows 10 32/64 位系统。Windows 7，中文名称为视窗 7，是由微软公司开发的操作系统，内核版本号为 Windows NT 6.1。Windows 7 可供家庭及商业工作环境中的笔记本电脑、平板电脑、多媒体中心等使用。Windows 10 是美国微软公司研发的跨平台及设备应用的操作系统，是微软发布的最后一个独立 Windows 版本。Windows 10 共有 7 个发行版本，分别面向不同用户和设备。图 3-59 是 Windows 7 和 Windows 10 操作系统界面。

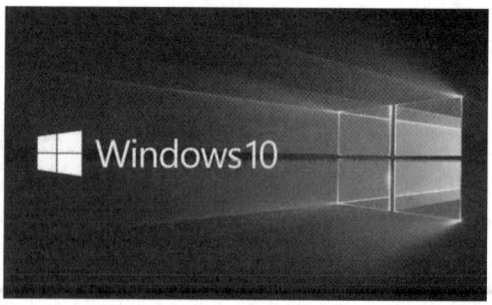

图 3-59　Windows 7 和 Windows 10 操作系统界面

Microsoft Office 2010 是微软推出的新一代智能商务办公软件，开发代号为 Office 14。该软件共有 6 个版本，分别是初级版、家庭及学生版、家庭及商业版、标准版、专业版和专业高级版，此外还推出 Office 2010 免费版本，其中仅包括 Word 和 Excel 应用。Office 2010 可支持 32 位和 64 位 Vista 及 Windows 7，仅支持 32 位 Windows XP，但不支持 64 位 Windows XP。现已推出最新版本 Microsoft Office 2016。

Microsoft Office 2010 组件功能有：Word 文字处理软件；Excel 电子表格处理，包括生成图表和数据计算与统计；PowerPoint 演示文稿软件；Visio 图表绘制软件；Access 桌面数据库软件；Outlook 信息收集工具，包括聚合阅读、日程表和通讯录功能；OneNote 电子笔记软件；Publisher 电子出版物编辑软件；Infopath、Groove 等其他组件。

Microsoft Office 2010 的新界面简洁明快，标识也改为全橙色。Office 2010 采用 Ribbon 新界面主题，由于程序功能日益增多，微软专门为 Office 2010 开发了这套界面。从 Outlook 2010 界面可以看出，与 Outlook 2003 和 2007 相比，新界面干净整洁，清晰明了，没有丝毫混淆感。

Microsoft Office 2010 具备全新的安全策略，在密码、权限、邮件线程方面都有很好的控制，且 Office 的云共享功能包括跟企业 Sharepoint 服务器的整合，让 PowerPoint、Word、Excel 等 Office 文件皆可通过 Sharepoint 平台，供多人同时编辑、浏览，提升文件协同作业效率。企业发展得越快，企业的组织结构就越复杂，业务需求也越复杂。统一的协作、有效的沟通、安全的控制成为企业的强烈需求。企业在瞬息万变的信息时代要具有很强的业务竞争能力，并且要有能够适应各种业务需求的信息商务软件平台系统。

Office 2010 办公软件提供强大的数据分析和可视化功能。利用 Word 2010 和 PowerPoint 2010 中的现成模板，可以帮助学生通过有创意地表达其想法的丰富视觉效果和媒体编辑功能，完成出色的作业。Excel 2010 为你提供了专业人员用于简化数据处理的电子表格工具，从跟踪支出到创建家庭预算，无所不能。此外，还具有适用于家庭项目的 OneNote 2010，这是一个捕获所有内容位置的工具，用于在一个易于访问的位置组织笔记、文件和资源。使用 Excel 2010 中即开即用的现成模板，构建预算和跟踪支出，时刻掌控你的家庭预算。使用迷你图和条件格式之类的易于使用的分析工具，更快地从数据中获得真知灼见。使用易于创建的彩色图表和图形，立即使你的预算可视化。Word 2010、Excel 2010、PowerPoint 2010 和 Access 2010 操作界面分别如图 3-60～图 3-63 所示。

总之，Office 2010 办公软件能更直观地表达想法，协作的绩效更高，从更多地点更多设备上享受熟悉的 Office 体验，提供强大的数据分析和可视化功能，创建出类拔萃的演示文稿，轻松管理大量电子邮件，在一个位置存储并跟踪自己的所有想法和笔记，即时传递消息，更快、更轻松地完成任务，在不同的设备和平台上访问工作信息。

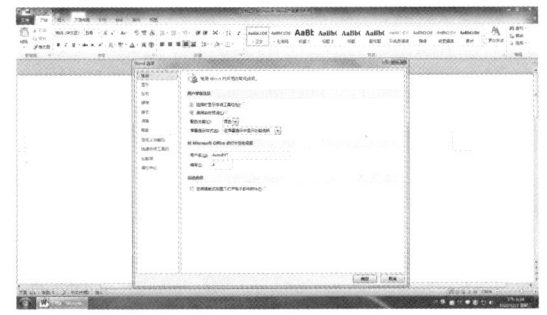

图 3-60　Word 2010 操作界面

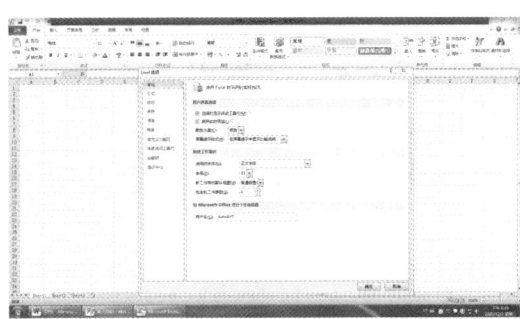

图 3-61　Excel 2010 操作界面

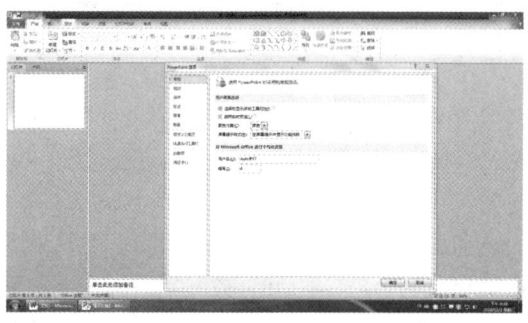
图 3-62　PowerPoint 2010 操作界面

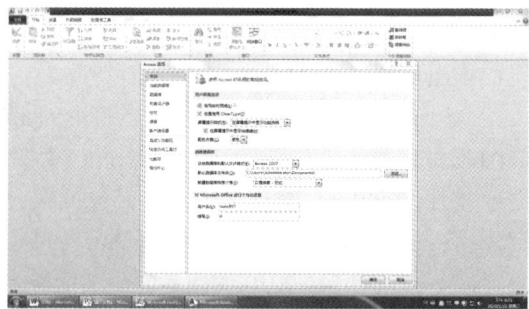
图 3-63　Access 2010 操作界面

WPS Office 2019 是金山推出的全新的办公软件，该软件大大增强了易用性，用户可根据特定的需求选择使用，并给第三方的插件开发提供便利，其操作界面见图 3-64。该软件小巧（仅是 MS Office 的一半），安装快，占用内存极小，启动速度快，支持插件，免费供给海量在线存储空间及文档模板，支撑阅览和输出 PDF 文件，全部兼容 MS Office 97～2010 文件（doc/docx/xls/xlsx/ppt/pptx 等），简单易用，轻松上手。支持"云办公"，让你随身携带办公小助手，使用快盘、Android 渠道的移动 WPS Office，能随时随地地阅览、修改和保留文档，还可将文档分享给同伴，是"行走的软件"。

 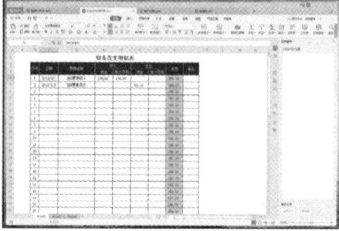 

图 3-64　WPS Office 2019 操作界面

WPS Office 完整版包含 WPS 文字、WPS 表格、WPS 演示三大功能模块，让我们可以轻松办公。WPS 的功能是依据 Office 用户的使用习惯而设计的，让我们感到一种亲切感，简单易用，可快速找到相应的功能按钮，无须再学习。

任务 4　计算机的故障诊断与排除方法

4.1　计算机的选购

4.1.1　台式计算机的选购指南

1. 企业用户的需求

企业用户对台式计算机的选购要求主要有稳定性、安全性、节能性、整体性等。

（1）稳定性的要求。企业计算机开机时间长，处理事务繁忙，不允许经常出现故障，这就意味着企业计算机要能经受住长时间稳定运行，品牌机在这方面有严格的测试，品质好，稳定性高，能经得起考验。

（2）安全性的要求。企业计算机数据重要性强，保密性强，安全性高；硬件要防止遭遇损坏或盗窃。对于企业来说，主机的防盗设计就显得极为重要了。很多品牌机生产商目前已经开始设计一些防盗措施，用物理手段和技术手段相结合的形式，保证企业机器的安全。

（3）产品的节能性。对企业和家庭用户来说，这可能是直接的成本控制。开发适合企业用户的节能型产品，是吸引企业用户订量的一个很大力量，毕竟省电就等于省钱。这就需要品牌机生产商对配置的搭配和产品电源管理等手段做针对性的改变。

（4）整体解决方案。面对越来越大的企业规模，原来复杂的信息管理、运营管理，无论是从一开始十几台机器慢慢变多的老企业，还是刚刚进入信息化建设的新企业，配套的网络布线、技术解决方案、装修方案、运营管理方案等，都是他们迫切需要的。作为品牌机厂商，基于本身强大的实力和配套能力，完全可以给企业提供一揽子解决方案。

综上所述，选购时主要根据应用需求、成本效益、理念与技术并重等原则来考虑。

2. 品牌台式计算机的优势

一体化的外观设计、售后服务做得周到、具备特色设计、质量品牌效应是品牌机市场的优势。品牌机出厂前都经过长时间的老化试验和整机稳定性测试，在持续运行状况下一般不会出现什么问题，而兼容机就没有整机测试了。使用品牌机可以使稳定性得到有效保证。在计算机生产线上，品牌机具有复杂的检测过程，既可以防火、防电，还能防尘、防盗，比组装机有无可比拟的优势。

3. 稳定性和整机安全措施

商务台式机除了强大的性能和具吸引力的价格，稳定性和整机安全措施需特别强调。从计算机的特性来看，计算机的安全性能主要体现在系统安全、数据安全和物理安全三个方面。

系统安全至关重要，一方面可避免由于病毒、误操作等带来的系统崩溃，另一方面可降低日常维护成本。目前，大部分商务机都采用先进的系统安全保护技术，可实现一键恢复系统、快速备份恢复、自动备份恢复等功能，保障系统安全稳定运行，在保护数据安全的同时降低后期维护成本。

数据安全方面，主要是考虑突发情况下数据不会丢失，如断电、黑屏、主板自燃等情况。对于商用机的安全，考虑各种状况下的安全需求显得更为人性化。指纹识别、安全密匙、人脸识别，以及断电自动保存数据等设计都考虑了商用机的安全需求。还有的设计了内网、外网的隔离系统。

物理安全方面，一是保证硬件不被盗，二是提升计算机硬件的使用寿命与稳定性，减少能耗。价格昂贵而轻小的 CPU、内存条、硬盘、显卡和主板等容易被盗，机箱锁，防盗保护罩等产品应运而生，有的商用机直接在主机上设计锁扣，保证了主机内部配件的安全。稳定性对用户来说不仅意味着产品运行可靠，除了机器运行中的稳定性，还有维护的稳定性，即在机器使用过程中，始终都能够获得相应部件的支持，以及该产品与整个 IT 应用环境的兼容性和可管理性。

品牌计算机以其良好的质量、个性化的设计和完善的售后服务，赢得了许多企业用户和计算机爱好者的青睐。国产品牌计算机的质量已经达到国际先进水平，品种繁多，可供各种需求的企业用户随意选购。当前，除了熟悉的联想、方正、同方、宏碁、冠捷、戴尔、惠普,纯国产计算机也闪亮登场,分别是中科曙光与秉时。

4.1.2 便携式计算机的选购指南

除了台式计算机,常用的计算机类型还有笔记本(便携式)电脑、一体机和平板电脑等,它们虽然外观和体积与台式计算机不同,但核心组成都是一样的。

1. 便携式计算机的选购准则

在购买便携式计算机产品之前,应先确定主要需求,然后根据自身情况,选择合理的配置。舒适性和稳定性是便携式计算机的内涵。在此提出几点注意事项,供大家在选购便携式计算机时参考。

(1)根据自身需求选择产品配置。

(2)售后服务是关键。

(3)充分了解品牌的价值。

2. 便携式计算机的分类

便携式计算机从用途上分为专业型、通用型、迷你/超轻薄型三大类。根据不同的适应性又分为实用型、标准型、豪华型。根据不同的用户群又分为专业商用、普通商用、游戏和家用。

(1)专业型便携式计算机。专业型便携式计算机通常也叫高功能型便携式计算机,也包括多媒体便携式计算机,CPU、高速硬盘、内存、液晶显示屏都按专业标准配置。其特点是专业性要求较高,专业配置全面周到,主要表现在运行速度快、显示区域大,可以满足三维图形和动画设计、CAD 和图文排版,甚至是摄像或电影音乐等超大容量内容的信息编辑环境。这类产品其清晰的大幅面显示屏,大容量硬盘驱动等高性能系统配置,辅以极强的扩展解决方案,可靠的稳定性,为用户提供了广阔的应用及发展空间。

(2)通用型便携式计算机。通用型便携式计算机即主流型便携式计算机,实际上是一种用成熟技术生产的便携式产品,其特点是价格适中,能面向各个领域的用户。这一类型的便携式计算机 CPU、硬盘、内存、液晶显示屏都按通用标准配置。鼠标采用灵敏度较高的触控板。另外,还增设了快速开机功能,屏幕亮度和对比度调整,音箱音量调整功能,外接显示器切换开关等功能键,可以给你繁忙的工作提供一个强有力的支持平台。

(3)迷你/超轻薄型便携式计算机。迷你/超轻薄型便携式计算机皆采用 B5 或 A5 纸张尺寸设计,质量在 1.5kg 以内,在机体空间及价格的限制下,CPU、硬盘、内存、液晶显示屏都按迷你/超轻薄标准配置。迷你型便携式计算机因为体积的限制,扩充性能不足,显示器较小,因而不适合长时间阅读,键盘按键设计也比标准键盘小许多,不适合长时间输入文字的使用者。除了迷你型便携式计算机,超轻薄型便携式计算机(Slim 便携式计算机)是便携式计算机未来的发展方向和趋势。

对于经常需要移动办公的人来说,重量轻的笔记本电脑更显得实用。轻薄往往是高端的象征,像 20mm 厚度以下的产品,配备 i7 处理器和 GTX 1660Ti 显卡,因工艺条件限制,造价往往万元起步。

超极本(Ultrabook)是 Intel 公司定义的可与 iPad 和 Android 平板电脑竞争的新一代计

算机。其外观以极致轻薄为特点,其厚度可做到10mm以内,重量可轻到只有普通笔记本电脑的一半,如微软Surface Pro 4超级本。除了极致轻薄,超级本的配置都较高,而且电池续航能力强(一般可达到10h左右),所以超极本的价格比普通笔记本电脑高。需要注意的是,超级本一般不配置光驱,靠U盘、网络等读取外部数据;此外,超级本的外部接口较少。

3. 便携式计算机的选购策略

(1)确定用途。根据不同的用户群,便携式计算机的用途不外乎四大类:专业商用、普通商用、游戏用和家用。

(2)细化要求。确定便携式计算机的用途之后,我们还需要对便携式计算机的要求进行细化。第一,根据便携式计算机的用途来确定硬件系统的大致配置。第二,电池也是便携式计算机移动计算的灵魂所在,如果电池容量不够大,会大大缩短电池的续航时间。第三,舒适感也是我们应该重点考察的一个方面,特别是对于每天长时间使用便携式计算机的用户来说尤为重要。第四,整机的质量也是我们需要注意的地方,特别是对于经常携带便携式计算机外出的用户。除了以上几个方面,在购买便携式计算机时还需要注意品牌,通常品牌代表着质量,代表着不同的定位以及售后服务。

随着网络技术的发展,笔记本电脑作为移动办公阵营的绝对主力,"移动"Wi-Fi工作成为现代商务办公场景下一个重要的关键词。笔记本电脑作为当代电子产品热潮的代表,其更新换代可谓飞速了。但它不比台式机,可以自由组装搭配,因此我们购买时品牌的参照是很关键的一个因素。现在的主流品牌有联想、华硕、华为、惠普、荣耀、苹果、戴尔、小米、微软、微星等。

4. 便携式计算机的保养方法

(1)要清洁便携式计算机时先关机,然后用蘸有碱性清洁液或蒸馏水的软布轻轻擦拭,再用一块比较柔软的干布擦干即可。

(2)别把磁盘、CD、信用卡等带磁性的东西放在便携式计算机上,它们极易消去硬盘上的信息,也别让便携式计算机置于微波环境。

(3)别把便携式计算机当餐桌、咖啡桌使用,千万别把茶水、饮料洒到便携式计算机上,因为便携式计算机并不防水。

(4)不要在低于5℃(41F)或高于35℃(95F)的环境使用或存放便携式计算机,当便携式计算机在室外"受冻"或"受热"后,要记住先让它恢复到室温再开机使用。

(5)电池维护也要注意。如果每次充电前,都对电池进行彻底的放电(锂离子电池不需要这样做),那么电池的工作性能就不会出问题。

(6)拿便携式计算机时,不要把机盖当作把手提。读写硬盘的时候,不要搬动便携式计算机,搬动时最好关掉系统,扣上机盖。带便携式计算机外出时,最好把它放在一个有垫衬的计算机包中。注意给便携式计算机上保险。

5. 便携式计算机的电池种类

(1)锂电池。膝上型计算机最新使用的电池是锂电池,它可以用在便携式计算机和移动电话中。与镍镉电池相比,锂电池提供大约两倍的能量。在性能有大幅改善的同时,其价格超过镍镉电池的三倍。

（2）镍镉电池。传统的可充电电池是镍镉电池。镍镉电池相对来说粗糙、容易再充电（有快有慢）。如果在充电过程中处理不当，也就是说出现记忆效应的话，就会引起电池原始容量的减少。所谓记忆效应就是电池在充电前，电池的电量并未被完全放掉，这将会引起电池容量的损失。你可以通过将电池完全放电后再完全充电来改善记忆效应。必须强调"完全"这两个字。

（3）镍氢电池。镍氢电池投入生产已经有几年。镍氢电池不再使用有毒的镉，而且比镍镉电池的储电能力提高了 20%。另外，事实上记忆效应没有了。注意，频繁地过度充电将会减少电池的使用寿命，所以要很好地控制充电时间。镍氢电池的价格大约为镍镉电池的两倍。

4.2 计算机的质量检测

不管是台式机还是便携式计算机，出厂前在生产线上都经过了长时间的老化试验。所以，品牌机的稳定性等质量指标都有保证。

但是，在购买品牌机时或在兼容机组装完成之后，虽然没有计算机生产线上的条件，为了放心，用户应该进行一次模拟"拷机"和检测工作。"拷机"前应将 BIOS 中 Power Management（节能管理）设置成 Disabled（关掉），然后长时间地开机工作（48～72h），了解启动和运行过程，观察是否有死机、显示器工作不正常等现象，目的是检验硬件质量的可靠性、稳定性。检测工作分软件检测和基本常识检测。

1. 软件检测

软件检测分为常用大型软件兼容性测试和专业测试软件测试。用户可以先将典型的应用程序上机运行，观察运行情况，如 Windows、Office、游戏等，看计算机的兼容效果；再用测试软件如 AIDA64、Qaplus、Norton、Gamespeed、Hwinfo、Wintune 等对主机配件的性能、质量、类型、端口等基本参数进行测试，查看配置是否与购买时所要求的一致等。

2. 基本常识检测

基本常识检测主要有以下几点。一是当显示器显示内容后，可适当调整亮度、对比度、左右（上下）位置、行幅度、场帧度、水平（垂直）位移等，使其达到最佳效果，看是否出现跳动、滚动或聚焦不良等现象。二是对于新的硬盘，可在硬盘高级格式化过程中，看是否有坏道、坏扇区、停顿等现象；对于已经装有软件的硬盘，可用 Scandisk 或 Chkdsk 命令进行检测。三是对于 U 盘，用复制命令或运行盘上的文件等检查读盘情况，对空盘格式化，并将数据复制到 U 盘上，检查写盘情况。四是进入 Windows，调整调色板、分辨率等，选择不同的显示模式检查显示卡的性能。五是用 CD、VCD、CD-ROM、CAI 等光盘检测光驱、声卡、解压卡（软解压）等性能。六是对鼠标、键盘进行操作，检验是否良好，手感如何，是否存在按键接触不良、卡键、移动不灵活等现象。

3. 便携式计算机拷机

精心挑选要购买的便携式计算机，买完后就要测机、拷机。然而用户在短时间内如何对计算机进行合理的拷机呢？如何确保计算机不会出现兼容性的问题呢？或者存在长久的隐患而没有暂时被发现呢？

一般不运行任何软件是最基础的拷机。如果没有问题，再运行大型程序进行拷机，如大型游戏，可以看出内存和显卡等硬件的工作情况。

拿到便携式计算机时首先看的是外观，看看有没有划痕，有无漆皮脱落，螺钉、挡板是否齐全。然后检测硬件，最常用的硬件检测工具是 EVEREST。EVEREST（原名 AIDA32）是一个测试软硬件系统信息的工具，它可以详细地显示计算机各个方面的信息。支持上千种（3400+）主板，支持上百种（360+）显卡，支持对并口/串口/USB 这些 PNP 设备的检测，支持对各式各样的处理器的侦测。新版增加了查看远程系统信息和管理，结果导出为 HTML、XML 功能。可以查出各方面的详细资料，检查配置和介绍的是否一致。

解决了硬件问题，然后检测屏幕，看看有没有亮点、暗点、白斑、小划伤等。通常所用的测机软件是 Nokia Monitor Test。计算机屏幕的好坏会直接影响使用者操作计算机时的观感，Nokia Monitor Test 可以帮你查出屏幕的瑕疵处。

电池测试工具 PassMark BatteryMon，是一款监视计算机电池使用状况的软件，电池的各项参数都是由直观的图表即时表示的。可以显示电池的充电次数，电池的性能状况。

3DMark 是一款综合性的 3D 图形性能基准测试工具，可测试计算机在图形处理中的稳定工作参数。怎么才可以在短时间内相信这款计算机可以长时间运行这些游戏或工具而不会出现死机、重启、卡机的现象呢？从经验来看，可用专门制作的魔兽争霸 rpg 地图、全屏刷怪等工具，瞬间让 CPU、内存、显卡全速运行。由于 CPU 大量从缓存、内存、硬盘提取数据，此时风扇高速旋转，大量散热，这时可以检测此机器的散热功能，同时大量数据驻留，不能得到释放，怪物越来越多，对显卡也是一种考验。如果计算机配置较差，必然导致卡机、死机。

4.3 计算机的故障诊断与排除

4.3.1 计算机故障诊断方法

计算机故障是指造成计算机系统正常工作能力失常的软件系统错误和硬件物理损坏等现象。计算机故障的诊断就是根据故障现象，分析、判断计算机故障的产生部位、性质、原因、程度的过程，以便做进一步维修处理。

计算机系统性能测试是日常维护维修工作中辅助了解计算机工作状态的一种方便快捷的检查手段。目前，流行的检测工具软件品种繁多，如鲁大师、3DMark、Crystal Mark、HWiNFO32、SiSoft Sandra Standard、EVEREST 等；还有专门针对某种硬件的检测工具软件，如用于 CPU 测试的 CPU-Z、用于内存测试的 Memory Test、用于硬盘检测的 HD Tune、用于显示卡测试的 GPUinfo、用于显示器测试的 Nokia Monitor Test 等，可根据需要到各大网站下载。计算机主板故障诊断卡是一种硬件检测工具。

计算机故障的产生原因虽然很多，但常见原因主要是环境因素、元件质量、兼容性、使用方法、病毒等。总的来说，计算机故障可以分为硬件故障和软件故障。

1. 软件故障

软件故障主要是指系统软件和应用软件本身漏洞、兼容性或使用不当等引起的故障，大致可分为操作系统故障、应用软件故障和计算机病毒故障这三种。其产生原因可能有以下几点：

① 系统设备的驱动程序安装不正确，造成设备无法使用或功能不全；
② 系统中所使用的部分软件与硬件设备不能兼容；
③ CMOS 参数设置不当；
④ 系统遭到病毒的破坏；
⑤ 系统中有关内存等设备管理的设置不当；
⑥ 操作系统存在的垃圾文件过多，交换空间不足，造成系统瘫痪等。

2. 硬件故障

硬件故障是指计算机硬件系统使用不当或硬件物理性损坏所造成的故障。例如，计算机开机无法启动，无显示输出，声卡无法出声等。在这些硬件故障中又有真故障和假故障之分。硬件故障的分类如图 4-1 所示。

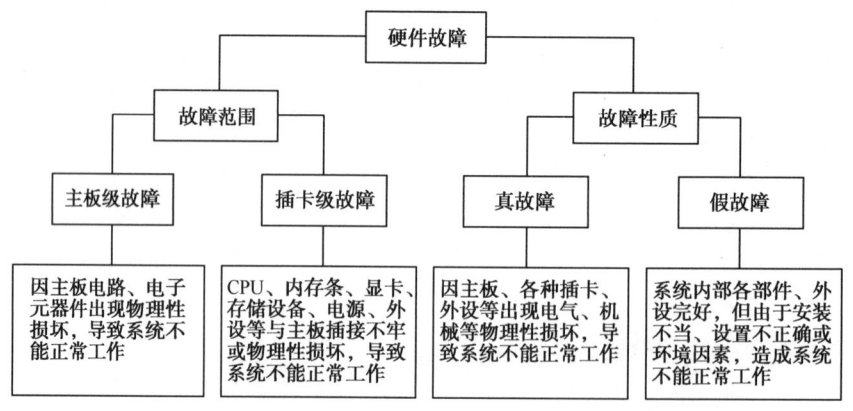

图 4-1　硬件故障的分类

① 假故障是指计算机系统中的各部件和外设完好，但由于在硬件安装与设置，外界因素影响（如电压不稳，超频处理等）下，造成计算机系统不能正常工作。接触不良就是一种假故障。

② 真故障是指各种板卡及外设等出现电气故障或机械故障等物理故障，造成这些故障的原因多数与外界环境、使用操作等有关。

计算机故障诊断应该遵循的检查顺序是诊断故障的原则，一般为：先软件后硬件，先外部后内部（先检查计算机外部电源、设备、线路，再打开机箱），先静态后动态，先简单后复杂。计算机故障诊断方法如下：

（1）软件故障诊断方法。计算机软件故障的判断及修复一般不必涉及系统硬件，比较容易入手，应该是优先解决的问题。软件常见故障诊断方法主要有观察法、杀毒法、测试法等。

在检修软件故障时，可以参考以下经验：

① 遇到计算机软件故障的时候，不要慌张，应该用观察法、杀毒法或测试法仔细观察

计算机的工作状况，根据出现的异常现象及计算机给出的错误提示，结合所掌握的排除故障的知识进行分析，判断故障的原因。

② 对于计算机的软件故障，首先应该判断是系统故障还是运行程序的故障，还是被病毒入侵了。一般情况下，系统文件除了被损坏，或者被删除、改动，不会有太大的问题，应用程序出问题的可能性较大。找到故障原因后，处理起来就容易了。

③ 如果自己不能排除故障，可以通过网络搜索解决方法，也可以找别人帮忙，或者让专业人员维修，防止故障进一步扩大。

（2）硬件故障诊断方法。在计算机出现硬件故障后，应先排除一些不属于故障的假故障问题，如电源接头松动，数据线掉落等。排除这些因素后，再结合实际情况去排除计算机硬件故障。硬件常见故障诊断方法主要有观察法、插拔法、替换法、测试法等。几种方法联合使用是寻找故障点最为有效的诊断方法。

① 观察法。观察法是维修诊断过程中最基本的方法。观察法就是通过眼看、鼻闻、耳听、手摸等手段对计算机元器件进行观察并发现故障的方法。类似于中医医生病情诊断中的"望""闻""问""切"。

当诊断某一配件时，先看其是否有异样，如风扇是否正常转动，网卡的信号灯是否正常，配件是否有冒烟、焦黑、变形或松动等现象，出错时屏幕的提示信息等。

然后闻一闻是否有焦糊等异味。

接着听计算机发出的声响是否正常（如风扇转动声音、硬盘工作声音等），或者听故障计算机拥有者对本机故障的描述。

最后用手感觉元器件的温度，感觉配件或连接线是否有松动等。

② 插拔法。插拔法就是当确定了计算机的某部分配件有故障时，逐一将其拔出，然后看故障是否消除。例如，当启动时有系统警报，那么就将插在主板上的配件逐一拔出，然后启动；如果拔出某卡时警报消除，则此配件或此配件的插槽是故障点所在。

③ 替换法。替换法就是当不确定某配件是否存在故障时，将其安装在运行正常的计算机上，或者用正常的同类配件将其替换。这样就能非常直观地诊断出是否为该配件的故障。

④ 测试法。用诊断程序、测试程序、逻辑测试仪、诊断卡等辅助软件或设备进行故障诊断是一种科学的现代化检测方法，可以达到事半功倍的效果。

计算机主板故障诊断卡也叫 POST（Power On Self Test）卡，其工作原理是利用主板中 BIOS 内部自检程序 POST 的检测结果代码（十六进制），通过 LED 数码管一一显示出来，结合代码本身的含义速查表（由于表中内容较多，故这里略），就能很快地知道计算机故障所在。尤其在 PC 不能引导操作系统，黑屏，PC 喇叭不叫时，使用该卡能体现其便利。

例如，华通电子科技公司研制的计算机主板故障诊断卡，价格便宜、经济适用、使用简单，可诊断计算机主板上的多种故障。它有很多种类和型号，并有许多较新的功能，如有主板运行指示灯；有鸣音报障功能；可插 ISA 插槽，也可插 PCI 插槽；插错槽或插反后通电不烧任何部件；能显示黑屏下反复自动复位的死机故障；不插 CPU 等空板加电即可诊断主板中的重要信号情况；智能型诊断；笔记本诊断；并口诊断；两位或四位代码诊断；兼容 PⅢ、PⅣ等高档主板等。

从 H61 芯片组开始，很多较新型的台式机主板中 PCI 插槽消失了，这给此类台式机主板的维修造成了一定困难，因为在此之前所有的台式机诊断卡都是基于 PCI 接口的。PCI 总线的消失是主板发展的必然趋势。在没有 PCI 插槽的情况下，如何测试主板？通过仔细观察发现，凡是没有 PCI 插槽的主板都设计了 LPC（Low Pin Count）接口，但各厂的 LPC 接口定义都不相同。通过对大量主板 LPC 接口定义的整理、归纳、总结，设计了专门用于台式机主板的基于 LPC 总线的诊断卡。迅维台式机主板 i3、i5、i7 专用 LPC 诊断卡，通过拔插不同的适配转接卡就能实现兼容不同厂商的主板。这种设计实现了本诊断卡能匹配更多型号的主板，包括今后可能出现的新定义的 LPC 主板，而我们只要设计相应的转接卡就行。目前，已支持（有 LPC 接口）的主板厂商有华硕（2*5）、微星（2*7）、精英（2*5）等，囊括了市面上大多数较新型号的台式机主板。

4.3.2 计算机典型故障排除

计算机是现代办公设备中的主角，每天开机时间长，任务多，外设多，操作复杂，出现故障的几率必然大，故障现象非常多，产生原因各不相同，处理方法也应各异。限于篇幅，下面仅从软件和硬件的角度出发，介绍在计算机使用过程中较为常见的不能开机、频繁死机、突然蓝屏、黑屏现象等 4 类典型故障分析及排除方法。

1. 不能开机

不能正常开机的主要现象是无法启动系统、开机无显示等。原因有软件和硬件两大方面。处理思路要从通不通电、有无屏幕提示来寻找突破口。

（1）软件方面的原因，主要表现为无法引导或启动系统，系统损坏，病毒感染等。

计算机开机启动时，系统将执行 BIOS 中的一个自我检查硬件的例行程序 POST。自检中如发现有错误，将按两种情况处理：对于严重故障（致命性故障）则停机，此时由于各种初始化操作还没完成，不能给出任何提示或信号；对于非严重故障（非致命性故障）则给出提示或声音报警信号，等待用户处理。当自检后全部硬件正常即无任何错误时，则完成初始化操作，系统转入 BIOS 的下一步骤：从 A 驱、C 驱、CD-ROM 或启动 U 盘以及网络服务器上寻找操作系统进行启动，然后将控制权交给操作系统。

首先，开机正常，屏幕有显示，然后计算机通过 BIOS 中的 POST 自检和基本配置初始化后，自动引导并启动操作系统。但如果屏幕提示 Windows 系统出现无法启动的情况时，开机按"F8"键，在"Windows 高级选项菜单"中，选择"安全模式"，进入 Windows 安全模式后再做相关操作，以此来挽救系统。

如果有系统备份，在开机时选择启动备份还原软件来还原系统，以使系统回到备份之前的状态。

如果计算机有光驱和系统光盘，常用的方法就是重装一遍系统，这是比较彻底的解决方案，安装完后会变成一个全新的系统，但重要资料应该先备份。

如果系统磁盘中有重要文件，重装系统可能会丢失这些文件，那么最好使用"U 盘启动盘"，启动 U 盘中的 Windows PE 系统之类的硬盘外启动系统来应对。进入 Windows PE 系统中，将重要的文件转移到其他非系统盘内，然后再重装系统，就不会丢文件了。

如果计算机中装有双系统或多系统，遇到此类情况时就好办多了，这时可以选择进入另一个系统，或者通过全面杀毒和优化来修复之前那个无法启动的系统，或者在另一个系统中备份重要文件。

采用预防策略。系统无法启动的情况是可以从原因上有效预防的。首先，如果排除硬件原因，在日常的系统操作及软件应用中，要认真仔细，不要删除自己不明白的系统文件；不要随意安装和使用自己不了解的软件；不要随便浏览一些恶意网站，因为这样可能会使计算机增加中病毒的风险；不要随意强硬性非法关机，因为这样容易损坏系统软件，一定要养成从"开始"菜单正确关机的好习惯。

使用计算机也要做到防患于未然。在系统完好的时候要做好日常的备份工作，防止以后系统出了问题无法启动，如开启系统自带的还原程序，或者额外下载一个专业的还原程序来预防。另外，系统的维护工作也是很重要的，如我们要定期地删除系统内的垃圾文件，对磁盘进行碎片整理，使用杀毒软件定期杀毒等。还可以准备一些可重装系统的工具，如可启动计算机的 U 盘系统、光驱和一张系统盘等。

（2）在硬件原因中，不能正常开机主要表现为开机做 POST 自检时出现致命性故障后停机，无任何提示或信号显示；或者 POST 自检时出现非致命性故障，会给出提示或声音报警信号，等待用户处理。

计算机每次开机时，BIOS 中的自检程序 POST 会对系统的电路、CPU、内存、硬盘、键盘、显卡等组件进行自检，并对已经配置的基本 I/O 设置进行初始化，一切正常后，再引导操作系统。开机 POST 自检不能进行，屏幕无显示，是致命性故障。一般首先考虑 ATX 电源、主板、内存接触不良、显卡、显示器等硬件故障问题。

总体思路如下。首先检查电源线插头是否与插座插紧以及电源插座是否有电，然后检查计算机 ATX 直流开关稳压电源是否工作。打开主机电源开关，通电正常时，前面板电源指示灯应亮。如果主机没问题，但显示器通电后没有反应，则可能是显示器的问题。显卡与主板接触不良，可取出用酒精擦拭金手指。内存条在插槽内接触不良，也可把内存条取出用酒精擦拭金手指，晾干后重新插入。

通电开机时，可以先查看 CPU 风扇和电源指示灯，风扇转动且指示灯亮，说明 ATX 电源已经启动，这时可以断电，用电源测试仪测试 ATX 电源各路输出电压是否正常。如果开不了机，就要检查主机电源开关是否损坏，没有开关替换时，可以用测电笔之类的工具短接主机电源开关两脚，启动 ATX 电源。也可以在通电情况下用一根小金属丝短接台式机 ATX 电源直流输出端口上的绿线与黑线两脚，强制启动 ATX 电源，如果还是启动不了，则说明 ATX 电源已坏。

先检查 ATX 电源和主机电源开关，确保正常后，再开机观察指示灯状态，正常的主机箱通常至少有两个指示灯，一个为绿色或蓝色电源指示灯，另一个为红色硬盘工作指示灯。如果只有电源灯长亮，没有硬盘红灯跳闪，说明硬盘未工作，而硬盘未工作又分为检测不到损坏的硬盘和 CPU 未工作两种情况，这时就要进一步检查硬盘和 CPU 了。

如果 CPU 风扇转动，电源指示灯也长亮，还是没有屏幕显示，这时开机有内存报警声（"嘀嘀"地叫个不停），则可拆出内存条，用酒精擦拭或橡皮清理金手指（触脚）部分，把金手指擦拭至闪闪发亮状态，再装回去重新开机。内存如果能够工作，开机时会听到一声"嘀"声（主板不接 PC 小喇叭时则听不到响声）。

当计算机出现非致命性故障不能启动时，计算机加电自检程序 POST，同时 PC 小喇叭会发出一些报警声，发生故障的部件不同报警声也不同。此时，需仔细听报警声以诊断计算机故障。但首先要了解计算机报警声与故障的关系（参见表 3-3 Award BIOS 报警信号含义一览表），然后在实践中对照诊断计算机故障。启动计算机时，如果硬件出现问题，BIOS 中的自检程序 POST 会停止，并在显示器屏幕上给出错误提示，这时用户要仔细查看屏幕提示的内容，并根据列出的错误提示分析和诊断出计算机故障。

主板诊断卡能将 BIOS 自检程序 POST 的检测结果代码（十六进制）通过 LED 数码管一一显示出来，此时结合代码含义速查表就能很快知道计算机故障所在。尤其计算机开机不能引导操作系统、黑屏、没有报警声时，使用主板诊断卡能很快查出计算机故障。

如果还是没有上述反应，则接入主板测试卡，通过查看工作代码判断主板工作状态。主板测试卡代码为 00 或 FF，说明主板和 CPU 未工作，显示 C1 代码说明 CPU 已工作，内存未工作。可以用刷子清扫内存插槽，再试。如果主板测试卡代码为 D0 或 25，说明内存已工作，显卡还未工作，这时可以断电将独立显卡拆卸出来，用橡皮清理金手指。如果是集成的显卡，有显卡报警声（一长两短的鸣叫），说明集成显卡有问题，需要找块独立显卡装上测试。如果开机后听到"嘀"的一声，自检通过，说明显示器正常但就是没有图像，可把该显卡插在其他主板上测试，若使用正常，就是显卡与主板不兼容，应该更换显卡。如果以上办法处理后还报警，就可能是显卡的芯片坏了，应该更换或修理显卡。

如果上述问题已经排除，就差主板和 CPU 了，CPU 是很少坏的，可以拆出来用洗板水刷洗针脚，用电吹风吹干再装回试机。有条件的可以换一个 CPU 测试。

上述问题排查完还不能开机工作，就是主板的问题了，需要更换或让专业人员维修。如果硬盘指示灯能跳闪，主机基本没问题了，此时有必要检查显示器工作是否正常。显示器工作时电源指示灯会长亮，有背光或图像字符信号；如果无背光，则多为灯管坏了。

2. 频繁死机

计算机特别慢，特别卡，甚至会莫名其妙地死机，是令操作者颇为烦恼的事情。例如，在多任务中，长时间使用计算机，同时运行某些大型软件特别是图形图像及音视频处理软件时，甚至 CMOS 设置不当都会出现死机现象。死机时的表现多为蓝屏，无法启动系统，或花屏，或画面定格无反应，鼠标、键盘无法输入，软件运行非正常中断等。尽管造成计算机频繁死机的原因很多，但是万变不离其宗，其原因不外乎硬件与软件两大方面。

（1）由软件原因引起的死机。如病毒感染、CMOS 设置不当、系统文件的误删除、初始化文件遭破坏、动态链接库文件（.DLL）丢失、硬盘剩余空间太少或碎片太多、BIOS 升级失败、软件升级不当、滥用测试版软件、非法卸载软件、使用盗版软件、应用软件的缺陷、启动的程序太多、非法操作、内存冲突、非正常关闭计算机等。

病毒感染。病毒可以使计算机工作效率急剧下降，特别是木马病毒对系统文件的破坏会导致计算机经常死机，而且还会篡改桌面图标，在浏览器里添加好多无法删除的收藏夹，桌面的浏览器主页被锁定，QQ 账号、网络游戏的账号被盗，甚至网银账号、密码也会被盗走。

软件升级、使用测试版软件或盗版软件。因为这些软件可能隐藏着病毒、BUG 或者在某方面不够稳定，一旦执行，会自动修改系统，使系统在运行中出现死机。

系统及初始化文件被误删除或破坏。由于 Windows 启动需要 COMMAND.COM、IO.SYS、MSDOS.SYS 等文件，如果这些文件遭破坏或被误删除，即使在 CMOS 中各种硬件设置正确无误也无济于事。包括操作系统重要的运行文件丢失或损坏，例如，某些动态链接库文件（.DLL）丢失，或者某些初始化配置文件（如 SYSTEM.INI、WIN.INI）和注册表文件、系统驱动文件（如 CONFIG.SYS、AUTOEXEC.BAT）等丢失。SYSTEM.INI、WIN.INI、USER.DAT、SYSTEM.DAT 这四个文件尤为重要。

随机的启动程序太多会导致计算机无故死机。在同时运行某些大型软件特别是图形图像及音视频处理软件时，系统资源容易消耗殆尽，使个别程序需要的数据在内存或虚拟内存中找不到，也会出现异常错误。

硬盘剩余空间太少或碎片太多。如果硬盘的剩余空间太少，由于一些应用程序运行需要大量的内存，这样就需要虚拟内存，而虚拟内存是由硬盘提供的，因此硬盘要有足够的剩余空间以满足虚拟内存的需求。同时，用户还要养成定期整理硬盘、清除硬盘中垃圾文件的好习惯。

非法操作。用非法格式或参数非法打开或释放有关程序，也会导致计算机死机。请注意要牢记正确格式和相关参数，不随意打开和释放不熟悉的程序。

非正常关闭计算机。不要直接使用主机箱中的电源开关按钮关机，否则会造成系统文件损坏或丢失，引起自动启动或者运行中死机。

由软件原因如病毒引起死机，在键盘可操作时，将计算机设置为干净启动模式并全盘杀毒后，可解决频繁死机的问题。干净启动模式操作如下：按键盘上的 Windows 徽标键的同时按"R"键。打开运行窗口，输入"msconfig"，单击"确定"按钮。在"常规"选项卡中，单击"有选择的启动"，并取消选取"加载启动项"。在"服务"选项卡中，单击"全部禁用"，单击"确定"按钮；在"启动"选项卡中，单击"全部禁用"，单击"确定"按钮。

或者按组合键"Ctrl+Alt+Del"，启动任务管理器，关掉某些当前正在运行的进程或程序。在键盘不可操作时，可按主机箱上的"RESET"键，进行热启动后，再做相关处理。

（2）由硬件原因引起的死机。如主板、散热、搬动后、灰尘、设备不匹配、软硬件不兼容问题，以及内存条故障、硬盘故障等。

主板问题。有时其他硬件完好，但开机一会儿就死机，这可能是主板上有电容损坏。主板的元器件出现问题，如电源 IC、场效管、CPU 供电出现问题，I/O 虚焊等，也会出现死机。主板结构设计引起散热不良，或者主板 Cache 有问题也可引起这种现象。如果因主板散热不够好而导致该故障，可以在死机后触摸 CPU 周围主板元件，你会发现其非常烫手，在更换大功率风扇后，死机故障即可解决。如果是 Cache 有问题造成的，可以进入 CMOS 设置，将 Cache 禁止后即可。当然，Cache 禁止后，计算机运行速度肯定会受影响。如果仍不能解决故障，那么就是主板或 CPU 有问题，只有更换主板或 CPU 了。

电源问题。比如电源的高压整流滤波电路出现问题，就是电源的大电容出现鼓包漏液，开机的时候还可以，但过一段时间，由于大电容充电不足，电源启动自我保护就关机，这时应该更换新的电源。

散热问题。硬件的正常温度范围大致如下。在计算机仅仅保持正常开机的情况下，CPU 的温度一般为 30～50℃，运行大型软件或游戏后，其温度会达到 60～80℃。主板的温度一般为 40～60℃。硬盘的温度一般在 50℃ 或 60℃ 以下。显卡的温度是比较高的，一般在 70℃ 以下，如果运行大型游戏可能会达到更高的温度。在夏天或长时间使用计算机，显示器、电源和 CPU 在工作中发热量非常大，因此机房保持良好的通风非常重要，如果显示器过热将会导致色彩、图像失真甚至缩短显示器寿命。CPU 的散热是关系到计算机运行稳定性的重要问题，也是散热故障发生的"重灾区"。用硬件级专业工具软件鲁大师监控 CPU 的温度，10 次计算机死机有 8 次是 CPU 温度过高导致的。CPU 温度超过 80℃就直接死机。若 CPU 超额、CPU 风扇被灰尘卡死或者散热器的卡子松了，或者风扇坏了，CPU 无法降温，当温度达到主板设定的温度时，主板启动保护就关机，所以会出现开机一段时间就死机。当散热器的卡子松了，也会像上面介绍的一样，这时要清理 CPU 风扇的灰尘，如果是风扇坏了，就更换风扇，把散热器重新安装一下，保证卡子卡紧。在空调机房，温度以 20～25℃为宜。

设备不匹配问题。如主板主频和 CPU 主频不匹配，老主板超频时将外频定得太高，就不能保证运行的稳定性，因而导致频繁死机。

软硬件不兼容问题。软件在有的计算机上不能正常启动甚至安装，其中可能就有软硬件兼容方面的问题。

搬动后的问题。在计算机移动过程中若受到剧烈震动，会使机器内部器件松动，从而导致接触不良，引起计算机死机，所以移动计算机时应当避免剧烈震动。

灰尘问题。灰尘是计算机的大敌，灰尘堆积过多是引起计算机死机的另一大主要原因。一般在主机箱内部板卡上、CPU 风扇、显卡 GPU 风扇、ATX 电源风扇上都可堆积和附着许多灰尘。如果光驱激光头沾染过多灰尘，会导致读写错误，严重的也会引起计算机死机。我们应该定期清理计算机中的灰尘。

内存条故障。主要是内存条松动、虚焊或内存芯片本身质量所致。若显卡中的显存出现问题，也会引起计算机死机。

硬盘故障。主要是硬盘老化或由于使用不当造成坏道、坏扇区，这样计算机在运行时就很容易发生死机。硬盘出现太多坏道，当硬盘读到这些地方就无法读下去，过一会儿就死机了。处理方法就是用 HDD 软件进行检查和修复坏道，或者更换硬盘。

3. 突然蓝屏

蓝屏又叫蓝屏死机（Blue Screen of Death，BSOD），是微软的 Windows 系列操作系统在无法从一个系统错误中恢复过来时，为保护计算机数据文件不被破坏而强制显示的屏幕图像。在日常使用中，经常会出现一个怪现象就是计算机屏幕突然蓝屏。造成蓝屏的原因很多，自然也可归纳为软件或硬件问题。但有时候一个问题的产生，其实原因并不是单一的，软件问题和硬件问题都可能导致同样的结果，具体要看症状再做进一步排查。蓝屏现象在上文的死机现象中已经提及，这里单独重新提出是因为它的特殊性，Windows 操作系统的蓝屏死机提示已经成为标志性的画面，大部分是系统崩溃的现象。

（1）由软件原因引起的蓝屏。如病毒、驱动、软件兼容性、系统漏洞、恶意程序等。

驱动或软件的兼容性问题。刚安装的系统，若驱动与硬件不兼容可能会出现蓝屏现象，建议安装微软官方原版系统，使用驱动精灵或者硬件赠送光盘中的驱动（驱动没必要追求最新）。

长时间使用计算机都很正常，某天突然蓝屏了，这一般是由于软件与系统兼容性问题造成的，可以回顾一下最近新安装了什么软件，将这些软件卸载后再观察是否还蓝屏，或者使用 Windows 系统还原功能，直接将系统恢复至上一个还原点，进行检测。

病毒木马导致的蓝屏较多。如今病毒木马种类越来越多，传播途径多种多样，防不胜防,有些病毒木马感染系统文件,造成系统文件错误,或导致系统资源耗尽,造成蓝屏现象的发生。建议安装杀毒能力强的杀毒软件,如 360、卡巴斯基杀毒软件 18.0 等进行检测。但众所周知,杀毒软件的更新速度很难赶上病毒变化的速度,这就需要我们练就手动查杀病毒的能力,推荐使用 Process Explorer 强制终止恶意进程(微软官方推荐的进程监视工具)。

(2)由硬件原因引起的蓝屏。如内存、硬盘、主板等。

内存条接触不良或损坏。在系统运行过程中,几乎所有数据的高速存取操作都要在内存中进行,如果内存条接触不良或损坏,系统数据的存取就会出现问题,很容易导致系统蓝屏和崩溃。一般内存条接触不良是由于计算机内灰尘积累过多,或者内存没有插紧导致的。如果重新安装一个微软官方原版的操作系统仍出现蓝屏现象,那么一定是硬件问题造成的。解决方法是清理主机箱内部的灰尘,拔下内存条,用橡皮清理金手指,再重新插紧,或者换一条新的内存条。

硬盘出现故障。如硬盘出现坏道,计算机读取数据错误可出现蓝屏现象。因为硬盘和内存一样,要承载大量数据的存取操作,若存取系统文件所在的区域出现坏道,会造成系统无法正常运行,导致系统崩溃或蓝屏。HD Tune 软件可用于检测硬盘的健康状况。如果硬盘出现大量坏道,建议备份数据后更换硬盘。如果出现的坏道比较少,建议备份数据,重新格式化分区磁盘。

计算机温度过高。计算机硬件温度最好不要超过 60℃。如果计算机内部温度很高,散热不良导致蓝屏,可以拆机检查是主板上的哪一部分造成的。如果是 CPU 或显卡温度过高,那么就要考虑更换 CPU 风扇或显卡风扇;如果是硬盘温度过高,那么就有可能是硬盘出现故障。

ATX 电源等其他原因。如 ATX 电源出现故障,导致供电不正常,产生死机等;还有就是硬件不兼容,这种情况多数出现在组装计算机上,建议购买组装计算机组件要选择搭配均衡、兼容性好的硬件。生活中只要对计算机进行保养,即及时清理垃圾软件,清理主机箱内的灰尘,保持良好的使用环境和方法,相信就不会经常遇到蓝屏的现象。

4. 黑屏现象

黑屏即显示器屏幕上无任何显示。除了蓝屏现象,系统死机故障多半表现为黑屏,这类故障与显示器、显示卡关系密切。零部件温度过高,系统主板、CPU、Cache、内存条、电源等部件质量的故障,以及系统、驱动、病毒、软件冲突等也能导致黑屏。引起计算机故障的共性原因有软件和硬件两大方面,这说明故障现象与原因的复杂性,当然处理方法也有区别。

(1)由软件原因引起的黑屏。如操作系统设置不当,显示卡驱动程序不兼容,中病毒,软件冲突等。

操作系统设置的原因,如屏幕保护,电源管理。

此外,显示卡驱动程序不兼容等也会引起黑屏现象,出现这种情况,只需重新安装驱动程序以及调试系统即可解决。

当然也有可能是病毒引起的黑屏,如果开机显示启动信息后,进桌面时突然黑屏,那么系统可能遭到病毒破坏,这种情况可以用重做或还原系统来解决。

软件冲突的原因。由于 PC 的普遍扩张性,使得 PC 极具生命力,也就有了不同公司编制的形形色色的软件,可能会出现这样的情况,把它们装在一起时,因地址调用冲突而导致死机或黑屏。解决方法很简单，就是把刚装的软件卸载即可。

（2）由硬件原因引起的黑屏。如配件之间的连接质量、CPU、GPU 散热、显卡或显示器自身故障、ATX 电源质量、主板质量等。一般先排除"假"黑屏，再排除"真"黑屏。

排除"假"黑屏。首先不得不提一下一些很常见却又可能被忽略的主机外各部件连接质量情况，有一些特殊的连线错误会导致黑屏或死机。例如，检查显示器电源插头是否插好，电源开关是否已打开，显示器与主机上显示卡的数据连线是否连接好，连接 VGA 接口的插头是否松动或接触不良，看是否是因为这些因素而引起的黑屏。另外，应该动一下鼠标或按一下键盘上的键，看屏幕是否恢复正常。因为黑屏也可能是因为设置了节能模式（可在 BIOS 设置中查看和修改）而出现的假死机。全部确认无误后，才能确定是硬件故障。除此之外，在黑屏的同时看一看系统其他部分是否工作正常，例如，启动时硬盘驱动器自检是否通过，键盘按键是否有反应等。可以通过交换法用一台好的显示器接在主机上测试，如果只是显示器黑屏而其他部分正常，则是显示器出了问题，这仍是一种假死机现象。

散热问题。计算机开机后，正常进入系统，运行一段时间（或正常使用一小段时间）后，突然黑屏，这种情况很大可能是 CPU 散热引起的，CPU 正常温度为 30～50℃，一般情况下，任何部件超过 50℃都有可能引起主板保护，所以计算机就自动关机重启了。解决的方法是更换 CPU 风扇，还要注意尽量不要超频。

显卡或显示器问题。这两种设备在计算机开机黑屏故障中占有不小的比例，通常使用代换法，换一个显示器进行测试。如果能正常使用，说明原显示器坏了；如果换一个显示器还是黑屏，就要考虑主机问题，通常比较容易想到的是显卡问题；同样地，如果更换显卡后能正常显示，说明显卡有故障。根据经验，显示系统自身故障引起的黑屏故障主要是以下原因：显示器未加电；交流电源功率不足；显示器电源开关电路损坏；背光电路损坏；显卡与显示器信号线接触不良；显卡安装得不正确，与主板 AGP 或 PCI-E 插槽接触不良。

主板问题。检查主机中其他板卡（包括声卡、网卡、硬盘、CPU 等）与主板的插槽接触是否良好；检查主机 ATX 电源是否工作；检查内存条与主板的接触是否良好，内存条的质量是否过硬；检查 CPU 与主板的接触是否良好；检查主板的总线频率是否正确；检查 CMOS 参数设置；检查环境因素是否正常，如供电电压不稳定或主板温度过高等。如 CMOS 设置错误，设置第一个初始化的显卡为 PCI 或板载 AGP 显卡，显示器也没有接在相应的位置上，结果主机正常启动，而显示不亮，检查是否错误设置了系统的核心部件，如 CPU 的频率、内存条的读写时间、Cache 的刷新方式、主板的总线速率等，这些都可能导致黑屏或死机。

ATX 电源问题。大家在配机的时候总是在 CPU、内存上下足功夫，而对 ATX 电源考虑较少，可 ATX 电源是为所有部件提供动力的，如果它有故障，主机会发出"滴"的一声报警，并且显示器不亮，偶尔也有一声不吭的时候，一般也是 ATX 电源问题。

4.4 便携式计算机拆装实例

1. 拆卸目的

便携式计算机（笔记本电脑）的风扇问题一直是一个让人头痛的问题，它不仅表现在噪声方面，更麻烦的是由于其散热性能的降低，会导致整台计算机的性能下降，严重时甚至导致重启、死机等诸多麻烦。拆开笔记本电脑,对风扇进行保养,可降低其噪声并提高散热性能。

笔记本电脑按其组成结构大致可以分为五部分:液晶屏、键盘、顶面板、主板、底面板。维护和维修笔记本电脑时,例如,要清理 CPU 风扇灰尘或维修内部件时,多数机器都需要进行整机拆卸。集成度高和小型化是笔记本电脑最大的特色,因而其内部组成结构也较为复杂,不易拆卸。不到非拆不可的地步,最好不要频繁地拆卸。不过,笔记本电脑的组成结构大同小异,其拆卸的步骤基本一致。本节主要讨论笔记本电脑在保养或维修过程中整机拆卸的基本方法。

2. 拆卸工具

当要对笔记本电脑进行拆机保养或维修时,需要用到以下常用拆机工具:2.5 十字螺丝刀、废信用卡或吉它弹片、镊子、刷子、磁铁、垫布、平整大桌。可选工具有尖嘴钳、棉签、牙签、32 号润滑油(或专用风扇润滑油、润滑脂)、注射器、锡纸胶带、白纸等。

3. 拆卸方法

笔记本电脑拆卸过程中的主要方法就是掌握拆卸顺序。下面以 ACER 4736ZG 整机拆卸过程为例,重点介绍笔记本电脑整机拆卸的详细过程。清理该机风扇灰尘时必须进行整机拆卸,注意拆卸的正确流程即可。

先准备好主要拆卸工具:2.5 十字螺丝刀、废信用卡或吉它弹片、镊子、刷子、磁铁、垫布、平整大桌等。

该机螺丝类型:除了机底内存、硬盘、无线网卡盖螺丝,风扇处共有七种螺丝,数量最多的是 2.5 的三种:

2×3 2 颗(无线网卡固定);2.5×3 8 颗(电池槽 4 颗、喇叭 2 颗、键盘下 1 颗、主板 1 颗);

2.5×5 9 颗(机底浅槽 7 颗、键盘下 1 颗、光驱固定 1 颗);2.5×10 12 颗(机底深槽);CPU 散热片固定 4 颗、风扇固定 2 颗、风扇五金盖板 4 颗。

如图 4-2 所示,可用磁铁把螺丝吸住,并按顺序排列好,以免丢失。也可把卸下来的螺丝放在一张白纸上,然后在螺丝周围写上该螺丝来自机器上的位置,这样做一是方便管理,不易出现螺丝混乱甚至丢失的情况;二是当我们进行装机复原时,方便找到相应的位置,可以达到事半功倍的效果。

所有软 PCB 线(键盘线、触摸板线、键盘右侧功能键排线、右部 USB 连线)插座均为上接插座,活扣不可向主板外拨动。

图 4-2 用磁铁把螺丝吸住

ACER 4736ZG 整机拆卸的基本流程：周边插座配件（特别注意 SD 卡口）→底盖下的配件（电池、内存、硬盘、网卡）→底盖所有螺丝→光驱→电源键处的喇叭盖→键盘、触摸板、功能键排线→MIC、摄像头显示屏、喇叭连接线→喇叭→无线网卡连接线→显示屏及相连的主机上盖→猫、USB 线→主板→风扇→散热片。

ACER 4736ZG 整机拆卸的详细过程如下。

（1）把笔记本电脑周边所有外部配件卸下来，如电源插头、鼠标等，特别需要注意的是取下 SD 卡槽上的防尘片（见图 4-3）。

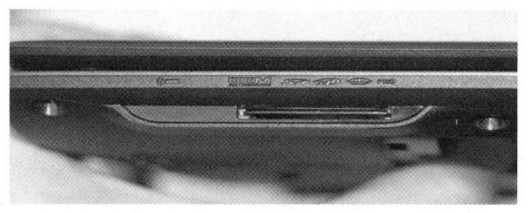

图 4-3　取下 SD 卡槽上的防尘片

（2）把底盖下的所有配件卸下来，如电池、内存、硬盘、无线网卡，从无线网卡上卸下来的是唯一的 2×3 螺丝（见图 4-4）。

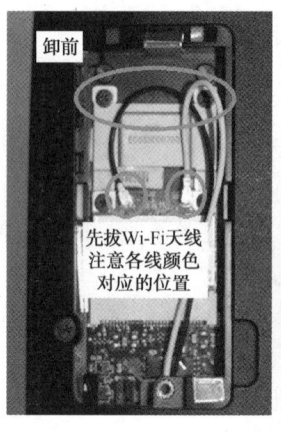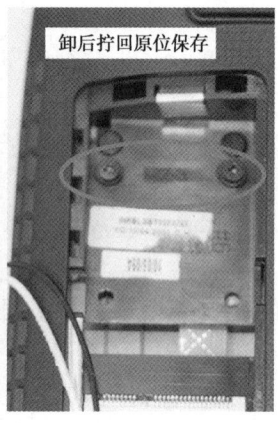

图 4-4　无线网卡螺丝

（3）把底盖所有螺丝卸下来，记住各螺丝位置，仅有两种类型的螺丝，深槽是长的，浅槽是中长的，电池座下的螺丝最短（2.5×3）（见图 4-5）。

（4）卸光驱的螺丝，将光驱取出（见图 4-6）。

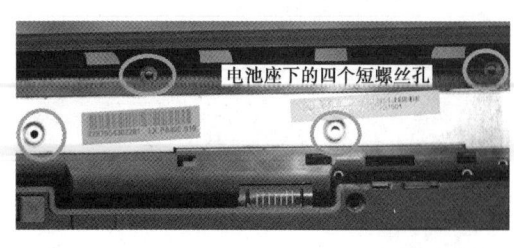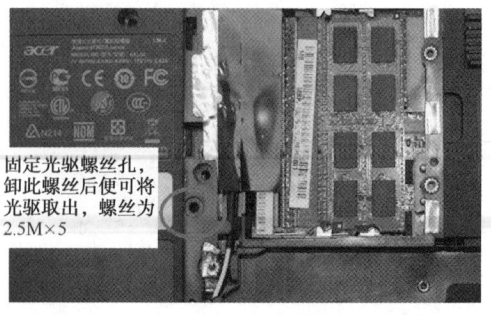

图 4-5　电池座下的螺丝　　　　　　　　图 4-6　光驱的螺丝

（5）用废信用卡或吉它弹片把喇叭盖拿下来，方法是找到机器侧面的电源插头与电源显示灯处的边缝，用弹片撬开，顺着键盘"Esc"键到"Del"键处的边缝将喇叭盖撬开，并把喇叭盖拿下来，操作时注意所用力度要适中。

（6）卸下键盘，注意键盘的软 PCB 排线及插座要小心分离；拔下触摸板、功能键排线（见图 4-7）。

（7）拔下 MIC、摄像头、显示屏、喇叭连接线（见图 4-8）。

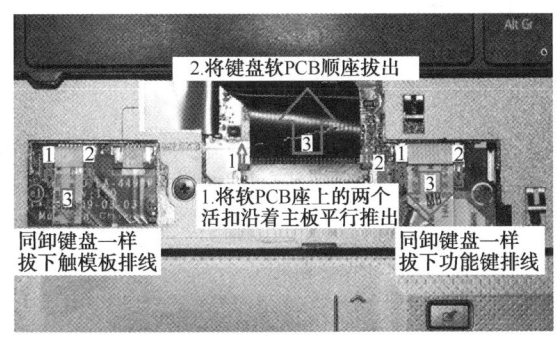 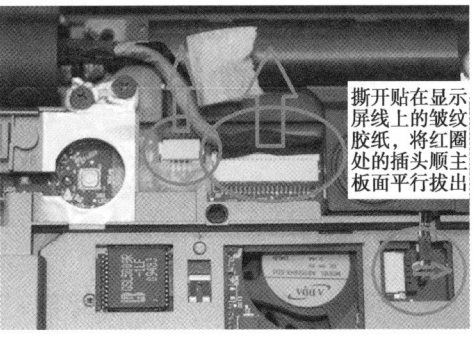

图 4-7　键盘、触摸板和功能键排线　　　　图 4-8　MIC、摄像头、显示屏、喇叭连接线

（8）把喇叭条卸下来，固定喇叭的是 2.5×3 短螺丝 2 颗，如图 4-9 所示。顺便清理一下喇叭部件上面的灰尘（见图 4-10）。

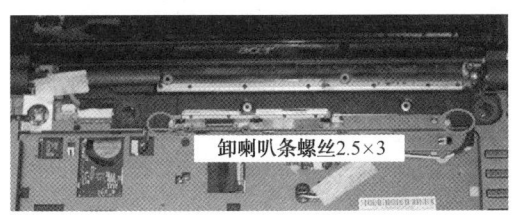 

图 4-9　固定喇叭的 2 颗 2.5×3 短螺丝　　　　图 4-10　清理喇叭部件上面的灰尘

（9）如图 4-11（a）、（b）、（c）所示，拔下无线网卡到显示面板的连接线。

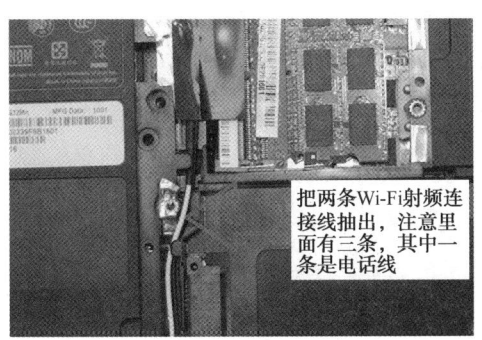 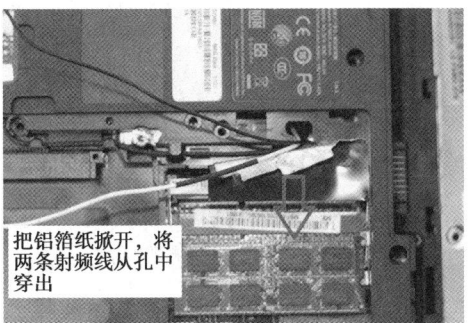

（a）抽出无线网卡连接线　　　　　　　　　（b）掀开铝箔

图 4-11　拔下无线网卡到显示面板的连接线

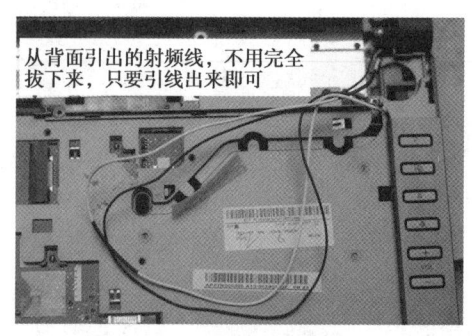

(c）从背面拉出

图4-11　拔下无线网卡到显示面板的连接线（续）

（10）要把显示屏及相连的主机上盖拿下来，必须先卸图4-12中的两颗螺丝，然后使用废信用卡或吉它弹片将底盖与上盖边缝撬开，分离后轻轻把显示屏及主机上盖拿下来。必须注意，塑料上盖极薄，切不可用蛮力将显示板与上盖抠起，以防折断。

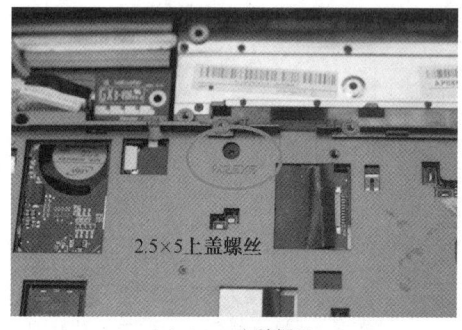　　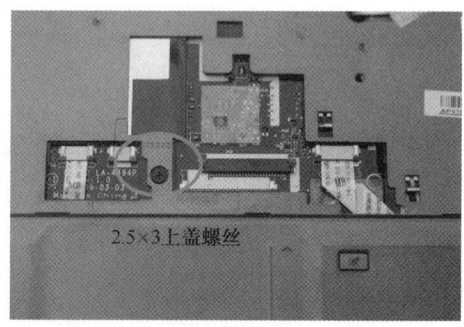

（a）2.5×5上盖螺丝　　　　　　　　　　　　（b）2.5×3上盖螺丝

图4-12　将显示屏板及相连的主机上盖拆下来

（11）拿掉上盖后剩下的就是底盖及主板，此时必须先把主板与底盖间的引线拔下来，主要有猫跟右侧USB引线（见图4-13）。

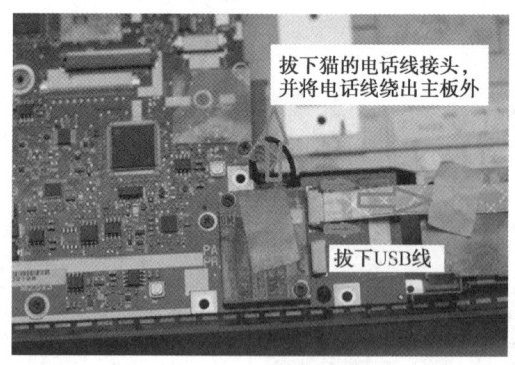

图4-13　把主板与底盖间的引线拔下来

（12）卸主板上唯一的2.5×3螺丝，顺着光驱出口方向将主板从底盖中分离出来（见图4-14）。不卸的螺丝如图4-15所示。

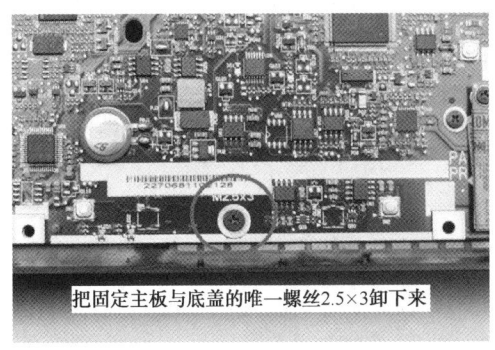
图 4-14　卸主板上唯一的 2.5×3 螺丝

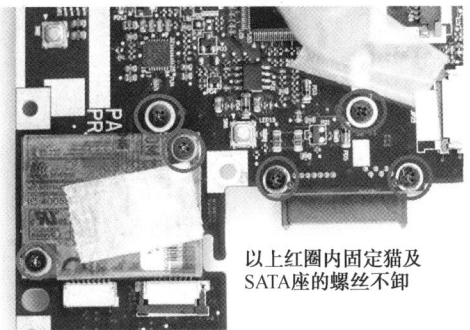
图 4-15　不卸的螺丝

（13）从主板上先将风扇的导线拔下来，然后卸两颗固定风扇的螺丝，再从风扇上把四颗小螺丝卸下来（见图 4-16），便可清理风扇的灰尘了（见图 4-17）。

必要时还可以给风扇电机转动部分注润滑油或润滑脂。添加润滑油时直接用注射器操作最方便，只要对准注油孔滴几滴即可。对油封轴承风扇可以清理后注润滑油或涂抹润滑脂。如果是滚珠轴承风扇，则需要清洗轴承和中心轴。对滚珠轴承要少折腾，也尽量不要上油脂。如果一定要上油脂，只在拆解出来的轴承的内外圈之间滴上一点儿润滑油，或者涂抹一点儿润滑脂即可。

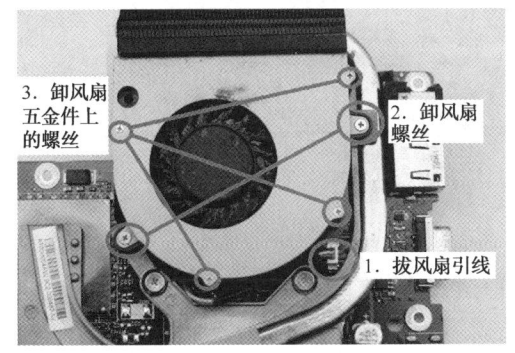
图 4-16　卸风扇螺丝

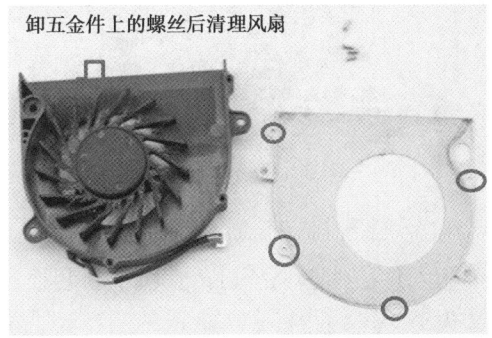
图 4-17　清理风扇的灰尘

（14）卸散热片后，将散热片内的污物用水冲洗干净，再用风筒吹干，但要注意别被风筒吹导热管时传过来的高温烫伤。清理散热片后还要对主板进行清理，最后还要给 CPU 及 GPU 添加优质导热硅脂（见图 4-18～图 4-20）。

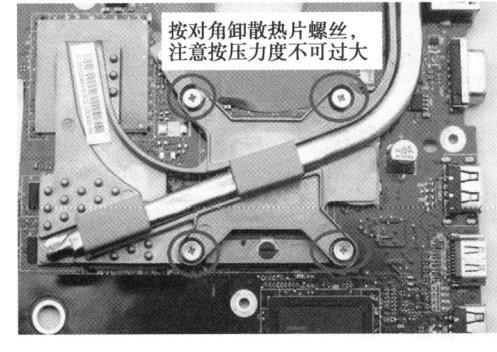
图 4-18　卸散热片

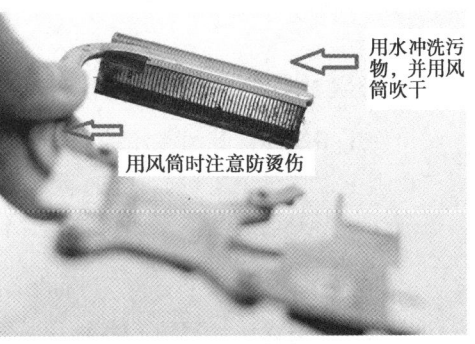
图 4-19　清理散热片

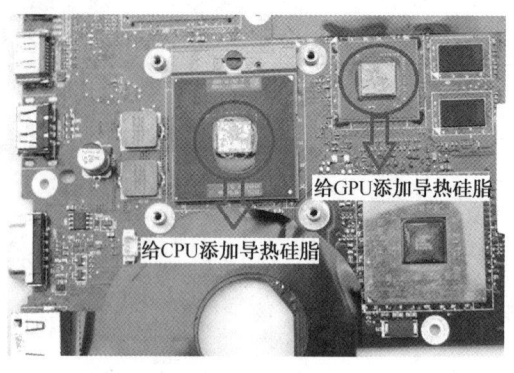

图 4-20　给 CPU、GPU 添加导热硅脂

（15）清理底盖的风扇通风孔和底盖 SD 卡槽侧边的通风孔，以利于通风（见图 4-21、图 4-22）。

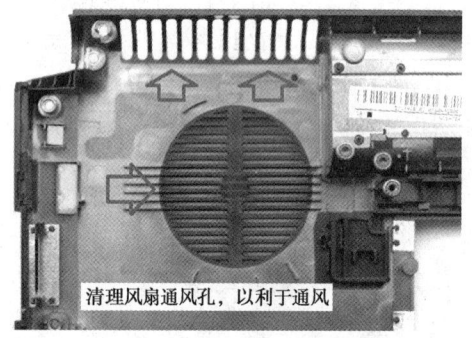

图 4-21　清理底盖的风扇通风孔　　　　图 4-22　清理底盖 SD 卡槽侧边的通风孔

4. 整机重装

各部件被清理干净后，整机重新装机过程按拆卸流程反向操作即可。安装时一定要注意力度适中，因为机壳都是很薄的，一不小心就容易弄坏。装机的时候要注意各配件的装配位置和装配的先后顺序，各部件和螺丝不要装错和漏装。

 技能训练

训练任务 2.1　多媒体计算机主机系统的使用与维护

1. 任务要求

学习使用多媒体计算机主机系统的硬件功能和软件功能。了解计算机主机系统的结构、特点；正确掌握计算机主机系统的合理配置、安全使用、日常维护方法；掌握利用多媒体计算机进行数据处理的基本工作过程和操作方法。

2. 训练情景

训练器材：多媒体计算机、各种计算机硬件和软件。

训练场景：电脑城、计算机硬件和软件机房。

3. 计划内容

（1）通过到电脑城和计算机机房参观，了解当前市场的现状和计算机的发展历程，并做必要的咨询和记录。

（2）利用实训室资源，通过老师的指导，对主机进行拆卸后观察，认识计算机各组成设备（CPU、内存、主板、硬盘、光驱、U 盘、显卡、声卡、网卡、路由器、交换机等）的技术规范、性能特点，必要时画出其组成结构草图，了解产品商标或标签，做好商品信息记录。掌握同类主机硬件的厂商、型号、区别方法、性能指标、选购及安装注意事项。观察和了解各种硬件设备的匹配特性。

（3）通过反复动手训练，熟练掌握计算机内部组装和外部设备硬件接口、线缆的正确连接操作，画出草图，并做必要的记录。

（4）认识多媒体计算机主机系统及相关外设上的功能按钮，熟悉常见的硬件和软件的功能；掌握硬件和软件的操作。

（5）认真阅读计算机主板使用说明书，了解 BIOS 的基本概念、设置方法及注意事项。对组装好的计算机进行 CMOS 参数优化设置操作。

（6）熟练掌握计算机硬盘初始化工具软件的使用。

（7）掌握计算机常用 DOS 命令的格式、参数、功能和使用。

（8）安装 Windows 7 或 Windows 10 简体中文版操作系统。

（9）安装计算机的主板、显卡、网卡、声卡的驱动程序。

（10）安装 WPS Office 2019 或 Office 2010 办公软件。

（11）安装 360 杀毒软件且使用。

（12）安装 360 安全卫士。

（13）安装 WinRAR 压缩软件且使用。

（14）安装暴风影音多媒体播放软件。

（15）掌握其他应用软件和工具软件安装和卸载的一般方法。

（16）利用 Ghost 软件做计算机系统备份和恢复，并做好相关操作记录。

（17）学习和掌握利用 WPS Office 2019 或 Office 2010 办公软件进行数据处理的基本工作过程和操作方法。

4. 注意事项

（1）先阅读说明书，了解各部件的基本功能，不可随意擅自拆散计算机硬件。

（2）整机安装连接完成后，要进行计算机硬件系统检查和开机测试。可以初步利用 POST（Power On Self Test）上电自检程序，对硬件进行监测和故障诊断。

（3）要正确、合理地配置计算机的软硬件系统，并进行优化处理。

（4）掌握正确的多媒体计算机主机系统安全使用方法。要防潮、防震、防磁、防高温。要按正确的开关机要求开机和关机。

（5）掌握正确维护计算机软硬件系统的方法，如遇一般故障，应关闭计算机，排除故障后再开机。

5. 总结考核

（1）查资料或上网，阅读产品说明书，从技术规范上归纳总结主机硬件识别、选购及安装使用方法。

（2）独立归纳整理并写出对计算机主机硬件组装技术、技巧、注意事项的实训总结。

（3）独立归纳整理并写出对计算机 BIOS 概念、设置技巧、优化方法及注意事项的实训总结。

（4）独立归纳整理并写出对计算机硬盘初始化的方法、技巧及注意事项的实训总结。

（5）独立归纳整理并写出对计算机系统和办公应用软件安装技术、技巧、使用方法、卸载方法的实训总结。

（6）对任务要求、训练设备、训练内容、操作步骤和训练结果进行系统分析和总结，归纳在技能训练中的收获和体会。撰写并提交一份技能训练总结报告。

训练任务 2.2　显示器的使用与维护

1. 任务要求

学习使用 LCD 液晶显示器（监视器）的控制面板功能和操作方法。了解 LCD 液晶显示器的组成结构、原理、特点；正确掌握 LCD 液晶显示器的安装、基本使用和维护方法。

2. 训练情景

训练器材：LCD 液晶显示器、多媒体计算机。

训练场景：计算机系统机房。

3. 计划内容

（1）了解 LCD 液晶显示器的主流型号、组成结构、工作原理和性能参数，并做相关记录。

（2）熟悉 LCD 液晶显示器的安装和使用方法。

（3）熟悉 LCD 液晶显示器控件、OSD 和 Windows 操作系统"控制面板"显示设置功能和操作方法。

（4）根据预先准备的各种演示文稿、视频文件，按实际要求熟练进行显示播放和图像参数的调节操作，并做相关比较和记录。

4. 注意事项

（1）实训中要爱护设备，遵守安全操作规程。

（2）LCD 液晶显示器的使用步骤：

① 与 PC 中显示卡上的 VGA 接口连接好 LCD 液晶显示器信号线，接通电源。

② 对于外部显示器，要在显示器控件上设置亮度和对比度，而不是从 Windows 中设置。通过 OSD（On-Screen Display）调节显示器的相关屏幕参数。如果使用便携式计算机，大多数可以在 Windows 中的"电源选项"里调整亮度。

③ 通过 Windows 操作系统的"控制面板"，对 LCD 显示器进行最佳的显示设置，包括屏幕分辨率、刷新频率和颜色。检查屏幕分辨率，有助于确定屏幕上图像的清晰度。将 LCD 显示器设置为其"原始分辨率"是一个好的习惯，该分辨率是厂商根据显示器大小而设计的适合显示的分辨率。对 LCD 显示器，要合理使用调节按钮，平常最好使用推荐的最

佳分辨率和刷新频率。单击打开"屏幕分辨率",单击"分辨率"下拉按钮,检查标记为"(推荐)"的分辨率,就是当前 LCD 显示器的原始分辨率,通常是显示器可以支持的最高分辨率。"控制面板"中的"屏幕分辨率"是针对显示器推荐的分辨率,使用的分辨率取决于显示器支持的分辨率。由于独立显示器通常比便携式计算机屏幕大,因此与便携式计算机相比,通常它支持更高的分辨率。

因为 LCD 显示器不会出现闪烁,因此不需要为其设置较高的刷新频率。

④ 若要获得在 LCD 显示器上显示最佳颜色,请确保将其设置为 32 位颜色,该值是指颜色深度,即可以分配给图像中一个像素的颜色值数量。颜色深度的范围为从 1 位(黑白)到 32 位(超过 16.7 百万色)。单击打开"屏幕分辨率",单击"高级设置",然后单击"监视器"选项卡。在"颜色"中,选择"真彩色(32 位)",然后单击"确定"按钮。

5. 总结考核

(1)阅读产品说明书,归纳总结 LCD 液晶显示器的功能、选购及安装方法。

(2)独立归纳整理并写出对连接计算机信号源的安装、操作方法的实训总结。

(3)独立归纳整理并写出通过 LCD 液晶显示器控件或 OSD 调节显示器的相关屏幕参数的步骤及注意事项的实训总结。

(4)独立归纳整理并写出通过 Windows 操作系统的"控制面板"对 LCD 液晶显示器做最佳屏幕分辨率设置的方法、技巧、注意事项的实训总结。

(5)独立归纳整理并写出对 LCD 液晶显示器的正确维护方法的实训总结。

(6)对任务要求、训练设备、训练内容、操作步骤和训练结果进行系统分析和总结,归纳在技能训练中的收获和体会。撰写并提交一份技能训练总结报告。

训练任务 2.3　投影仪的使用与维护

1. 任务要求

学习使用投影仪的控制面板功能和操作方法。了解投影仪的组成结构、原理、特点;正确掌握投影仪的安装、基本使用和维护方法。

2. 训练情景

训练器材:投影仪、多媒体计算机。

训练场景:计算机系统机房。

3. 计划内容

(1)了解投影仪的主流型号、组成结构、工作原理和性能参数,并做相关记录。

(2)熟悉投影仪的安装和使用方法。

(3)熟悉投影仪的控制面板功能和操作方法。

(4)根据预先准备的各种演示文稿、视频文件,按实际要求熟练进行投影仪的播放和图像参数的调节操作,并做相关比较和记录。

4. 注意事项

（1）实训中要爱护设备，遵守安全操作规程。

（2）投影仪的使用步骤：

① 摆放好投影仪，使投影仪和银幕的距离保持在 1.5~2m。连接计算机信号源。在确定所有操作开关处于关闭状态时，连接电源。

② 打开反射镜盖，轻轻开至最大的角度，切勿动作太大，动作太大会损坏投影盖，导致投影仪无法使用。

③ 按投影仪或遥控器上的电源按钮启动投影仪。打开电源开关（开机按 POWER 1 次，关机按 2 次），此时灯泡应点亮，风扇应转动（可用手在投影仪出风口感受出风的情况或听声音来判断），如果风扇不转动，应该立即关闭电源，停止使用。

④ 调整反射镜、调焦旋钮、色边调整旋钮，最终在银幕上得到清晰的白色亮面。

⑤ 正常启动投影仪后，投影仪开始搜索输入信号。屏幕上显示当前扫描的输入信号，若投影仪未检测到有效信号，屏幕上将一直显示未发现信号的信息，直至检测到输入信号。也可按投影仪或遥控器上的"信号源"按钮，选择所需输入信号。

⑥ 使用完毕后检查投影仪是否处于待机状态，处于待机状态，方可关闭。

按一次电源开关，屏幕上将显示确认提示信息。如果在数秒内没有响应，该信息会消失。

再按一次电源开关，蓝色的电源指示灯开始闪烁，然后投影仪灯泡熄灭，风扇会继续运转大约 90s 以冷却投影仪。冷却过程完成后，电源红色指示灯将常亮，风扇也将停止运行。

⑦ 盖好防尘罩，把电源线收至盒内。

注意：投影仪都是即插即用的，不需要驱动程序，它就是把计算机显示器屏幕输出的内容不失真地放大，只需连接设置即可。投影仪使用视频接口，与显示器接口是一样的。

关机后，投影仪不能马上断开电源，因为机内的温度仍然很高，其散热系统仍在工作，马上切断电源会使热量无法散出而对机器造成损害。要避免长时间使用投影仪。若长时间不使用投影仪，应将电源线从插座上拔下来，在投影机关闭次序完成之前或在 90s 的冷却过程中，切勿拔掉电源线。要避免强烈的震动，因为这样会造成液晶片的移位，影响放映时三片 LCD 的汇聚，出现 RGB 颜色不重合现象。还要注意防尘与通风。

5. 总结考核

（1）阅读产品说明书，归纳总结投影仪的功能、选购及安装方法。

（2）独立归纳整理并写出对连接计算机信号源的安装、操作方法的实训总结。

（3）独立归纳整理并写出对投影仪的使用步骤及注意事项的实训总结。

（4）独立归纳整理并写出对投影仪的投影技术、使用技巧、注意事项的实训总结。

（5）独立归纳整理并写出对投影仪的正确维护方法的实训总结。

（6）对任务要求、训练设备、训练内容、操作步骤和训练结果进行系统分析和总结，归纳在技能训练中的收获和体会。撰写并提交一份技能训练总结报告。

训练任务 2.4　针式打印机的使用与维护

1. 任务要求

学习使用针式打印机的控制面板功能和应用软件中打印设置操作的功能。了解针式打印机的组成结构、原理、特点；正确掌握针式打印机的安装、基本使用和维护方法；掌握进行文档打印的基本工作流程。

2. 训练情景

训练器材：各种电子文档、纸张、针式打印机、多媒体计算机。
训练场景：计算机系统机房。

3. 计划内容

（1）了解针式打印机的主流型号、组成结构、工作原理和性能参数，并做相关记录。
（2）熟悉针式打印机、驱动程序的安装和使用方法。
（3）熟悉针式打印机的控制面板功能和应用软件中打印设置操作的功能。
（4）根据预先准备的各种电子文档，按排版要求熟练进行文档打印操作，例如，横向打印、纵向打印、窄行打印、宽行打印、图文打印、报表打印、连续走纸、双面打印等，并做相关比较和记录。

4. 注意事项

（1）实训中要爱护设备，遵守安全操作规程。
（2）一定要断电后才能进行拆卸操作。
（3）针式打印机的使用步骤：
① 将针式打印机连接到计算机。
② 接通电源，安装驱动程序，进行必要的属性设置和测试。
③ 放打印纸。
④ 编辑文档。
⑤ 开始打印。
（4）针式打印机的维护方法：

针式打印机应该工作在干净、无尘、无酸碱腐蚀的环境中，工作台必须平稳、无震动。要定期对打印头进行清洗保养；要定期清洁和润滑打印机；要正确调整打印头和打印辊之间的间隙；应适时更换打印色带；在联机情况下，不要用手旋转进纸手轮，以免影响微动进纸量；在加电情况下，不要插拔通信电缆插头，以免烧毁接口元件。

如果出现走纸或字车运行困难，需要断电检查，不要强行工作，以免损坏电路或机械传动部分。

5. 总结考核

（1）阅读产品说明书，归纳总结针式打印机的功能、选购及安装方法。
（2）独立归纳整理并写出对驱动程序安装、应用软件中打印设置操作的功能、操作方法的实训总结。

(3) 独立归纳整理并写出对针式打印机的使用步骤及注意事项的实训总结。

(4) 独立归纳整理并写出对针式打印机的打印技术、使用技巧、注意事项的实训总结。

(5) 独立归纳整理并写出对针式打印机的正确维护方法的实训总结。

(6) 对任务要求、训练设备、训练内容、操作步骤和训练结果进行系统分析和总结，归纳在技能训练中的收获和体会。撰写并提交一份技能训练总结报告。

训练任务 2.5 喷墨打印机的使用与维护

1. 任务要求

学习使用喷墨打印机的控制面板功能和应用软件中打印设置操作的功能。了解喷墨打印机的组成结构、原理、特点；正确掌握喷墨打印机的安装、基本使用和维护方法；掌握进行文档打印的基本工作流程。

2. 训练情景

训练器材：各种电子文档、纸张、喷墨打印机、多媒体计算机。

训练场景：计算机系统机房。

3. 计划内容

(1) 了解喷墨打印机的主流型号、组成结构、工作原理、性能参数并做相关记录。

(2) 熟悉喷墨打印机、驱动程序的安装和使用方法。

(3) 熟悉喷墨打印机的控制面板功能和应用软件中打印设置操作的功能。

(4) 根据预先准备的各种电子文档，按排版要求熟练进行文档打印操作，例如，横向打印、纵向打印、图文打印、报表打印、彩色打印、照片打印、双面打印等，并做相关比较和记录。

4. 注意事项

(1) 实训中要爱护设备，遵守安全操作规程。

(2) 一定要断电后才能进行拆卸操作。

(3) 喷墨打印机的使用步骤：

① 将喷墨打印机连接到计算机。

② 接通电源，安装驱动程序，进行必要的属性设置和测试。

③ 放打印纸。

④ 编辑文档。

⑤ 开始打印。

(4) 喷墨打印机的维护方法：

喷墨打印机应该工作在干净、无尘、无酸碱腐蚀的环境中，工作台必须平稳、无震动。要定期清洁和润滑机械运动部件和部位。要定期对打印喷头和墨盒进行清洗保养；要学会墨水盒的安装、测试和使用；要注意节省墨水、更换墨水、清洁喷嘴头；每次重装打印墨盒后，原则上应按步骤进行打印头校正。在加电情况下，不要插拔通信电缆插头，以免烧毁接口元件。在开启喷墨打印机电源开关后，电源指示灯或联机指示灯会闪烁，表明喷墨打印机正在预热，在此期间不要进行任何操作，待预热完毕后指示灯不再闪烁时方可进行操作。喷墨打印机不宜使用过薄的纸张或受潮的纸张；纸张一定要充分翻拨且整齐后放入，如果使用透明胶片，必须单张送入打印。如果出现走纸或机械部件运行困难，需要断电检查，不要强行工作，以免损坏电路或机械传动部分。

5. 总结考核

（1）阅读产品说明书，归纳总结喷墨打印机的功能、选购及安装方法。

（2）独立归纳整理并写出对驱动程序安装、应用软件中打印设置操作的功能、操作方法的实训总结。

（3）独立归纳整理并写出对喷墨打印机的使用步骤及注意事项的实训总结。

（4）独立归纳整理并写出对喷墨打印机的打印技术、使用技巧、注意事项的实训总结。

（5）独立归纳整理并写出对喷墨打印机的正确维护方法的实训总结。

（6）对任务要求、训练设备、训练内容、操作步骤和训练结果进行系统分析和总结，归纳在技能训练中的收获和体会。撰写并提交一份技能训练总结报告。

训练任务 2.6　激光打印机的使用与维护

1. 任务要求

学习使用激光打印机的控制面板功能和应用软件中打印设置操作的功能。了解激光打印机的组成结构、原理、特点；正确掌握激光打印机的安装、基本使用和维护方法；掌握进行文档打印的基本工作流程。

2. 训练情景

训练器材：各种电子文档、纸张、激光打印机、多媒体计算机。

训练场景：计算机系统机房。

3. 计划内容

（1）了解激光打印机的主流型号、组成结构、工作原理和性能参数，并做相关记录。

（2）熟悉激光打印机、驱动程序的安装和使用方法。

（3）熟悉激光打印机的控制面板功能和应用软件中打印设置操作的功能。

（4）根据预先准备的各种电子文档，按排版要求熟练进行文档打印操作，例如，横向打印、纵向打印、图文打印、报表打印、双面打印、联网打印等，并做相关比较和记录。

4. 注意事项

（1）实训中要爱护设备，遵守安全操作规程。

（2）一定要断电后才能进行拆卸操作。

（3）激光打印机的使用步骤：

① 将激光打印机连接到计算机。

② 接通电源，安装驱动程序，进行必要的属性设置和测试。

③ 放打印纸。
④ 编辑文档。
⑤ 开始打印。

（4）激光打印机的维护方法：

激光打印机应该工作在干净、无尘、无酸碱腐蚀的环境中，工作台必须平稳、无震动。要定期清洁和润滑机械运动部件和部位；要正确安装、测试和使用感光鼓；要定期对感光鼓进行清洗保养；应适时更换墨粉；在加电情况下，不要插拔通信电缆插头，以免烧毁接口元件。在开启激光打印机电源开关后，电源指示灯或联机指示灯会闪烁，这表明激光打印机正在预热，在此期间不要进行任何操作，待预热完毕后指示灯不再闪烁时方可进行操作。激光打印机不宜使用过薄的纸张或受潮的纸张；纸张一定要充分翻拨且整齐后放入。如果出现走纸或机械部件运行困难，需要断电检查，不要强行工作，以免损坏电路或机械传动部分。

为延长硒鼓的使用寿命，在打印草图或校样时，可通过打印机属性窗口设置使用"经济方式"，这比普通打印使用的墨粉约少 50%。

5．总结考核

（1）阅读产品说明书，归纳总结激光打印机的功能、选购及安装方法。

（2）独立归纳整理并写出对驱动程序安装、应用软件中打印设置操作的功能、操作方法的实训总结。

（3）独立归纳整理并写出对激光打印机的使用步骤及注意事项的实训总结。

（4）独立归纳整理并写出对激光打印机的打印技术、使用技巧、注意事项的实训总结。

（5）独立归纳整理并写出对激光打印机的正确维护方法的实训总结。

（6）对任务要求、训练设备、训练内容、操作步骤和训练结果进行系统分析和总结，归纳在技能训练中的收获和体会。撰写并提交一份技能训练总结报告。

思考练习

一、简答题

1．简述计算机的基本概念和分类。
2．简述计算机的发展历史和市场的主流现状。
3．计算机的主要性能与指标有哪些？
4．简述计算机系统的组成结构。
5．简述计算机系统的工作原理。
6．简述计算机和便携式计算机的选购、使用操作方法。
7．计算机系统装机规范有哪些？装机的准备工作有哪些？
8．试总结计算机整机组装的方法和流程。
9．简述计算机系统开机监测信息和故障诊断的意义。
10．简述计算机系统的维护、维修方法。
11．简述显示器的基本概念及分类。
12．简述显示器的发展历史及市场的主流现状。

13．LCD 显示器的主要性能与指标有哪些？
14．简述 LCD 显示器的组成结构。
15．简述 LCD 显示器的工作原理。
16．简述 LCD 显示器的选购、安装、使用操作方法。
17．简述 LCD 显示器的维护、维修方法。
18．简述投影仪的基本概念及分类。
19．简述投影仪的发展历史及市场的主流现状。
20．投影仪的主要性能与指标有哪些？
21．简述投影仪的组成结构。
22．简述投影仪的工作原理。
23．简述投影仪的选购、安装、使用操作方法。
24．简述投影仪的维护、维修方法。
25．简述打印机的基本概念及分类。
26．简述打印机的发展历史及市场的主流现状。
27．针式打印机、喷墨打印机、激光印字机的主要性能与指标各有哪些？
28．简述针式打印机、喷墨打印机、激光印字机的组成结构。
29．简述针式打印机、喷墨打印机、激光印字机的工作原理。
30．简述针式打印机、喷墨打印机、激光印字机的选购、安装、使用操作方法。
31．简述针式打印机、喷墨打印机、激光印字机的维护、维修方法。

二、判断题及填空

1．显示器是计算机外部的主要硬件。　　　　　　　　　　　　　　　（　　）
2．计算机主机与外部设备连接完成后不需要进行开机检查和测试。　（　　）
3．扫描仪只能进行图片扫描。　　　　　　　　　　　　　　　　　（　　）
4．现代计算机的外部设备接口大多数都是 USB 接口。　　　　　　　（　　）
5．如果已正确配置计算机，应当从屏幕上看到一系列测试和验证信息，包括 CPU 主频速度、系统内存、主板信息等内容。　　　　　　　　　　　　　　（　　）
6．只能对整个注册表进行导出操作。　　　　　　　　　　　　　　（　　）
7．"我的文档"只能放在系统分区中。　　　　　　　　　　　　　　（　　）
8．安装应用软件时，最好安装到非系统分区中。　　　　　　　　　（　　）
9．MAXDOS 可以给装好的 Windows 2K/XP/2007 加入纯 DOS 的入口。（　　）
10．GHOST 可以对分区进行备份，也可对整个硬盘进行备份。　　　（　　）
11．360 安全卫士可以清除所有计算机病毒。　　　　　　　　　　　（　　）
12．国产知名品牌计算机有（　　）、（　　）、（　　）等。
13．主机部件包括（　　）、（　　）、（　　）、（　　）、（　　）、（　　）等。
14．安装 CPU 风扇时应先在 CPU 表面涂一层（　　）。
15．目前，市场上的 CPU 供应商为（　　）和（　　），主板品牌有（　　）、（　　）、（　　）等。
16．打印机有（　　）、（　　）、（　　）三种。

17．计算机的启动过程大致可以分为（　　）、（　　）、（　　）、（　　）、（　　）。

18．三个常见的硬件检测软件是（　　）、（　　）、（　　）。

19．计算机软故障主要有（　　）、（　　）、（　　）。

20．启动计算机时显示器无信号，且系统喇叭发出一长三短的警报声，这是（　　）故障；如果系统喇叭连续发出长"嘟"警报声，则为（　　）故障。

21．硬件故障常用的诊断方法有（　　）、（　　）、（　　）等。

三、选择题

1．计算机工作时，靠（　　）控制才能完成。

　　A．软件　　　　　　B．硬件　　　　　　C．主机　　　　　　D．内存

2．CPU 型号为 Core 2 Quad，那么该 CPU 有（　　）个核心。

　　A．1　　　　　　　B．2　　　　　　　　C．3　　　　　　　　D．4

3．USB2.0 总线的传输速度是（　　）。

　　A．12Mb/s　　　　B．48Mb/s　　　　　C．120Mb/s　　　　D．480Mb/s

4．电荷耦合器件图像传感器的缩写是（　　）。

　　A．CCD　　　　　B．CMOS　　　　　C．FDD　　　　　　D．IDE

5．硬盘工作指示灯与电源指示灯要分正负极，在安装时需要注意，一般情况下（　　）代表正极。

　　A．黑色　　　　　　B．黄色　　　　　　C．白色　　　　　　D．红色

6．（　　）不是计算机的外部设备。

　　A．显示器　　　　　B．鼠标　　　　　　C．打印机　　　　　D．内存

7．木马病毒常用的前缀名是（　　）。

　　A．Win32　　　　　B．Script　　　　　　C．Joke　　　　　　D．Trojan

8．显示器的尺寸指标是指显示屏的（　　）的长度。

　　A．宽度　　　　　　B．高度　　　　　　C．对角线　　　　　D．以上都不对

9．硬盘工作指示灯连接线上一般印有（　　）字样。

　　A．HDD LED　　　B．PWR LED　　　　C．RESET SW　　　D．SPEAKER

10．加电自检程序的英文简写为（　　）。

　　A．BIOS　　　　　B．CMOS　　　　　　C．BOOT　　　　　D．POST

重点小结

项目 2 的学习任务是多媒体台式计算机和便携式计算机的使用与维护。必备知识要求是熟悉办公信息处理设备的基本概念；掌握办公信息处理设备的使用与维护方法。多媒体计算机主机系统，显示器、投影仪（机）、打印机等常用外设是项目 2 的典型教学背景案例，是学习任务中的核心任务。技能训练要求是具备办公信息处理设备（多媒体计算机系统）中的多媒体计算机主机系统、显示器、投影仪（机）、打印机职业技能标准的条件，学会多媒体计算机主机系统的使用与维护；学会显示器的使用与维护、学会投影仪的使用与维护；学会针式打印机的使用与维护；学会喷墨打印机的使用与维护；学会激光打印机的使用与维护。

计算机主机系统是整个系统的核心部分，但必须与一定的外设连接起来，再装上软件后，形成完整的计算机系统，才能正常工作。LCD液晶显示器是一种采用液晶控制透光度技术来实现图像显示的显示设备。投影仪是一种可以将图像或视频投射到幕布（墙）上的光电投射设备，适用于大屏幕图像放大显示。打印机是计算机系统中常用的输出设备之一。日常办公和生活中最常见的打印机为针式打印机、喷墨打印机和激光打印机。

硬件设备型号识别方法如下：

厂商一般把不同类型的硬件设备驱动程序都压制在一张盘中，而且还会有不同的操作系统版本。硬件产品上印刷的各种信息，以及板卡产品使用的主要芯片型号，是确定产品型号及厂家的重要依据。

识别硬件设备型号最有用的就是其中的 Vendor ID（厂商 ID）和 Device ID（设备 ID），这两个 ID 是 PCI-SIG 组织统一编制命名的。

例如，我们把其中对安装驱动有用的设备，如 Network Controller（网卡）、Multimedia Device（声卡）和 Display Controller（显卡）对应的 Vendor ID 和 Device ID 记下来，然后到相关网站进行查询，就可以知道这些硬件设备的型号了。

综合训练

【布置实施第 3 学习训练阶段任务】 系统使用

按照划分的任务小组（团队），配合课程并行安排，大约在 5 周完成。组织学生到一些对现代办公设备和现代办公自动化系统应用有代表性的机关、事业、商业（办公设备销售与系统集成）、企业、维修服务部，行业单位和部门的办公、销售、生产、维修等场所，进行现代办公设备和现代办公自动化系统软硬件系统运行使用的操作技能训练。第三学习训练阶段工作任务完成后，按小组进行汇报、答辩、总结和考核。

项目 3

办公信息复制设备

项目引入

信息复制的主要任务是从书写、绘制或印刷的原始稿件直接得到等倍、放大或缩小的复印品,为信息使用者提供收集整理、快速分发、交流利用、方便保存的原始文献资料。

信息复制的主要设备是复印机、速印机、多功能一体机等。这里主要讨论纸质媒体(文印办公)的复制设备和技术。

信息复制设备的主要功能是利用静电复印等技术,对文稿、图片、图表等数据资料,完成忠于原件的直接复印,使用户得到简便、优质、经济、高效的信息获取和利用服务。

项目 3 中的办公信息复制设备主要内容包括数码复印机、多功能一体机等。主要学习办公信息复制设备的发展与现状、组成与结构、原理与特点、功能与使用、维护与管理的方法和技能。由于无纸化办公已逐渐应用到多个领域,本项目中删除了速印机的内容。多功能一体机具有良好的功能整合与性价比方面的优势,市场发展迅速,特增加了多功能一体机的内容。

项目 3 有 2 个子任务,分别为数码复印机和多功能一体机的使用与维护。典型教学背景案例为数码复印机。

任务目标

1. 熟悉办公信息复制设备的基本概念;
2. 掌握办公信息复制设备的使用与维护方法;
3. 具备办公信息复制设备中复印机职业技能标准的条件。

数码复印机是项目 3 的典型教学背景案例。重点技能训练任务有以下几个方面:

(1)数码复印机控制面板的使用;
(2)数码复印机的复制操作;
(3)数码复印机光学系统的维护;
(4)数码复印机显影系统的维护;
(5)数码复印机成像系统的维护;
(6)数码复印机供纸、输纸系统的维护;

（7）数码复印机定影系统的维护；
（8）数码复印机驱动系统的维护；
（9）数码复印机电气控制系统的维护；
（10）多功能一体机的使用与维护。

必备知识

任务5　数码复印机的使用与维护

5.1　复印机概述

复印机是从书写、绘制或印刷的原稿得到等倍、放大或缩小的复印品的印刷办公设备。

复印机复印的速度快，操作简便，与传统的铅字印刷、蜡纸油印、胶印等印刷方法的主要区别是无须经过其他制版等中间手段，而能直接从原稿获得复印品。当复印份数不多时较为经济。由于复印机在复制份数较少的文件时快捷方便，并能保持原件的原样，因此很快得到了推广使用。目前，复印机已成为办公活动中一种广泛使用和不可缺少的现代办公设备。

现代办公对文件的利用大多是通过复制件来实施或延续原始文件所具有的行政效用的，文件的文本格式、印章体例等外部特征在复制过程中都被严格地保留下来，从而实现了资料和信息的迅速保存与传输。所以，复印机为实现现代高效办公带来了极大的方便。

然而，复印机又是涉及多种学科的综合性技术产品，其品牌繁多，机型复杂，结构多种多样，为提高复印质量、保证复印机的正常运转和延长其使用寿命，提倡主动维护，从而可获得最佳使用效率和价值。因此，做好复印机的正确使用和日常维护工作是十分重要的。

5.1.1　复印机的概念与分类

复印机是一种将机械、电子和光学融为一体的综合性技术设备，是现代办公的重要组成部分。复印机的含义是严格复制文件、图、表等被复制对象的信息内容及其记录形式，获取与原件内容及形式相同副本的办公文印设备。

目前，全世界有几十家企业独立生产复印机。复印机的种类繁多，从应用角度看有工程复印机、数码复印机、彩色复印机等。从复印技术上看可分为光化学复印、热敏复印和静电复印三类。静电复印是现在应用最广泛的复印技术，故现代复印机又称为静电复印机，它的原理是：用硒、氧化锌、硫化镉和有机光导体等作为光敏材料，在暗处充上电荷接受原稿图像曝光，形成静电潜像，再经显影、转印和定影等完成复印过程。

根据复印机的工作原理、复印技术和基本工作过程等，复印机有以下多种不同的分类。

（1）按工作原理分类。复印机按工作原理的不同，可分为模拟复印机和数码复印机两大类。

早期的复印机大多数为模拟复印机。数码复印机是近几年来兴起的数字化办公潮流所

带来的必然结果。数码复印机与模拟复印机的主要区别是工作原理不同。模拟复印机的工作原理是：先通过曝光、扫描将原稿的光学模拟图像通过光学系统直接投射到已被充电的感光鼓上产生静电潜像，再经过显影、转印、定影等步骤，完成复印过程。数码（字）复印机的工作原理是：先通过 CCD（光电荷耦合器件）传感器对通过曝光、扫描产生的原稿光学模拟图像信号进行光电转换，然后将经过数字技术处理的图像信号输入到激光调制器，调制后的激光束对被充电的感光鼓进行扫描，在感光鼓上产生由点阵组成的静电潜像，再经过显影、转印、定影等步骤，完成复印过程。第一部数码复印机于 1991 年由日本佳能公司推出。数码复印机具有高技术、高质量、组合化、增强生产能力、可靠性极高等一系列优点。随后理光、施乐、美能达等厂商都推出了多种型号的数码复印机。

（2）按潜像形成方法分类。复印机按潜像形成方法可分为放电成像法（卡尔逊法）复印机、电容或逆光成像法（NP 法或 KIP 法）复印机、持久内极化成像法（PIP 法）复印机、静电像转移法（TESI 法）复印机等。一般从机器外部不能分辨出采用了哪种形成潜像的方法。

（3）按显影状态分类。复印机按显影状态分类，可以分为湿法显影复印机和干法显影复印机。

湿法显影复印机采用的是液态显影剂，具有解像度高、层次好、机构简单、耗电少等优点，但存在使用不方便、有空气污染等缺点。干法显影复印机采用干法显影方式，是现代复印机主要使用的显影体系。

（4）按显影剂组成分类。按复印机显影剂组成分类，可分为双组分显影剂型复印机和单组分显影剂型复印机。二者都用于图像潜像显影的非常微细的均匀粉末，也称为墨粉。区别在于双组分显影剂由墨粉（色调剂 Toner）和载体（Carrier）两部分组成。单组分显影剂中只有墨粉（色调剂 Toner），没有载体。

（5）按光导材料分类。按光导材料可分为硒鼓复印机或硒-碲合金鼓复印机、氧化锌复印机、氧化锌涂层纸复印机、硫化镉鼓复印机、有机光导鼓复印机、硅鼓复印机等。

（6）按复印介质分类。根据复印机使用的纸张，复印机可分为特殊纸复印机及普通纸复印机。特殊纸一般指可感光的感光纸，而普通纸是指普遍使用的复印纸。

（7）按清洁方式分类。复印机按清洁方式分类，可以分为充电曝光式复印机、刮板式复印机、毛刷回收式复印机、磁辊回收式复印机和综合式复印机。

（8）按主机形体分类。根据复印机外形和摆放方式不同，可分为台式复印机、落地式复印机和便携式复印机。

（9）按稿台方式分类。复印机按稿台方式分类，可以分为稿台固定式复印机、稿台移动式复印机。

（10）按复印幅面尺寸分类。根据复印机复印幅面不同，可以分为大型复印机、中型复印机和小型复印机。一般我们在普通的办公场所看到的复印机均为普及型，也就是复印的幅面大小为 A3~A5。如果需要复印更大幅面的文档（如工程图纸等），则需使用大型工程复印机进行复印，这些工程复印机复印的幅面大小为 A2~A0，甚至更大，不过其价格非常昂贵。

（11）按复印缩放功能分类。根据复印机缩放功能不同，可以分为等倍率复印机（1∶1）、固定倍率复印机（复印倍率分为几个固定级差）、无级变倍复印机三种。

（12）按原稿色彩分类。根据对原稿色彩还原性能，可分为黑白静电复印机、单彩色静电复印机和全彩色静电复印机。

（13）按复印速度分类。根据复印机的复印速度，可分为超高速复印机（100 张/分以上）、高速复印机（60～100 张/分）、中速复印机（20～60 张/分）、低速复印机（20 张/分以下）。

（14）按综合功能分类。根据复印机综合功能分类，可分为单一功能，即只有复印功能的复印机，以及多功能复印机（打印、传真、网络），也称为多功能一体机，目前在中小型企业中得到广泛应用。

（15）按用途分类。复印机按用途分类，可以分为办公用复印机、彩色复印机、传真复印机、智能复印机、缩微胶片还原复印机、工程图纸复印机。彩色数码复印机采用彩色滚筒印出色彩丰富的彩色复印品，目前仅用于一些专业部门。智能数码复印机具有计算机接口，能将计算机输出的信息直接制版进行速印，不需要打印后再复印。

5.1.2 复印机的发展与现状

复印机在商业、教育及政府机构中被广泛应用。今天，几乎每个办公室都离不开复印机，复印技术的发展使人们无不惊讶，它方便到只要你轻轻一按，就能得到一张与原稿一样的复印品。在人们的心目中，有一个名字与复印机联系在一起，这就是复印机之父"卡尔逊"。

（1）20 世纪 30 年代到 50 年代复印技术的发展。

复印技术诞生于 20 世纪 30 年代。1938 年，美国的卡尔逊将一块涂有硫黄的锌板用棉布在暗室中摩擦，使之带电，然后在上面覆盖一带有图像的透明原稿，曝光之后撒上石松粉末即显示出原稿图像，形成了世界上第一份复印件，印出了试验时间和地点（1938 年 10 月 22 日"阿斯托利亚"），这是卡尔逊的伟大发明，他的实验装置于 1942 年获得专利。

1946 年，卡尔逊与巴尔特研究所合作，进行了大量的研究工作。由毕克思贝发明的真空镀膜方法，将光导体硒蒸镀在铝板上，获得高纯度感光体。巴尔特发明了电晕充电装置，韦尔卡波发明了瀑布显影，谢正特发明了静电显影法，这些发明奠定了复印技术的基础，使卡尔逊的发明得以实用。

1950 年，泽罗克斯（那时叫哈罗德公司）制造出第一台盲用静电照拍设备，以硒作为光导体，用手工操作的第一台普通纸静电复印机问世。1954 年，美国施乐公司将板式感光体改为鼓状，以感光元件为硒鼓，充电、曝光、显影、转印、定影、清洁等部件都适当安装在硒鼓周围，所有操作都随硒鼓旋转而顺利进行，依次完成复印各工序，并使静电复印实现自动化。1959 年，美国施乐公司制造出世界第一台落地式办公用静电复印机：Xerox914 型，掀开了复印机历史上崭新的一页。

（2）20 世纪 60 年代到 70 年代复印技术的发展。

为了打破美国施乐公司对普通纸静电复印技术的垄断，世界上许多厂商从 20 世纪 60 年代开始探索新的复印方法和材料，在这段时间里，静电复印技术的发展主要表现在以下两方面：可重复使用的光导体技术和涂层纸静电复印技术，并研制成功相应的静电复印机。

1963 年，美国施乐公司制造出 Xerox813 型静电复印机，1964 年制造出 1400 型（40 张/分）以及 3600 型复印机；1965 年，日本理光公司在引进美国和澳大利亚专利的基础上，研制成功 BS-1 型氧化锌湿法小型静电复印机。1967—1968 年，日本佳能公司和川电气公司研制出用硫化镉作为光导材料、具有绝缘膜表面的静电摄影用感光体，以及逆充电成像法。日本小西六公司和荷兰奥西公司研究成功将氧化锌（ZnO）作为感光体。目前，使用的硒合金、硫化镉、氧化锌感光体都是在 20 世纪 60 年代研制成功的。

中国在 20 世纪 60 年代也开展了复印技术的研究和静电复印机产品的开发，并于 1967 年推出中国第一台静电复印机：海鸥-1 型大型工程图纸复印机，后经改进为 se-2、se-3 和 se-4，均为落地式，随后又推出长江 I 型和长江 II 型、se-16 型等普通纸静电复印机。

20 世纪 70 年代，静电复印机在光导体和显影剂方面得到相当水平的改进和发展。

（3）20 世纪 80 年代复印技术的发展。

进入 20 世纪 80 年代，办公自动化的呼声越来越高。作为办公室主要设备之一的复印机得到了迅猛发展，由于 IC（集成电路）、LSL（大规模集成电路）以及 VLSI（超大规模集成电路）的实用化，促进了复印技术的发展。

本阶段复印技术和性能方面的特点有：

① 使用微处理机控制复印机的程序，使复印机实现了高级化和更可靠的控制，包括附加装置，甚至与复印过程的程序控制结合在一起。当今生产的复印机均用微处理机控制。

② 采用输出/输入装置，如原稿自动输送装置、分页机等。

③ 具有放大及缩小功能。

④ 复印 A3 幅面原稿已成为一般化。大部分固定原稿台的中高速复印机都可以复印 A3 幅面，一部分低速机也向这方面发展。

⑤ 双组分显影剂比单组分显影剂质量稳定。

⑥ 感光材料仍以硒为主流，但采用掺入碲、砷的硒合金感光体，提高感光体的感光度及对热的稳定性。

⑦ 移动式稿台。小型台式机采用光导纤维镜头，但有几家公司采用传统反射式镜头、透射式镜头，具有缩小和放大倍率的功能。许多机型采用固定式稿台。

⑧ 在显影机构中，双组分磁刷显影法是 20 世纪 80 年代普遍采用的显影方法，佳能公司的单组分跳跃式显影已在台式小型复印机上应用。

⑨ 在清洁机构中，采用刮板清洁。

⑩ 在定影机构中，多数复印机采用热压定影方法。

⑪ 小型化。小型化使复印机向个人甚至家庭方向发展，发明了将所有成像部件做成一体的小型卡盒式组件，如佳能公司的 PC-10、PC-20 型等。

在此阶段模拟静电复印机技术趋于成熟。

（4）20 世纪 90 年代复印技术的发展。

① 20 世纪 90 年代，国外复印机品种齐全，机型更新周期缩短。复印机性能不断提高，推出可靠性高、噪声低、降低臭氧释放量的环保型复印机。

② 作为模拟静电复印机和数字（码）复印机用的有机光导鼓（OPC 鼓）得到高速发展，由于有机分离型 OPC 鼓原料来源广泛、低毒性、低成本、高寿命，逐步取代 se 合金等无机感光体。在日本、德国、美国等国家，OPC 鼓已实现规模化生产，新开发的数字复印机、模拟机、激光打印机都采用 OPC 鼓。

③ 作为复印机主要耗材之一的显影材料，在新材料研究、配方、加工技术方面取得了新的发展。

④ 由于计算技术、数字技术、图像扫描技术、图像处理技术的发展，推动了静电复印技术数字化进程。

由于数字复印机采用了数字图像处理技术，使其能够进行复印和图文编辑，大大提高了复印机工作效率及复印品质量。

（5）21世纪复印技术发展趋势。

进入21世纪，人们对办公自动化设备提出了更高的要求，即逼真的色彩，简单的操作，功能更加完善，使办公设备向更高层次的数字化、复合化、彩色化、网络化方向发展。

① 由于数字复印机的优越性以及产品价格进一步降低，数字复印机取代模拟复印机是技术发展的必然趋势。数字复印机将使图像的存储、传输以及编辑排版（图像合成、信息追加或删减、局部放大或缩小、改错）等成为可能。它可以通过接口与计算机、文字处理机和其他微处理机相连，成为地区网络的重要组成部分。多功能化、彩色化、廉价和小型化，以及高速仍然是重要的发展方向。

② 进一步向复合化方向发展，复印机功能更多。随着数字技术和网络技术的日益发展，计算机的普及和进入家庭，办公自动化设备成为办公室和家庭不可缺少的设备。但是，原来的各种独立的办公自动化设备不仅占用了大量空间，而且价格昂贵，维护费用极高，还可能因连接等问题引起诸多不便。现代化办公要求新的办公设备能在有限空间内实现尽量多的功能，少花经费，且对产品的个性化、占地空间都有严格的要求，因此集扫描、传真、打印与复印等多种功能于一体的复合机将成为未来的主流办公自动化设备。

③ 进一步向印品彩色化方向发展。随着信息时代的到来，人们对信息彩色化和图像逼真的要求日趋提高。未来的复印机、打印机、传真机的印品将实现彩色化，可以使人的理解力提高、注意力持续延长、信息搜寻更加轻松。从企业角度上讲，办公的多彩化可以让员工工作效率得到提高；从商业意义上说，彩色化的办公环境，实际上是对人性化的一次大推动，使彩色化的商业价值日益明显。

④ 进一步向网络化方向发展。随着计算机的普及和互联网的发展，人们每时每刻都想及时准确地得到技术信息、商务信息、政务信息等，以便使人们为下一步工作确定正确的方向和目标，以免误入歧途。由于网络的普及，办公设备具备网络化是潮流所致。网络办公的优势十分明显，即具有更低的成本，强大的管理性，更快的复印速度，网络中复印更稳定可靠，减少为维护设备而投入的时间和精力，提高网络用户的工作效率及满意度。因此，复印技术向网络化方向发展是未来发展的必然趋势。

总之，复印技术经过几十年的发展，产品已从手动到全自动，从单一功能到多功能，从模拟向数字，从单色向多色、彩色化方向不断发展，使复印机真正成为办公自动化不可缺少的设备，最大限度地提高人们的工作效率。作为工业4.0时代最具发展前景的制造技术之一，3D复印技术已经进入医疗、建筑、航天、教育、机械工业等领域，而它对于生产方式的变革，很有可能进一步颠覆今天的商业模式。

5.1.3 复印机的技术与质量指标

复印机的技术与质量指标决定着使用单位的工作灵活程度、适应性，以及工作效率的高低和劳动强度的强弱。每个企业或办公室由于自身条件、规模、工作情况、工作性质的不同，对复印机的要求也不尽相同，在这种情况下，要从众多的品牌、价位和规格的复印机中选择一台适合本企业或个人所需的复印机，就必须综合参考复印机的技术指标和质量指标。

（1）最大幅面。最大幅面指的是复印机最大的扫描或打印尺寸范围，这个范围取决于复印机的内部机构设计和复印机的外部物理尺寸。办公型的复印机，最大幅面一般在 A3 以上，家用或便携型复印机，幅面一般只有 A4 大小，较大的工程复印机一般能达到更大的复印尺寸。

（2）预热时间。复印机进行复印的基本技术原理是利用光导材料的光敏特性和静电电荷库仑力作用。因此，复印机在进行复印时首先需要对感光材料进行充电，利用电晕放电的方法使感光材料的表面带上一定数量的静电电荷，从而能够进行正常的复印工作。这个过程所花费的时间就称为复印机预热时间。时间越短，说明等待的时间越少，复印机性能也就越好。

（3）首张复印时间。首张复印时间是指在复印机完成预热处于待机的状态下，用户在稿台放好复印原稿，盖好盖板，从按下按钮向复印机发出复印指令到复印机输出第一张复印稿所花费的时间。首张复印时间对复印量较小，即同一复印原稿每次只复印一两张的用户来说，显得尤为重要。高端复印机的首张复印时间低于 4s，低端 A4 幅面的复印机其首张复印时间在 10s 以上。

（4）缩放比例范围。所谓缩放就是指复印机对需要复印的文稿进行缩小或放大后再输出，如果某款复印机的缩放比例范围是 25%～400%，25%说明复印机能复印出原稿四分之一大小的复印品，400%则说明能将复印品扩大到原稿的 4 倍大小。复印机只能在一定范围进行缩放，如果打印的最大幅面和复印的稿件都是 A3 大小，稿件则无法再进行放大。复印比例相差数值越大，说明复印机的可扩缩的范围越大，性能相对也越好。

（5）复印速度。复印速度就是单位时间内复印机能够复印的张数，单位为张/分，速度越快表明复印机的性能越好。由于复印机预热需要时间，首张复印也需要花费比较长的时间，因此复印速度在计数时一般应该从第二张开始。

（6）连续复印能力。连续复印是指对同一复印原稿，不需要进行多次设置，复印机可以一次连续完成复印最大数量。连续复印因为可以避免对同一复印原稿的重复设置，节省了每次作为首页复印多花的时间，因此对于经常需要对同一对象进行多份复印的用户是相当实用的。一般为 1～99 张或者 1～999 张，数值越大说明复印机性能越好。连续复印能力是复印机又一重要的性能参数。

（7）感光材料。感光材料是指一种具有光敏特性的半导体材料，因此又称为光导材料或光敏半导体。目前，复印机上常用的感光材料有：有机感光鼓（OPC）、无定形硅感光鼓、硫化镉感光鼓和硒感光鼓。其特点就是在无光的状态下呈绝缘性，在有光的状态下呈导电性，复印机的工作原理正是利用了这种特性。在复印机中，感光材料被涂敷在底基上，制成进行复印时所需要使用的印板（印鼓），所以也把印板称为感光板（感光鼓），感光板是复印机的基础核心部件。复印机上普遍应用的感光材料硒、氧化锌、硫化镉、有机光导体等都是较理想的光导材料。

（8）复印纸尺寸。复印纸尺寸与复印成品的最大大小直接相关。一般为 A3 或 A4 纸张大小。

（9）纸盒。纸盒是用于存放复印纸的容器，可存放 A4 至 A3 幅面的复印纸。纸盒越大存储的纸张数量也就越多，但一个纸盒不能同时存储两种尺寸的复印纸。如果经常使用两种以上尺寸的复印纸，则必须有两个以上的纸盒，否则要通过手送纸盘送纸。

（10）内存。内存即数码复印机中用来存储稿件数据的存储器。数码复印机可先将多张稿件扫描至内存，再一起复印，以提高效率。内存越大，可存储的稿件张数就越多。若具备打印功能，大内存可提高打印速度。

国内外市场上复印机品种、型号较多。下面以佳能 iR3225N 数码复印机为例，将复印机的技术指标与质量指标列于表 5-1 中。

表 5-1　佳能 iR3225N 数码复印机技术与质量指标

项　目	内　容
产品类型	数码复印机
颜色类型	黑白
速度	中速
涵盖功能	打印/复印/扫描
内存容量	标配：512MB+256MB；最大：1GB+768MB
硬盘容量	60GB
显影系统	干式单组分跳跃式显影
定影系统	按需定影
感光材料	OPC
接口类型	10BASE-T，100BASE-TX，1000BASE-T，USB2.0
适用耗材	墨粉：NPG-25 墨粉，印量约 21000 页（A4，6%覆盖率）；感光鼓：NPG-25/26 感光鼓类型Ⅱ，印量约 75000 页（A4，6%覆盖率）；A4 70g 复印纸；A3 70g 复印纸；A4 80g 复印纸；A3 80g 复印纸
复印速度	25 张/分（A4）
复印分辨率	1200×600dpi
连续复印	1～999 张
首页复印时间	<4.9s
预热时间	主机电源打开时：30s 以内；睡眠模式恢复时：10s 以内
最大复印尺寸	A3
供纸量	标准：550 张×2（前置式纸盒）+50 张（手送纸盘），最大：550 张×4（前置式纸盒）+2700 张（纸仓）+50 张（手送纸盘）；出纸托盘容量：250 张（A4）
纸张尺寸	纸盒：A3～A5R；手送纸盘：A3～A5R，信封，非标准尺寸（99mm×148mm～297mm×432mm）64～128g/m²
纸张厚度	纸盒：64～80g/m²；手送纸盘：64～128g/m²
复印其他性能	灰度等级：256 级；手动缩放：25%～400%（以 1%为单位）
打印分辨率	1200×1200dpi
打印语言	UFRⅡ
打印其他性能	系统环境：Windows 2000/XP/Sever 2003/Vista，Mac OS X v10.2.8 或以上
扫描分辨率	600×600dpi
扫描其他性能	扫描方式：推式；彩色多元发送组件-P1（选配）；拉式：UFR II（标配）；色彩模式：黑白，彩色
可选配件	PCL 网络打印组件-AA1（选配），PS 网络打印组件-AA1（选配），传真规格（选配），双面自动输稿器-U1，分页装订处理器-S1，打孔组件-Q1（适用于分页装订处理器-S1），内置双路托盘-D1，打孔组件-L1（适用于鞍式分页装订处理器-AE2），双纸盒组件-Y3H，纸仓-Q1

续表

项　目	内　容
电源	220～240V AC，50/60Hz
功耗	1.5kW 以下
尺寸	565mm×700mm×761mm
质量	约 74kg
其他特点	复印/打印方式：激光静电转印方式；网络协议：TCP/IP，IPX/SPX，NetBIOS，Apple Talk

5.2 数码复印机的组成结构与工作原理

5.2.1 数码复印机的组成结构

尽管目前复印机市场上存在着多种品牌、多种型号，但其基本原理大致相同，其外形结构也大同小异。数码复印机的内部组件主要包括光学部件，感光鼓，光导体，电极，显影部件，分离部件，定影部件，清洁部件，输纸、供纸部件，机械驱动系统和电气装置。

（1）光学部件。光学部件位于机器的上部，包括原稿台玻璃、曝光灯管、反光镜组、滤色镜、扫描架、可调的曝光窄缝和防尘玻璃等，它们的作用是将原稿上的光像反射、传递、透射到感光鼓的表面。

（2）感光鼓。感光鼓位于复印机的中心部位，有的复印机感光鼓轴上装有小功率的感光鼓加热器，以防止感光鼓受潮，复印机的其他部件都是围绕感光鼓发挥作用的。感光鼓的曝光方式有全场静止和狭缝扫描曝光两种。

（3）光导体。光导体是复印机的核心部件，通过它把光信号转换为电信号，从而形成静电潜像。常用的光导体材料有硒（或硒合金）、硫化锌、氧化锌。用硒或硒合金制造的光导体（硒鼓），由于其制作容易、价格低廉、寿命较长（可复印几万次，甚至高达十几万次）且可以进行二次镀膜等优点，因而得到广泛的应用。

（4）电极（电晕）。电极位于感光鼓的周围，一般的复印机装有三个电极，分别为充电电极、转印电极和静电电极，也有些复印机的电极比较多。电极组件的主要作用是使光导体根据复印需要，时而带电、时而消电，完成充电、局部放电，形成静电潜像、转印和消电的过程。

（5）显影部件。显影部件位于感光鼓的一侧或下边，包括墨粉盒、显影磁辊、显影间隙刮刀和显影箱等。显影部件的主要作用是使带有与光导体相反静电的墨粉接触静电潜像，使墨粉附着在光导体表面，从而将不可见的静电潜像转化为可见的墨粉像。

（6）分离部件。分离部件由分离片（或分离带）、分离辊和小弹簧等构成，其作用是将转印过来的纸张从感光鼓上剥离下来，也有的复印机采用负压分离或电极方式，用空气或静电将纸张吸引下来。

（7）定影部件。定影部件位于机器的出纸口一侧，它由定影加热灯管（或加热丝）、定影加热辊（或加热板）、定影压力辊、恒温元件（热敏电阻）、清洁润滑组件（硅油盒、油毡纸等）构成。定影部件的作用是通过热压等方法将墨粉固化到复印纸上。

（8）清洁部件。清洁部件一般安装在感光鼓的上部，清洁刮板或毛刷与感光鼓紧密接触,清扫残余墨粉。清除下来的墨粉被磁辊吸引,可回收继续使用,但有些复印机不能重复使用。清洁部件还包括消电灯管,它位于消电电极附近,利用光照消除感光鼓表面的残余电荷。

(9)输纸、供纸部件。输纸部件由上、下纸盒搓纸轮、纸张定位轮、纸张传递带,以及定影器中的上下定影辊和排纸辊等部件组成,完成使纸张行进的任务;供纸部件由搓纸轮、纸张定位轮和传动轮组成,使纸盒中的复印纸一张一张地送入复印机内。

(10)机械驱动系统。驱动部分的零部件很多,安装在复印机后部,主要有主电动机、光扫描(或原稿台)电磁驱动离合器、显影部件驱动离合器、送纸部件驱动离合器、定影部件驱动离合器和感光鼓驱动离合器。

(11)电气装置。电气装置主要包括电源部件、高压发生装置、偏压控制电路、显影控制电路、操作驱动电路、灯光控制电路、继电器控制电路、时序脉冲控制电路,以及位于机器各部分的传感器(光电开关或超声波开关)和微动开关等。电路的印制线路板多位于机器后部及两侧,主控板位于机器内侧。

数码复印机外部各部件如图5-1和图5-2所示。

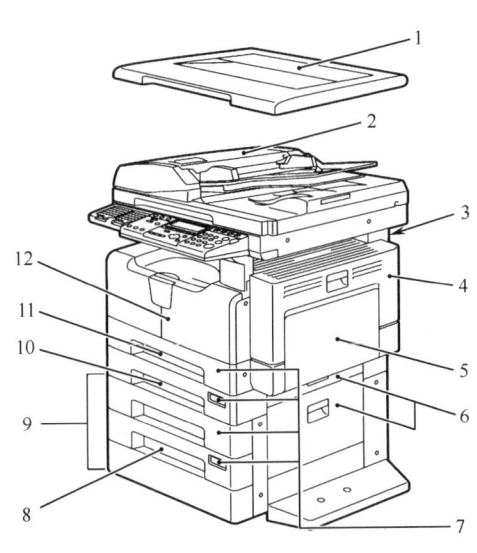

图5-1 前部/右侧

1—稿盖板;2—自动双面输稿器;3—操作手册盒;4—侧盖板;5—旁路供纸盘;6—(上:供纸单元的/下:供纸工作台的)供纸盖板;7—纸张尺寸指示器;8—供纸工作台;9—纸盒模块;10—供纸单元;11—纸盒;12—前盖板

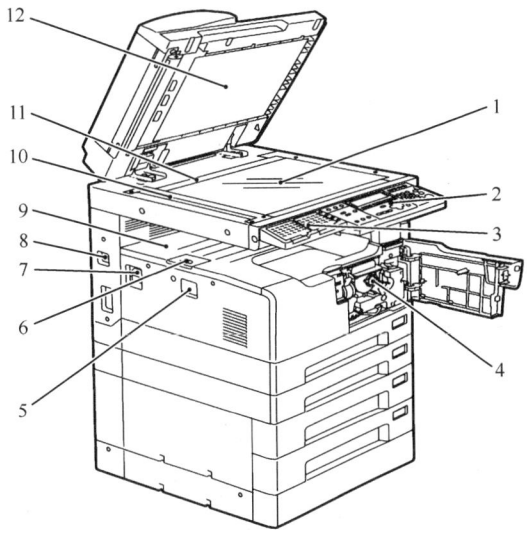

图5-2 前部/左侧

1—原稿玻璃;2—控制面板;3—扩展键盘;4—墨粉盒;5—电源开关;6—出纸制动器;7—AC-IN 终端;8—USB 终端;9—接纸盘;10—扫描区域;11—原稿比例尺;12—稿台白板

5.2.2 数码复印机内部主要系统

(1)CCD 图像传感系统。数码复印机在图像曝光系统中使用 CCD 作为图像传感器,由图像传感器 CCD 将光图像变成电信号。数码复印机在复印过程采用激光打印的方式。CCD 输出的图像信号经处理后到达激光调制器,激光调制器通过激光束在感光鼓上成像

（潜像）。利用打印数据存储器可实现一次扫描多次打印，从而可大大提高打印速度和质量。

原稿扫描系统如图 5-3 所示。曝光灯在驱动机构的作用下沿水平方向移动，对稿件扫描，扫描的图像经第 2、第 3 反射镜后再通过镜头照到 CCD 感光面上，CCD 将光图像变成电信号，在 CCD 驱动电路的作用下输出图像信号，经信号处理后变成图文信号，再送到激光调制器中去控制激光扫描器。

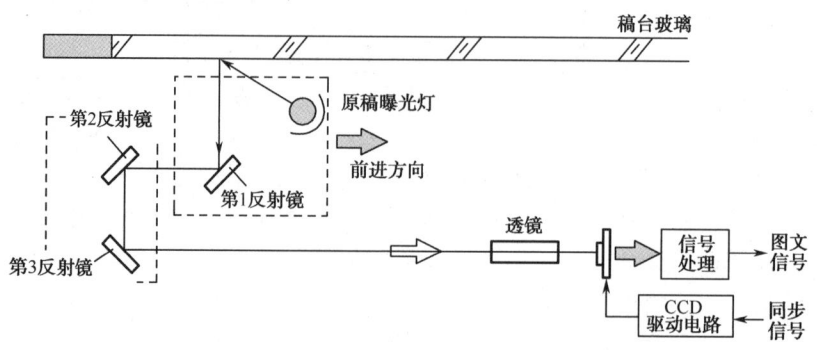

图 5-3 数码复印机的原稿扫描系统

（2）激光曝光系统。激光是由半导体激光器或气体激光器产生的，它具有色纯、能量集中、精度高、寿命长、便于控制等特点。用图像信号去调制激光束，就是将图像中有图文的黑色部分与无图文的白色部分转换成激光束的有无，然后经扫描器照射到感光鼓的表面。

如图 5-4 所示是激光曝光系统的示意图，它与激光打印机的扫描系统基本相同。激光发射器固定在机器中，它所发射的激光束的方向是不变的，而激光反射镜的方位是变化的。由于反射镜的方位变化使激光束的投射角度变化，经反射镜反射的激光束就会发生变化。反射镜在电机的驱动下旋转，这样一条线一条线地排起来就形成了面，原稿的图像就在感光鼓的表面形成了静电潜像。

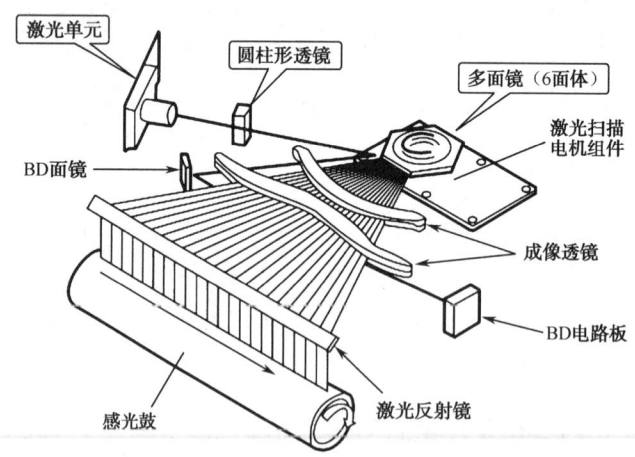

图 5-4 数码复印机的激光曝光系统

（3）激光扫描的同步系统。激光束的扫描必须与原稿的扫描保持同步，才能把图像不失真地复印下来，为此在激光扫描器中有同步信号检测器件和同步信号处理电路。BD

（Beam Detect）检测是在扫描的初始位置设置一个光电二极管，如图 5-5 所示，当激光束照射时，光电二极管收到激光束的信号表示一行扫描开始了，也可以利用此信号进行纸的对位。

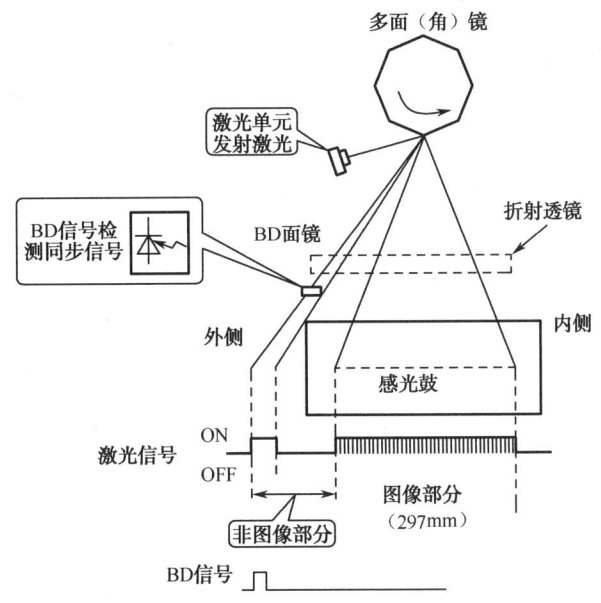

图 5-5　激光扫描器的同步检测

5.2.3　数码复印机的工作原理

随着信息时代的到来，数字化技术将会更广泛地应用于人类社会生产、生活的各个方面，数码复印机也必将成为复印设备的主导产品。数码复印机将以其输出的高生产力、卓越的图像质量、功能的多样化（复印、传真、网络打印等）、高可靠性及可升级的设计系统，而成为人们办公自动化的好帮手。

数码复印机是指通过 CCD（电荷耦合器件）传感器对曝光、扫描产生的原稿光学模拟图像信号进行光电转换，然后将经过数字技术处理的图像信号输入到激光调制器，调制后的激光束对被充电的感光鼓进行扫描，在感光鼓的表面形成由点阵组成的静电潜像，再经过显影、转印、定影等步骤，完成复印过程的产品。数码复印机相当于把扫描仪和激光打印机融合在一起。

复印机是集静电成像技术、光学技术、电子技术和机械技术于一体的办公设备。它采用的成像方法很多，如间接式静电复印法（卡尔逊法）、NP 静电复印法、KIP 持久内极化法、TESI 静电转移成像法等。限于篇幅，下面仅介绍卡尔逊静电复印法和 NP 静电复印法的工作过程。

1．卡尔逊静电复印法

卡尔逊静电复印的过程本质上是一种光电过程，它所产生的潜像是一个由静电荷组成的静电像，其充电、显影和转印过程都是基于静电吸引原理来实现的。由于其静电潜像是在光照下光导层电阻降低而引起充电膜层上电荷放电形成的，所以卡尔逊静电复印法对感光鼓的要求是得具有非常高的暗电阻率。这种感光鼓在无光照的情况下，表面一旦有电荷存在，能较长时间地保存这些电荷；而在有光照的情况下，感光鼓的电阻率应很快下降，即成为电的良导体，使得感光鼓表面电荷很快释放而消失。卡尔逊静电复印法所使用的感光鼓主要由硒及硒合金、氧化锌、有机光电导材料等构成，一般是在导电基体上（如铝板或其他金属板）直接涂敷或蒸镀一薄层光电导材料。其结构是上面为光导层，下面为导电基体。

卡尔逊静电复印法大致可分为充电、曝光、显影、转印、分离、定影、清洁、消电这8个基本步骤。

（1）充电。充电就是使感光鼓在暗处，并处在某一极性的电场中，使其表面均匀地带上一定极性和数量的静电荷，即具有一定表面电位的过程，这一过程实际上是感光鼓的光敏化过程，使原来不具备感光性的感光鼓具有较好的感光性。充电过程只是为感光鼓接收图像信息准备的，是不依赖原稿图像信息的预处理过程，但这是在感光鼓表面形成静电潜像的前提和基础。

当在暗处给感光鼓表面充上一层均匀的静电荷时，由于感光鼓在暗处具有较高的电阻，所以静电荷被保留在感光鼓表面，即感光鼓因为保持一定的电位而具有感光性。对于不同性质的光电导材料制成的感光鼓应充不同极性的电荷，这是由光导体的导电性决定的，即只允许一种极性的电荷（空穴或电子）"注入"，而阻止另一种极性的电荷（电子或空穴）"注入"。因此，对于N型半导体，表面应充负电荷；而对P型半导体，则应充正电荷。当用正电晕对P型感光鼓充正电荷时，由于P型半导体中负离子不能移动，因此光导层表面的正电荷与界面上的负离子，只能相互吸引，而不会中和。倘若用负电晕对P型感光鼓充负电荷，则由于光导层及交界面处感应产生的是正离子，而P型半导体的主要载流子是"空穴"，自由移动更为容易（或称为"注入"），容易与感光鼓表面的负电荷中和。这样，对P型感光鼓充负电荷时，其充电效率是相当低的。对于N型感光鼓，则由于其主要载流子是电子，当对其充正电荷时，其充电效率也是极低的。目前，静电复印机中通常多数采用电晕装置对感光鼓进行充电。

（2）曝光。曝光是利用感光鼓在暗处时电阻大，成为绝缘体，在明处时电阻小，成为导体的特性，对已充电的感光鼓用光像进行曝光，使有光照的区域（由原稿的反光产生）电荷因放电而消失；无光照的区域（原稿的线条和墨迹部分）电荷依然保持，从而在感光鼓上形成表面电位随图像明暗变化而起伏的静电潜像的过程。进行曝光时，原稿图像经光照射后，图像光信号经光学成像系统投射到感光鼓表面，光导层受光照射的部分称为"明区"，而没有受光照射的部分自然为"暗区"。在明区，光导层产生电子空穴对，即生成光生载流子，使得光导层的电阻率迅速降低，由绝缘体变成良导体，呈现导电状态，从而使感光鼓表面的电位因光导层表面电荷与界面处相反极性电荷的中和而很快衰减。在暗区，光导层则依然呈现绝缘状态，使得感光鼓表面电位基本保持不变。感光鼓表面静电电位的高低随原稿图像浓淡的不同而不同，感光鼓表面对应图像浓的部分电位高，对应图像淡的部分电位低。这样，就在感光鼓表面形成了一个与原稿图像浓淡相对应的表面电位起伏的静电潜像。

（3）显影。显影就是用带电的色粉使感光鼓表面的静电潜像转变成可见的色（墨）粉图像的过程。显影色粉所带电荷的极性与感光鼓表面静电潜像的电荷极性相反。显影时，在感光鼓表面静电潜像电场力的作用下，色粉被吸附在感光鼓表面，静电潜像电位越高的部分，吸附色粉的能力越强，静电潜像电位越低的部分，吸附色粉的能力越弱。对应静电潜像电位（电荷的多少）的不同，其吸附色粉的量也就不同。这样感光鼓表面不可见的静电潜像，就变成了可见的与原稿浓淡一致的不同灰度层次的色粉图像。在静电复印机中，色粉的带电通常是通过色粉与载体的摩擦来获得的。摩擦后色粉带电极性与载体带电极性相反。

（4）转印。转印就是将复印介质贴在感光鼓表面，在复印介质的背面加与色粉图像极性相反的电荷，从而将感光鼓表面已形成的色粉图像转移到复印介质上的过程。目前，静电复印机中通常采用电晕装置对感光鼓表面的色粉图像进行转印。当复印纸（或其他介质）与已显影的感光鼓表面接触时，在纸张背面使用电晕装置对其放电，该电晕的极性与充电电晕的相同，而与色粉所带电荷的极性相反。由于转印电晕的电场力比感光鼓吸附色粉的电场力强得多，因此在静电引力的作用下，感光鼓表面的色粉图像就被吸附到复印纸上，从而完成了图像的转印。在静电复印机中为了易于转印和提高图像色粉的转印率，通常还采用预转印电极或预转印灯装置对感光鼓进行预转印处理。

（5）分离。在上述的转印过程中，复印纸由于静电的吸附作用，将贴在感光鼓表面，分离就是将贴在感光鼓表面的复印纸从感光鼓上剥落（分离）下来的过程。在静电复印机中，一般采用分离电晕（交、直流）、分离爪或分离带等方法来进行纸张与感光鼓的分离。

（6）定影。定影就是把复印纸上的不稳定、可抹掉的色粉图像固化在纸上的过程。通过转印、分离过程转移到复印纸上的色粉图像，并未与复印纸融为一体，这时的色粉图像极易被擦掉，因此须经定影装置对其进行固化，以形成最终的复印品。目前的静电复印机多采用加热与加压相结合的方式，对热熔性色粉进行定影。定影装置加热的温度和时间，以及加压的大小，对色粉图像的黏附牢固度有一定的影响。其中，对加热温度的控制，是图像定影质量好坏的关键。

（7）清洁。清洁就是清除经转印后还残留在感光鼓表面的色粉的过程。感光鼓表面的色粉图像由于受表面的电位、转印电压的高低、复印介质的干湿度及与感光鼓的接触时间、转印方式等的影响，其转印效率不可能达到100%，在大部分色粉经转印从感光鼓表面转移到复印介质上后，感光鼓表面仍残留一部分色粉，如果不及时清除，将影响后续复印品的质量。因此必须对感光鼓进行清洁，使之在进入下一复印循环前恢复到原来状态。静电复印机机中一般采用刮板、毛刷或清洁辊等装置对感光鼓表面的残留色粉进行清除。

（8）消电。消电就是消除感光鼓表面残余电荷的过程。充电时在感光鼓表面沉积的静电荷，并不因所吸附的色粉微粒的转移而消失，在转印后仍残留在感光鼓表面，如果不及时清除，会影响后续复印效果。因此，在进行第二次复印前必须对感光鼓进行消电，使感光鼓表面电位恢复到原来状态。静电复印机中一般采用曝光装置来对感光鼓进行全面曝光，或者用消电电晕装置对感光鼓进行反极性充电，以消除感光鼓表面的残余电荷。

2. NP静电复印法

NP静电复印法是日本佳能公司发明的一种新的静电复印方法，这种方法有别于传统的卡尔逊静电复印法，它是对卡尔逊静电复印法的改进和发展。NP静电复印法的基本过程主要由前消电/前曝光、一次充电（主充电）、二次充电/图像曝光、全面曝光、显影、转印、分离、定影、鼓清洁这9个基本步骤组成。

从上述步骤我们可以看到，NP静电复印法的静电复印过程比典型的卡尔逊静电复印法的静电复印过程复杂，其主要原因是 NP 静电复印法采用的光电导材料虽然光敏性很好，但暗阻率太低，充电以后暗衰太快，不能像硒等其他光电导材料那样能长时间地保存电荷。因此，要在 NP 静电复印法中使用硫化镉等其他光电导材料，才能长时间地保存电荷。其感光鼓也与典型的卡尔逊静电复印法的感光鼓结构不同。

卡尔逊静电复印法的感光鼓一般是两层结构，即光电导层和导电基本层；而 NP 静电复印法的感光鼓则是由透明的绝缘层、光导层和导电基本层构成的。

NP 静电复印法的静电复印过程除了静潜像的形成和显影过程，其他与卡尔逊静电复印法的静电复印过程基本相同。NP 静电复印法静电潜像的形成包括前消电/前曝光、一次充电、二次充电/图像曝光和全面曝光这 4 个基本步骤。

（1）前消电/前曝光。前消电/前曝光的过程是在第一次充电（主充电）前用负高压电晕放电来消除感光鼓表面由于前一次复印循环遗留的残余电荷，同时用荧光灯（前曝光灯）充分照射感光鼓（称为前曝光），以降低硫化镉光导层内部的电阻。前曝光的作用，一方面是使光导层的残余电荷可以充分泄入大地，另一方面则是为以后再对感光鼓进行主充电时，能够均匀地注入一定数量和极性的电荷提供条件，以防止由于静电潜像电荷分布不良造成复印浓度不均和黑实心图像中出现白色斑点的现象。NP 静电复印法采用硫化镉分散体作为光电导层，这种材料在暗处放置一段时间后电阻率会大大增加，如果在这种情况下进行复印会产生底灰，甚至使得整个画面发黑。经过前消电/前曝光这一过程，由于负高压电晕放电的影响，会使感光鼓表面略呈负电位。

（2）一次充电。NP 静电复印法通过在一次充电电晕器上加正极性直流高压进行正电晕放电，使感光鼓表面均匀充上一层正电荷，即形成一次电位。

当一次充电电晕器加上直流高压后，电晕器开始放电，使得电晕丝周围的空气电离，正极性的离子在电场的作用下，向感光鼓表面的绝缘层运动，由于绝缘层不导电，起着阻挡层的作用，这样电晕离子因不能穿过绝缘层而沉积在绝缘层表面，使绝缘层表面均匀地充上一层正电荷。由于静电感应的作用，在接地的导电基体侧感应出等量的反极性电荷（负电荷），但因硫化镉是 N 型半导体，主要载流子是负电荷（电子），同时由于经过前曝光，光导层（硫化镉）的阻值下降，使得这些感应出的负电荷比较容易地注入光导层，并在绝缘层表面正电荷的吸引下向表面正电荷方向迁移，最终到达光导层与绝缘层界面处，使硫化镉膜层表面带有与绝缘层表面相反的等量的负电荷，与表面正电荷相平衡，形成稳定状态。这样，硫化镉光导层表面就具有了一定的表面电位，从而在绝缘层表面与导电基体间形成一定的电位差，使感光鼓表面（绝缘层面）具有一定的表面电位。随着充电时间的增长，表面电荷越积越多，感光鼓表面电位也相应升高。

（3）二次充电/图像曝光。二次充电/图像曝光是一个过程的两个方面。这一过程是利用交流电晕器或反极性直流电晕器对感光鼓表面充电电荷进行消电的同时对感光鼓进行图像曝光的。二次充电的作用是中和绝缘层表面的正电荷；图像曝光则是为了在消电过程中使绝缘层表面形成与原稿明暗相对应的静电电荷分布。

当原稿图像被照射并通过光学系统投射到感光鼓表面时（曝光），在感光鼓表面形成两个区域：带图像的"暗区"和不带图像的"明区"。在明区，由于光照使光导层（硫化镉）的电阻率大大降低，成为导体。原先驻留在光导层与绝缘层界面的负电荷（电子），在绝缘层表面的正电荷被二次负电晕中和的同时，通过光导层向接地的导电基体逃逸。因此，明区的表面电位迅速下降至 0V 左右。在暗区，则由于光导层（硫化镉）未受光照，其电阻率仍然很高（保持绝缘状态），使得驻留在光导层与绝缘层界面的负电荷不能向导电基体方向逃逸。绝缘层表面正电荷受基体影响，即由于绝缘层下面负性电荷的吸引，使得消电电晕只能中和一部分表面正电荷，大部分正电荷仍然保留在感光鼓暗区表面。此时，由于表面正电荷数量的减少，在绝缘层下面的负电荷多于绝缘层表面的正电荷，因此在导电基体与光导层界面处又感应出正电荷（导电基体侧），其数量与表面正电荷减少的数量相等，以达到正负电荷量的平衡。虽然在感光鼓暗区仍保留大部分表面电荷，但由于暗区表面电位低于光导层的电位，因此仍未形成适用的静电潜像。也就是说，二次充电/图像曝光的结果，使得无论是在感光鼓的明区还是暗区，表面电位都已降为零电位，没有形成电位反差。

（4）全面曝光。经过图像曝光、二次充电（逆充电），在硫化镉感光鼓的表面形成表面电位相同、电荷密度不同的潜像，这种潜像是无法用传统的静电显影方式来显影的。为了把这种电荷密度不同的潜像变成表面电位起伏的静电潜像，必须对感光鼓表面进行全面曝光。

全面曝光就是利用曝光灯对感光鼓表面进行全面、充分、均匀的照射，使感光鼓光导层（硫化镉）的电阻率下降，以成为电的良导体。对于明区由于二次充电/图像曝光时就已失去全部电荷，故全面曝光对其不发生任何作用，其表面电位不变。对于暗区，由于全面曝光使得绝缘层下面的光导层变为导体，使光导层与绝缘层界面处多余的负电荷穿过光导膜层与导电基体感应出来的一部分负电荷混合，因为有绝缘层表面正电荷的吸引，继续保持平衡状态。这样在感光鼓绝缘层表面和导电基体间就形成电位差，最终使得感光鼓绝缘层表面暗区的电位迅速升高。

因此，全面曝光的结果，使得感光鼓明区和暗区形成明显的电位差，最终在感光鼓绝缘层表面形成表面电位随光学图像明暗变化的高反差静电潜像。

（5）显影。NP 静电复印法使用单组分显影剂跳动显影。单组分显影剂中没有载体，基色粉粒子由磁性材料、炭黑和树脂等组成，具有磁性和绝缘性。绝缘性有助于色粉的转印，磁性便于用显影磁辊来运载色粉。显影时，色粉与旋转的显影磁辊相摩擦而带负电，并且在显影刮刀刃口的集束磁场作用下，在显影磁辊表面形成一层薄而均匀的色粉层。当具有静电潜像的感光鼓与显影磁辊上的色粉层接近时，在感光鼓表面静电潜像和显影磁辊交流偏压的作用下，使色粉在感光鼓与显影磁辊之间跳动显影。

（6）～（9）转印、分离、定影、鼓清洁。NP 静电复印法的转印、分离、定影和鼓清洁的过程与卡尔逊静电复印法的一样。感光鼓表面的静电潜像通过显影形成可见的色粉像，经转印装置转印到复印纸上，再由分离装置分离后送到定影部件进行定影，使色粉固化在复印纸上，形成永久的复印品。感光鼓在清洁后可进入下一复印循环。

5.3 数码复印机的使用与维护

5.3.1 数码复印机的使用

1. 数码复印机的选购

目前，国内外生产的复印机的种类和型号繁多，各种型号的技术规格和使用性能都不相同，正确选择复印机就显得至关重要。应依据什么标准选购适合本单位（或个人）工作需要的机型，这是每个欲购买复印机的单位（或个人）所面临的问题。下面仅以数码复印机为例，介绍其选购的方法。

数码复印机是通过激光扫描、数字化图像处理技术成像的，它既是一台复印设备，又可作为输入/输出设备与计算机以及其他办公自动化（OA）设备联机使用，或成为网络的终端，能将扫描信息以 E-mail 附件的形式传送给指定使用者。另外，它还可以直接扫描到 FTP 服务器。由于采用了数字图像处理技术，使其可以进行复杂的图文编辑，大大提高了复印机的复印能力、复印质量，降低了使用中出现的故障率。

数码复印机的优点是不可质疑的，如只需对原稿进行一次扫描，便可一次复印达 999 次之多，从而实现了数码电子分页功能。因减少了扫描次数，所以减少了扫描器产生的磨损及噪声，同时也降低了卡纸现象的出现概率。

数码复印机还具有文稿、图片、复印稿、低密度稿、浅色稿五项模式功能，而 256 级灰色浓度、600dpi 的分辨率，则充分保证了复印品的整洁、清新。强大的图像编辑功能具体包括可自动缩放、单向缩放、自动启动、双面复印、组合复印、重叠复印、图像旋转、黑白反转、25%～400%缩放倍率等选项。此外，该类数码复印机还具有无废粉、低臭氧、自动关机节能、图像自动旋转、减少废纸的产生等特点。

作为数码时代的办公设备，数码复印机自然也有许多自己独特的技术指标。与其他多数 OA 设备一样，消费者在选购该类产品时应尽量多了解一些相关的信息，但是也没有必要做到面面俱到，抓住几个关键的技术指标则是重中之重。

在选购数码复印机时应该主要考虑以下几项关键技术指标。

（1）输出分辨率。数码复印机和激光打印机一样，输出分辨率是最为重要的技术指标。由于数码复印机采用的是激光静电转印技术，输出分辨率远远优于标称 1200dpi 喷墨技术的输出设备，选购时可以根据自己实际的应用需求来进行选购。作为日常办公，选购 1200dpi 的输出分辨率的复印机，已能满足使用。

（2）扫描分辨率。扫描分辨率的意义在于保证输出原稿的清晰度，其实数码复印机主要用于文稿和图表的复印。如果用于复印照片，由于输出的是"黑白"效果，因此，选购 600dpi 的扫描分辨率的复印机也能满足需要。

（3）内部配置情况。一般来说，数码复印机都配置较大容量的内存，以便有能力实现连续复印，并且在作为网络输出设备时能够容纳尽可能多的等待队列，有的产品还会内置处理器以使产品处理数据的能力更强大。内存容量越大越好，内置处理器的产品比没有处理器的产品好，不过价格也贵一些。因此用户应该根据应用的需求情况来选择，尤其是工作量特别大的用户，应该选择存储器容量大且带有处理器的产品。

（4）预热时间和复印速度。预热时间和复印速度是两个和时间相关的技术参数。如果某一时间段内需要复印的文件量比较大，那么在设备前排起长队等待复印的情景就可能出现。因此在选购时，应该根据办公室中的实际情况，进行有针对性的挑选，这两个技术参数就显得非常重要。

（5）网络共享功能。数码复印机的打印和复印能力应该具备网络共享的功能，一般的办公室中都有局域网，应该尽可能选择一些具有网络共享能力的数码复印机。即使办公室目前没有网络，也应该为未来发展趋势和前景选择具有网络共享能力的数码复印机。

（6）体积大小。在同档次的技术指标和产品价格的情况下，应该尽量挑选体积小的产品，因为这样不占用太大空间，而且外观也显得很美观。

（7）成本预算。日常办公中，耗材的消耗量一般都比较大，复印机产品内部的零部件是有一定使用寿命的，如复印机的感光鼓、载体、碳粉等。所以在购机时一定要问清其消耗品的寿命及价格，如果选择不当，必将导致使用成本的增加。因此，在选购数码复印机时，还应该考虑其耗材情况，主要考虑耗材的价格和使用量，然后预算一下使用成本。

（8）售后服务。数码复印机是集光学、电子、机械、化工于一体的精密设备。在使用过程中，需要做经常性的保养，这些保养须由专业的人员来做。因此，在选购数码复印机时，要选择有较强专业维修能力、讲信誉的专业办公设备公司。了解售后服务情况，选择能够提供上门服务的销售公司和产品。

2. 数码复印机的安装

（1）数码复印机的安装条件。首先应当选择一个能使数码复印机正常工作的环境。不良的使用条件将对数码复印机的复印质量和寿命产生很大影响。为了确保数码复印机性能的正常，在初次安装以及使用期间搬移数码复印机时，场地一般应满足下列要求：

① 电源和接地要求。电源电压波动应在额定电压的±10%以下。应尽量使用数码复印机原装的三芯插头，与带地线的插座配合使用。

② 环境温度。使用环境的温度应在5～35℃。温度过高对数码复印机散热不利，影响其寿命和复印质量；温度过低，一些器件的性能会受影响，预热时间也会延长。

③ 环境湿度。室内相对湿度应在20%～85%，在过湿的环境下使用会缩短数码复印机的寿命，并影响复印质量。

④ 通风问题。数码复印机使用时会释放一定量的有害气体和热量，对人体的健康不利。因此，要求放置数码复印机的房间应通风良好，保持室内空气新鲜。

⑤ 安放条件。数码复印机应放在水或其他液体不能溅到的地方，应远离易燃物或腐蚀性气体，应放在无尘的环境中。数码复印机放置时应水平置于机台或桌面上，支撑物必须坚固，使其不会随数码复印机的运转而晃动。数码复印机背面应留15cm以上的空间作为通风道，前面和左右两边应留出足够的空间，以便于对数码复印机的操作、更换消耗品和维修保养。

（2）数码复印机的安装步骤。数码复印机的包装有的用纸箱，有的用木箱，在拆箱时一定要注意，不能损坏箱内的数码复印机。有些数码复印机是用螺丝及角铁固定在箱底的，需要卸下螺丝，才能抬出来。安装时应参考随机操作手册进行，一般需经过以下步骤：

① 去除包装，检查主机、零部件、消耗材料及备件，确保完整无缺。

② 按照安放要求正确放置主机，并依次安装感光鼓，加入载体及墨粉，安装纸盒和副本盘。在安装墨粉时应先取出显影盒，再从显影盒中取出显影仓，然后将墨粉轻摇几次后装入显影仓（切记将封条和挡片拉出）。在安装纸盒时，应先卸下纸盒的转动固定螺丝，然后放入纸张，再调整纸盒间距。

③ 主机显示及工作状态检查。包括数码复印机各部位有无变形等；各齿轮、皮带轮和链轮等是否处于正确位置；各按键和相关状态显示是否正常。

④ 数码复印机试运行。经过通电、预热，若数码复印机无异常显示或声音，即可复印。试运行测试的内容应包括原样复印、连续复印、缩放复印、浓淡复印和各送纸盒送纸能力

测试等。

⑤ 做好记录。试运行正常后，应装好后挡板和前门，并擦拭数码复印机表面，清理现场，同时填写使用维修卡，并附上一张复印品，存档备查。

⑥ 安装自选附件。如自动分页器、自动进稿器等，这些附件应按照相应技术材料说明正确安装。

⑦ 安装复印机驱动程序。将数据线和网线连接好后，安装数码复印机驱动程序，设置数码复印机的主机 IP 地址，实现本地打印和网络打印功能。

3. 数码复印机的使用操作

（1）预热。打开电源开关，此时数码复印机进入预热状态，操作面板上指示灯亮，出现预热等待信号。操作面板上相应的指示灯亮或发出声音，表示机器预热结束，接下来便可以进行复印。如果没有装纸盒，纸盒没有纸或出现卡纸等故障时，数码复印机就不能进入待机状态，操作面板将显示相应的符号或故障代码。

（2）检查原稿。拿到复印原稿后，应当检查原稿的纸张尺寸、质量、数量、装订方式等，做到心中有数。检查原稿的装订方式，可以拆开的原稿应当拆开，这样复印时不会产生阴影。

（3）放置原稿。

① 将原稿放在原稿台玻璃板上。不同型号的数码复印机有不同放置原稿的方法。一般有两种：一种是将原稿放在稿台的中间，另一种是靠边放在定位线上。复印前应了解数码复印机的放稿方式。原稿应正面朝下放在玻璃板上，轻轻盖紧原稿盖板，以防漏光而出现黑边。

② 使用原稿自动输送装置。原稿自动输送装置是用来自动输送原稿的器材，它可以连续地逐一将原稿输送盒内的原稿送入复印机，提高复印效率。使用原稿自动输送装置，首先要将原稿对齐放入原稿输送盒，如果原稿被夹着或钉着，则应先取下夹子或订书钉，再将原稿正面向上完全推入输送盒，并根据原稿的尺寸调整侧边导板，选择自动输送模式。

（4）选择复印纸尺寸。一般数码复印机具有自动选择纸张模式，在这种模式下，若将原稿放在原稿输送装置或玻璃板上，数码复印机会自动检测原稿的尺寸，并选用与原稿相同的纸张。这种模式只适用于按实际尺寸复印。当复印尺寸不规则时，如复印报纸、杂志，不能自动检测纸张尺寸时，可以指定所要的尺寸。方法是：根据复印件的尺寸要求，将纸装入相应的纸盒里，按纸盒选择键，选中所需复印纸尺寸的那个纸盒即可。

（5）缩小与放大。通常数码复印机都带有复印缩放功能。使用数码复印机的复印倍率有以下几种情况：

① 使用固定的缩放倍率，缩放只有固定的几挡，很容易将一种固定尺寸的稿件经过放大或缩小，复印到另一种固定尺寸的纸上。例如 A3→A4，即将 A3 规格的原稿复印到 A4 纸上。

② 使用无级变倍键进行无级变倍复印。使用这种方式，可对原稿进行 50%～200%、级差为 1%的无级变倍缩放。

③ 使用自动无级变倍键，实现自动无级变倍。使用这种模式，数码复印机会根据原稿和供纸盒内纸的尺寸自动设置合适的复印倍率。

（6）调节复印浓度。根据原稿纸张、字迹的色调深浅，适当调节复印浓度。可以选择自动浓度选择方式进行调整,当采用自动方式仍不能满足复印的要求时,可以用手动的方式进行调整:原稿纸张颜色较深的,应将复印浓度调浅些;字迹线条细、不十分清晰的,则应将浓度调深些。

(7)设定复印份数。用数字键输入所需要的份数,可以将一份原稿复印多份。设置完成后,按复印键即可开始复印。

(8)开始复印。按复印键,数码复印机开始复印操作,自动复印出设定数量的复印件。复印数量显示屏的数值将逐渐递增或递减计数,直至复印结束,显示复位。在连续复印过程中,需暂停复印或需插入新的文件复印时,可以按暂停键或插入键,这时机器将在完成一张复印的全过程后停止运转。

4. 复印的技巧

复印是一项技术性较强的工作,技术熟练不但可以提高工作效率,还可以节省纸张,减少浪费,保证机器的正常运转。这里向读者介绍一些应当掌握的复印技巧。

(1)合适的曝光量。复印过程中会遇到各种色调深浅不一的原稿,有些原稿上还夹杂着深浅不一的字迹,如铅印件上的圆珠笔、铅笔批示等,遇到这种情况应当以较浅的字迹为条件,减小曝光量即减小显影浓度,将浓度向变淡的一侧调节。如果复印品质量仍难以令人满意,则可加大曝光量,将曝光窄缝板(有的设在充电电极上,有的单独装在感光鼓附近)抽出,把光缝调宽一些,或者调高曝光电压即可使图像变淡。

(2)遮挡方法的应用。复印工作经常遇到原稿上有污迹、需要复印原稿局部、去掉原稿阴影等情况,需利用遮挡技巧来去掉不需要的痕迹。最简便的办法是用一张白纸遮住这些部分,然后放在稿台上复印,即可去掉。复印书籍等厚原稿时,常会在复印品上留下一条阴影,也可以用遮挡来消除它,方法是在待印页之下垫一张白纸,即可消除书籍边缘阴影。如果要去掉两页之间的阴影,可在暂不印的一页上覆盖一张白纸,并使其边缘达到待印一页字迹边缘部分,即可奏效。

(3)双面复印。数码复印机具有自动双面复印的功能。双面复印技巧的用途很多,如广告、磁带等的说明书、名片、表格,以及页数过多,需要减小厚度的文件。这样做不仅节省一半纸张,而且减小了文件所占空间,又容易装订。在套印双面之前,先印单数页码一面,再将复印品装入纸盒,复印双数页码的一面。

(4)反向复印品的制作。在设计、制图工作中,有时需要按某一图案绘制出完全相同的反方向图像,如果利用数码复印机来做,是比较方便的。做法是:取一张复印纸和一张比图案大些的拷贝纸(透明薄纸),在薄纸边缘部分涂上胶水,并与复印纸黏合,待干燥后即可进行复印。复印时拷贝纸需朝上,印完后将其撕下,将所需反面图案的一面(复印时的背面)朝下放在稿台玻璃上,再进行复印,即可得到完全相同的反向图案。拷贝纸也可用绘图的硫酸纸或透明的聚酯薄膜代替。

(5)教学投影片的制作。利用数码复印机可以将任何文字、图表复印在透明的聚酯薄膜上,用来进行教学投影。具体做法是将原稿放好,调节好显影浓度,利用手送纸盘送入聚酯薄膜。如果薄膜容易卡住,可在其下面衬一张复印纸,把先进入机器的一端用透明胶纸粘住。对于已转印且图像正常但被卡在机内的薄膜,可打开机门送它到定影器入口,然后旋转定影辊排纸钮,使其通过定影器定影而排出。对转印中墨粉图像被擦损的薄膜,可取出用湿布擦净墨粉,晾干后仍可使用。此外,还可利用数码复印机制做名片、检索卡片等，操作方法与上述的双面复印相似，不再赘述。在掌握了数码复印机性能和不损坏机器的前提下，还可在其他材料（如布）上复印出文字图像。

（6）加深浓度避免污脏的方法。两面有图像的原稿，要想在复印时图像清晰，而又不致透出背面的图像而使复印品污脏，最简便的方法就是在要复印的原稿背面垫一张黑纸。没有黑纸时，可以打开数码复印机稿台盖板，复印一张，印出的就是均匀的黑纸，即可用来做垫底。这一方法在制作各种图纸时经常用到，原因是图纸上的线条要浓度大，而空白部分又必须洁净。

5.3.2 数码复印机的维护

1. 数码复印机的使用注意事项

（1）选择合适的地点安装数码复印机，要注意防高温、防尘、防震、防阳光直射，同时要保证通风换气，环境良好，因为数码复印机会产生微量臭氧，因此操作人员应该每工作一段时间就到户外透透气，休息片刻。平时尽量减少搬动，要移动的话一定要水平移动，不可倾斜。为保证最佳操作，至少应在机器左右各留出90cm，背面留出13cm的空间（如机器接有分页器，大约需要23cm的距离），操作和使用数码复印机应小心谨慎。

（2）使用稳定的交流电，电源的定额应为：220～240V、50Hz、15A。

（3）用时，打开数码复印机先预热半小时左右，使数码复印机内保持干燥。

（4）要保持数码复印机玻璃稿台清洁、无划痕，不能有涂改液、手指印之类的斑点，否则会影响复印效果。若有斑点，要使用软质的玻璃清洁物品清洁玻璃。

（5）在数码复印机工作过程中一定要盖好稿台挡板，以减少强光对眼睛的刺激。

（6）如果需要复印书籍或装订的文件，应选用具有"分离扫描"性能的数码复印机。这样，可以消除由于装订使印面不平整而产生的复印阴影。

（7）如果复印件的背景有阴影，那么数码复印机的反光镜头上很可能有灰尘。此时，需要对数码复印机进行专业的清洁。

（8）当数码复印机面板显示红灯加粉信号时，用户应及时加碳粉，如果加碳粉不及时会出现故障。加碳粉时应摇松碳粉并按照说明书进行操作。切不可使用代用碳粉（假粉），否则会造成飞粉、底灰大等故障，缩短载体使用寿命，而且由于它产生的废粉率高，实际的复印量还不到真碳粉的三分之二。

（9）添加复印纸前先要检查纸张是否干爽、洁净，然后前后理顺复印纸再放到纸张规格一致的纸盒里。纸盒里的纸不能超过所允许放置的厚度，应查阅手册来确定厚度范围。为了保持纸张干燥，可在纸盒里放置一盒干燥剂，每天用完复印纸后应将复印纸包好，放在干燥的柜子里。

（10）每次使用完数码复印机，一定要及时洗手，以消除手上残余粉尘对人体的伤害。

（11）下班时要关闭数码复印机电源开关，切断电源。不能未关闭数码复印机开关就去拔电源插头，否则机器容易出故障。

（12）如果出现以下情况，应立即关掉电源，并请维修人员来维修。

① 机器里发出异响；②机器外壳变得过热；③机器部分被损伤；④机器被雨淋或机器内部进水。

2. 数码复印机的日常保养

数码复印机是聚集了光学、机械、电路等高科技的精密产品，定期的清扫、整理、润滑、调整是确保数码复印机正常运行的关键。必要的保养可以提高数码复印机的工作质量，延长使用寿命，节约维修费用。

在数码复印机的运行过程中，它的光学系统、机械系统、电路系统，除了正常的磨损，还会受到来自数码复印机内部和外部的灰尘等杂物的侵害，造成数码复印品质变差或出现运行故障。保养主要是对数码复印机的光学、显影、充电、转印、分离、消电电极、定影、传送等部件和色粉回收等系统进行清洁或进行局部调整。通常，光学系统中的杂物会造成复印件底灰较重，出现黑色斑点，机械系统中的杂物会造成卡纸，复印件出现污迹等问题。因此，在日常工作中，要做好以下工作：

（1）光学系统的维护保养。在对光学系统进行维护保养时，不要随意调整扫描架导板、第四反光镜角度调整螺丝、镜头原位传感器和镜头导轨；不要弯曲或损坏镜头支撑板或聚酯薄膜条；不要用手触摸反射器、曝光灯、反光镜和镜头；不要弯折曝光灯电缆或光纤电缆。

① 用软布醮酒精或水清洁稿件盖板，必要时应更换。

② 用软布醮酒精或水清洁稿台曝光玻璃。

③ 清洁并润滑扫描架导杆和导轨、传动齿轮和扫描架导杆油毡圈等，保证扫描灯架在滑轨上水平、平滑地往返运动。如果滑轨表面有油污、粉尘或异物，将影响扫描部件的匀速移动和使扫描灯架运动时出现抖动，影响复印品的质量。注意，润滑油应选用耐高温润滑油。

④ 清洁并润滑镜头驱动电机、传动齿轮和镜头导轨。

⑤ 用橡皮吹气球、毛刷、镜头纸和软布清洁反光镜、镜头、曝光灯、反射罩和防尘密封玻璃。清洁时应防止划伤光学部件表面，否则会影响复印品的质量和分辨率。如果光学部件表面有油污、手指印等，应该用脱脂棉醮少量清洁液清洁（清洁液配方是：酒精70%，乙醚30%），但使用时应防止清洁液渗入镜头，因为清洁液能溶解胶质，使镜头开胶。对于光源周转的光学部件如稿台玻璃、曝光灯、反射罩、反光镜等，由于温度高容易粘附灰尘，应该用脱脂棉醮少量丙酮清洁。

⑥ 检查并清洁色粉浓度检测标准板和各类光电传感器（扫描架原位传感器、镜头原位传感器、自动密度传感器ADS、原稿幅面检测传感器OW/OL、扫描同步传感器等），若有损坏应及时更换、必要时调整传感器位置。

⑦ 清洁光学系统机腔。必要时调整曝光灯亮度。

⑧ 对于稿台移动式数码复印机，清洁并润滑稿台移动导轨。

⑨ 检查光学系统冷却风扇电机，若损坏应及时更换。

（2）感光鼓的维护保养。

① 用软毛刷和脱脂纱布轻轻掸扫和擦拭感光鼓的表面，将附着的粉尘清除。

② 如果粉尘附着较牢，则可用脱脂棉醮少量的清洁液进行研磨擦拭。

③ 检查感光鼓是否有划痕，若有划痕，应找出感光鼓被划伤的原因，并予以排除。如果感光鼓有轻度划伤，则可继续使用；若损伤严重应及时更换。

④ 检查感光鼓是否疲劳，若疲劳应对其进行研磨或套上保护套放置一段时间使其恢复疲劳。严重时应及时更换感光鼓。

⑤ 检查感光鼓加热器是否正常，必要时进行维修或更换。

⑥ 清洁并检查感光鼓温度检测传感器是否正常，必要时应更换。

⑦ 清洁并润滑感光鼓驱动齿轮或皮带，必要时应更换。

（3）电晕装置的维护保养。数码复印机电晕装置的故障会导致复印品质量上的缺陷，影响数码复印机的正常运行。因此应对电晕装置定期进行检查保养。在对电晕装置进行维护保养时，注意不要用砂纸或任何溶剂来清洁电极丝，不要用有油的手触摸电极丝，否则，油迹会使复印品产生白条。

① 用干布清洁电晕器及其电极丝，如充电、转印、分离、消电和预转印、NP 静电复印法的二次消电电晕器等。

② 检查电晕丝是否污染、氧化，严重时应更换。

③ 清洁并检查电极丝两端绝缘块，若有损伤或击穿，应及时维修或更换。

④ 检查电极丝是否正确地位于绝缘块中间。

⑤ 检查电极丝张力是否适当，若松弛应调整张力或更换其拉力弹簧。

⑥ 检查屏蔽罩接地是否正常。

⑦ 检查电极丝与感光鼓的距离是否适当、是否平行。

⑧ 检查电晕器的电压、电流是否正常，若不正常应进行调整。

⑨ 检查各电晕器的高压发生电路输出是否正常，必要时应更换高压发生电路。

⑩ 清洁分离、转印等电晕器的防护网罩。

（4）显影装置的维护保养。显影装置是一个易被污染的装置，也是数码复印机中的主要污染源。因此必须定期对其进行清洁保养。在对显影装置进行维护保养时，注意不要刮伤显影辊套筒，不要弯曲显影偏压插头等。

① 检查显影载体是否疲劳，必要时应更换。

② 清洁并检查显影器上磁刷密封、侧密封和显影器导板，必要时应更换。

③ 清洁、润滑并检查供粉离合器或供粉电机及驱动齿轮，若损坏应及时更换。

④ 清洁、润滑并检查显影辊传动齿轮、轴承和电磁离合器，若损坏应及时更换。

⑤ 检查显影辊是否损坏，若损坏应及时更换。

⑥ 检查显影偏压是否正常，必要时应对其进行调整。

⑦ 检查显影偏压发生电路输出是否正常，必要时应更换。

⑧ 检查显影偏压输出导线是否正常，必要时应更换。

⑨ 清洁并检查图像密度、色粉浓度检测传感器及其控制电路，若损坏应及时更换。

⑩ 检查显影辊刮板间隙是否正常，必要时应进行调整。

⑪ 清洁显影器导轨。

（5）清洁装置的维护保养。清洁装置本身是一个回收残余色粉的装置，一般污染比较严重，同时，它又是一个污染源。如不及时清洁，粉尘溢出会污染机器。因此，对清洁装置的清洁工作相当重要。在对清洁装置进行维护保养操作时，注意不要损坏清洁刮板的边缘，不要用手触摸清洁毛刷，在取出或装入清洁器时，不要损坏感光鼓；在更换清洁刮板时，应在感光鼓表面撒一些润滑粉。清洁装置的清洁保养内容有：

① 清洁并检查清洁刮板、清洁毛刷、清洁辊，必要时应更换。

② 清洁密封条、回收刮板，清扫清洁器。

③ 检查清洁刮板是否扭曲,如果扭曲则需对紧固清洁刮板的螺丝固紧力进行调整,必要时应更换。因为刮板扭曲会使它与感光鼓表面不能均匀地压接,造成清洁不良,在复印品上出现黑道。

④ 检查清洁刮板是否损坏(磨损或碎裂),若损坏应及时更换。在正常情况下,清洁刮板的刃口应该柔软光滑。如果出现裂痕或毛刺,则在复印品上会造成纵向黑色条纹或黑色细线的缺陷;同时还会划伤感光鼓表面。

⑤ 检查清洁刮板位置是否正常,清洁刮板必须与感光鼓表面保持平行,并有一定的接触压力。如果清洁刮板与感光鼓表面的接触压力过小,或者有间隙,就会影响清洁的效果,造成复印品大面积底灰。

⑥ 清洁和检查预清洁电极丝、预消电电极丝,若损坏应及时更换。

⑦ 检查清洁器的螺旋推送器是否正常,如果此装置损坏,会造成色粉堆积太多,溢出清洁器,污染机内其他部件和影响复印品质量。

⑧ 清洁并检查分离爪、分离片或分离带,若损坏应及时维修或更换。

⑨ 清洁或更换色粉回收盒。

⑩ 清洁、润滑并检查清洁电磁铁,必要时应进行调整或更换。

⑪ 清洁并润滑清洁器驱动齿轮、轴承等,若损坏应及时更换。

⑫ 清洁并检查废粉满检测传感器,若损坏应及时更换。

(6)定影装置的维护保养。静电复印机的定影装置极易污染,必须对其进行定期保养。定影器是一个加热部件,对定影器的清洁保养必须在停机待其自然冷却后进行。对定影装置进行维护保养操作时,不要用手触摸定影灯和定影辊,不要损伤定影热辊和压辊,不要弄坏热辊分离爪的前缘及其张紧弹簧。定影系统的清洁保养包括:

① 清除定影器里的粉尘和纸屑纤维,并用酒精棉球或绒布擦拭定影辊(热辊和压辊),若损坏应及时更换,并找出损坏的原因予以排除。因为热辊和压辊上的局部磨损在复印品上会造成局部定影不良或局部定影过度,以及复印纸定影后产生皱折等。

② 对温度控制开关和温度检测传感器进行清洁,必要时应更换。在安装时应调整好安装位置,温度检测传感器一般都贴在热辊上。温度检测传感器一旦脏污或失位,脱离热辊,就会使热辊温度失控造成定影不足或定影过度,从而影响复印品的质量,严重时甚至会烧坏定影灯、热辊及其他部件。

③ 对定影分离爪、分离片进行清洁,如果发现分离爪已变形或磨损应及时更换,或者用细砂纸、细锉打磨后继续使用。在安装时,应使其贴在热辊上,若不能贴在热辊上,可调整弹簧的弹力。

④ 清洁或更换脏污的清洁毛毡、清洁刮板、清洁毡辊和清洁纸等,并检查硅油量是否充足,需要时在定影清洁器保养结束时添加硅油。对于脏污的清洁毛毡如果无法清理,或清洁刮板不平整、有裂口,应及时更换;否则,会损伤定影辊。如果不及时进行清洁保养,污物将堆积在清洁器上,造成热辊局部磨损。

⑤ 对定影器驱动齿轮、轴承和轴套等传动部件进行清洁和润滑,若损坏应及时更换。否则易造成轴承和齿轮的机械磨损,影响定影器的正常运转。注意,定影器是在高温下运转的,其所用润滑油必须是耐高温的。

⑥ 检查硅油补充装置是否污染或阻塞。

⑦ 清洁定影装置入口及出口导板。

⑧ 检查定影灯接点处是否有杂质、毛刺或接点与灯管座接触处是否有空隙。如果有则在定影灯接点与灯管座接触处易打火，从而损坏定影灯。注意，在安装时，定影灯不要与热辊的内表面接触。

⑨ 检查硅油检测传感器，若损坏应及时更换。

⑩ 检查定影热辊与压辊的压力是否正常，必要时应进行压力调整。

（7）供输纸装置的维护保养。

① 清洁供纸辊、摩擦垫，若损坏应及时更换。更换摩擦垫时，要确保摩擦垫低于垫托架前缘表面，并调整供纸辊和摩擦垫之间的间隙。

② 清洁导纸板、对位辊。

③ 清洁纸路各检测传感器，如定位传感器、出口传感器等，若损坏应及时更换。

④ 清洁输送轮、输送皮带、导向轮。

⑤ 检查真空风扇的运转情况，若损坏应及时更换。

⑥ 清洁并润滑搓纸、定位电磁离合器（或电磁铁），若损坏应及时更换。

（8）其他装置部件的维护保养。

① 清洁数码复印机机壳。

② 清洁转印导板。

③ 清洁预转印灯、消电灯和像间/像边缘消电灯，若损坏应及时更换。

④ 清洁图像密度传感器，若损坏应及时更换。

⑤ 清洁并润滑主驱动齿轮或链条、各种齿轮、链轮、凸轮，以及各个传动电机的轴承、轴套等，若损坏应及时更换。

⑥ 检查并清洁分离片，若损坏应及时更换。

⑦ 检查并清洁分离爪及其传动机构，若损坏应及时更换。

⑧ 清洁静电消电针（刷），若损坏应及时更换。

⑨ 清扫、擦拭机腔内输纸装置和感光鼓周边的一切易被色粉、粉尘污染的部位，并将滴在数码复印机底部的残余硅油擦拭干净。

⑩ 更换臭氧过滤器和补充必要的消耗材料。

（9）维护保养注意事项。

① 保养时应关闭数码复印机主电源开关，拔下电源插头，以免金属工具碰触使数码复印机短路。

② 使用各种溶剂时应严格按要求操作，不耐腐蚀的零部件不能用溶剂清洁。使用时应避免明火。

③ 一些绝缘部件用酒精等擦拭后一定要等液体完全挥发后再装到数码复印机上，否则会使其老化。

④ 使用润滑油时，要按说明书的要求进行，一般塑料橡胶零件不得加油，否则会使其老化。

⑤ 拆卸某一部件时，应注意拆卸的顺序。零件较多时，可以记录下来，以防忘记，特别是垫圈、弹簧、轴承等，安装时应以相反的顺序操作。

⑥ 机器内、外部所使用的螺丝容易混淆，应在卸下后分别放置，以免上错，使之损坏。

⑦ 在拆卸内驱动链条、皮带、齿轮时，应记住其走向，一般先用纸画下来再拆卸，以免装错，使机件损坏。

3. 数码复印机常见故障的维修

数码复印机是现代常用办公设备，同时它也是一种故障率较高的办公设备。下面介绍数码复印机常见"共性"故障的检查与维修。

复印件质量不好是数码复印机常出现的故障，此种故障可占总故障率的60%以上，以下是具体故障的检修与排除。

（1）数码复印机复印出来的复印件全黑。经过复印后，复印件全黑，与开着稿台盖板印出的纸张一样。故障原因与排除方法：

① 曝光灯管故障。曝光灯管损坏、断线或灯脚与灯座接触不良，使其不能发光；曝光灯控制电路出现故障，导致曝光灯不亮或不做扫描运动，使感光鼓表面没有曝光，表面电位没有变化，无法形成静电潜像。首先观察曝光灯是否发光，不发光时可检查灯脚接触是否良好。灯脚接触无问题时再更换灯管；若不是灯管损坏，可测量灯脚间是否有电压，无电压时应检查控制曝光灯的电路是否有故障，有故障更换此电路板。

② 曝光灯控制电路故障。曝光灯控制电路出现故障，检查各处电压是否正常，无电压时应检查控制曝光灯的电路是否有故障，必要时更换此电路板。

③ 光学系统故障。数码复印机的光学系统被异物遮住，使曝光灯发出的光线无法到达感光鼓表面，可清除异物。反光镜太脏或损坏，以及反光角度改变，光线偏高，无法使感光鼓曝光，可清洁或更换反光镜，调整反光角度。当反射镜表面出现老化现象时，必须更换反射镜。光缝开得太小，同时曝光灯管老化，机内光学系统污染严重，调节光缝宽度的拉线断开，使光缝处于关闭状态，都会造成复印件全黑。处理时要开大光缝，增加光量，必要时更换曝光灯管，同时还要对光学系统进行全面清洁。

④ 数码复印机由冷的环境中移到热的室内，或者由于室内湿度过高，使感光鼓、镜头及反射镜表面结雾，也会出现黑色复印件，但不十分均匀。解决的办法是清洁光路部件，将机器预热一段时间。

⑤ 充电部件故障。二次充电部件故障（仅限 NP 静电复印法），检查充电电极的绝缘端是否被放电击穿，若被击穿，电极与金属屏蔽罩连通（有烧焦痕迹），可造成漏电。

（2）复印件全白。复印件全白故障分为感光鼓上有图像和感光鼓上无图像两种情况。

感光鼓上有图像故障原因与故障排除：

多由于没有转印电晕造成。常见的故障是转印电极接触不良，转印电极丝断路，高压发生器到转印电极的电路断开或与转印有关的电路有故障，使感光鼓表面的墨粉图像不能转印到复印纸上。首先从电极开始检查，发现接触不良应接牢；如果电极丝断路，应换新的电极丝；以上部位均无故障时，应更换高压发生器。

感光鼓上无图像故障原因与故障排除：

① 充电电极安装不牢、接触不良，或电极丝断开，电极绝缘块击穿，使感光鼓表面没有充电，无法形成高电位乃至静电潜像；充电电极与高压发生器电路中断，没有高压来源，或高压发生器本身发生故障，无高压输出，都会导致复印件全白。遇到这种情况，应首先检查充电电极部分。若无问题，可继续检查电极与高压发生器的连线是否松动或断路。若仍有故障，再更换高压发生器。

② 显影驱动离合器失灵，内部接触片打滑，除了磨损，还可由油污造成。严重时会使显影辊根本不转动，印出全白的复印件（这也是区别于其他故障的鉴别方法）。这时必须将离合器卸下来清洁或更换成新的离合器。

③ 显影器未向感光鼓表面提供墨粉，无法在感光鼓表面显示可见图像。常见原因有：显影器安装不妥，安装后未恢复到感光鼓的正常间隙，致使显影辊不转动，造成无法显影。

④ 感光鼓安装不到位，应重新安装。

（3）复印件图像时有时无。原因在于充电或转印电极到高压变压器的连线或高压变压器本身损坏。检查时可打开机器后盖，拆下电极插座。按复印开始键后，用电极插座的金属部分碰触机器金属架，如果出现放电打火现象，证明此电极是好的。如果没有放电打火，说明高压变压器输出端接触不良，需要更换。如果两个电极插座都出现放电打火现象，说明高压变压器没问题，是插座与电极的连接不良，或者电极本身漏电、接触不良，应进行修复。

（4）复印后复印件出现底灰。复印件上有深度不等的底灰，是静电复印法中一种常见的现象，而且是一个难以解决的问题，复印件上有无底灰存在是鉴别其质量好坏的重要标志之一。故障原因及排除方法：

① 原稿台玻璃板、曝光灯及其反光罩、镜头透镜、反射镜、光路部分与感光鼓之间的透光防尘玻璃片被灰尘或机内的墨粉污染，造成反光，使透光效率下降，使曝光量加大。这时不仅图像变浅，底灰增加，而且在减小曝光时，图像颜色虽有加深，但底灰也有所增加。解决办法是认真清洁这些部件，用干净的镜头纸擦拭，从一端向另一端进行，并吹走纸毛和浮尘。太脏时，可蘸少许酒精擦拭，切不可来回擦，以免灰尘磨损光学部件表面。需要注意的是，稿台玻璃的下面一侧也必须擦拭干净，这里往往是容易忽视的地方。

② 曝光不足原因包括曝光灯老化，照度下降；光蓬开得太小，曝光量小。需调整曝光电压、光缝或更换曝光灯。

③ 复印纸受潮，需更换复印纸。

④ 显影偏压过低或无显影偏压。需调整显影偏压，检修显影偏压电路。

⑤ 显影器中载体比例小，墨粉比例过高，造成均匀的底灰，而且比较浓。原因是游离的墨粉过多，载体难以吸附。这时要重新调整载体与墨粉的匹配比。

⑥ 墨粉、载体受潮，电阻率下降，墨粉与载体的带电性变差，造成显影效果不良。需更换墨粉或载体。

⑦ 载体疲劳（包括湿法显影和干法显影）使载体对墨粉（或油墨）的吸附能力下降，容易使墨粉游离，而被残余电位（明区）吸附，产生底灰。不使载体过于疲劳即可。

⑧ 墨粉与载体不匹配，需使用与载体匹配的墨粉。

⑨ 感光鼓疲劳。清洁毛刷倒伏、板结、脱毛或与感光鼓距离不当，收集废粉的磁辊上墨粉过多，引起粉尘脱落，也会造成复印件均匀或不均匀的底灰。需经常清洁这些多余的墨粉，毛刷不良时应将毛刷梳理后换方向使用，或者更换新的毛刷并应清除吸尘箱中的墨粉。

⑩ 输入电压过低，如处于用电高峰期间，不能保证三个电极所需的高压值。充电电压下降，静电潜像的电位就低，与明区电位（残余电位）差就小，不易显影成像。在操作时，由于浓度上不去而减小曝光量，虽然图像色调有所加深，但同时也会出现底灰。因此，在电压不稳定的地区，使用数码复印机时应加装机外稳压电源，保证电压不低于220V。

⑪ 消电灯污染或不亮，消电电极粘有墨粉等污物，使消电能力下降，必须认真进行清洁处理，灯管损坏时必须更换。

(5) 复印后复印件颜色淡，对比度不够。故障原因与部分排除方法：

① 感光鼓表面充电电位过低，造成曝光后表面电位差太小，即静电潜像的反差小。其原因包括高压发生器出现故障，输出电压不够；电极丝过粗；电极丝与感光鼓表面距离过大；电极丝污染；电极绝缘块漏电。这时必须根据故障情况解决。

② 复印机工作的环境湿度过大，由于纸张含水率过大造成。

③ 由于复印纸的理化指标没有达到要求，如纸张厚度、光洁度和密度等原因造成。

④ 机电方面的原因有：转印电极及有关电路出现故障，其中包括转印电极太脏，粘有墨粉、灰尘、纸屑，影响转印电压；转印电极丝距离感光鼓表面（纸张）太远，转印电流太小，不能使纸张背面带上足够的电荷，影响转印效果；转印电极丝断路，转印电极插头接触不良，造成复印件反差过小，出现图像淡的毛病。出现上述现象时，必须根据实际情况进行检修。

⑤ 感光鼓疲劳，光敏性下降，曝光量过大或过小时，都会影响感光鼓表面的电位差。对 NP 复印机，拔下电源插头，使感光鼓吸湿，也会产生复印件过淡的现象。这时应根据情况更换感光鼓或纠正错误操作。

⑥ 显影器中的墨粉不足，无法充分显影，浓度上不去，或者墨粉性能不良，难以被感光鼓吸附而充分显影。这时需补充或更换墨粉。

⑦ 载体缺少或疲劳失效，带电性减弱，造成显影不足。如果采用液干法显影，则为显影液陈旧失效。这时必须更换载体或显影液。

⑧ 磁刷显影器内磁极的调整不当，影响磁刷的立起长度；在液干法显影中，挤料辊与感光鼓靠得太近，挤去过多的显影剂。这时需要进行适当的调整。

(6) 复印件图像清晰度差，分辨率低。故障原因与部分排除方法：

① 复印时曝光量过大所致。应调整曝光电压或光缝。

② 复印镜头、反光镜的聚焦不良所致。应调整镜头与反光镜的距离与角度。

③ 硒感光鼓工作时间过长，表面残留墨粉过多或产生氧化膜。应清洁或更换感光鼓。

④ 墨粉颗粒太大，显影图像表面粗糙，造成分辨率下降。若出现由于图像发黑而造成不清晰，应考虑可能是显影器下墨粉太多。

(7) 复印件图像浓度不均匀，复印件图像浓度不均匀分两种情况：一种是有规则的不均匀；另一种是无规则的不均匀。

出现有规则的不均匀故障原因：

① 电极丝与感光鼓不平行，造成转印电晕不均匀。

② 曝光窄缝两边不平行，造成曝光量不均匀。

③ 机内有乱反射光的干扰。

④ 显影辊与感光鼓表面不平行；液干法显影中挤料辊与感光鼓不平行；显影间隙两端不等，均会造成上述的不均匀。

出现无规则的不均匀故障原因与部分排除方法：

① 复印纸局部受潮。

② 曝光灯管、稿台玻璃等光学部件受污染，影响光反射和透射的均匀。

③ 充电和转印电极丝污染，造成放电的不均匀。为防止此种情况，应经常保持电极清洁使放电均匀。

④ 采用热辊定影的机器，由于加热辊表面橡胶老化脱落、有划痕，或者定影清洁刮板缺损使辊上局部沾上污物，形成污迹。

⑤ 搓纸辊上受墨粉污染，搓纸造成污迹。

⑥ 显影器中墨粉漏出洒落在纸上或感光鼓上。

（8）复印件图像上有污迹。故障原因：

① 感光鼓上的感光层划伤。

② 感光鼓污染，如油迹、指印、掉落的杂物等。

③ 显影辊上出现固化墨粉。

④ 采用热辊定影的机器，由于加热辊表面橡胶老化脱落、有划痕，或者定影辊清洁刮板缺损使辊上局部沾上污物，形成污迹。

⑤ 搓纸辊上受墨粉污染，搓纸造成污迹。

⑥ 显影器中墨粉漏出洒落在纸上或感光鼓上。

（9）复印件图像上出现白色斑点。故障原因与部分排除方法：

① 显影偏压过高，应调整显影偏压。

② 感光鼓表面光层剥落、碰伤，应清洁或更换感光鼓。

③ 由于转印电极丝电压偏低，造成转印效率低所致。

④ 复印纸局部受潮也可能出现白斑。

（10）复印件图像表面不光洁，故障原因与部分排除方法：

① 墨粉质量不好，颗粒太粗。

② 显影器中载体过量外溢至复印纸上。

③ 显影浓度过高，下粉量太大。

④ 定影温度不够，墨粉未能完全均匀。应调整定影温控电路。

（11）复印件图像定影不好，一种是定影不足，墨粉黏附不牢，图像容易被擦掉；另一种是定影过度，使图像线条变粗，分辨率下降，使纸发黄、变脆，甚至烤焦。故障原因与部分排除方法：

① 定影灯管损坏或接触不良；加热丝断路，造成没有定影温度或定影温度过低。

② 定影灯位置改变，使辐射不均匀。

③ 定影加热辊磨损，表面出现凹坑，与纸张接触不严，使局部定影不牢。

④ 定影温度过高，或者由于控制电路失灵使机内温度过高，造成定影过度。

各种机型所选用的墨粉定影温度、定影时间略有差异，因此一定要根据机型选用墨粉。

⑤ 墨粉变质或复印纸不符合标准，也会出现定影不牢、定影过度的现象。

（12）复印件图像错位或丢失。故障原因与排除方法：

① 输纸定时与光学系统的时序不同步，如搓纸离合器调整不当，造成进纸时间过早或过晚。在大多数机器中，进纸时间是可以调整的，一般是调整该离合器的位置。

② 对位辊离合器打滑，运转不均匀，使感光鼓与纸张的接触时间改变，需要对离合器进行清洁。

③ 如果感光鼓上的图像少一段，而充电、显影、曝光灯、稿台钢丝都正常，则故障可

能是驱动电机、传动链条松动的缘故，松动会使光学部件的扫描与感光鼓的转动不同步。需要反复调整。

（13）复印件背景上有不均匀灰色或脏迹。故障原因与部分排除方法：

① 清洁刮板的压力不够或清洁刮板的释放机构动作不够灵活。应调整清洁刮板及清洁刮板释放机构。

② 清洁毛刷转动不正常，清洁装置被严重污染。应清洁及检修清洁装置。

③ 清洁刮板前端的刀口面不够平直。应更换清洁刮板。

④ 曝光灯、反射罩、反光镜、防尘玻璃或消电灯滤光片被污染。

⑤ 曝光灯调节器输出电压不准。应重新调整。

⑥ 显影剂已年久失效，应更换。

（14）复印件图像密度不均匀，一边深一边浅。故障原因与部分排除方法：

① 充电电极丝或转印电极丝的高度前后不一致。应注意，在调整高度后还必须调整充电或转印电流。

② 曝光灯上有脏物污染，出现色斑、色环或灯丝变形。应进行清洁或更换。

③ 曝光灯位置、显影装置位置不准确。

④ 数码复印机没有放在水平位置。

（15）复印件上沿复印件输出方向出现明显的纵向黑色线条。故障原因与部分排除方法：

① 清洁刮板压力过大，长时间摩擦造成感光鼓表面受损，出现前进方向划痕。严重时需更换感光鼓。

② 毛刷太硬或含有杂物，将感光鼓划伤，形成纵向黑线。

③ 显影载体或墨粉中有杂质，当这些杂质停留在感光鼓与毛刷或清洁刮板之间时，就会将感光层划伤。

④ 感光鼓的安装不合适，与其他部件接触而划伤感光鼓。此时若操作机器，故障现象会较为严重。

⑤ 清洁刮板的刀口积粉过多，清洁效果不良，或者刃口有缺陷，清洁刮板局部未与感光鼓表面完全接触，复印件上都会出现黑色纵向条或黑线。这时必须对清洁刮板进行清洁，并检查清洁刮板有无缺损。

⑥ 数码复印件较大面积呈黑带状是由于清洁刮板与感光鼓接触不良，墨粉不干净所致。必须进行调整。

⑦ 数码复印机内的卡纸没有完全清除，有纸张或纸屑进入清洁器，影响清洁刮板或毛刷的正常工作，造成清洁不良，而出现黑色带状污染。

⑧ 如果纸张一端（机器分离侧）出现黑色污迹，则一般是由于分离带上粘有墨粉造成的。这也可能是由于感光鼓一端清洁不良或显影器密封损坏所致。这时需要进行清洁，更换损坏的零件。

⑨ 在磁辊单一成分显影方式中，磁辊上粘有条状墨粉凝结物，显影时会在感光鼓表面显现出来。这时需对显影辊进行认真的清洁。

⑩ 显影辊上墨粉分页不均匀，呈条状分布。这时要检查刮刀下是否有杂物或纸屑，并认真清洁。

⑪ 转印后尚未定影的复印件与定影器入口摩擦，从而出现黑色污染及图像损伤。这多数

是由于卡纸未清除干净造成的。这时需认真清洁定影器入口，凝固的墨粉污迹可用酒精擦掉。

⑫ 热辊定影时，加热辊表面清洁不良，粘有过多墨粉而产生黑条，定影时会印在复印件上。

（16）复印件上沿复印件输出方向出现不规则的波浪形黑线或黑条。故障原因与部分排除方法：

① 清洁装置脏污，在清扫清洁刮板和毛刷后，应撒一些润滑粉。

② 由于感光鼓上黏附了小颗粒异物或载体造成清洁刮板刃口被损坏。

③ 更换清洁刮板或感光鼓时，没有先撒润滑粉造成清洁刮板刃口损坏。

（17）复印件上沿复印件输出方向出现白色线条（纵向白线条）。故障原因：

① 由于色粉黏附在电极丝上造成充电电极丝局部污染和转印电极丝局部污染。

② 充电电晕装置上有线状悬挂物影响感光鼓表面。

③ 显影装置密封垫局部污染或粘有异物。

（18）复印件上某一边缘有不同程度的粉迹。故障原因：

① 由于感光鼓表面清洁不良将残余色粉转印到复印件上。

② 清洁刮板上的衬套和孔没有正确吻合，致使清洁刮板不能灵活移动，当加压时清洁刮板不能正确地靠在感光鼓上。

（19）复印件沿输出方向出现前端黑色横向条。故障原因与部分排除方法：

① 扫描架起始位置不正确，通过调整扫描起始位置传感器的位置来解决。调整后要求扫描复原位时没有跳动现象。

② 由于纸屑、粉末和灰尘等黏附或加在转印/分离电极丝上造成的。

③ 转印/分离电极丝严重损坏。

（20）复印件图像模糊或图像拉毛。故障原因与排除方法：

由于感光鼓表面被污染，或者感光鼓衰老、过度磨损造成的。清洁感光鼓，严重时应更换感光鼓。

（21）复印件出现空白。故障原因与排除方法：

复印纸受潮或出现皱折。应从纸盒里拿走潮湿的纸或皱折的纸。

（22）复印件歪斜。故障排除方法：

① 检查原稿在稿台玻璃上的位置是否正确。

② 检查纸盒是否安装正确。

（23）复印件出现黑框。故障原因与排除方法：

① 如果原稿比复印纸小，则用一张比复印纸大或与复印纸相同的纸盖住原稿。

② 复印时未放下原稿盖，应把原稿盖放下盖好。

（24）因清洁效果不好，造成底灰大。故障原因与排除方法：

① 毛刷打结和严重脱毛。应梳松或调换毛刷。

② 消电电极失效。应检修消电电极。

③ 消电灯被污染或损坏。应清扫或更换消电灯。

（25）成像模糊。故障原因与排除方法：

① 由于光学系统紧固不好，在机器的运输或长时间使用中，造成光学部件——镜头、反射镜等的位置改变，其反光、透光线路发生偏移，造成聚焦不良，原稿反射光的焦点不

能正好落在感光鼓表面。可以通过观察原稿与复印件的图像尺寸有否改变来发现聚焦问题。一般来说，图像模糊是聚焦不好的缘故，多为第一反射镜位置不当；而倍率与原稿不符，多由于镜头位置改变。光路部分的故障必须在排除了其他干扰因素，确定了光路故障以后才能进行调整。由于光学系统是出厂时调定的，无特殊情况不宜随意调节。

② 感光鼓长时间使用后表面产生氧化膜及其他污染，造成图像清晰度下降。这时应更换感光鼓，或用感光鼓再生剂进行处理。

③ 图像模糊而发黑，这可能是显影器下墨粉太多的缘故。如果是单一成分显影，则为显影辊与刮刀间隙过大。这时应调整载体与墨粉比例或显影间隙。

④ 感光鼓表面清洁不良，残留墨粉过多，或者显影磁刷与感光鼓表面太近，使复印件上的图像由于磨擦而模糊。处置办法是调整清洁器或显影磁极，使之位置合适。

⑤ 显影器中的墨粉粒太大，使分辨力下降，图像表面粗糙。这时应更换更细的墨粉，并配以适当的载体。

⑥ 镜头和反光镜污染。应清洁镜头和反光镜。

⑦ 扫描移动钢丝松弛。应张紧钢丝绳。

任务6 多功能一体机的使用与维护

6.1 多功能一体机概述

前面学习了单功能的打印机、复印机等。随着科技的发展，现代多功能一体机解决了传统打印机只能打印的问题，同时还可以复印、扫描、传真，体积也相对较小，只是价格比普通打印机贵一些。多功能一体机集打印、复印、扫描、传真等功能于一体，很适合信息化时代的快节奏办公要求，越来越受到单位和个人用户的青睐。

6.1.1 多功能一体机的概念与分类

1. 多功能一体机的概念

多功能一体机是集打印、复印、传真、扫描功能中两种或两种以上于一体的文印办公设备。多功能一体机虽然有多种功能，但是打印技术是多功能一体机的基础功能，因为无论是复印功能还是接收传真功能的实现，都需要打印功能支持才能够完成。

2. 多功能一体机的分类

根据产品原型（产品的功能性）可分为基于打印、复印、传真、扫描的四类一体机。按照打印技术（成像原理）主要分为喷墨型、激光型（激光多功能一体机又可以分为鼓粉一体型和鼓粉分离型）、碳带热转印型产品三类。按照扫描技术可分为馈纸式、平台式两类。按照功能可以分为三合一（打印、复印、扫描）、四合一（打印、复印、扫描、传真）、五合一（打印、复印、扫描、传真、电话）。按照稿件颜色可以分为黑白型、彩色型。按照纸张幅面大小可以分为A3型、A4型。

按照使用原装耗材和单张稿件成本计算，一般来说，激光型的成本低，喷墨型的成本高；黑白型的成本低，彩色型的成本高；A3 型的成本低，A4 型的成本高。根据打印技术方式，多功能一体机主要产品为喷墨型和激光型，并且与普通打印机一样，喷墨型多功能一体机的价格较为便宜，同时能够以较低的价格实现彩色打印，但是使用时的单位成本较高；而激光型多功能一体机的价格较贵，并且在万元以下的机型中都只能实现黑白打印，但它的优势在于使用时的单位成本比喷墨型的低许多。

多功能一体机虽然都是集打印、复印、扫描、传真于一体的产品（有的产品可能没有传真功能），然而绝大多数的产品在各个功能上是有强弱之分的，是以某一个功能为主导的，因此它的这个功能特别出色。一般情况下根据产品的功能性可以分为打印主导型、复印主导型、传真主导型，而扫描主导型的产品较少。当然也有一些全能型的产品，它的各个功能都非常强，不过价格也相对高一些。

多功能一体机是从两个方向发展起来的。其一是打印机，很多一体机又叫作多功能打印机（MFP），其打印功能十分突出，打印质量、打印速度等也往往是衡量此类产品的重要指标之一。这类一体机是将喷墨打印机或激光打印机，再配备上扫描仪，构成打印、复印、扫描功能的"三合一"产品。其二是传真机，单功能传真机本身就同时具有数码扫描和打印功能，只是合成在一起，不能单独使用某一项功能。如果将扫描与打印分开，再增加与计算机的通信接口，那么就可摇身一变成为多功能一体机，这类产品一般都具有打印、传真、复印、扫描、PC 传真、信息中心等功能。

多功能一体机目前已发展成为产品众多的一类办公设备，但是根据它最初的两个发展方向的不同，一体机也往往在某项功能上有所侧重。由于很多用户在办公过程中主要是以某一两种功能的设备为主，而其他的办公设备使用频率较低，从而出现了以打印功能为主，集打印、复印、扫描功能于一体的多功能打印机，其适合已有传真机的小型用户及普通办公用户；也有以扫描功能为主，集扫描、传真、复印功能于一体的多功能扫描仪；还有以复印功能为主，集复印、打印、扫描功能于一体的多功能复印机。由于它是在数码复印机上附加设备而成的，因此价格高，但性能很强大。图 6-1 所示为惠普激光式多功能一体机。

图 6-1　惠普激光式多功能一体机

综上所述，可以看出多功能一体机的特性有：集成性、扩展性、易用性、可分离性、兼容性。无论一体机的侧重点在哪方面，它们都具有处理多任务能力，或者说有处理冲突的能力，这对于集成了众多功能的一体机而言十分重要。此外，多功能一体机的复印功能是数码复印，同普通复印机相比有许多优势。这些都是我们在购买一体机时需要注意的方面。

6.1.2 多功能一体机的发展与现状

相较于单功能设备，多功能一体机的优势主要体现在良好的功能整合与性价比方面，近年来，多功能一体机市场发展迅速，无论是产品功能设计还是用户体验设计，都获得了较大的提升。尤其是在移动互联和网络通信大力发展背景下，用户对于办公设备多功能化、网络化等需求日益明显，也为多功能一体机市场的发展带来了良好的推动力。

多功能一体机不仅能够大大简化文档处理流程，而且与采购多台单功能产品相比，多功能一体机能够显著地节省购买设备的开销。尤其是在办公设备方面，单功能产品正在逐渐向多功能产品转变。目前，多功能一体机已经在办公领域得到大量的应用，无论性能还是服务方面都在稳步提升，早已不再是多个设备的简单叠加，而是将各种独立的功能更加完善地集成在一起，同时使功能之间的协调性更加自然，操作更加方便快捷。

目前，多功能一体机市场每年都以 30%以上的速度增长，在这一增长趋势下，市场结构势必产生变化。办公用户逐步由使用具备网络功能的单功能打印机及多功能桌面一体机，发展到使用具备无线 Wi-Fi 连接的多功能一体机。对于多人办公环境而言，设备和资源的共享使用能够有效地节约资源和成本，一台具备网络连接，尤其具备无线 Wi-Fi 连接的多功能一体机产品显然能够更好地应对日常工作。从惠普公司 1991 年 3 月推出世界上第一台真正意义上的网络打印机起，文印办公设备的网络化就一直向着提高企业工作效率、降低办公费用、合理利用资源的方向发展。如今，随着无线网络技术的飞速发展，一台笔记本电脑、一部手机和一台平板电脑就可以通过无线 Wi-Fi 连接，登录到多功能一体机上，使用户对无线网络的需求大增，尤其在 2020 年全球新型冠状病毒疫情暴发的大环境下，更需要通过无线网络来降低办公成本。无线网络功能作为市场热点，越来越受到更多用户的关注。随着无线网络打印市场的发展和无线网络解决方案的不断成熟，政府采购也越来越多地考虑具备无线网络功能的多功能一体机产品。在中国现有的环境下，无线网络办公已逐渐成为新的趋势。

理论上多功能一体机的功能有打印、复印、扫描、传真，但对于实际的产品来说，只要具有其中的两种功能就可以称为多功能一体机。较为常见的产品在类型上一般有两种，一种涵盖了三种功能，即打印、复印、扫描，典型代表为爱普生 Stylus CX5100；另一种则涵盖了四种，即打印、复印、扫描、传真，典型代表为 Brother MFC-7420。

多功能一体机除了常规的功能，一些产品还有自己的独到之处。如以爱普生 Stylus Photo RX510 为代表的数码照片型多功能一体机，可以支持存储卡直接打印。

在标准配置之外，为了增强产品功能，提升产品性能，大多数厂商的多功能一体机还备有可选部件，但需要另外进行购买。与标准配置不同，不使用可选配件不会影响对产品的基本功能的使用。可选配件的种类很多，不同的产品，支持的可选配件也是不同的，因此，在选购可选配件时应该事先查阅产品的说明，以免买了不能用。比较常见的可选配件有扩展内存、大容量进纸盒、双面打印装置等。

6.1.3 多功能一体机的技术与质量指标

多功能一体机的主要性能指标主要有打印分辨率、打印速度、扫描分辨率、复印分辨率、复印速度、连续复印、复印缩放、内存、接口类型和功耗等质量指标。

1. 打印分辨率

打印分辨率又称输出分辨率，是指在打印输出时横向和纵向两个方向上每英寸最多能够打印的点数，通常用"点/英寸"即 dpi（dot per inch）表示。所谓最高分辨率就是指打印输出时所能打印的最大分辨率，也就是打印输出的极限分辨率。平时所说的打印分辨率一般指打印的最大分辨率。目前，一般激光打印机的打印分辨率都在 600×600dpi 以上。

打印分辨率是衡量打印机打印质量的重要指标，它决定了打印机打印图像时所能表现的精细程度，它的高低对输出质量有重要影响，因此在一定程度上来说，打印分辨率决定了该打印机的输出质量。打印分辨率越高，其反映出来可显示的像素个数就越多，可呈现更多的信息和更好更清晰的图像。

2. 打印速度

评价一台打印机的优劣，不仅要看打印图像的品质，还要看它是否具有良好的打印速度。这一点对商业用户更为重要。打印机的打印速度是用每分钟打印多少页纸（PPM）来衡量的。厂商在标注产品的技术指标时通常都会用黑白和彩色两种打印速度进行标注，因为打印图像和文本时，打印机的打印速度是有很大不同的。另外，打印速度还与打印时设定的分辨率有直接关系，打印分辨率越高，打印速度就越慢。所以对衡量打印机的打印速度必须在统一标准下进行综合的评定。通常打印速度的测试标准为 A4 打印纸，300dpi 的分辨率，5%的覆盖率。

3. 扫描分辨率

扫描分辨率通常用 dpi 来表示，即每英寸长度上有多少个像素点。分辨率可分为光学分辨率和最大分辨率。光学分辨率指扫描仪光学系统可正常采样的信息量，它从根本上决定了扫描仪的档次高低。目前，市场上的产品多为 300×600dpi、600×1200dpi。最大分辨率又称插值精度，是利用软件技术在硬件扫描产生的像素点之间按一定的算法插入另外的像素点，能在一定程度上提高图像的质量。光学分辨率主要受步进电机精度的控制，而最大分辨率受 CCD 感光头精度的影响。

4. 复印分辨率

复印分辨率是指每英寸复印对象是由多少个点组成的，它直接关系到复印输出文字和图像质量的好坏。如惠普 PSC 2410 photosmart 的复印分辨率为 600×600dpi。

5. 复印速度

复印速度是指单位时间内能够复印的张数，单位为张/分，速度越快表明复印机的性能越好。由于复印机预热需要时间，首张复印也需要用比较长的时间，因此，复印速度在计数时一般应该从第二张开始。

目前市场上的复印机，5000 元以下的低端 A4 幅面产品的复印速度为 4~5 张/分，2~3 万元的中端产品的复印速度多为 30 张/分左右，而超过 10 万元的高端产品的复印速度则往往可以超过 50 张/分以上，如东芝 E-STUDIO 810 的复印速度更是达到了 81 张/分。产品的复印速度和复印机中复印装置的运行速度、成像原理、定影系统都有直接关系。

6. 连续复印

连续复印是指对同一复印原稿，不需要进行多次设置，复印机可以一次连续完成复印的最大的数量。连续复印因为可以避免对同一复印原稿的重复设置，节省了每次作为首页复印多用的时间，因此对于经常需要对同一对象进行多份复印的用户相当实用。连续复印的标识方法为 1~×张，×代表该款产品连续复印的最大能力。连续复印的张数和产品的档次有直接关系。目前，最为常见的产品都具备 1~99 张的连续复印能力，也就是对同一对象，进行一次设置，可一次连续复印 99 张。而一些高端产品的连续复印可以达到 1~999 张，一些低端产品则可能只有 1~9 张，甚至没有连续复印能力。

7. 复印缩放

复印缩放是指多功能一体机能够对复印原稿进行放大和缩小的比例范围，用百分比表示。某款产品的复印比例标识如果为 50%~200%，就意味着该款产品能够将原稿等比例最小缩至 50%，最大放大至 200% 后复印输出。如一份复印原稿的长为 10cm、宽为 5cm，使用具有 50%~200% 复印比例的产品，最大可以将原稿放大至长 20cm、宽 10cm，最小则可以将原稿缩小到长 5cm、宽 2.5cm。

需要注意的是，在使用放大功能时还会受到产品复印尺寸的限制，目前，多功能一体机多是 A4 幅面的产品，如果用户的复印原稿是 A4 幅面的话，那么是无法再进行放大的，不过可以进行缩小。目前，市场上的多功能一体机常见的复印比例有 25%~200%，50%~200%，25%~400% 和 50%~400%。

8. 内存

内存即多功能一体机产品中的内部存储器。它的作用是提高产品的运行速度，尤其是打印时的速度。在打印时起到存储打印任务和打印任务缓冲的作用，同时也是为了使具有传真功能的产品能够存储一定数量的传真内容，以便进行连续传真。

当然每种型号的多功能一体机设计的内存大小都是不同的，具体的大小可以通过产品介绍来了解。不过一般而言，激光型产品的内存要大于喷墨型产品，带有传真功能的产品的内存要大于没有传真功能的产品。

9. 接口类型

接口类型指的是多功能一体机与计算机系统采用何种方式进行连接。目前，多功能一体机与计算机连接常见的接口类型有并口（也称为 IEEE 1284，Centronics）、串口（也称为 RS-232 接口）和 USB 接口。

10. 功耗

功耗是所有的电器设备都有的一个指标，指的是在单位时间内所消耗的能源的数量，单位为 W。不过多功能一体机和电灯不同，是不会始终工作的，在不工作时则处于待机状态，同样也会消耗一定的能量（除非切断电源才不消耗能量）。因此多功能一体机的功耗一般有两个，一个是工作时的功耗，另一个是待机时的功耗。由于技术原理的不同，激光型产品的功耗要大大高于喷墨型产品。

6.2 多功能一体机的基本结构与系统组成

6.2.1 多功能一体机的基本结构

目前，多功能一体机按基本结构基本上可以分为三种：彩色复印扫描设备、扫描伴侣、一体化全能办公设备。

1. 彩色复印扫描设备

彩色复印扫描设备由扫描装置、打印机和计算机组成。图6-2所示为佳能MultiPASS C70多功能一体机。

2. 扫描伴侣

扫描伴侣是由计算机、打印机、扫描仪和综合图文管理软件组成的。图6-3所示为爱普生Stylus Scan 2500多功能一体机。

3. 一体化全能办公设备

一体化全能办公设备主要是由一台激光打印机和一台复印/扫描组件组成的，其中激光打印机是一体化全能办公设备的母机，而复印/扫描组件只有借助母机才能工作。图6-4所示为惠普LaserJet 1100A多功能一体机。

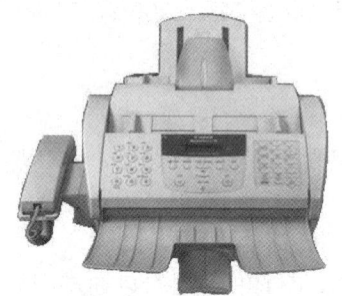
图6-2　佳能MultiPASS C70

图6-3　爱普生Stylus Scan 2500

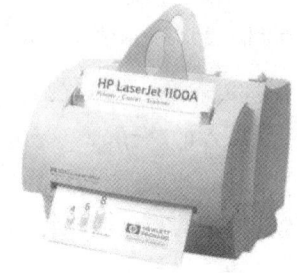
图6-4　惠普LaserJet 1100A

6.2.2 多功能一体机的系统组成

下面以HP Officejet 6110 All-in-One多功能一体机（涵盖打印/复印/扫描/传真功能）为例，简单介绍多功能一体机的系统组成。图6-5(a)～(g)，分别为HP Officejet 6110 All-in-One多功能一体机的控制面板、入纸口组件、扫描组件、两层进纸出纸平台、喷墨墨盒部分、连接接口、后侧舱部分。

项目 3　办公信息复制设备

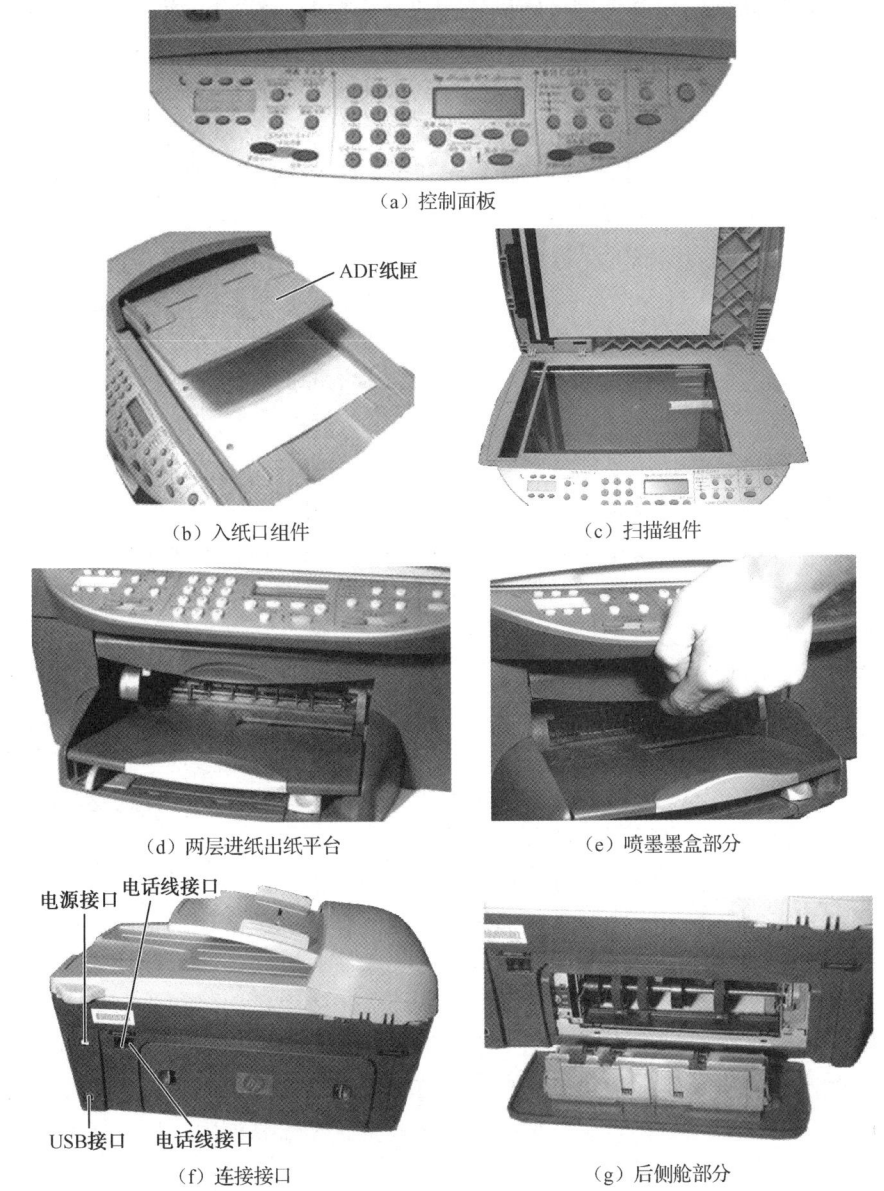

(a) 控制面板

(b) 入纸口组件　　　(c) 扫描组件

(d) 两层进纸出纸平台　　　(e) 喷墨墨盒部分

(f) 连接接口　　　(g) 后侧舱部分

图 6-5　HP Officejet 6110 All-in-One 一体机的系统组成

6.3　多功能一体机的使用与维护

6.3.1　多功能一体机的安装与使用

1. 多功能一体机的选购

(1) 购买要有侧重。厂家在推出某种多功能一体机时都会有所侧重，有的侧重打印；有的侧重扫描；而有的侧重传真。所以在购买的时候，一定要根据自己平时工作中最需要的功能去购买，以此项作为多功能一体机选购的第一标准，然后再衡量其他功能以及品牌价值。

（2）硬性指标要达到。对于喷墨多功能一体机，首先强调的是分辨率，目前的喷墨技术使其打印出的图像几乎可以与冲印照片一决雌雄，在选购时分辨率应达到 1440dpi，这样才可以保证色彩的良好输出。其次是打印/复印速度，毕竟提高速度不能以牺牲质量为代价，而且家庭用户对于速度方面要求不高，而更希望打印/复印的品质能更好。当然还要考虑扫描的精度及文字识别能力，这对于家庭/SOHO 用户而言，也是很重要的。

（3）操作要简便。衡量一个产品成熟度的指标包括其是否具有方便的操作性。购买时，我们不要为产品的外观和新奇的功能所诱惑，一定要考虑在操作中是否简便，是否有中文操作说明等，烦琐的操作会让人掌握起来吃力，容易造成误操作，所以你如果不想以后为其所累的话，那么一定要注意这点。

（4）维修要简单容易。由于喷墨多功能一体机是由各种功能的部件合为一体的，所以一旦一种功能发生故障会影响整体使用，而且还要考虑将来的升级更新能力，所以喷墨多功能一体机的可分离性也需要重点考虑。某些喷墨多功能一体机是由主件和附件两大部分组成的，附件外挂于主件上，如果某种功能的附件发生故障，最好可以轻松拆下来进行维修，而不影响整体使用。

（5）耗材要具有通用性。机器买回来了，那么后期对耗材的投资也是成本，如纸张、墨盒。特别是墨盒，如果平时打印或传真的东西比较多，那么后期的投资比买机器花的钱还多。因此购买前需要考虑墨盒的兼容性，建议大家购买其墨盒可以与普通打印机通用的多功能一体机，如 HP PSC 2110/1218 就可以使用普通 HP 打印机的墨盒，这样就可以方便地选配耗材，也比较容易进行二次灌墨。

（6）产品要具有可扩展性和兼容性。我们选择多功能一体机不只是用它来打印照片、做相册而已，更多的是利用它的多功能优势来实现网络化、数字化的生活。在以后的应用中可能会出现某些功能不能满足需要的问题，如果购买具有很好拓展性功能的产品，能避免因为不能满足功能升级而造成的整机报废，从而节约成本。

（7）售后服务是非常重要的。现在，在市场上许多多功能一体机的价格都是降了又降，与此同时一些产品的质量便失去了保证，而更有甚者售后服务期限缩短，在使用过程中麻烦频生。所以在购买前一定要弄清产品的售后服务方式和保修期限，以及耗材等设备的价格和服务情况等。

2. 多功能一体机的安装

（1）多功能一体机的安装位置。

① 将设备放在一个平整、牢固而不易受到震动和撞击的物体表面，如桌子上。

② 将设备放在网络信息插座、电话插座和已标准接地的电源插座附近。

③ 将设备安装在温度介于 10～32.5℃之间的地方。

④ 选择安装位置时其他注意事项：避免将设备放在人员往来频繁的地方；勿将设备安装在加热器、空调、流体、化学制品或冰箱附近；勿将设备暴露在阳光直射、过热、潮湿或多尘的地方；勿将设备连接到由墙上开关或自动定时器控制的插座上；断电将会导致设备内存中的信息丢失，勿将设备与大功率家电或其他可能引起断电的设备共用同一电路插座；避免干扰源，如扬声器或无绳电话基座。

(2)多功能一体机的初装过程。

以 HP Officejet 6208 All-in-One 智能一体机为例,其安装过程如图 6-6 所示。主要步骤包括打开包装盒、连接接口、安放纸张、安装墨盒、选择操作语言、安装软件等。

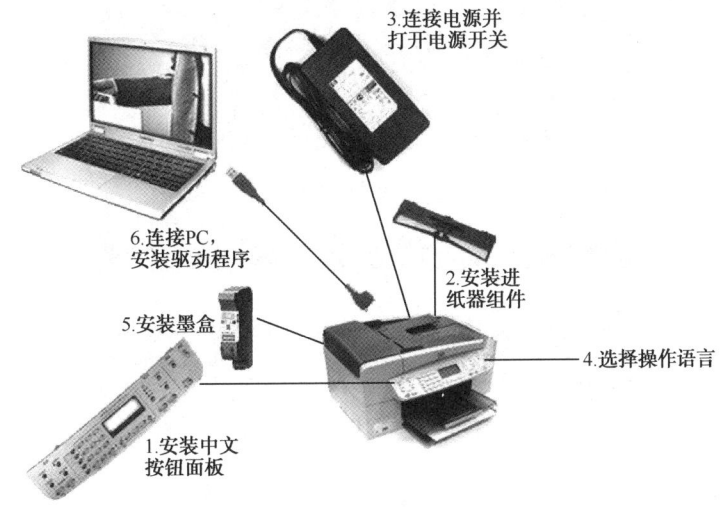

图 6-6　HP Officejet 6208 All-in-One 智能一体机的安装示意图

3. 多功能一体机的使用

图 6-7(a)～(c)为 HP Officejet 6208 All-in-One 智能一体机操作面板,该一体机具有打印、复印、扫描、传真功能。下面对其使用方法做简单介绍。

(1)多功能一体机的初始设置。

设置日期和时间,设置音频或脉冲拨号模式,设置本机标志 ID。

(2)多功能一体机的基本操作。

放入原件和纸张:①在自动送纸器中放入原件;②将原件放到玻璃板上;③在进纸盒中放入标准纸;④在进纸盒中放入照片纸。

使用复印功能:①设置复印纸张尺寸/类型;②进行高质量的复印。

使用扫描功能:①扫描到应用程序;②停止扫描。

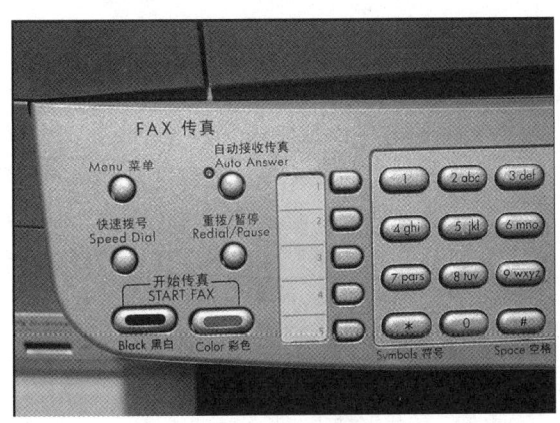

(a)操作面板左部

图 6-7　HP Officejet 6208 All-in-One 智能一体机操作面板

（b）操作面板中部

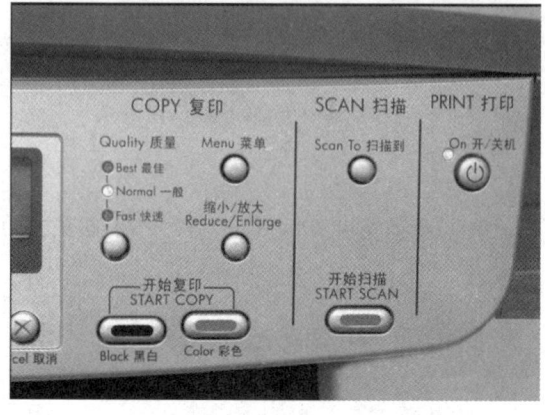

（c）操作面板右部

图 6-7　HP Officejet 6208 All-in-One 智能一体机操作面板（续）

从计算机打印：①从软件程序中打印；②更改打印设置；③停止打印作业。

使用传真功能：①发送传真；②接收传真。

6.3.2　多功能一体机的维护

对于一体机而言，经常为其做清洁非常必要。在一体机工作的过程中，产生残余碳粉或墨滴是经常出现的情况。这些残余碳粉或墨滴不仅会污染一体机的扫描系统，还因为其具备导电性而导致一体机内部电路部分出现短路等故障。

需要经常清洁扫描系统，不要将刚打印出来的图稿放入扫描系统中扫描，同时要及时处理打印后残余的碳粉和墨滴。另外，在一体机工作的过程中要尽量避免震动，因为这些震动会影响扫描和打印系统的正常工作，不利于一体机的稳定性，所以要特别注意。一体机在工作的时候发热量比较大，特别是复印型一体机和激光一体机，其定影部分工作时产生的热量会使一体机内的温度升高，而这时如果周围的散热环境不好，会导致一体机内部元件的加速衰老。因此在工作的过程中，需要将一体机放在通风散热良好的地方，避免温度的升高。

还需要注意的是，不要将一体机放在阳光直射的地方，因为阳光长时间的照射会造成一体机的外壳老化或元件老化，如果强光射入扫描系统，会造成扫描件泛白，强光射到激光一体机的感光鼓上,将导致打印出的图稿出现全黑的现象。这些会直接影响一体机的正常工作,因此在使用一体机的过程中注重一体机的散热和避光是非常必要的。同时也不要使一体机"工作过度",一体机具备的多种功能容易导致其"能者多劳",不过对于用户来说,这样频繁地"工作"对于一体机的长期使用很不利。这其中大家需要明白这样一个道理,虽然一体机具备多种功能,但是在单一功能方面,一体机并不比其他单功能机出色,甚至在负载量上还要远远低于单功能机,而频繁地使用会导致一体机过早地结束"生命"。因此用户在购买和使用一体机时,一定要结合自己的需求和对产品工作量的需求,避免一体机长期处于"疲劳状态"而导致"过劳死"。

下面介绍多功能一体机的维护方法和一些注意事项。

1. 多功能一体机的维护

(1) 清洁一体机。清洁玻璃板、外壳、电晕丝。

(2) 使用墨盒。更换墨盒,清洁墨盒。

(3) 保护感光鼓。在一体机需要更换墨粉,或者因检查故障需要拿出碳粉盒时,一定要避免感光鼓放在阳光下和灯光下直接照射。

(4) 按步骤拆装。用户应掌握一定的拆卸方法,按照操作说明书,有步骤、有顺序地进行拆卸。

(5) 其他保养注意事项。①严禁带电插拔一体机信号电缆和电源线。②不要频繁开关机。③保护好光学部件。④使用正规的纸张。⑤保证电源环境的稳定。⑥不要经常随意修改参数。

2. 多功能一体机使用注意事项

(1) 多用连续复印功能。

为了避免频繁启动现象,用户应该尽可能地集中作业,把需要复印的材料都集中起来,使用多功能一体机的连续复印功能,来进行批量化操作。

(2) 事先摆放好纸张。

包括使用优质打印纸或传真纸,以及把纸张正确放入导纸盒中。

(3) 使用节省工作模式。

用户在使用一体机之前,应该对一体机进行合适的设置,让一体机工作在节省工作模式状态下。

(4) 灵活使用传真功能。

用户可以将一体机内部的传真功能当作简单的复印功能来使用。

技能训练

训练任务 3.1　数码复印机控制面板的使用

1. 任务要求

学习数码复印机组成结构,控制面板的使用方法。

2. 训练情景

训练器材：数码复印机、复印纸、复印原稿、维护和维修工具。

训练场景：办公设备实训室。

3. 计划内容

（1）利用实训室资源，通过老师的指导，对数码复印机进行认真解剖观察，初步认识数码复印机的组成结构和控制面板，必要时画出其组成结构和控制面板的草图。了解产品的功能、特点和使用注意事项；加深对数码复印机工作原理、性能指标的掌握。具备初步使用数码复印机的能力。

（2）通过反复动手操作训练，初步掌握数码复印机控制面板和复印功能的实际正确使用方法，并做必要的记录。一般操作步骤如下：

① 预热。按下电源开关，开始预热，面板上应有指示灯显示，并出现等待信号。当预热时间达到时，机器即可开始复印，这时会出现可以复印信号或音频信号。

② 检查原稿。对纸张尺寸、颜色、字迹色调、装订方式、张数、有无图片和是否清晰等进行大致检查。

③ 检查机器显示。查看复印信号显示、纸盒位置显示、大小复印显示、复印数量显示、复印浓度调节显示、纸张尺寸显示，一切显示正常才可进行复印。

④ 放置原稿。根据稿台玻璃刻度板的指示及当前使用纸盒的尺寸和横竖方向放好原稿。

⑤ 设定复印份数。按数字键设定复印份数。设定有误时可按清除键"C"清除，然后重新设定。

⑥ 设定复印倍率。

方法一：使用放大键或缩小键。

方法二：使用自动无级变倍键进行自动无级变倍复印。

方法三：使用无级变倍键进行无级变倍复印。

⑦ 选择复印尺寸。根据原稿尺寸、放大或缩小倍率选择纸盒。

⑧ 调节复印浓度。根据原稿纸张、字迹的色调深浅，适当调节。

（3）认真阅读数码复印机使用说明书，全面了解数码复印机各系统的安装使用、日常维护、典型故障分析与处理方法及注意事项。

4. 注意事项

（1）实训中要爱护设备，遵守安全操作规程，不要随意乱按数码复印机控制面板上的功能按钮。要在老师的指导下彻底弄懂控制面板上功能按钮的含义；全面熟练地学会主要复印功能的操作使用方法。

（2）预热。数码复印机预热一般需要几分钟的时间，应注意面板上的指示灯。音频信号是指数码复印机有预热完毕的声音提示；复印信号是指在显示面板上有可以开始复印的信号。

（3）检查原稿。有一些原稿复印出来的效果不好，或者复印不了。

① 已装订或带回形针的原稿，复印出来后装订部分或回形针部分是黑色的阴影，一定要先将装订物或回形针去掉再复印。

② 已打孔或破损的原稿复印出来后，打孔和破损部分是阴影，用稍大的白纸补上即可。

③ 卷曲、折叠或褶皱的原稿复印出来后，是波浪形的字。此时，如果能将纸张抚平，则可以复印，但效果仍然受到影响。

④ 粘贴在一起的原稿最好拆开。

⑤ 带有任何涂层的原稿，如热敏传真纸、美术纸、铝箔纸、复写纸或导电纸，复印后，是一片黑色，故不能复印。

⑥ 有打孔线的原稿，打孔线将被复印出来。

⑦ 带有索引、标记或其他突起部分的原稿；黏性原稿，如半透明的纸张；透明的原稿，如 OHP 投影片或半透明的纸张；薄的、极易变形的原稿；厚原稿，如明信片等，复印机很难检测到原稿。

⑧ 装订的原稿，如书本，注意书本有装订痕迹的边，避免复印出来该边变为黑色。

⑨ 铅笔写的原稿复印出来很脏。

（4）检查机器显示。在老师的指导下读懂数码复印机的参数含义。

（5）放置原稿。

① 原稿通常应靠左后角对齐，但由于原稿方向不同，某些复印功能可能会产生不同结果。

② 若原稿有修正液或墨水，要等原稿完全干燥后再放置，否则会在曝光玻璃上留下污迹，并且复印到复印件上。

③ 放入原稿时，应提起曝光玻璃盖 30°以上，否则可能无法正确检测原稿尺寸。

④ 复印过程中，切勿强行提起曝光玻璃盖，否则可能损坏设备。

⑤ 将原稿正面朝下放在曝光玻璃上。

⑥ 不要让原稿厚度超过 ADF 或 ARDF 侧挡板上的限制标记。

⑦ 不要用手盖住传感器或将任何异物放在传感器上，否则可能导致尺寸检测不正确，或者出现卡纸错误信息。

⑧ 不要将任何物体放在盖板上，否则可能出现故障。

⑨ 如果原稿卷曲，请将其拉平，然后放入 ADF 或 ARDF。

⑩ 要防止同时送入多张纸，应先将原稿展开成扇形，墩齐后再放入，这样做可使纸张之间的间隙增大。

（6）设定复印份数。使用数字键输入份数，最大复印数量可以设置为 99（视不同的机器而定）。按"开始"键。复印开始。

（7）复印过程中的一些参数调节注意事项。

① 复印件正面朝下，传送出来要切换页面或选择功能，应按滚动键。

② 要在运行多重复印作业时停止本机，应按"清除/停止"键。

③ 要使本机在复印后回到初始状态，应按"清除模式"键。

④ 要清除输入的数值，应按"清除/停止"键。

⑤ 复印到 OHP 投影片、厚纸、半透明纸、信封，以及无法放入纸盒中的纸上时，使用手送台。

⑥ 纸张长度超过 432mm 时，可能会变皱，这种纸不能送入，否则会卡住。

⑦ 调整复印图像浓度，使它与原稿的相符。如果需要较深或较浅的复印件，应相应地

调整图像浓度。按"变浅"或"变深"键可调整浓度。

⑧ 需要缩放，可按"缩放"键调整，还可以先用"缩小"或"放大"选择与所需比例接近的预设比例，再用"U"或"T"调整比例。

⑨ 要以 10%为单位更改比例，可按住"U"或"T"再按"确定"键，出现"接受"信息。

⑩ 使用数字键输入比例，按"确定"键，会出现"接受"信息。

⑪ 放置原稿，然后按"开始"键，可自动缩小/放大。可以根据所选纸张和原稿尺寸来选择合适的复印比例。

⑫ 注意选择复印的类型。文字：原稿只含文字，不含图片；照片：此类型用来复印精致的照片和图片。

⑬ 参考基准点。"缩小/放大"基准点根据原稿的扫描方式而异。在曝光玻璃上放置原稿时，左上角是基准点；在 ADF 或 ARDF 中放入原稿时，左下角是基准点。

⑭ 注意双面复印的操作方法。在套印双面之前，先印单数页码一面，再将复印件装入纸盒，复印双数页码的一面。

⑮ 可将原稿扫描到内存中，然后将复印件自动分页。

（8）学会正确的数码复印机安全使用和维护方法。

5. 佳能（CANON）复印机 iR 2016 / 2016J 简明操作流程

请在老师的指导下完成复印机控制面板的操作训练，不要擅自调整设备。

（1）准备阶段出现：

| 100% | 自动 | 01 |
| A | 文本 | |

如果本机处于"睡眠"模式，按"ON/OFF"键。

液晶屏上出现信息时，请按下面的说明操作：

| 输入部门识别码 |

（2）放置原稿。

将原稿放到稿台玻璃上。

如果要选择纸张尺寸，反复按"纸张选择"键选择尺寸。

如果要设置复印模式，请按"附加功能"键选择<复印设置>。

（3）指定复印份数。

使用数字键输入复印份数（1～99）。

如果输入错误，按"C"键清除。

输入的份数将会显示在右边：

| 100% | 自动 | 08 |
| A | 文本 | |

(4)开始复印。

按"启动"键。

液晶屏上出现信息时,按◀-或+▶选择尺寸,然后再按"启动"键。

复印结束后取出原稿。

(5)取消复印。

如果需要取消复印,按"停止"键。

如果在扫描过程中按"停止"键出现:

```
         已按"停止"键
```

按"OK"键。

如果在复印过程中按"停止"键出现:

```
   确实要取消复印吗?
   <是>        <否>
```

按◀-选择<是>。

6. 总结考核

(1)独立归纳整理并写出对数码复印机的组成结构和控制面板实际认识的实训总结。

(2)独立归纳整理并写出对数码复印机产品的工作原理、性能指标、功能特点、使用注意事项的实训总结。

(3)独立归纳整理并写出对数码复印机控制面板和复印功能的实际正确使用的实训总结。

(4)对任务要求、训练设备、训练内容、操作步骤和训练结果进行系统分析和总结,归纳在技能训练中的收获和体会。撰写并提交一份技能训练总结报告。

训练任务 3.2 数码复印机的复印操作

1. 任务要求

深入学习数码复印机的复印功能和熟练掌握文稿复印操作的方法。同时进一步熟悉和巩固对数码复印机组成结构、控制面板的认识和操作方法。

2. 训练情景

训练器材:数码复印机、复印纸、复印原稿、维护和维修工具。

训练场景:办公设备实训室。

3. 计划内容

(1)利用实训室资源,通过老师对各种复印文稿的复印操作的指导,深入理解数码复印机的复印功能和反复训练各种文稿复印操作的方法,具备熟练使用数码复印机进行各种文稿的复印操作的能力,并做必要的记录。

(2)通过反复动手操作训练,进一步熟练掌握和巩固数码复印机组成结构、控制面板和复印功能的实际正确使用方法,并做必要的记录。复印操作步骤详见"训练任务 3.1 数码复印机控制面板的使用"中的计划内容(2)。

(3)认真阅读数码复印机使用说明书,全面了解数码复印机各系统的安装、使用、日常维护、典型故障分析与处理方法及注意事项。

4. 注意事项

(1)实训中要爱护设备,遵守安全操作规程,不要随意乱按数码复印机控制面板上的功能按钮。要在老师的指导下彻底弄懂控制面板上功能按钮的含义;全面熟练地学会主要复印功能的操作使用方法。

复印操作过程中的具体注意事项详见"训练任务 3.1 数码复印机控制面板的使用"中的注意事项(2)~(7)。

(2)学会正确的数码复印机安全使用和维护方法。

5. 总结考核

(1)独立归纳整理并写出对深入学习数码复印机复印功能和熟练掌握文稿复印操作方法的实训总结。

(2)独立归纳整理并写出对进一步熟悉和巩固数码复印机组成结构、控制面板的认识和操作方法的实训总结。

(3)对任务要求、训练设备、训练内容、操作步骤和训练结果进行系统分析和总结,归纳在技能训练中的收获和体会。撰写并提交一份技能训练总结报告。

(4)数码复印机的文稿复印标准操作步骤考核参考如下:

① 预热。按下电源开关,开始预热,面板上应有指示灯显示,并出现等待信号。当预热时间达到时,机器即可开始复印,这时会出现可以复印信号或音频信号。

② 检查原稿。对纸张尺寸、颜色、字迹色调、装订方式、张数、有无图片和是否清晰等进行大致检查。

③ 检查机器显示。查看复印信号显示、纸盒位置显示、大小复印显示,复印数量显示、复印浓度调节显示、纸张尺寸显示,一切显示正常才可进行复印。

④ 放置原稿。根据稿台玻璃刻度板的指示及当前使用纸盒的尺寸和横竖方向放好原稿。

⑤ 设定复印份数。按数字键设定复印份数。设定有误时可按清除键"C"清除,然后重新设定。

⑥ 设定复印倍率。方法一:使用放大键或缩小键。方法二:使用自动无级变倍键进行自动无级变倍复印。方法三:使用无级变倍键进行无级变倍复印。

⑦ 选择复印尺寸。根据原稿尺寸、放大或缩小倍率选择纸盒。

⑧ 调节复印浓度。根据原稿纸张、字迹的色调深浅,适当调节。

训练任务 3.3　数码复印机光学系统的维护

1. 任务要求

学习数码复印机光学系统的维护方法。

2. 训练情景

训练器材：数码复印机、复印纸、复印原稿、维护和维修工具。

训练场景：办公设备实训室。

3. 计划内容

（1）利用实训室资源，通过老师对数码复印机光学系统的解剖和维护操作的指导，深入理解并反复训练对数码复印机光学系统的认识、使用和维护操作的方法，同时检验对光学系统的维护效果，并做必要的记录。

（2）通过反复动手操作训练，熟练掌握和巩固数码复印机组成结构、控制面板、复印功能和进行文稿复印操作的方法，进一步提高熟练使用和维护数码复印机的能力，并做必要的记录。

（3）认真阅读数码复印机使用说明书，全面了解数码复印机各系统的安装、使用、日常维护、典型故障分析与处理方法及注意事项。

4. 注意事项

（1）实训中要爱护设备，遵守安全操作规程，要注意保护数码复印机光学系统。

（2）学会正确的数码复印机安全使用和维护方法。

5. 总结考核

（1）独立归纳整理并写出对数码复印机光学系统的认识、使用、维护操作方法及效果的实训总结。

（2）独立归纳整理并写出对进一步熟练掌握和巩固复印机组成结构、控制面板、复印功能和进行文稿复印操作的方法，进一步提高熟练使用和维护数码复印机的能力的实训总结。

（3）对任务要求、训练设备、训练内容、操作步骤和训练结果进行系统分析和总结，归纳在技能训练中的收获和体会。撰写并提交一份技能训练总结报告。

训练任务 3.4　数码复印机显影系统的维护

1. 任务要求

学习数码复印机显影系统的维护方法。

2. 训练情景

训练器材：数码复印机、复印纸、复印原稿、维护和维修工具。

训练场景：办公设备实训室。

3. 计划内容

（1）利用实训室资源，通过老师对数码复印机显影系统的解剖和维护操作的指导，深入理解并反复训练对数码复印机显影系统的认识、使用和维护操作的方法，同时检验对显影系统的维护效果，并做必要的记录。

(2)通过反复动手操作训练,熟练掌握和巩固数码复印机组成结构、控制面板、复印功能和进行文稿复印操作的方法,进一步提高熟练使用和维护数码复印机的能力,并做必要的记录。

(3)认真阅读数码复印机使用说明书,全面了解数码复印机各系统的安装、使用、日常维护、典型故障分析与处理方法及注意事项。

4. 注意事项

(1)实训中要爱护设备,遵守安全操作规程,要注意保护数码复印机显影系统。

(2)学会正确的数码复印机安全使用和维护方法。

5. 总结考核

(1)独立归纳整理并写出对数码复印机显影系统的认识、使用、维护操作方法及效果的实训总结。

(2)独立归纳整理并写出对进一步熟练掌握和巩固复印机组成结构、控制面板、复印功能和进行文稿复印操作的方法,进一步提高熟练使用和维护数码复印机的能力的实训总结。

(3)对任务要求、训练设备、训练内容、操作步骤和训练结果进行系统分析和总结,归纳在技能训练中的收获和体会。撰写并提交一份技能训练总结报告。

训练任务 3.5　数码复印机成像系统的维护

1. 任务要求

学习数码复印机成像系统的维护方法。

2. 训练情景

训练器材:数码复印机、复印纸、复印原稿、维护和维修工具。
训练场景:办公设备实训室。

3. 计划内容

(1)利用实训室资源,通过老师对数码复印机成像系统的解剖和维护操作的指导,深入理解并反复训练对数码复印机成像系统的认识、使用和维护操作的方法,同时检验对成像系统的维护效果,并做必要的记录。

(2)通过反复动手操作训练,熟练掌握和巩固数码复印机组成结构、控制面板、复印功能和进行文稿复印操作的方法,进一步提高熟练使用和维护数码复印机的能力,并做必要的记录。

(3)认真阅读数码复印机使用说明书,全面了解数码复印机各系统的安装、使用、日常维护、典型故障分析与处理方法及注意事项。

4. 注意事项

(1)实训中要爱护设备,遵守安全操作规程,要注意保护数码复印机成像系统。

(2)学会正确的数码复印机安全使用和维护方法。

5. 总结考核

（1）独立归纳整理并写出对数码复印机成像系统的认识、使用、维护操作方法及效果的实训总结。

（2）独立归纳整理并写出对进一步熟练掌握和巩固复印机组成结构、控制面板、复印功能和进行文稿复印操作的方法，进一步提高熟练使用和维护数码复印机的能力的实训总结。

（3）对任务要求、训练设备、训练内容、操作步骤和训练结果进行系统分析和总结，归纳在技能训练中的收获和体会。撰写并提交一份技能训练总结报告。

训练任务 3.6　数码复印机供纸、输纸系统的维护

1. 任务要求

学习数码复印机供纸、输纸系统的维护方法。

2. 训练情景

训练器材：数码复印机、复印纸、复印原稿、维护和维修工具。
训练场景：办公设备实训室。

3. 计划内容

（1）利用实训室资源，通过老师对数码复印机供纸、输纸系统的解剖和维护操作的指导，深入理解并反复训练对数码复印机供纸和输纸系统的认识、使用和维护操作的方法，同时检验对供纸、输纸系统的维护效果，并做必要的记录。

（2）通过反复动手操作训练，熟练掌握和巩固数码复印机组成结构、控制面板、复印功能和进行文稿复印操作的方法，进一步提高熟练使用和维护数码复印机的能力，并做必要的记录。

（3）认真阅读数码复印机使用说明书，全面了解数码复印机各系统的安装、使用、日常维护、典型故障分析与处理方法及注意事项。

4. 注意事项

（1）实训中要爱护设备，遵守安全操作规程，要注意保护数码复印机供纸、输纸系统。
（2）学会正确的数码复印机安全使用和维护方法。

5. 总结考核

（1）独立归纳整理并写出对数码复印机供纸和输纸系统的认识、使用、维护操作方法及效果的实训总结。

（2）独立归纳整理并写出对进一步熟练掌握和巩固复印机组成结构、控制面板、复印功能和进行文稿复印操作的方法，进一步提高熟练使用和维护数码复印机能力的实训总结。

（3）对任务要求、训练设备、训练内容、操作步骤和训练结果进行系统分析和总结，归纳在技能训练中的收获和体会。撰写并提交一份技能训练总结报告。

训练任务 3.7　数码复印机定影系统的维护

1. 任务要求

学习数码复印机定影系统的维护方法。

2. 训练情景

训练器材：数码复印机、复印纸、复印原稿、维护和维修工具。
训练场景：办公设备实训室。

3. 计划内容

（1）利用实训室资源，通过老师对数码复印机定影系统的解剖和维护操作的指导，深入理解并反复训练对数码复印机定影系统的认识、使用和维护操作的方法，同时检验对定影系统的维护效果，并做必要的记录。

（2）通过反复动手操作训练，熟练掌握和巩固数码复印机组成结构、控制面板、复印功能和进行文稿复印操作的方法，进一步提高熟练使用和维护数码复印机的能力，并做必要的记录。

（3）认真阅读数码复印机的使用说明书，全面了解数码复印机各系统的安装、使用、日常维护、典型故障分析与处理方法及注意事项。

4. 注意事项

（1）实训中要爱护设备，遵守安全操作规程，要注意保护数码复印机定影系统。
（2）学会正确的数码复印机安全使用和维护方法。

5. 总结考核

（1）独立归纳整理并写出对数码复印机定影系统的认识、使用、维护操作方法及效果的实训总结。

（2）独立归纳整理并写出对进一步熟练掌握和巩固复印机组成结构、控制面板、复印功能和进行文稿复印操作的方法，进一步提高熟练使用和维护数码复印机的能力的实训总结。

（3）对任务要求、训练设备、训练内容、操作步骤和训练结果进行系统分析和总结，归纳在技能训练中的收获和体会。撰写并提交一份技能训练总结报告。

训练任务 3.8　数码复印机驱动系统的维护

1. 任务要求

学习数码复印机驱动系统的维护方法。

2. 训练情景

训练器材：数码复印机、复印纸、复印原稿、维护和维修工具。

训练场景：办公设备实训室。

3. 计划内容

（1）利用实训室资源，通过老师对数码复印机驱动系统的解剖和维护操作的指导，深入理解并反复训练对数码复印机驱动系统的认识、使用和维护操作的方法，同时检验对驱动系统的维护效果，并做必要的记录。

（2）通过反复动手操作训练，熟练掌握和巩固数码复印机组成结构、控制面板、复印功能和进行文稿复印操作的方法，进一步提高熟练使用和维护数码复印机的能力，并做必要的记录。

（3）认真阅读数码复印机使用说明书，全面了解数码复印机各系统的安装、使用、日常维护、典型故障分析与处理方法及注意事项。

4. 注意事项

（1）实训中要爱护设备，遵守安全操作规程，要注意保护数码复印机驱动系统。

（2）学会正确的数码复印机安全使用和维护方法。

5. 总结考核

（1）独立归纳整理并写出对数码复印机驱动系统的认识、使用、维护操作方法及效果的实训总结。

（2）独立归纳整理并写出对进一步熟练掌握和巩固复印机组成结构、控制面板、复印功能和进行文稿复印操作的方法，进一步提高熟练使用和维护数码复印机的能力的实训总结。

（3）对任务要求、训练设备、训练内容、操作步骤和训练结果进行系统分析和总结，归纳在技能训练中的收获和体会。撰写并提交一份技能训练总结报告。

训练任务 3.9　数码复印机电气控制系统的维护

1. 任务要求

学习数码复印机电气控制系统的维护方法。

2. 训练情景

训练器材：数码复印机、复印纸、复印原稿、维护和维修工具。

训练场景：办公设备实训室。

3. 计划内容

（1）利用实训室资源，通过老师对数码复印机电气控制系统的解剖和维护操作的指导，深入理解并反复训练对数码复印机电气控制系统的认识、使用和维护操作的方法，同时检验对电气控制系统的维护效果，并做必要的记录。

（2）通过反复动手操作训练，熟练掌握和巩固数码复印机组成结构、控制面板、复印功能和进行文稿复印操作的方法，进一步提高熟练使用和维护数码复印机的能力，并做必要的记录。

(3) 认真阅读数码复印机使用说明书，全面了解数码复印机各系统的安装、使用、日常维护、典型故障分析与处理方法及注意事项。

4. 注意事项

(1) 实训中要爱护设备，遵守安全操作规程，要注意保护数码复印机电气控制系统。

(2) 学会正确的数码复印机安全使用和维护方法。

5. 总结考核

(1) 独立归纳整理并写出对数码复印机电气控制系统的认识、使用、维护操作方法及效果的实训总结。

(2) 独立归纳整理并写出对进一步熟练掌握和巩固复印机组成结构、控制面板、复印功能和进行文稿复印操作的方法，进一步提高熟练使用和维护数码复印机能力的实训总结。

(3) 对任务要求、训练设备、训练内容、操作步骤和训练结果进行系统分析和总结，归纳在技能训练中的收获和体会。撰写并提交一份技能训练总结报告。

(4) 数码复印机的日常维护标准操作步骤考核参考如下：

换墨盒，清洁和检查数码复印机的某些部件。

① 换墨盒。先取下旧墨盒，再装上新墨盒，注意顺序。

② 清洁设备。按照要求内容一一清洁。

③ 检查设备。按照要求内容一一检查，并得出结论。

④ 润滑设备。按照要求内容一一润滑。

⑤ 职业素养。考核是否具备安全意识。如在操作中是否出现未关闭电源的现象；操作中是否出现无序的现象；摆放零件时是否出现杂乱无章的现象；是否出现野蛮操作的现象；是否出现不按说明书操作的现象等。

⑥ 专业素养。考核是否按要求添加合适的润滑油；考核是否按要求使用清洁液；考核是否按要求顺序拆卸和安装；考核经过拆卸和安装，设备是否能正常运行等。

训练任务 3.10　多功能一体机的使用与维护

1. 任务要求

学习多功能一体机的安装和使用操作技巧，掌握多功能一体机的维护保养方法。

2. 训练场景

训练器材：多功能一体机、计算机、手机、维护和维修工具。

训练场景：办公设备实训室。

3. 计划内容

(1) 熟悉多功能一体机的基本组成和安装方法。

(2) 通过练习掌握多功能一体机实现打印、复印、扫描、传真的基本操作和技巧。

(3) 练习通过计算机安装多功能一体机的软件和驱动，分别通过有线和无线的方式实现打印、扫描等操作。

（4）练习通过手机无线连接多功能一体机，实现打印、扫描等操作。

（5）熟悉多功能一体机的维护保养方法。

4．注意事项

（1）摆放多功能一体机的环境要合适，要注意防高温、防尘、防震，还要注意放在不容易碰到水的地方。

（2）在多功能一体机上面不要放置太重的物品，避免上面板受到重压而变形，影响使用。

（3）用纸时不要带进杂物，如曲别针、订书钉、大头针，带进去很容易划破感光鼓。

（4）扫描区域和放原稿的玻璃要用柔软的干布擦拭。如果仍然有污点，要用沾水后拧干的软布擦拭。除了水不能使用其他液体，忌用酒精或稀释剂之类的有机溶剂擦拭，因为这样会破坏表面形状或使其褪色。

（5）导入区和稿台白板可根据污渍程度按下列方式清洁：用沾水后拧干的软布擦拭；或用沾酒精后拧干的软布擦拭，然后用干布擦干；或用沾稀释的中性洗涤剂后拧干的软布擦拭，然后用干布擦干。

5．总结考核

（1）独立归纳整理并写出对多功能一体机的认识、安装、使用、维护操作方法及效果的实训总结。

（2）独立归纳整理并写出对进一步熟练掌握和巩固多功能一体机组成结构、控制面板、实现文稿打印/复印/扫描/传真功能的操作方法和使用技巧，进一步提高熟练使用和维护多功能一体机能力的实训总结。

（3）对任务要求、训练设备、训练内容、操作步骤和训练结果进行系统分析和总结，归纳在技能训练中的收获和体会。撰写并提交一份技能训练总结报告。

思考练习

1．简述复印机的基本概念和分类。
2．简述复印机的发展历史和市场的主流现状。
3．复印机的主要性能与指标有哪些？
4．简述数码复印机的组成和工作原理。
5．简述数码复印机的工作过程。
6．选购数码复印机时应考虑哪些指标？
7．数码复印机的安装条件有哪些？
8．使用数码复印机需要注意哪些事项？
9．定影装置的日常保养措施是什么？
10．简述复印件无图像的原因。
11．简述多功能一体机的基本概念和多功能一体机的分类。
12．简述多功能一体机的发展历史。
13．多功能一体机的主要性能与指标有哪些？
14．简述多功能一体机的组成和工作原理。
15．简述多功能一体机的工作过程。

16．选购多功能一体机时应考虑哪些指标？
17．多功能一体机的安装条件有哪些？
18．使用多功能一体机需要注意哪些事项？

 重点小结

项目3的学习任务是数码复印机、多功能一体机的使用与维护。必备知识要求是理解和熟悉办公信息复印设备的基本概念；掌握办公信息复印设备的使用与维护方法。数码复印机是项目3的典型教学背景案例，是学习任务中的核心任务。技能训练要求是具备办公信息复印设备中复印机职业技能标准的条件，学会数码复印机控制面板的使用；学会数码复印机的复印操作；学会数码复印机光学系统的维护；学会数码复印机显影系统的维护；学会数码复印机成像系统的维护；学会数码复印机供纸、输纸系统的维护；学会数码复印机定影系统的维护；学会数码复印机驱动系统的维护；学会数码复印机电气控制系统的维护；学会多功能一体机的使用与维护。

复印用纸的选择。复印纸的幅面规格只采用国标 A 系列和 B 系列，常用的复印纸有 A3、A4、A5、A6 和 B4、B5、B6、B7 这 8 种幅面规格。A0～A8 和 B0～B8 纸张的幅面尺寸如表6-1所示。

表6-1　A0～A8 和 B0～B8 纸张的幅面尺寸（单位：mm）

规　格	幅　宽	长　度	规　格	幅　宽	长　度
A0	841	1189	B0	1000	1414
A1	594	841	B1	707	1000
A2	420	594	B2	500	707
A3	297	420	B3	353	500
A4	210	297	B4	250	353
A5	148	210	B5	176	250
A6	105	148	B6	125	176
A7	74	105	B7	88	125
A8	52	74	B8	62	88

多功能一体机是集打印、复印、传真、扫描功能中两种或两种以上于一体的文印办公设备。

综合训练

【布置实施第4学习训练阶段任务】　系统维护

按照划分的任务小组（团队），配合课程并行安排，大约在6周内完成。组织学生到一些对现代办公设备和现代办公自动化系统应用有代表性的机关、事业、商业（办公设备销售与系统集成）、企业、维修服务部，行业单位和部门的办公、销售、生产、维修等场所，进行现代办公设备和现代办公自动化系统软硬件系统的维护和维修技能训练。第四学习训练阶段工作任务完成后，按小组进行汇报、答辩、总结和考核。

项目 4

办公信息存储设备

项目引入

信息存储的主要任务是把采集、获取、传递、筛选和加工处理过程中产生的原始数据、中间数据和最终结果，按其内容和特征，提供安全、有效、可靠的记录载体（设备），快速的保存记录方式，大容量的保存记录空间，并把这些数据载体系统地组织成信息库，以备将来检索和使用。

信息存储的主要设备是图文（书刊）存储设备、声像存储设备、计算机存储设备等。书刊是传统的信息记录载体。声像要通过录音、录像、拍摄等方式保存在存储卡（电子）、磁带、磁盘、光盘等载体（多媒体存储设备）上。声像信息，特别是影像信息是一种特殊的多媒体信息，它们的信息数据量大，又多表示动态过程，有亮度、对比度、色度等属性。声像合一的高密度、大容量、动态性、随机性、综合性、加工和处理复杂，非计算机不可，由此促进了多媒体信息计算机采集—存储技术的迅速发展。

信息存储设备的主要功能是利用纸张存储技术（传统印刷技术），声、光、电、磁等物理存储技术，对图文、电子、声音、图像、影视等多媒体数据资料，进行实时性、大容量、高效率、长寿命、有价值、可检索、可识别、可共享、能读/写、可编辑的信息存储服务。

项目 4 中的办公信息存储设备主要内容是影像信息采集—存储（记录）设备，包括数码照相机等。主要学习影像信息采集—存储设备的发展与现状、组成与结构、原理与特点、功能与使用、维护与管理的方法和技能。21 世纪是一个全新的图像影音立体时代。现在的数码照相机产品也大都具有摄像功能。但由于数码摄像技术内容复杂和篇幅所限等原因，本项目对数码摄像机未做介绍，有兴趣的读者可参考其他相关资料。限于篇幅，删除了光盘刻录机。

项目 4 有 1 个子任务，即数码照相机的使用与维护。典型教学背景案例为数码照相机。

任务目标

1. 熟悉办公信息存储设备的基本概念；
2. 掌握办公影像存储设备的使用与维护方法；

3. 具备办公影像存储设备中数码照相机职业技能标准的条件。

数码照相机是项目 4 的典型教学背景案例。重点技能训练任务有以下几个方面：
（1）数码照相机的使用操作；
（2）办公摄影的拍摄方法；
（3）数码照相机的维护保养。

必备知识

任务7　数码照相机的使用与维护

摄影与摄像无论是从定义上理解还是从应用上划分都分别属于两个系统的理论层次，从定义上理解，摄影（也被称为照相）是指使用某种专门设备（机械照相机或数码照相机）进行影像记录的过程，即通过物体所反射的光线使感光介质曝光的过程。摄像是指使用视频拍摄设备（摄像机）把光学图像信号转变为电信号，以便于存储或传输。通俗一点解释就是，摄影是一种静态的影像记录过程，而摄像是一种连续动态的影像记录过程。

21 世纪是一个全新的图像影音立体时代，是一个由影像画面、语音信息和互动交流共同构成的网络信息时代。在信息社会中，摄像机和摄像头的广泛应用主要体现在两大方面：生产制作各类音视频影像产品和社会安防视频监控产品。随着摄像机和摄像头的飞速发展，现已进入数码摄像技术时代和智能网络监控时代。

但数码摄像技术内容复杂，专业性强，由于篇幅所限，以下仅介绍数码照相机的使用与维护。

7.1　照相机概述

7.1.1　照相机的概念与分类

照相机是利用光—化学或光—电子技术的原理，或以化学材料感光的形式在胶片介质上记录物体影像信息，或以光—电转换的形式在图像传感器上记录物体影像信息并保存于存储卡上的多媒体影像采集—存储（记录）设备。由此产生了传统照相机和现代数码照相机。

1. 照相机的基本概念

传统照相机是一种非常独特的装置，它可以在很短的时间内接纳物体的反射光并将物体的影像永久地保存在胶片介质上。传统照相机主要由暗盒、镜头、胶片、取景器、对焦控制装置、快门、光圈、胶片输送装置等组成，从照相机基本结构可以了解其基本概念。

（1）暗盒。暗盒就是不透光的盒子，这只盒子不会让不必要的光线进入，其上面的圆孔只允许需要的光线进入。

(2) 镜头。镜头的光学玻璃聚集来自前面的光束,并在胶片上对焦,形成清晰可辨的影像。简单的镜头是由一片曲面玻璃或塑料制成的。复杂一些的镜头是由称为透镜单元的两片或更多片光学玻璃组成的,并将所有透镜单元组装在一起,成为一个整体。

(3) 胶片。在传统的照相机中,胶片是一种感光材料,经过某些特定的化学药品处理,它会把拍摄到的影像记录下来。

(4) 取景器。取景器能够把将要记录在胶片上的影像近似地显示出来,它会指导摄影者瞄准和构图。有些照相机的取景器就是简单的观察窗口,而单镜头反光照相机的取景器则是由反光镜和棱镜组成的,摄影者可以通过镜头直接观看影像。

(5) 对焦控制装置。对于严肃的作品,人们肯定期望照相机能够对焦光线并在胶片上记录最清晰的可能影像。有些照相机,转动镜头筒或调节对焦按钮即可达到这一目的;而对于自动对焦照相机,这一工作是由计算机芯片控制微型电机移动透镜来完成的。

(6) 快门。这是一个控制进入照相机光线时间长短的机械或电子装置。有些照相机,转动一个旋钮或者按动一个按钮就可以设置快门速度;而另外一些照相机的快门速度是自动设定的。

(7) 光圈。这个装置根据镜头孔径大小的变化,控制到达胶片的光量。"虹膜"类型的光圈是由一系列相互重叠的薄金属叶片组成的,叶片的离合能够改变中心圆形孔径的大小。可大可小的孔径可以增加或减少通过镜头到达胶片的光量。有些照相机可以借助转动镜头筒上的圆环改变光圈孔径的大小,而有些照相机则利用微处理器芯片控制微电机自动地改变光圈的孔径。

(8) 胶片输送装置。这是一个移动照相机内胶片的机械装置,它可以使胶片轴上的胶片一幅一幅地顺序曝光。有些照相机扳动卷片杆就可以输送胶片,而另外一些照相机则可以自动地输送胶片。机背取景照相机使用单张的散页胶片拍摄每幅画面。

2. 照相机的种类

虽然所有照相机都包括上面介绍的那些基本部件,但是这些部件按结构安排方式的不同,就产生了不同类型的照相机。

(1) 方盒式照相机。目前,最简单的照相机就是美国柯达公司和日本富士公司生产的一次性使用的塑料照相机,这就相当于是早期的"布朗尼"(Brownie)方盒式照相机,如图 7-1 所示,它没有控制曝光和对焦的装置。当然,对于人们所期望得到的那种高质量的摄影作品,它确实是不适用的。高质量的作品所需要的照相机,应该能够对拍摄提供全面、仔细的设计和控制。

(2) 35mm 自动照相机(见图 7-2)。这种照相机是为了争夺业余摄影爱好者的市场而设计的,因为其操作简单而被有些人称作"傻瓜相机"。这种照相机使用计算机芯片自动完成一切任务:自动从胶片暗盒的标记上"读取"胶片的感光速度,自动计算曝光量,自动对焦影像,拍摄后自动将胶片卷到下一张。但是,在享用所有这些显赫功能的同时,却不得不忍受下列三种主要的限制:这种照相机不允许更换镜头,但却常以装有变焦镜头作为其自身的特点;这种照相机通过玻璃取景窗进行对焦,但往往并不能看到与记录在胶片上完全一样的影像;这种照相机只能提供很少或根本不提供人为控制对焦或曝光的功能,只留下很少一点创造性地控制影像的余地。

图 7-1　方盒式照相机（布朗尼-Ⅰ型）　　图 7-2　35mm 自动照相机（柯尼卡全自动 35mm 照相机）

（3）35mm 直视取景器照相机（见图 7-3）。与前面介绍的 35mm 自动照相机相似，直视取景器照相机也通过取景窗进行对焦，但往往并不能看到与记录在胶片上完全一样的影像（这就是它与单镜头反光照相机的区别，后者取景器中的影像与记录在胶片上的影像完全一样）。但是，与上述 35mm 自动照相机不同的是直视取景器照相机可以更换镜头，并为人们控制对焦和曝光提供了最大的限度。尽管这种照相机现在已经基本上被单镜头反光照相机取代，但是出于某种原因仍然被一些专业人员所喜爱。

（4）35mm 单镜头反光照相机（见图 7-4）。这是当今专业人员广为使用的设备，直接通过镜头观察和对焦影像是其重要的特征。有些单镜头反光照相机是全手动的，即必须由拍摄者转动调节盘和刻度盘来对焦影像和设置曝光量；而其他的几乎是全自动的。这种类型的单镜头反光自动照相机解决了前面介绍的 35mm 自动照相机所涉及的问题：可以更换镜头，允许为每项工作选择适当的镜头；可以看到与胶片上所记录的完全相同的影像，允许精确调整影像；通常还具有自动控制补偿的选择，允许为每幅画面都确定创造性的外观特征。

图 7-3　35mm 直视取景器照相机（莱卡 M3）　　图 7-4　35mm 单镜头反光照相机（肯高 KF-1N）

（5）2¼英寸单镜头反光照相机（见图 7-5）。它类似于 35mm 单镜头反光照相机，但这种较大的单镜头反光照相机通常采用 120 卷片，并产生 2¼英寸宽的底片。

（6）双镜头反光照相机（见图 7-6）。这种照相机具有两个镜头，上面的镜头用于取景和对焦，下面的镜头用于拍摄。所用的胶片通常为 120 卷片，并产生相应的底片。

图 7-5　2¼英寸单镜头反光照相机　　　　图 7-6　双镜头反光照相机

（德国潘太康 120 单反照相机）　　　　（海鸥 4A 和罗莱弗莱克斯"Rolleiflex"照相机）

（7）一步成像照相机（见图 7-7）。这种由拍立得公司生产的照相机，彻底变革了落后几十年的摄影爱好者市场。这项非凡的技术，能产生基于胶片的黑白或彩色"瞬时"照片。遗憾的是，基本的一步成像照相机对于真正的专业人员并不能提供令人满意的成像控制功能。对于专业人员来说，一步成像照相机最常见的用途就是在摄影室内拍摄布光效果的"试验"照片。

（8）机背取景照相机（见图 7-8）。它通常用于照相馆（或摄影室）照相，或者大而复杂的工业和建筑外景拍摄。机背取景照相机大多使用 4in×5in、5in×7in 或 8in×10in 的散页胶片，并被设计为可安装在三脚架上使用。

图 7-7　一步成像照相机（拍立得 690 照相机）　　图 7-8　机背取景照相机（仙娜专业大画幅相机）

7.1.2　照相机的发展与现状

1839 年，法国画家达盖尔（Daguerre）发明了银版摄影法，同时，出现了世界上第一台真正的照相机。这是一台装有新月形透镜的伸缩木箱照像机。

1840 年，美国光学设计师亚力山大·沃柯特（Alexander Swolcott）制造出一台使用凹面镜成像的照相机 Wolcott。这台照相机比当时采用单片透镜的照相机有更大的通光量，在明亮的灯光下，曝光时间为 90s，而与之相比的同时代照相机通常要曝光 20min。

1841 年，33 岁的维也纳大学数学教授匹兹伐（JoiefMax petz-val）用计算方法设计出著名的匹兹伐镜头。同年，仪器制造商彼得·沃可伦德（Peter Von Volgtlder）制造出该镜头，并制造出世界上第一台全金属机身且装有匹兹伐镜头的照相机。

由于当时放大非常困难，而且常常得到模糊不精的照片，所以摄影师都使用很大画幅的照相机，典型尺寸是 11in×14in。1858 年，英国人汤普森（Thompson）制造出一台 12ft 长的照相机，可以拍摄出 3ft 见方的照片。而最大的照相机是 1900 年在美国出现的，芝加哥和沃顿铁道公司为了给他们新生产的豪华列车照一张完美的照片，定制了这台名叫 "Mamtnoth" 的照相机。

1844 年，马坦斯（Marters）在巴黎发明了世界上第一台转机。这台照相机依靠镜头的转动，可以拍摄 150°视角的全景照片。这个原理到今天还在被运用。

1888 年，美国柯达公司的乔治·伊斯曼（George Eastman）发明了将卤化银乳剂均匀涂布在明胶基片上的新型感光材料——胶卷。同年，柯达公司推出了世界上第一台用胶卷的照相机——柯达 1 号。柯达公司以 25 美元的价格出售装好胶卷的照相机。使用者拍完 100 张胶片，把照相机寄回柯达公司，在那里胶卷被取出来并加工为照片。

在 20 世纪初期，出现了一种新的新闻形式，即用高速单反照相机拍摄的运动照片。这类新闻照相机体积较小，有大口径镜头和反射取景对焦装置，典型的如美国生产的 Graflex，它拥有纵走焦平面帘幕快门及 f4.5 口径的镜头，与今天的单反照相机十分相似。只不过它用的是 4in×5in 玻璃干板。1912 年，法国人拉兹格（Lartigue）用 Graflex 在德国赛马场上拍摄出了一张著名的照片，照片上车轮与观众分别向两侧倾斜。这是由于摄影者在追随汽车拍摄时，快门上下运动所造成的变形。

1913 年，德国莱兹公司的巴纳克（Barnaclc）为测试电影胶片的感光度面试制了一台小型照相机——菜卡 U 型。这是世界上第一台使用 35mm 胶片的照相机，为摄影史拉开了新的一页。

1920 年，出现了 Ermanox 照相机，这种照相机尺寸较小，使用 2in×3in 的玻璃干板。它的镜头口径为 1∶2，这在当时是绝无仅有的。它的出现，使不用特殊照明的室内照相成为可能。

1925 年，菜卡 I 型正式上市，采用铝合金机身，五片 Elmar 50mm F 1∶3.5 镜头，旁轴取景器，焦平面快门，上弦卷片联动。这是摄影史上重要的一步。

1929 年，德国罗莱公司生产了 ROLLEIFLEX 120 双镜头反光照相机，受到广大摄影者的欢迎，并在一段时期内独领风骚。

1931 年，德国的康泰克斯照相机装有运用三角测距原理的双像重合测距器，提高了调焦准确度，并首先采用铝合金压铸的机身和金属幕帘快门。

1935 年，德国出现了埃克萨克图单镜头反光照相机，使调焦和更换镜头更加方便。为了使照相机曝光准确，1938 年，柯达照相机开始装硒光电池曝光表。1947 年，德国开始生产康泰克斯 S 型屋脊五棱镜单镜头反光照相机，使取景器的像左右不再颠倒，并将俯视改为平视调焦和取景，使拍摄更为方便。

1956 年，德国首先制成自动控制曝光量的电眼照相机；1960 年以后，照相机开始采用电子技术，出现了多种自动曝光形式和电子程序快门；1975 年以后，照相机的操作开始实现自动化。

1981 年，索尼公司发明了世界上第一台不用感光胶片的电子静物照相机——静态视频"马维卡"照相机。这是当今数码照相机的雏形。

1988 年，富士与东芝在科隆博览会上，展出了共同开发的、使用快闪存卡的 Pujixs（富士克斯）数字静物照相机 Digital Still Camera（DSC），代号为 DS－1P。

1991 年，柯达（Kodak）试制成功世界上第一台数码照相机 Digital Camera（DC）。

1995 年，以生产传统照相机和拥有强大胶片生产能力的柯达（Kodak）公司向市场发布了其研制成熟的民用消费型数码照相机 DC40。

1996 年，奥林巴斯和佳能公司也推出了自己的数码照相机。随后富士、柯尼卡、美能达、尼康、理光、康太克斯、索尼、东芝、JVC、三洋等近 20 家公司先后参与了数码照相机的研发与生产，推出各自的数码照相机。

1997 年 11 月，柯达公司推出了 DC210 变焦数码照相机，使用了 109 万正方像素的 CCD 图像传感器。

1997 年，奥林巴斯首先推出超百万像素的 CAMEDIA C-1400L 型单反数字照相机。

1999 年，先后有 20 多种超过 200 万像素的轻便数字照相机被推向市场，它们各有特色，代表了时代的进步。

2000 年，开发总像素的热点是 300 万像素级（3MP）的产品，最先是 2002 年 2 月卡西欧索尼 W300 数码照相机公司推出的 QV-3000EX 数码照相机（总像素数为 334 万）。到 2000 年 11 月底共有 12 家公司推出 20 多种 3MP 数字照相机。

此后，数码照相机的外观造型和外部部件配置设计向 35mm 照相机靠拢，采用小型化、轻量化新机种的设计，有防水防尘专用数字照相机的设计开发，并且采用同样的机身，设计出不同型号的数码照相机。

迄今为止，数码照相机已经形成庞大的体系，由于数字设备天生的可移植性，数码照相机的分类很多，划分标准并不统一，不过一般可以将数码照相机分为单反数码照相机、卡片数码照相机、长焦数码照相机三个较为通俗的类别。

（1）单反数码照相机（见图 7-9）。单反数码照相机就是指单镜头反光数码照相机，即 Digital（数码）、Single（单独）、Lens（镜头）、Reflex（反光）的英文缩写 DSLR。单反数码照相机的一个很大的特点就是可以交换不同规格的镜头，以提升或改变拍摄效果，这是单反照相机天生的优点，是普通数码照相机无法比拟的。

（2）卡片数码照相机（见图 7-10）。卡片数码照相机在业界没有明确的概念，那些小巧的外形、相对较轻的机身以及超薄时尚的设计是衡量此类数码照相机的主要标准，卡片数码照相机可以方便随身携带。卡片数码照相机和其他照相机相比，优点：时尚的外观，大屏幕液晶屏，小巧纤薄的机身，操作便捷；缺点：手动功能相对薄弱，超大的液晶显示屏耗电量较大，镜头性能较差。

图 7-9　单镜头反光数码照相机

图 7-10　便携式卡片数码照相机

图7-11 长焦数码照相机

（3）长焦数码照相机（见图7-11）。长焦数码照相机指的是具有较大光学变焦倍数的数码照相机，而光学变焦倍数越大，能拍摄的景物就越远。一些镜头越长的数码照相机，内部的镜片和感光器移动空间更大，所以变焦倍数也更大。长焦数码照相机的主要原理其实和望远镜的原理差不多，通过镜头内部镜片的移动来改变焦距。当人们拍摄远处的景物或者被拍摄者不希望被打扰时，长焦的好处就发挥出来了。

如果按图像传感器来分，可分为CCD数码照相机和CMOS数码照相机。

① CCD数码照相机。CCD数码照相机是指数码照相机使用CCD图像传感器来记录图像，属于中高档照相机。CCD本身不能分辨各种颜色的光，要用不同颜色的滤色片配合使用，因此，CCD数码照相机有以下两种工作方式：

a. 利用透镜和分光镜将光图像信号分成R、G、B三种颜色，并分别作用在三片CCD上，这三种颜色的光经CCD转换为仿真电信号，然后经A/D转换器转换为数字信号，再经DSP数字信号处理器处理后存储到存储器中。

b. 在每个像素点的位置上有三个分别加上R、G、B三种颜色滤色片的CCD，经过透镜的光图像信号被分别作用在不同的传感器上，并转换为仿真电信号，然后经A/D转换器转换为数字信号，再经DSP数字信号处理器处理后存储到内存中。

② CMOS数码照相机。CMOS数码照相机是指数码照相机使用CMOS图像传感器来记录图像。其工作方式与CCD数码照相机的相似，目前属于低档照相机。

CCD图像传感器与CMOS图像传感器比较：

CMOS图像传感器易与A/D电路、数字信号处理器DSP电路等集成在一起。CCD图像传感器只能单一地锁存到成千上万的采样点上的光线的状态，CMOS则具有许多功能，如A/D转换、负载信号处理、白平衡处理及照相机控制（白平衡调整就是通过图像调整，使在各种光线条件下拍的照片色彩与人眼看到的景物色彩一样）。另外，CMOS图像传感器还有耗电小的优点，其耗电量约为CCD图像传感器的1/10。但目前CMOS图像传感器在解析力和色彩上还不如CCD图像传感器，准确捕捉动态图像的能力还不强。

国内市场上照相机主要是中、日、美、韩四分天下，国产的主要有联想、明基、拍得丽、中恒等品牌；日系的主要有佳能、尼康、索尼、奥林巴斯、理光等品牌；美国的主要有柯达；韩国的主要有三星。目前，在我国数码照相机市场上，佳能在品牌占有率上占据绝对优势。近年来随着智能手机的不断普及，全球智能手机市场规模持续扩大，智能手机产品功能日益完善，在摄影领域，智能手机内置摄像头性能不断提升，已经成为手机厂商宣传的噱头之一。由于智能手机市场的崛起，中低端数码照相机逐渐被取代，市场空间急速缩小，全球数码照相机行业业绩水平持续缩减。微单照相机在对焦、续航等领域逐步接近单反照相机，同时微单照相机视频拍摄功能更具优势，此外，微单照相机还具有NFC功能，可以实时与智能手机进行照片传输，更受年轻消费者欢迎，市场份额正在逐步攀升。随着人们生活水平提高，如潜水照相机、运动摄像机、全景照相机等需求不断增加。未来在入门照相机上也可以看到很多新技术的广泛应用。

7.1.3 照相机的技术与质量指标

数码照相机是精密光学机械仪器中的一种比较复杂的摄影仪器。一般光学仪器是用眼睛直接通过仪器来观察物体影像的，而数码照相机是间接的。它是将观察物体记录在感光材料上，然后人们再观察和判断其上所形成的影像。决定数码照相机优劣的因素很多，其中最主要的有：

（1）图像传感器。图像传感器是数码照相机的核心，分为 CCD 和 CMOS 两种。CCD 比 CMOS 更灵敏，CMOS 芯片的成本较低，而且比 CCD 芯片吸收的能量少，电池的使用时间更长。一般来说，CCD 的尺寸越大，像素越高，成像质量就越好。但是在过小尺寸的传感器上集成过高的像素只会导致图像噪声的增加，与其高像素的"桂冠"太不相称。目前，佳能在 CMOS 芯片的开发上具有一定的优势，新一代的 CMOS 芯片具有低耗电、低噪声的优点，能力不容小觑。

（2）CCD 的尺寸。CCD 的尺寸其实是指感光器件的面积大小，这里也包括 CMOS。感光器件的面积越大，即 CCD/CMOS 面积越大，捕获的光子越多，感光性能越好，信噪比越低。所以 CCD/CMOS 尺寸越大，感光面积越大，成像效果越好。

（3）最大像素。最大像素英文名称为 Maximum Pixels，所谓的最大像素是经过插值运算后获得的。插值运算通过设在数码照相机内部的 DSP 芯片，在需要放大图像时用最临近法插值、线性插值等运算方法，在图像内添加图像放大后所需要增加的像素。插值运算后获得的图像质量不能与真正感光成像的图像相比。最大像素也指 CCD/CMOS 感光器件的像素，一些商家为了增大销售额，只标榜数码照相机的最大像素，在数码照相机设置图片分辨率的时候，的确也有拍摄最高像素的分辨率图片，但是，用户要清楚，这是通过数码照相机内部运算而得出的值，在打印图片的时候，其画质的减损会十分明显。所以在购买数码照相机的时候，看有效像素才是最重要的。

（4）有效像素。有效像素英文名称为 Effective Pixels。与最大像素不同，有效像素是指真正参与感光成像的像素值。最高像素的数值是感光器件的非真实像素，这个数据通常包含感光器件的非成像部分，而有效像素是在镜头变焦倍率下所换算出来的值。数码图片的储存方式一般以像素（Pixel）的个数为单位，每个像素是数码图片里面积最小的单位。像素越大，图片的面积越大。要增加一个图片的面积大小，如果没有更多的光进入感光器件，唯一的办法就是把像素的面积增大，这样一来，可能会影响图片的锐力度和清晰度。所以，在像素面积不变的情况下，数码照相机能获得最大的图片像素，即为有效像素。

（5）最高分辨率。数码照相机能够拍摄最大图片的面积，就是这台数码照相机的最高分辨率。从技术上说，数码照相机能产生在每英寸图像内点数最多的图片，通常用 dpi 来表示，英文为 dot per inch。在相同尺寸的照片（位图）下，分辨率越大，图片的面积越大，文件（容量）也越大。

（6）变焦能力。分为光学变焦和数码变焦，光学变焦是实际的变焦，不会影响照片的成像质量；而数码变焦则是电子变焦，是以损失照片清晰度为代价的局部放大，可变焦范围越大，照相机相对就具有了广角和望远功能。

（7）光学变焦。光学变焦英文名称为 Optical Zoom，数码照相机依靠光学镜头结构来实现变焦。数码照相机的光学变焦方式与 35mm 自动照相机差不多，都是通过镜片移动来放大与缩小需要拍摄的景物的，光学变焦倍数越大，能拍摄的景物就越远。

（8）数字变焦。数字变焦也称数码变焦，英文名称为 Digital Zoom，数码变焦是通过数码照相机内的处理器，把图片内的每个像素面积增大，从而达到放大目的的。这种方法如同用图像处理软件把图片的面积改大，不过程序在数码照相机内进行，把原来 CCD 影像感应器上的一部分像素使用"插值"处理手段来放大，将 CCD 影像感应器上的像素用插值算法将画面放大到整个画面。

（9）显示屏尺寸。数码照相机与传统照相机最大的一个区别就是它拥有一个可以及时浏览图片的屏幕，即数码照相机的显示屏，一般为液晶结构（Liquid Crystal Display，LCD）。数码照相机显示屏尺寸即数码照相机显示屏的大小，一般用英寸（in）来表示，如 1.8in、2.5in 等，目前最大的显示屏为 3.0in。数码照相机显示屏越大，一方面可以令数码照相机更加美观，但另一方面，显示屏越大，使得数码照相机的耗电量也越大。所以在选择数码照相机时，显示屏的大小也是一个不可忽略的重要指标。

（10）镜头。设计优良的高档镜头由多组镜片构成，材质选用价格昂贵的萤石或玻璃来做镜片，好的镜头会包含非球面镜片和 ED 镜片，非球面镜片用来抑制图像的畸变，ED 镜片用来减少色散和色偏。世界上知名的镜头有佳能的 UA 镜头和萤石镜头，富士的富士龙镜头，尼康的尼克尔镜头，柯尼卡美能达的 GT 镜头，宾得的镜头，德国的卡尔蔡司镜头、施耐德镜头、莱卡镜头等。

（11）对焦速度。对焦速度快慢是抓拍和抢拍是否成功的关键，尤其是在光线不理想的情况下，对焦速度显得更加重要。除了传统的对焦方式，激光、红外线等对焦方式的出现也使数码照相机在黑暗环境下的对焦能力大大增强。

（12）光圈。光圈值是用 F 来表示的，光圈值越大，光圈越小，光圈值越小，光圈越大。大光圈可以获得更多的光通量，有效地突出主体，虚化背景，小光圈可以获得更好的景深和星形光效果，光圈的可选择余地越大越好。

（13）开机速度和连拍能力。这两项指标对于抓拍是非常重要的，开机速度快可以立刻进入拍摄状态，连拍能力强大可以在选择照片时更加从容。

（14）白平衡模式。白平衡模式越丰富，就越能在各种环境下准确地再现色彩，提供手动调整白平衡功能的照相机是首选，可以适应各种不同色稳的光线环境。

（15）曝光补偿。有曝光补偿的数码照相机能使相片的明暗度得以改变，曝光补偿的范围越大，补偿级别越细致，照相机的使用范围就越大，使用价值也就越高。

（16）ISO。数值越低感光度越低，显像品质较细腻；反之，数值越高感光度越高，适合在光线不佳或物体快速移动的情况下拍摄，数码照相机与传统胶片照相机的一大区别就是 ISO 是可以调节的，同等级别的照相机做对比时，ISO 可调节范围越大，代表照相机的适用性越好。

（17）微距能力。微距拍摄距离越近，就越能看清微小的文字或图案，有效保证特写照片的质量。

（18）LCD（Liquid Crystal Display）显示屏。材料、像素、尺寸是关键。一般的 LCD 显示屏是 TFT 显示屏，好一点的是 OLED 显示屏，它改善了传统 LCD 显示屏的大部分缺点，每个像素都可自行发光，不管在什么角度、什么光线下都可比传统 LCD 显示屏显示更清晰的画面。性能相近的数码照相机做对比，带有高像素和大尺寸 LCD 显示屏的性价比更高。

(19）存储卡。数码照相机经常使用的存储卡主要有 Secure Digital（简称 SD 卡）、Memory Stick（简称记忆棒）、Compact Flash（简称 CF 卡）、Smart Media Card（简称 SM 卡）、Multi Memory Card（简称 MMC 卡）、XD Picture Card（简称 XD 卡）和 MicroDriver（微型硬盘）。

（20）电源。数码照相机的电源一般是 AA 电池或锂电池，AA 电池容量大、待机时间长，但是充电时间较长，锂电池容量稍小，不过充电时间极短，使用方便，高端照相机一般采用锂电池。

（21）防抖功能。主要是光学防抖和电子防抖。就光学防抖功能来说，无论是镜头光学防抖，还是 CCD 光学防抖，都是通过改变光线来实现的，对成像品质都没有伤害。而电子防抖则不同，目前的电子防抖基本上都是高感光度防抖，即通过增加 ISO 感光度来提升快门速度，进而在一定程度上抵消图像模糊。而 ISO 感光度一旦升高，将不可避免地带来图片噪点增加的问题，所以成像品质肯定会下降。

（22）HDR（High Dynamic Range）高动态范围技术。HDR 是用来实现比普通数字图像技术更大曝光动态范围的技术，目的是正确地表示真实世界从太阳光直射到最暗的阴影这样大范围的亮度。HDR 是在包围式曝光基础上由合成软件生成的，需要前期在同一场景下，以两步测得的曝光时间为基础进行包围曝光，EV 值曝光范围为±2，拍摄多张后合成，保持高光和阴影区的细节。数码照相机采用 JPG 格式拍摄，动态范围值最大是 2.4，采用 RAW 格式能达到 4.8，而采用 HDR 技术后，该值理论上可达 76.8。

7.2 常用数码照相机的组成结构与工作原理

7.2.1 常用数码照相机的组成结构

数码照相机与传统的胶片照相机相比，最大的区别是在它们各自的内部结构和原理上。它们的共同点是都由光学镜头、取景器、对焦系统、快门、光圈、内置电子闪光灯等组成，有的数码照相机既有取景器还有液晶显示器 LCD。但数码照相机还有其特殊的结构，如 CCD 或 CMOS、仿真信号处理器、A/D 模数转换器、DSP 数字信号处理器、图像处理器、图像存储器和输出控制单元等。

数码照相机主要部件的主要功能如下。

（1）镜头主要功能：把光线汇聚到 CCD 或 CMOS 图像传感器上，能起到调整焦距的作用。对于定焦数码照相机，镜头、物体和对焦平面间的理想距离被精确计算，从而固定镜头和光圈的位置。对于 ZOOM 数码照相机，有一个机械装置，可以带动镜头组前后运动，一直让镜头保持在对焦平面中央，能够捕捉距离镜头远近的物体。

（2）CCD 或 CMOS 图像传感器主要功能：把镜头传来的图像信号转变为仿真电信号。

（3）A/D 转换器主要功能：数码照相机利用 A/D 转换器将 CCD 产生的仿真电信号转换为数字信号，并传输到图像处理单元。

（4）数字信号处理器主要功能：数字信号处理器主要功能是通过一系列复杂的数学运算，如加、减、乘、除、积分等，对数字图像信号进行优化处理（包括白平衡、彩色平衡、伽玛校正与边缘校正等）。

(5)图像压缩主要功能：数码照相机的图像处理包括图像数据压缩，图像压缩的目的是节省存储空间，利用 JPEG 编码器把得到的图像转换为静止压缩的图像（JPEG 格式）。

(6)总体控制电路主要功能：主控程序芯片（MCU）能协调和控制测光、运算、曝光、闪光控制及拍摄逻辑控制。当电源开启时，MCU 开始检查各功能是否正常，若正常，照相机处于准备状态。

(7)AE/AF 功能：在中高档的数码照相机中，一般都有 AE 功能和 AF 功能。AE 功能是，当数码照相机对准被摄物体时，CCD 根据镜头传来的图像亮度的强弱，转变为 CCD 数字电压信号，DSP 再根据 CCD 数字电压信号进行运算处理，把运算结果传输给 MCU，迅速找到合适的快门速度和镜头光圈的大小最佳值，由 MCU 控制 AE 机构进行自动曝光。AF 功能是，直接将 CCD 输出的数字电压信号作为对焦信号，经过 MCU 的运算比较，驱动镜头 AF 机构前后运动。

7.2.2 常用数码照相机的工作原理

数码照相机在使用过程中，半按快门，对准被摄的景物（快门 ON 状态，与胶片照相机相反），从镜头传来的光图像经过光电转换器（CCD 或 CMOS），将光信号转换成一一对应的仿真信号，再经 A/D 模数转换器转换，把仿真电信号变成数字信号，最后经过图像处理器 DSP（Digital Signal Processor）和主控程序芯片（MCU），按照指定的文件格式，把图像以二进制数码的形式显示在 LCD 上，如果按下快门，则把图像存入存储器中。

数码照相机利用 CCD（Charge Coupled Device，光电耦合组件）的图像感应功能，将物体所反射的光转换为数码信号，压缩后存储于内建的内存芯片（RAM）或可携带的 PC 卡上。传统照相机用卤化银经过化学作用，成为纯银离子，曝光较少的部分较透明，即为显影；下一步为底片定影，以避免继续产生化学反应，并冲成黑白相反的负片。负片经过反向处理，将强光穿过底片照射在有感光层的相纸上，于是一张照片就出来了。

数码照相机的工作步骤大致如图 7-12 所示。

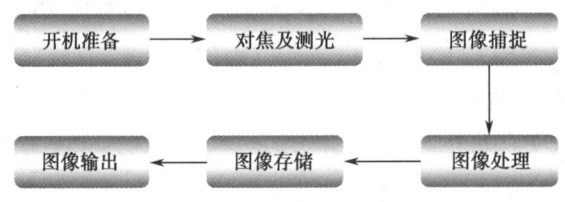

图 7-12 数码照相机的工作步骤

(1)开机准备。当打开数码照相机的电源时，其内部的主控程序就开始检测各部件是否正常。若某一部件有异常，内部的蜂鸣器就会发出警报或在 LCD 上提示错误信息并停止工作。若一切正常，就进入准备状态。

(2)对焦及测光。数码照相机一般都有自动对焦和测光功能。当打开 DSC 电源时，照相机内部的主控程序芯片（MCU）立即进行测光运算、曝光控制和闪光控制及拍摄逻辑控制。当对准物体并把快门按下一半时，MCU 开始工作，图像信号经过镜头测光（TTL 测光方式）传到 CCD 或 CMOS 上并直接以 CCD 或 CMOS 输出的电压信号作为对焦信号，经过 MCU 的运算、比较再进行计算，确定对焦的距离和快门速度及光圈的大小，驱动镜头组的 AF 和 AE 装置进行对焦。对焦是清晰成像的前提，数码照相机一般都有自动对焦功能。

数码照照相机的自动对焦功能与传统的胶片照相机的类似，也有主动式和被动式两种形式。主动式就是数码照相机主动发射红外线（或超声波），根据目标的反射进行对焦。被动式就是数码照相机不发射任何射线而根据目标的成像进行对焦。

（3）图像捕捉。在对焦及测光完成后再按下快门，摄像器件（CCD 或 CMOS）就把从被摄景物上反射的光进行捕捉并以红、绿、蓝三种像素（颜色）存储。

（4）图像处理。就是把捕捉的图像进行 A/D 转换、图像处理、白平衡处理、色彩校正等，到存储区合成在一起形成一幅完整的数字图像，在图像出来后再经过 DSP 单元进行压缩转换为 JPEG 格式（静止图像压缩方式），以便节省空间。

（5）图像存储。把在图像处理单元压缩的图像送到存储器中进行保存。

（6）图像输出。存储在数码照相机存储器中的图像通过输出端口可以输出到计算机，可在计算机上通过图像处理程序（软件）进行图形编辑、处理、打印或网上传输等。

7.3 常用数码照相机的使用与维护

7.3.1 常用数码照相机的使用

1. 数码照相机的选购

选购数码照相机就是一个取舍的过程，一款十全十美的数码照相机是不存在的，适合自己的才是最好的。

普通消费者选购数码照相机（DC）需要关注的九个方面即"选机购机九要素"，"九要素"从重要到次要依次是：用途、价位、镜头、感光元件、快门和光圈、像素、经济性、品牌、外观及功能。

（1）用途。从成像器件的档次、手动控制功能强弱、可否更换镜头等角度来看，数码照相机可以分为家用型、准专业型及专业型等，但不管什么类型的产品其基本工作原理并没有什么不同，关键是要明白买来干什么用。家用型数码照相机主要以卡片型居多，也有不少长焦数码照相机，能满足日常生活拍摄、旅游纪念等摄影要求；准专业型数码照相机通常是中端或者入门级的数码单反，成像质量较卡片机和长焦机提升很大；专业型数码照相机主要用于各种专业拍摄，如艺术摄影、体育运动摄影、新闻摄影等，这类数码照相机价格高昂，但是光学结构和成像质量是普通数码照相机无法比拟的。

（2）价位。数码照相机需要很多配件，不是买来一台裸机就能使用，所以购买的时候需要考虑周边配件的价格是否能承受，如电池、存储卡、摄影包、清洁工具、防潮箱等。不同的数码照相机需要的周边配件是不一样的，价格差别也很大，很多配件是不能通用的。

（3）镜头。镜头是决定成像质量的关键因素。平时遇到的关于长焦、广角、微距等概念，都是镜头所涵盖的部分，当然最重要的参数还是镜头自身的品质。从焦距上来分，有定焦镜头和变焦镜头。定焦镜头无法将景物或物品拉近或拉远，但是价格相对便宜；变焦镜头具备光学变焦能力，可以将景物拉近或拉远，很方便实用，但是价格相对较高。现在一般的家用照相机都具备至少 3 倍的光学变焦能力和 5～10cm 的微距，有的可以达到 4～7 倍。28mm 以下的广角和 3cm 以下的微距能力一般是高端镜头才具有的特性。选择镜头最重要的还是选品质。从镜头本身的品质而言，施耐得、卡尔蔡司、莱卡镜头一直是专业镜头的代名词，而佳能、尼康、富士、理光、柯达等品牌，相对来说镜头质量也很好。

（4）感光元件。数码照相机的感光元件能起到代替传统光学照相机胶卷的作用，也是决定成像质量的关键因素。感光元件分为 CCD、CMOS 两种。由于普通 CMOS 元件的感光性较差，成像质量也差，目前只有摄像头和部分低端入门照相机采用。大部分家用数码照相机都采用 CCD 元件。评价 CCD 的一个重要依据是尺寸大小，CCD 尺寸越大，感光面积越大，成像品质自然也就越好。现在专业数码照相机大多采用 1/1.8 以上的 CCD，而家用数码照相机则普遍采用 1/2.5 的 CCD，也有的采用 1/2.7。从理论上讲，在 CCD 尺寸相同的情况下，像素越低，成像越好，在实际测试中，也支持了这个观点。因此，单凭像素高低并不能代表画面的优劣。

（5）快门和光圈。在用数码照相机拍摄过程中，快门和光圈的合理使用，能够让你拍摄出效果更为理想的照片。家用数码照相机的快门、光圈参数参差不齐，在加上全自动照相机"傻瓜"式的单一拍摄方式，令家用数码照相机的手动功能一直很薄弱。虽然不能要求家用 DC 可以与准专业或专业照相机具有同样的手动功能，但起码可以选择指标更为优秀的产品。在快门方面，尽量选择 1/2000～1s 的产品，配合多样的场景模式，不仅能拍摄运动照，也同样可以拍摄长时间曝光的夜景；在光圈方面，F2.8～F5.6 指标的产品应该属于基本选择范围，大光圈配合长焦镜头可以获得更理想的景深，使用这样的搭配可以拍摄出更有立体感的艺术作品。

（6）像素。像素并不是越高越好，假如要用一张照片当 17in 显示屏的桌面墙纸，200 万像素的照片就可以达到非常清晰美丽的效果；300 万像素对于冲洗 6in 大小的照片来说，已经相当奢侈；400 万像素就可以轻松输出 A4 大小的照片。所以说，像素的概念只是可以冲洗（放大）的幅度和可以加工的容量而已，对于一般家庭需求，并没有什么实际意义。有一些数码照相机厂家在尺寸很小的 CCD 上，放入极高的像素，听起来像素很高，实际上成像品质还不如一般的 200 万甚至 100 万像素的照相机。

（7）经济性。主要是指耗电情况、存储卡类型、三包服务等。现在市场上数码照相机一般采用锂电池、AA 电池两种供电方式，也有兼备两种供电方式的。一般数码照相机的锂电池都可以拍摄 200 张以上照片，理光相机可达到 700～800 张。

存储卡分为 XD 卡、记忆棒、SD 卡、MMC 卡、CF 卡、SM 卡等，不同型号的数码照相机需要配备不同类型的存储卡。如索尼数码照相机一般需要配备记忆棒，奥林巴斯一般需要配备 XD 卡，佳能一般配备 CF 卡，多数数码照相机配备 SD 卡等。其中 XD 卡和记忆棒是比较昂贵的两种存储卡，而 SD 卡则以高速、廉价等特点，正在成为如今的主流存储介质。售后服务当然是行货最保险，其他原产地直发的都提供店铺维修服务。

（8）品牌。把品牌放在比较靠后的位置，是因为品牌对于选购数码照相机并没有什么决定性作用。任何一个品牌都可能有自己的顶尖产品，也都会有败笔，选购数码照相机还是要看什么最适合自己。从品牌上讲，目前国内市场上主要是中、日、美、韩四分天下，国产（联想、明基、拍得丽、爱国者等）、日系（佳能、尼康、宾得、索尼、奥林巴斯、理光等）、美国产（柯达）、韩国产（三星）。有时候也会根据品牌知名度和市场占有率，分为一线（佳能、尼康、索尼）、二线（奥林巴斯、富士、宾得、松下、卡西欧、理光、柯达、三星等）和三线品牌。品牌的背后是市场保有量和口碑的真实反映。当然，品牌也意味着价格的差距。选购数码照相机时，只看品牌是盲目的，最适合的才是最好的。

（9）外观及功能。外观及功能由个人喜好决定，有人喜欢厚实的，有人喜欢轻薄的。对于 LCD 屏幕，有人喜欢大屏，有人无所谓。其实 LCD 屏幕的大小确实不太重要，而且屏幕上看到的效果跟实际拍摄的效果根本是两回事。尼康数码照相机一般都是 1.5 的屏幕，照样掩盖不住其出色的性能。而一些大屏数码照相机看起来很美，成像品质却难以让人满意。功能方面，一般是指有无手动操控、可选模式的多少、动态影像格式以及是否限时，录音以及 MP3 等其他功能。其中，应该认真对待的是要不要手动功能，用手操作需要掌握一些专业知识和技巧，合理使用肯定能拍摄出比没有手动功能的数码照相机更好的片子。不过，现在的家用数码照相机都提供丰富的可选模式，不必强求手动功能，运用得好，照样能拍摄出很漂亮的照片。

2. 数码照相机的使用操作

（1）自动功能的使用。普通用户使用带有自动功能的数码照相机一般按照以下步骤即可。

① 使用前检查。使用前检查电池是否装好，是否已经装上存储卡，如图 7-13 所示。

② 开启电源。开启电源后，转动数码照相机后背上的模式转盘（或者菜单选择键），如图 7-14 所示，将数码照相机的"拍摄模式"（Mode）设置为自动（AUTO）。

③ 半按快门（见图 7-15）。取景对焦构图。首先，将拍摄对象居中，然后将快门按钮按下一半。其次，重新定位数码照相机（仍按住快门按钮），使拍摄对象不在中央。最后，完全按下快门按钮以拍摄照片。

图 7-13　存储卡和电池仓位

图 7-14　机背模式转盘

（2）手动功能的使用。这里采用宾得 K20D 中端单反数码照相机为例，介绍数码照相机的手动功能和相关设置。

① 拍摄模式的选择。宾得 K20D 的拍摄模式选择安排在机顶的模式转盘（见图 7-16）上，通过旋转这个转盘，就可以方便快捷地切换拍摄模式。

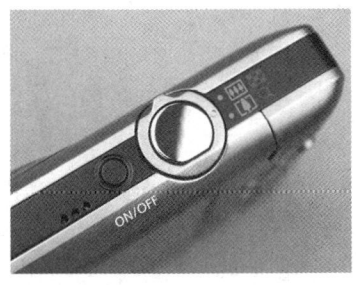

图 7-15　快门

图 7-16　机顶模式转盘

转盘上除了常见的 P、Av、Tv、M 四个模式，绿色方格是全自动模式，在该模式下，数码照相机会自动选择最佳拍摄设置，所有参数都交给数码照相机调节（闪光灯的设置除外，因为 K20D 的闪光灯是不会自动弹起的，需要使用时由用户按下闪光灯弹出按钮）。

Sv 模式为 ISO 优先模式，用户设置 ISO 值，光圈快门由数码照相机决定。TAv 为光圈快门优先模式，此模式下与 M 挡有点像，不过默认情况下，M 挡的 ISO 是手动设置的，TAv 下的 ISO 是自动的。B 模式为长时间曝光用的，快门使用 B 门动作，一般需要配合快门线来操作。X 模式为使用外接闪光灯的模式，此模式下快门被固定在 1/180s。USER 模式就是给用户自定义一个模式，这个模式会记下用户设置的 ISO、白平衡、画质等全部设置，让用户随时都可以通过一键切换来用。

② 光圈快门的操作。光圈快门的操作通过快门按钮前后两个转盘来独立调整光圈和快门值，如图 7-17 所示。

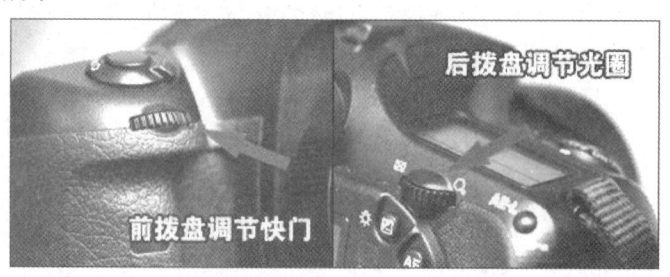

图 7-17　光圈和快门速度调节

③ 对焦点的选择。对焦点模式选择位于方向键的外圈，共有三个模式可供选择，如图 7-18 所示，从左到右分别是自动选择对焦点模式、手动选择对焦点模式和中心对焦点模式，而只有选择中间的手动选择对焦点模式，才可以使用方向键对画面上的 11 个对焦点选择其中一个来对焦。

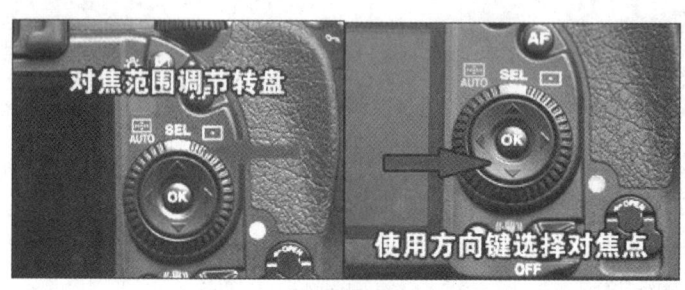

图 7-18　对焦点的选择

④ 拍摄参数的设置。在拍摄状态下按"Fn"键，如图 7-19 所示，就会激活方向键上的快捷键功能，分别可以对驱动模式、白平衡、ISO 和闪光灯进行调整，而中间的"OK"键则会变成对拍摄的色彩风格进行设置。

⑤ 回放操作。"Fn"键在不同的状态下有着不同的作用，在回放模式下按"Fn"键（见图 7-20）可以对照片进行各种处理，除了可以设置直接连接打印机、图像连续播放等功能，K20D 还支持对两张照片进行对比观看。而在图像的后期处理上除了一般的黑白处理，还可以对图像添加柔焦效果，或者手绘效果。

项目 4　办公信息存储设备

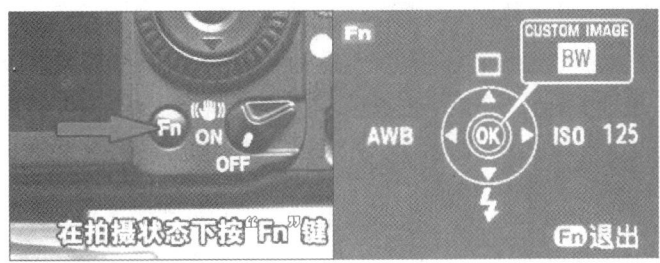

图 7-19　拍摄参数的设置

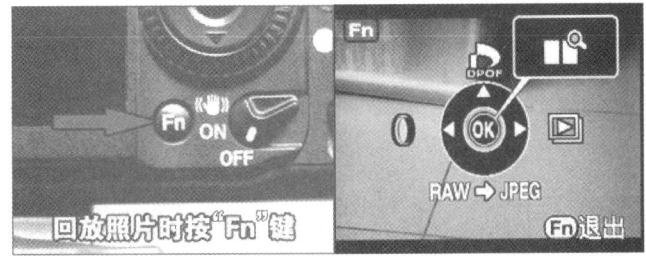

图 7-20　回放时按"Fn"键进行设置

⑥ 常用的自定义设置。常用的自定义设置如图 7-21～图 7-24 所示。

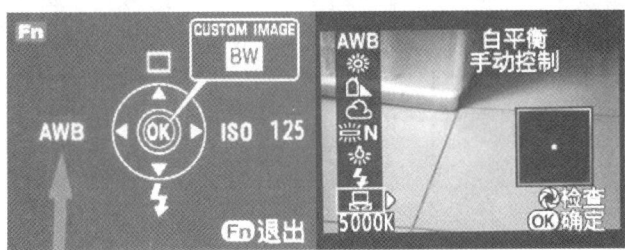

图 7-21　自定义白平衡

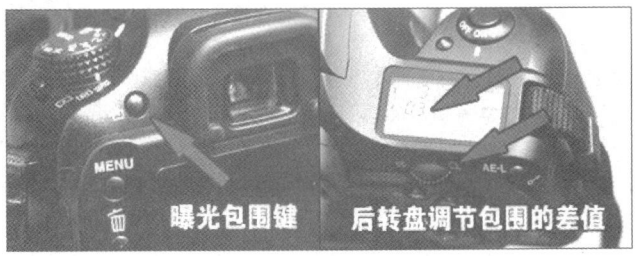

图 7-22　曝光包围的自定义

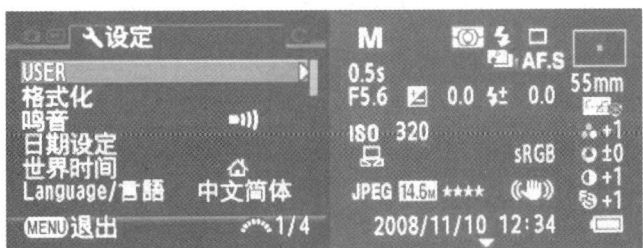

图 7-23　USER 模式的自定义

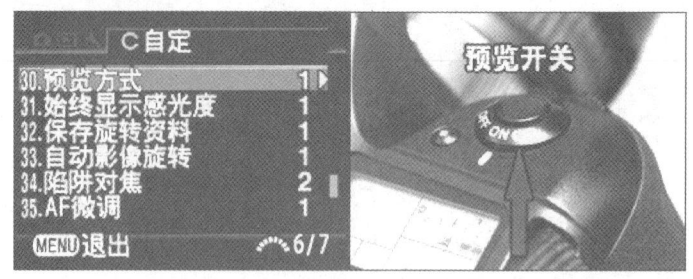

图 7-24 实时取景开关的自定义

⑦ AF 按钮功能。AF 按钮是可以更改功能的，除了可以用来启用对焦，还可以用来取消对焦，使半按快门的时候不会进行自动对焦，如图 7-25 所示，也可以用来选择中心对焦点。因为 K20D 选用某个对焦点的时候，选用的对焦点不会长期点亮显示，容易忘记，所以有时候定义一个快速选择中心对焦点的按键，对某些人来说还是有必要的。

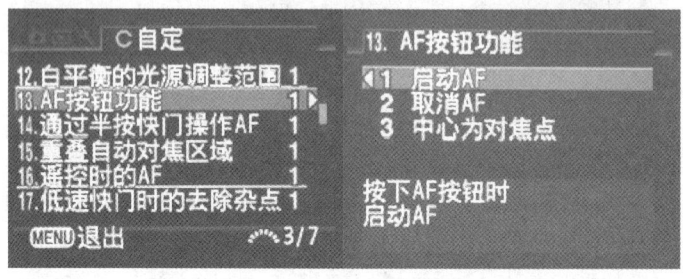

图 7-25 AF 按钮功能

⑧ 自定义电子转盘。为方便不同用户的习惯，可以调换前后转盘的功能，也可以设置让其变为调整 ISO 或曝光补偿，如图 7-26 所示。

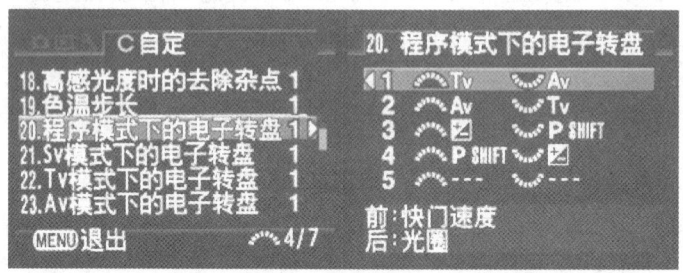

图 7-26 自定义电子转盘

在手动模式下，需要灵活掌握设置光圈、设置 ISO 感光值、设置快门、设置对焦点、手动对焦、光圈快门优先等技巧。具有摄影基础的用户，一般可利用手动功能在各种环境或根据拍摄需要而自由调整各项参数来达到最好的拍摄效果。如在光线不足的情况下拍摄，自动模式会把 ISO 值设置为较高，ISO 值高了噪点也就明显了，会影响画面质量。这时，如果采用手动模式，则可以在三脚架的辅助下人为地把 ISO 值减小来提高画面质量，再调节光圈的大小营造不同的景深，从而拍摄到更好的作品。

7.3.2 常用数码照相机的维护

数码照相机厂商都非常希望用户能在一种理想环境下使用数码照相机，不要太热，也不要太冷，更不能掉落到坚硬物体的表面上。但遗憾的是，这样往往无法拍摄出精美照片。在使用数码照相机的时候，大多数用户往往都忽略了说明书上注明的"数码照相机是一种精巧、易损坏的光学装置"，几乎没有人会阅读说明书后面的使用说明，其中警告用户不要在雷雨天接触数码照相机的金属部分。

需要一个结实、好用的摄影包来装数码照相机、数码存储卡、电池套件，再奢侈一些还需要辅助镜头或小型便携式三角架。摄影包的领先厂商如 Tamrac、Lowepro 和 Domke 使用高质量的原材料，更好的防震保护和极佳的背带和金属硬件。这些装置都已减小了尺寸，更适合放置数码照相机。如果想购买新款摄影包，最好买稍大一点的。如果买的摄影包在每次取东西的时候，都要把里面的东西全部拿出来，那么肯定不受欢迎，因为这样的话会错过许多很好的拍摄机会，而且也不方便。买摄影包的时候最好把数码照相机和附件带上，看一看哪种摄影包最适合。如何背拎包也非常讲究。调整好摄影包上的带子，不要使数码照相机离身体太远，否则它会从的身上弹起，碰到别人或撞到其他物体。最理想的办法是，摄影包挂得稍高一些，这样手臂可以防止它受碰撞，而且还可以防小偷。同时要注意，背数码照相机时镜头朝里（向着身体），也可起到保护作用。

保持数码照相机干净。镜头上的污迹会严重影响图像质量，出现斑点或减弱图像对比度。而手指碰到镜头是不可避免的，灰尘和沙砾也会落到光学装置上。这就是为什么需要对数码照相机进行清洗的原因。清洗工具非常简单：微纤维清洗布、镜头纸或带有纤维布的精细工具、镜头刷和清洗套装。千万别用硬纸、纸巾或餐巾纸来清洗镜头。这些产品都包含刮擦性的木质纸浆，会严重损害镜头上的易碎涂层。不使用时，要把微纤维清洗布放在原容器里，以保持干净。微纤维清洗布非常耐洗，可定期与衣服一起洗。尽量不要使用棉花、T 恤衫或其他纤维，因为粗砾可能会渗进去。如果用镜头刷清理镜头上的尘土和碎片，不要将镜头刷上的毛与手或手指接触，皮肤上的油脂会吸附到毛刷上，然后粘在镜头上。

冷热天气也会影响数码照相机。如果数码照相机原来放在空调房间里，现在马上放在一个较热、潮湿的环境下，镜头和取景器上都会有雾点出现。这时需要用合适的薄纸或布来清洗。如果带着数码照相机从寒冷、干燥的室外进入室内，最好先把数码照相机放在事先准备好的塑料袋中，等数码照相机和环境温度适配后，再取出来使用。

装存储卡是使用数码照相机的一项经常性操作。在向数码照相机中装存储卡时要注意以下两点：首先，必须在数码照相机关机状态下进行；其次，要注意方向，对某些类型的存储卡，只能按指定方位装入数码照相机。每种存储卡都有相应的标记，供大家在装存储卡时识别。将 CF（Compact Flash）卡装入数码照相机时，应将向上的箭头对准数码照相机的卡仓；将 SM（Smart Media）卡装入数码照相机时，应将缺角的一端指向数码照相机卡仓的指定位置；将 PCMCIA 微型硬盘卡装入数码照相机时，应先将该卡的薄边插入数码照相机卡仓。将存储卡装入数码照相机时，要确认它们完全插到位，插的时候用力要均匀，一定要推装到位。

取卡时应注意，不同的存储卡从数码照相机中取出的方式不一样。如 SM 卡，通常是在仓盖开启后，直接用手将 SM 卡压住就会自动弹出，而 PCMCIA3 卡和 CF 卡，则要在仓盖打开并按下数码照相机释放键后才能取出。

数码照相机向存储卡写入或读取信息时不能取出存储卡，否则会损坏存储卡上的信息，甚至损坏存储卡。不同的数码照相机写卡时有不同的指示方式，如柯达和佳能的单反数码照相机的"Card Busy"指示灯会闪亮，而美能达有些型号的数码照相机，机背上的彩色液晶显示屏会显示"Wait"字样。此外，取出存储卡时还要注意防止存储卡掉到地上。因为存储卡从高处落到地上，有可能损坏存储卡上记录的数据，甚至造成存储卡破损。

勿摄强光。数码照相机采用CCD或CMOS固体成像器件，具有质量轻、耗电省、寿命长等优点；但对于强光和高温的耐力是有限的。为了保证拍摄质量和成像器件不受灼伤，不要用数码照相机直接拍摄太阳或强光灯。如果因特殊需要无法避开时，也尽量缩短拍照时间。数码照相机长时间受强光照射或受高热，会导致机身变形。因此，使用或保存数码照相机时，注意不要将数码照相机放在强光下长时间暴晒及放在暖气或电热设备附近。

防烟避尘。如果说潮湿是数码照相机的头号敌人，那么灰尘就是它的第二号敌人。污染物落到数码照相机的镜头上会弄脏镜头，影响拍摄的清晰度，严重的还会影响数码照相机的高速开关与旋钮。因此在灰尘较多的环境里，尽量不要使用数码照相机，即使必须使用，拍照完毕后也要立刻盖上镜头盖，并把数码照相机放进能够防尘的摄影包里。

忌湿防潮。潮湿是数码照相机的大忌，遇到雨、雪、雾等天气时，注意把数码照相机收好，尽量避免冒雨拍照，更不能让雨水淋到数码照相机上。当然，数码照相机还应该远离强磁场与电场。

保养镜头。镜头性能的好坏直接影响数码照相机的成像质量。清洁数码照相机是日常保养的主要手段，特别是镜头和液晶显示屏或取景器。可以用清洁软布轻轻擦拭，用完之后要把清洁软布放在专用的塑料盒中，避免粘上灰尘等。没有清洁软布时可以到照相机商店买清洁纸。

保养LCD显示屏。彩色液晶显示屏是数码照相机的特色，不但价格很贵，而且容易受到损坏，因此，在使用过程中需要特别注意保护。要避免和坚硬物品接触，以免划伤；如果有油渍或灰尘，则需要用清洁的眼镜布或镜头纸进行擦拭，不可使用有机溶剂清洗。同时，液晶显示屏的亮度会随着温度变化而变化，在低温的时候，如果亮度有所下降，则属于正常现象。

正确使用充电电池。数码照相机LCD显示屏耗电较大，使用可充电的、镍镉或镍氢电池比较合适。使用充电电池还要注意：电池完全充电后不宜马上使用，这是因为电池完全充电后其闭路电压值会超过额定电压值，这时如果马上使用，会烧坏数码照相机内的有关电路元件，所以电池完全充电后应放置一段时间，待电池通过自放电恢复到额定电压值之后再使用。电池还有残余电量时，尽量不要重复充电，以免影响电池寿命。为避免电量流失，电池两端金属接触点和数码照相机电池盖上金属部分的清洁必不可少，可用干净的干布擦拭，绝对不要使用清洁剂，以免短路。存放已充满电的电池时，一定不要放在皮包、衣袋、手提袋或其他装有金属物品的容器中，以免短路。

7.4 办公摄影常识

办公摄影主要包括会议摄影、文案摄影、新闻摄影、专题摄影。

1. 会议摄影

涉及的场所主要有签到台、贵宾厅和主会场三个，拍摄不同场所需要注意以下细节。

拍摄空镜头。一般全景拍摄会场、贵宾厅、签到台的布置。拍摄特别的细节（会场装饰物），如准备发奖用的奖杯特写等。

拍摄签到台。全景拍摄来宾的签到过程，特写拍摄礼仪小姐为重要领导佩带胸花。特别需要注意领导和贵宾的到来，拍摄签字和主办方迎接握手的场面。

拍摄贵宾厅。中景拍摄领导或贵宾交谈的场面，包括寒暄和互赠名片，一般结合背景的陈设，交代会议场所。

拍摄茶休。茶休主要就是拍摄宾客随意交谈的场面，一般使用中景。

拍摄领导和贵宾发言。会议开始，主持人开场白用特写镜头，台子若为一般高度，不宜正面拍摄，否则台上只露一个脑袋，不好看。正确的拍摄角度为 45°，麦克风不能和嘴连接或挡住讲话领导的脸，还要注意不能在领导头部出现背景分割线条。基本场景都用特写镜头，也可以拍摄讲话时的全景。需要注意对讲话领导表情的抓拍。全景拍摄参加会议的人员。只有职业摄影师才能拍摄难度较高的画面，如幻灯打出的字迹，调酒师动作的动感画面，飞驰的摩托表演等。

拍摄合影。合影和会议记录的拍摄有所不同，要求很高。对人数和室内外光线环境的要求苛刻，有无站立的架子也很重要。后期制作也很麻烦，不是简单的放大，需要做计算机精细明暗调整，加字、扫描、修整照片缺陷（如闭眼），最重要的一点是保证照片的质量。

拍摄宴会。主要是演出拍摄、游行拍摄。要有领导和贵宾敬酒、演员和观众互动的镜头，注意画面的生动性。

要根据主办方要求或会议活动程序的变化，临时安排调整拍摄方案。

拍摄前的准备。要向布置拍照任务的公司询问他们的想法和要求，以便打下腹稿。拍摄前一天要把需要的照相器材准备好，逐一查点装进摄影包，把电池充足电，并带足备用电池和胶卷。最好能提前一天到达拍摄现场，实地考察会场的大小、灯光情况、主宾位置、自己的机位等。服装也要准备，国际会议务必穿西服系领带，国内大中型会议基本上也应如此。应向主办单位领取一份胸卡，这样出入方便。

会前拍摄。会议当天应当提前到场，把各种器材布置妥当。正式拍摄从签到处开始，重要来宾签到的镜头应该拍摄下来。贵宾签到时，工作人员会给他们佩戴胸花，因此很容易识别谁是贵宾。贵宾在会议开始前要在贵宾室休息，要拍下主宾之间握手、交谈的镜头；当需要使用闪光灯时，机顶闪光灯面向人物，机旁的闪光灯照向屋顶或墙壁，用反射闪光消除人物身后的阴影。

会议拍摄。大会正式开始，要拍下主持人主持大会的镜头，全体人员鼓掌的镜头，主席台全景，会场全景。然后是大会发言，每个发言人都要拍。对于全景，一般多设一只闪光灯实现多重闪光，把另一只闪光灯用三脚架安装并摆放在距离摄影点大约 10m 的地方，照向会场深处，这样拍出的照片就不会仅靠照相机的前几排人员明亮而稍后一点就灰蒙蒙一片，接近会场的实际情况。这只多重闪光灯用同步器连接，或者使用闪光灯自身的遥控闪光同步功能。设分会场的要逐个去拍。研讨会上往往使用投影仪在银幕上放映资料，如果用闪光灯拍摄，则银幕上一片雪白，不符合现场演讲气氛。这时可关闭闪光灯，用现场光线拍摄，或者把闪光灯头向观众偏转，避开银幕，曝光采用慢速闪光同步。

拍全体人员合影。拍完大会最后一个发言，不等发言结束，就赶快来到合影现场，做好各项准备工作（包括架好三脚架、调整镜头焦距、取景等）。根据景深前小后大的原理，镜头焦点要对准靠近照相机的所有横排总数的二三排。

拍摄宴会。先在贵宾室拍下主宾交谈的镜头。主宾进入宴会厅就座后，要搞清楚主桌的位置，对主桌的贵宾重点拍摄，如他们相互交谈的情景。宴会开始后，要拍下主宾发表讲话的镜头和大厅的全景，以及主宾举杯的镜头。

各种会议要拍集体合影，各学校学生毕业时也要拍集体合影。因此，有必要了解并掌握拍摄集体合影的技术技巧。

一张好的集体合影应该达到以下要求：

集体合影像在画面上要布局合理、充实；前后排无遮挡现象；最前一排与最后一排的人员都要清晰；没有前排头大、后排头小的透视变形；没有闭眼睛的情况。

2. 文案摄影

翻拍是复制平面档案、文件的一种方法，其原理与普通照相基本相同，但拍摄对象不同，是近距离拍摄，要求清晰度较高。各种档案原件的拍摄方法如下。

钢印。原件载体上的钢印是以立体的凸凹来体现的。拍摄时可采用侧光照明的方法，用纸板等物品挡住照相机一侧的全部或部分灯光，将两侧均等的照明变为一侧的侧光照明，并适当增加曝光量，就可获得满意效果。

印章与落款重叠。印章与落款的重叠多是红色印记压在蓝色或黑色文字上。正常拍摄时印记与文字影像反差小，有时难以分辨。这时可采用镜头前加滤色镜的方法，利用滤色镜改变它们的反差，突出其中一项。但应注意，滤色镜深浅要合适，只能减弱而不是滤除其中一项，否则将丢失原件中的一些信息。

正面字迹消褪而背面字迹尚存的文件。使用有底灯的摄影机。在原件背面衬上与底色相同色彩的纸，提高反差。先拍原件正面，再拍背面，然后加拍说明。在原件下放置平面镜，利用镜面的反射加大反差。

黑白不太分明的原件。翻拍黑白不太分明的原件时，可以在阳光下用前侧光，曝光量要略不足，显影时间要延长，用反差大的低感光度胶卷拍摄。

照片的翻拍。光面照片的翻拍，照片应平坦，不卷曲，光源以45°角进入以防止反光。绸纹绒面和珠面照片，表面都有纹路或颗粒，为避免拍照时影像粗糙，采用的方法有：用乳白灯泡照明；用松节油和蓖麻油1:1配成油液，均匀地涂在照片上，再翻拍，事后可用酒精或汽油擦掉。变色照片的翻拍，使用全色胶片，也可用色盲片或分色片，加滤色镜。

原件污迹的翻拍。一般用滤色镜。

中国画的翻拍。中国画一般都是在无反光的宣纸上，而且画幅尺寸较大。拍摄时应注意，在面对窗户的平整墙上，先衬一张白纸，然后把画平直地钉在纸上；用室内散射顺光拍，但光线必须均匀；若光线亮度不够，要用万次闪光灯辅助拍摄；为了丰富照片层次，采用全色片；曝光要充足。

缩微品制作。档案部门常用缩微摄影技术，档案缩微摄影的目的，一是利于长久保存；二是充分发挥档案的作用，积极推广档案缩微品的利用。

档案缩微拍摄的准备工作。制订拍摄方案：缩微的目的是保存档案资料还是出版发行；档案数量、质量、尺寸等状况如何；缩微拍摄的现有设备情况、加工能力；检索方法的确定，如采用手工、半自动、自动、计算机辅助检索等手段；工作人员的技术素质状况。

缩微档案文件的挑选。在一定经济条件和人员不足的情况下，为了保证缩微品的质量，同时降低成本，必须对档案进行挑选。适合缩微的档案主要是：多卷档案，特别是大批成套档案；按合理顺序整理过的或有顺序的档案；档案的纸张平整，尺寸一致或接近一致，档案的纸张、墨迹的深浅和颜色一致；储存条件好的档案。

标板的制作。用于缩微技术的标板，按其形式、内容和作用的不同，可分为图形符号标板、表格标板、技术标板三类。拍摄缩微品时，通常需要制作多种说明标板、检索符号标板等。标板的大小根据微缩率的不同加以选择，一般情况下，应将标板做得较大，在拍摄后充满缩微品的一个画幅。标板的材料大致有两种：一次性使用的标板，如错误更正标板，一般用纸张；长期使用的标板，如开始、结束标板等，一般用薄铁、铝合金等。

原件准备。档案原件的准备，首先必须基本达到全宗号、案卷号、目录号三号齐全；文件份数、文件页数二数准确；备考表一份。对那些保存时间长、保存条件差、纸质材料低劣、字迹材料不稳定而造成字迹模糊、纸张变质、文件破损、信息丢失的文件，要进行必要的技术加工，主要包括展平、修补、托裱及修复后的说明工作。缩微部门对送拍的原件要进行认真审核，然后进行编排。

档案缩微设备的准备。在制作缩微品之前，必须对所使用的设备进行认真的准备和检查。包括对电源、水源、光源、摄影机、冲洗药液浓度等的检查，还需要测试综合解像力，以确保制作过程顺利进行。在选购缩微设备时，应注意可行性、实用性，以及经济效益。总之，在选择缩微设备时应注意其实用性、经济性和配套性。

缩微档案的拍摄。将已处理并编排好的档案原件，用缩微摄影机以一定的微缩率进行拍摄。具体拍摄操作步骤：打开摄影机电源、灯光照明，测试照度，选择微缩率，放好原件，进行拍摄。对需要分幅拍摄的原件、图表等，视其具体情况采取不同的分幅方法，但都应留有足够的重叠区。对幅面较少的档案文件，可以合幅拍摄，但要注意顺序。

3. 新闻摄影

新闻摄影是以摄影画面形象为主要表现的一种摄影形式。其基本任务是报道各种新闻事实，属于新闻工作的范畴。那种认为新闻摄影报道既是新闻报道又是艺术创作的观点是不对的。

新闻摄影必须服从新闻工作的一般原则。在一般原则指导下，必须充分照顾其形象表现的特点，才能扬其长、避其短，充分发挥其形象报道的威力。那种忽视新闻摄影形象特点的做法要予以克服。新闻照片是由摄影画面形象和具备新闻诸要素的文字说明结合而成的，对两者的要求应力求一致。例如，要求报道的内容应是真人真事，要求表现这一内容的画面形象也应是真情实景，而绝对不能在文字说明上要求服从新闻的真实原则，而在形象表现上却允许似是而非。

新闻照片的画面形象应是新闻现场情景有选择的摄影纪实。这种画面形象必须是摄影记者在现场观察的基础上，经过最有代表性的情节和瞬间的选择、摄取得来的，而不是什么"创作"的产物。新闻照片的画面形象必须服从新闻的真实原则。

衡量新闻照片的画面形象，应坚持新闻的标准，主要是情景真实、观点鲜明、富有现场气氛；而不能把艺术照片的衡量标准强加到新闻照片上，求全责备。人们常常以"艺术性"来衡量新闻照片的形象表现力，从习惯上来说，也未尝不可。但是，当使用这种方法时，要注意把两种不同性质的照片区别开来。

4. 专题摄影

专题摄影是指采用一定数量的照片，围绕一个统一的主题，经过编辑、设计而展示主题的一种摄影形式。专题摄影的结构与拍摄举例如下。

美国《生活》摄影编辑提供这样的思路，记者送来的专题摄影，通常要有八个方面的内容：

故事的开头——全景；

中景、一群人；

近景，一个人或某个局部的特写；

肖像；

故事中最有典型意义的东西；

人与人之间的关系；

故事发生的过程；

好的结尾。

美国《国家地理》杂志以地域经济报道著称，它的版面编辑则希望在一年专题摄影中能看到这样的内容：

人们的食、衣、住、行；

地方的政治、宗教领袖是谁；

生存环境地貌；

这些人用什么来赚取生活费用，赚钱用来干什么。

一个专题稿有好的开头与结尾，中间由有逻辑的图片穿起来，这种结构是最基本的。虽说要有八个方面的内容，但并不是只能拍八张照片，可以是五六张，也可以是上百张。

拍摄的所有人物和故事应该归纳在一条主线上，专题摄影要寻找照片与照片之间的逻辑联系，逻辑关系的紧密程度是结构的关键。有些摄影者知道一个专题远景、中景、近景的搭配，却忽视细节和逻辑。如一个稿子会出现两张照片构图不同却讲同一件事，同一个细节，还有的出现异样的画面讲不同的事情的问题。

拍摄专题摄影给摄影者带来许多创造与想象的空间。几乎所有的摄影手段都可以运用到专题摄影中，摄影者视觉创造的能力可以得到最大限度的发挥。

最主要的是要形成个人风格。几年前，摄影界有人提出一个视觉趣味点应向多个视觉趣味点发展。多个趣味点不仅是趣味点的统一，也是强烈反差。摄影者的问题在于视觉不够大胆。专题摄影应是一个非常个人化的劳动，无样板可循。这里为摄影者提供两种思维，一种是破坏性思维，另一种是反差思维。

破坏性思维是指在结构与拍摄上都不跟着事先脑子中的固定模式走——无论是自己的模式还是他人的模式，不能事先决定结构和拍摄风格，把被拍主体放进去，而应让被摄主体决定专题的结构和摄影。

反差思维就是要在一个专题稿中表现旧与新，传统与现在，苦与乐，成功与失败。而在摄影手段运用上，注意光线、色彩、虚实的反差。

神韵最主要的构成莫过于专题摄影的气氛了。气氛烘托主题、强化主题。任何一组气氛强烈的专题，人们总是过目不忘。

以萨尔加多著名的《淘金者》为例，1986 年，在巴西赛拉·佩拉达金矿，在一个不到足球场大的场地，5000 人密密麻麻拥挤在脏泥浆中淘金。全部照片的影调呈灰黑色，每个画面雕塑感极强，无论是场面还是特写，无论是表现冲突还是无言苦衷，萨尔加多营造出的气氛是压抑、紧张、巨大的没有尽头的悲苦气氛。在拍摄中，萨尔加多花大量时间去了解认识拍摄对象的劳动生活及内心。拍摄开始了，他置身于这些被称为"泥猪"的人之中，近得能听到"泥猪"们的呻吟与喘息。人们看到这些著名的影像，似乎能看到萨尔加多在脏泥浆中手握照相机的情形。气氛中，有事先可以预知的气氛，也有到了现场后突然才能感到的气氛。这需要摄影者用心去体会，用照相机去营造这些气氛。在拍摄专题时，摄影者对气氛有独到的把握，才能创造出符合主题的强烈的、真正气氛的作品。

7.5 常用图像处理软件

7.5.1 图片浏览工具 ACDSee

ACDSee（见图 7-27）是目前使用最为广泛的一种看图工具软件，共分为两个版本：普通版和专业版。普通版面向一般用户，能够满足一般的相片、图像查看和编辑要求；而专业版则是面向摄影师的，在功能上各方面都有很大增强。

图 7-27　ACDSee 2020 界面

大多数计算机爱好者都使用 ACDSee 来浏览图片，它的特点是支持性强，它能打开包括 ICO、PNG、XBM 在内的二十余种图像格式，并且能够高品质地快速显示，甚至近年来在互联网上十分流行的动画图像文件都可以利用 ACDSee 来欣赏。

ACDSee 可快速地开启，浏览影像还新增了 QuickTime 及 Adobe 等图像文件格式，可以将图片随意放大或缩小，调整视窗大小与图片大小配合，浏览全屏幕的影像，并且支持 GIF 动态影像。不但可以将图像文件转换成 BMP、JPG 和 PCX 格式，而且只需一个命令就可将图像文件设置成桌面背景；图片能以播放幻灯片的方式浏览，还可以轻松查看 GIF 的动画，而且 ACDSee 提供了方便的电子相册，有十多种排序方式，以及树状显示资料夹、快速的缩图检视、拖曳功能，能播放 WAV 音效文件，文件总管可以整批地变更其名称，编辑过程中附带描述说明等。

ACDSee 本身也提供了许多影像编辑功能，包括数种影像格式的转换、可以藉由文件描述来搜寻图像文件、简单的影像编辑、复制至剪贴簿、旋转或修剪影像、设定桌面，并且可以从数码照相机输入影像。另外，ACDSee 有多种影像排列打印的选择，还可以在网络上分享图片，通过互联网来快速且有弹性地传送拥有的数码影像。

ACDSee 功能十分丰富，可用来管理文件、更改文件的日期、全屏幕查看图形、固定比例浏览图片、用图像增强器美化图像、制作屏幕保护程序、制作桌面墙纸、制作 HTML 相册、制作文件清单、制作缩印图片、解压图形文件、扫描图片并按顺序命名、为文件批量更名、为图片文件重设关联、转换图片格式、转换 ICO 文件为图片文件、转换图形文件的位置、转换 EXE 和 DLL 文件中的 ICO 资源、播放幻灯片、播放动画文件、播放声音文件、快速查找图像文件、查看压缩包中的文件等。

7.5.2 图像处理软件 Photoshop

Adobe Photoshop，简称 PS，是由 Adobe 公司开发和发行的图像处理软件。Photoshop 主要处理由像素构成的数字图像。使用其众多的编修与绘图工具，可以有效地进行图片编辑工作。

Photoshop 1.0.7 版本于 1990 年 2 月正式发行，John Knoll 也参与了一些插件的开发。第一个版本只有一个 800KB 的软盘（Mac）。

Photoshop 在版本 2.0 增加的 CYMK 功能是把印刷中的分色任务交给用户，一个新的行业桌面印刷（Desktop Publishing，DTP）由此产生。2.0 其他重要新功能包括支持 Adobe 的矢量编辑软件 Illustrator 文件、Duotones 以及 Pen tool（笔工具）。最低内存需求从 2MB 增加到 4MB，这对提高软件稳定性有非常大的影响。从这个版本开始在 Adobe 内部使用代号，2.0 的代号是 Fast Eddy，在 1991 年 6 月正式发行。

下一个版本 Adobe 公司决定开发支持 Windows 版本，代号为 Brimstone，而 Mac 版本为 Merlin。正式版本编号为 2.5，这和普通软件发行序号常规不同，因为小数点后面的数字通常留作修改升级。这个版本增加了 Palettes 和 16-bit 文件支持。版本 2.5 的主要特性通常被公认为支持 Windows。

版本 3.0 的重要新功能是 Layer，Mac 版本在 1994 年 9 月发行，而 Windows 版本在 1994 年 11 月发行。尽管当时有另外一个软件 Live Picture 也支持 Layer 的概念，而且业界当时也有传言 Photoshop 工程师抄袭了 Live Picture 的概念，但实际上 Thomas 很早就开始研究 Layer 的概念。

版本 4.0 主要改进的是用户界面。Adobe 在此时决定把 Photoshop 的用户界面和其他 Adobe 产品统一化，另外，程序使用流程也有所改变。

版本 5.0 引入了 History（历史）的概念，这和一般的 Undo 操作有所不同。色彩管理也是 5.0 的一个新功能，这是 Photoshop 历史上的一个重大改进。版本 5.0 在 1998 年 5 月正式发行。一年之后 Adobe 公司发行了 5.5 版本，主要增加了支持 Web 功能和包含 Image Ready 2.0。

在 2000 年 9 月发行的版本 6.0 主要改进了与其他 Adobe 工具交换的流畅性，但真正的重大改进还要等到版本 7.0。版本 7.0 增加了 Healing Brush 等图片修改工具，还有一些基本

项目 4　办公信息存储设备

的数码照相机功能,如 EXIF 数据、文件浏览器等。

在其后的发展历程中 Photoshop 8.0 的官方版本号是 CS,9.0 的版本号变成了 CS2,10.0 的版本号则变成了 CS3,以此类推。CS 是 Adobe Creative Suite 一套软件中后面两个单词的缩写,代表"创作集合",是一个统一的设计环境,它将 Adobe Photoshop CS2、Illustrator CS2、InDesign CS2、GoLive CS2 和 Acrobat 7.0 Professional 软件与 Version Cue CS2、Adobe Bridge 和 Adobe Stock Photos 相结合。

至 CS6 之后,版本号又从 CC2017 开始,每年一变。目前,最新版本为 Photoshop CC2020（见图 7-28）。

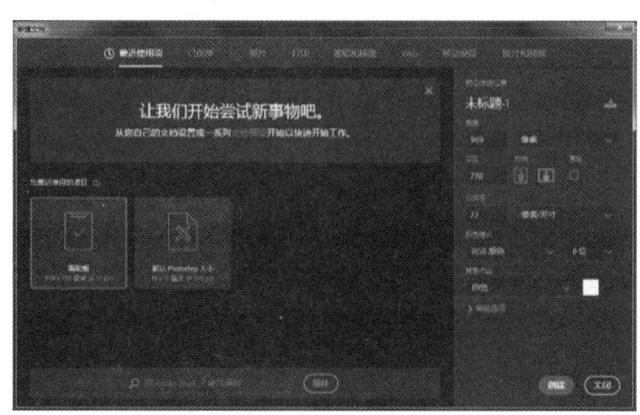

图 7-28　Photoshop CC2020 界面

Photoshop 的应用很广泛,在图像、图形、文字、视频、出版各方面都有涉及,包括平面设计、修复照片、广告摄影、影像创意、艺术文字、网页制作、建筑效果图后期修饰、绘画、绘制或处理三维帖图、婚纱照片设计、视觉创意、图标制作、界面设计等。

技能训练

训练任务 4.1　数码照相机的使用操作

1. 任务要求

学习使用数码照相机的自动功能和手动功能。了解数码照相机的结构、特点；正确掌握数码照相机的基本使用方法；掌握获取数码照片的基本工作流程。

2. 训练情景

训练器材：数码照相机、三角架、闪光灯、反光板、充电电池、数据传输线、计算机。
训练场景：教室、校园、计算机房。

3. 计划内容

认识各种数码照相机上的功能按钮,熟悉常见的标志 I/O、MENU、DISP、ISO、AF、MF 等的功能；掌握自动功能下的拍摄操作；掌握手动功能的设置方法和拍摄操作。

（1）熟悉设备,阅读数码照相机的使用说明书,了解数码照相机的开关、按钮、插孔

等的位置和功能，尤其是电源开关、快门、变焦按钮、取景器、电池盒等主要部件的功能。

（2）检查并确保存储卡正确插入数码照相机，打开电池仓，装入数码照相机用的电池（注意正、负极要正确连接）。

（3）打开电源开关，设置拍摄模式。

（4）通过液晶显示屏调整数码照相机的相应按钮，选择设定照片模式（画质模式、感光度、色彩）、拍摄菜单（自拍、白平衡、测光、锐度等）、拍摄模式、拍摄功能（微距或特写、闪光灯）等。

（5）利用取景器或LCD，通过移动变焦按钮进行取景构图。通过移动变焦按钮观察景物的变化情况：移向标注"T"端增长镜头焦距，可实现远距离拍摄；移向标注"W"端缩短镜头焦距，可实现广角功能，进行近距离拍摄。

（6）调整焦距，按下快门按钮进行拍摄。可以半按快门进行自动测光完成对焦。对焦完成后，观测焦点指示位置，对焦无误后将快门完全按下完成拍摄。

（7）利用数码照相机拍摄需要的素材，如人像、校园风景或其他照片，观看拍摄结果。拍摄完成后，将数码照相机LCD置于回放模式，通过LCD观看拍摄效果，进行相应操作（如删除、图像旋转、图像保护等）。

（8）把照片传输到多媒体计算机中，利用数据传输线将数码照相机和计算机连接，打开数码照相机的电源，启动照片下载软件（或者直接复制），将照片下载并输入到计算机中。

（9）使用完毕后，关闭电源，将镜头缩回。将数码照相机放回摄影包里，最好在摄影包里放上防潮剂。如果长时间不再准备拍摄，应将电池取出。

4. 注意事项

（1）阅读说明书，了解各部件的基本功能，不可擅自拆卸数码照相机。

（2）掌握正确的使用方法。拨动各部件时用力要均匀适中，操作变焦镜头时不宜猛推猛拉。

（3）正确装、取存储卡，不要在开机状态下装、取存储卡。不要在开机状态下打开电池盒盖、插槽盖。勿使用非指定的电池，按照电池正负极标志安装电池。充电电池完全充电后不宜马上使用，应先放置一段时间。电池宜定期更换，外出拍摄时应带备用电池。

（4）防潮、防震、防磁、防高温。不宜用数码照相机直接拍摄太阳或非常强烈的灯光，不要将数码照相机放在强光下长时间暴晒，千万不要放在暖气或电热设备附近，不要把数码照相机放在强磁性物体或强电磁感应的设备附近，如电视机、音响、大功率变压器、电磁炉等，千万不要让数码照相机进水或异物。

（5）避免温差过大。数码照相机在雨天使用后或在寒冷的冬天使用后进入室内，不要将数码照相机马上放入摄影包里，否则水气会进入镜头和数码照相机里，应当先通风干燥。

（6）如果出现一般故障，则参照数码照相机的使用说明书进行排除；如果无法排除，应关闭数码照相机，取出电池，并与实验设备保管老师联系。

5. 总结考核

（1）根据说明书，在总结报告中画出数码照相机外部各个按钮、旋钮的示意草图，标出它们的名称、作用，并注明正确的操作方法。比较并记录不同数码照相机之间的共同点。

（2）浏览拍摄成果，并保存几张不同类型的照片，用于后期完善任务。同时在总结报告中提交两张数码照片。

(3) 对任务要求、训练器材、训练内容、操作步骤、训练结果进行分析和总结，归纳在技能训练中的收获和体会。撰写并提交一份技能训练总结报告。

训练任务 4.2　办公摄影的拍摄方法

1. 任务要求

掌握会议摄影、文案摄影、新闻摄影、专题摄影的拍摄方法，学习如何在不同场合、不同光照下快速进行构图和光圈、快门组合。

2. 训练场景

训练器材：数码照相机、三角架、闪光灯、反光板、充电电池、数据传输线、计算机。
训练场景：教室、校园、虚拟会场、计算机房。

3. 计划内容

(1) 布置一个虚拟会场；事先拍摄一些场景的空镜头，如接待台、休息厅、主会场等，确定拍摄需要的光圈、快门系数。

(2) 拍摄一组接待台主人迎接贵宾的照片，拍摄一组主人和贵宾在休息室聊天的照片。

(3) 拍摄会议现场，拍摄主持人主持大会、全体人员鼓掌、主席台全景、会场全景、每位发言人发言。

(4) 拍摄一组全体与会人员的合影。

(5) 翻拍一张书籍封面的照片，尝试不同角度、不同光圈、快门系数的组合，比较效果并认真记录。

(6) 制作一个校园专题摄影作品，主要描述同学们日常的学习生活。

(7) 拍摄几张校园内的文体活动照片，并制作成新闻稿。

4. 注意事项

(1) 会议摄影多在室内进行，注意在光线不良的情况下，三角架和闪光灯的配合；拍摄主体和闪光灯之间的角度；屏幕拍摄时的技巧；摄影师的站位、走位等。

(2) 三脚架使用时一定注意调整好水平位置，调整完成后要记住锁定三脚架。

(3) 云台使用时不可暴力旋转，一定要先松开锁扣或旋钮，再做调整。

(4) 室外摄影时，一定要注意避免数码照相机直接暴露在灰尘较多的环境或雨雾天气中。

(5) 携带照相机时注意保护好照相机镜头，遮光罩不可随意拆卸，没有拍照时要将镜头盖盖好。

5. 总结考核

(1) 在总结报告中，整理虚拟会场的拍摄成果；整理翻拍书籍封面时每张照片的角度、光圈、快门系数的记录资料；整理专题摄影和新闻摄影的拍摄成果。标出照片的名称、操作条件，操作方法。比较并记录不同照片之间的拍摄异同点。

（2）浏览拍摄成果并保存几张不同类型的照片，用于后期完善任务。同时在总结报告中提交全面的数码照片拍摄成果。

（3）对任务要求、训练器材、训练内容、操作步骤和训练结果进行分析和总结，归纳在技能训练中的收获和体会。撰写并提交一份技能训练总结报告。

训练任务4.3　数码照相机的维护保养

1. 任务要求

进一步提高数码照相机的使用操作技巧，进一步提高照片的基本编辑管理技巧。进一步掌握数码照相机的维护保养方法。

2. 训练场景

训练器材：数码照相机、闪光灯、电池、吹气球、毛刷、吹风机、计算机和图形图像编辑管理软件。

训练场景：教室、校园、计算机房。

3. 计划内容

（1）保持光学系统的洁净。使用 UV 镜保护数码照相机镜头；不要用手或坚硬物体触碰镜头、液晶显示屏、取景器表面，若遇灰尘，可用吹气球或镜头纸清理光学表面。

（2）闪光灯的养护。新购或长久未使用的闪光灯，应事先让闪光灯静置充电几分钟，然后反复数次充电、放电，使闪光灯内的电容恢复正常功能。

（3）电池的保养。对于锂电池的充电时间，最好在 6h 左右，而普通的镍氢电池最好在 14h 左右。清洁电池时，要保证电池两极及与电池仓中接触的两个连接片的清洁，防止有短路的情况发生。

（4）存储卡的保养。长时间不使用时最好放回原来的盒内保存，尤其是对 SD 卡、SONY 记忆棒等就更应该注意，因为它们较薄、体积小，容易被屈折。

（5）对所用设备一一检查，清理干净，调整摄影包内海绵垫的位置，把设备放入摄影包。

（6）使用数码照相机和保养数码照相机时，最忌讳的五点是潮湿、灰尘、高温、震动和辐射。

（7）利用 ACDsee 和 Photoshop 等软件，对前期拍摄的照片进行管理并修饰。

4. 注意事项

（1）拍摄时，避免镜头直对阳光，以免损害 CCD 板。

（2）严寒的冬天，被从室外带进室内的数码照相机容易结露，像人戴的眼镜一样。正确的做法是将数码照相机放在密封的塑料袋中，待数码照相机与室内温度一致时再取出。

（3）拍摄完毕保存时，一定要取出存储卡并卸下电池。

（4）尽量避免在雨雪天拍摄，若要拍摄，一定要对数码照相机进行妥善防护。

（5）避免在低温下长时间拍摄，防止数码照相机提前老化。

（6）保存时，应该尽量放在干燥的地方，避免数码照相机受潮。

（7）镍铬电池充电时，一定要先使用完再充电，防止产生记忆效应，锂电池不在此列。充满电后的电池都很热，应该等它降到常温后再装入数码照相机比较妥当。

（8）一定要定期清洗磁头，一般拍摄 30～50h 后清洗一次，应使用专用清洗带，清洗时不要超过 10s。

（9）如果长时间不使用数码照相机，则要把电池从电池仓中取出，以免时间较长后，电池中的溶液漏出腐蚀数码照相机。

（10）当需要使用吹风机吹气时，模式应设置为冷风。

（11）认真清点设备，确认无误后交还给保管老师。

5．总结考核

（1）在总结报告中，整理教室、校园的拍摄成果，标出照片的名称、操作条件、操作技巧。对前期拍摄的照片进行进一步管理并修饰，进一步整理和总结 ACDSee 和 Photoshop 等软件的使用和基本编辑管理技巧。对自己拍摄的全部照片做比较，看看自己拍摄技术的进步。

（2）浏览、保存、提交全部的拍摄成果。

（3）对任务要求、训练器材、训练内容、操作步骤和训练结果进行分析和总结，归纳在技能训练中的收获和体会。撰写并提交一份技能训练总结报告。

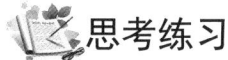

思考练习

一、简答题

1．什么是照相机？照相机怎样分类？
2．什么是数码照相机？数码照相机市场的现状如何？
3．照相机的主要性能与指标有哪些？
4．数码照相机光圈大小对成像效果有何影响？

二、填空题

1．数码照相机采用（　　　）作为记录图像的光敏介质，利用光学影像与光敏元件之间的光电转换形式接收模拟图像信号，而图像数字化处理过程是将模拟图像信号再做转换，存储为（　　　），并经过图像数据的读取来呈现可视图像。

2．数码照相机将图像信息以（　　　）方式保留在其内置的记录媒介中，可以方便地在数码照相机上实现图像的浏览、查询、删除及重拍。

3．当数码照相机较长时间不用时，应卸出（　　　）和（　　　），将数码照相机和存储卡放在远离磁场及化学气体等污染源的干燥器中保存。

4．用数码照相机拍照时，应先半按（　　　）进行对焦，再按（　　　）拍摄。

5．单反数码照相机在拍摄时可以更换（　　　），以达到不同的拍摄效果。

6．数码照相机镜头变焦时，标记为 17mm 的刻度可以用于拍摄（　　　）距离的物体，标记为 200mm 的刻度用于拍摄（　　　）距离的物体。

重点小结

项目 4 的学习任务是数码照相机的使用与维护。必备知识要求熟悉办公信息存储设备的基本概念；掌握办公影像存储设备的使用与维护方法。数码照相机是项目 4 的典型教学背景案例，是学习任务中的核心任务。技能训练要求是具备办公影像存储设备中数码照相机职业技能标准的条件，学会数码照相机的使用操作；学会办公摄影的拍摄方法；学会图形图像的编辑技巧；学会数码照相机的维护保养。

（1）数码照相机是由镜头、CCD、A/D（模/数转换器）、MPU（微处理器）、内置存储器、LCD（液晶显示器）、PC 卡（可移动存储器）和接口（计算机接口、电视机接口）等部分组成的。通常它们都安装在数码照相机的内部，当然也有一些数码照相机的液晶显示器与数码照相机机身分离。

镜头的功能是捕捉影像，有定焦镜和变焦镜之分，数码照相机的镜头大多采用 8mm 摄像机（V8）的焦距格式。

各种镜头的焦距不同使得拍摄的视角不同，而视角不同产生的拍摄效果也不同：

<20mm=超广角；

24～35mm=广角；

50 mm=标准（相当于人眼的视角）；

80～300mm=远摄；

>300mm=超远摄。

数码照相机与传统照相机相比存在以下区别：

制作工艺不同、拍摄效果不同、拍摄速度不同、存储介质不同、输入输出方式不同。其中最大区别在于记录影像的方式。

传统照相机：镜头→底片；

数码照相机：镜头→感光芯片→数码处理电路→记忆卡。

（2）摄像机是一种把景物光像转变为电信号的装置，即一种使用光学原理来记录影像的装置，是制作电视节目最前端的设备。除了制作视频节目，摄像机和摄像头还大量用于安防视频监控中，如楼梯、岗哨、酒店、街道、学校、工厂、道路、野外、水下、车辆、危险及特殊场合等。当前，计算机直播必备的美颜摄像头、高科技智能摄像头、高清无人机航拍智能摄像头发展十分迅速。

现在的数码照相机产品大部分都具有摄像功能。

项目 5

其他辅助办公设备

项目引入

辅助办公设备的主要任务是为办公活动提供诸如办公会议中所需的音频/视频、办公环境调节控制、采访录音和文本翻译,以及资料安全保密等辅助作用的软硬件条件。

辅助办公中的主要设备是音频/视频设备、录音与翻译设备、环境调节控制设备等。

辅助办公设备的主要功能是利用电子技术,计算机技术、控制技术,机电技术完成对办公活动及办公环境的辅助服务、智慧办公。

项目 5 中的其他辅助办公设备主要包括功放机、空调机等。主要学习其他辅助办公设备的发展与现状、组成与结构、原理与特点、功能与使用、维护与管理的方法和技能。由于智能手机具有方便使用的录音功能,本项目中删除了录音笔的内容。限于篇幅,删除了碎纸机。

项目 5 有 2 个子任务,分别为功放机、空调机的使用与维护。典型教学背景案例为功放机。

任务目标

1. 熟悉其他辅助办公设备的基本概念;
2. 掌握其他辅助办公设备的使用与维护方法;
3. 具备其他辅助办公设备中功放机职业技能标准的条件。

功放机是项目 5 的典型教学背景案例。重点技能训练任务是功放机的使用与维护。

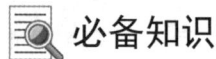必备知识

任务 8　功放机的使用与维护

8.1　音响设备概述

8.1.1　音响设备的概念与分类

1. 音响设备的概念

在 1997 年之前，还没有人对音响这个词做出比较全面、规范的解释，后来我国录音师协会对音响的定义为：音响是指经过加工修饰的、达到一定电声指标的、满足特定环境需要的声响，是现代科学技术和艺术相结合的产物。

音响设备是一套用于加工修饰、播放声音，以便能够满足应用环境需要的设备。一套简单的音响设备一般包括功放机、周边设备（均衡器、效果器、VCD/DVD）、扬声器（音箱、喇叭）、调音台、麦克风及显示设备等，如图 8-1 所示。

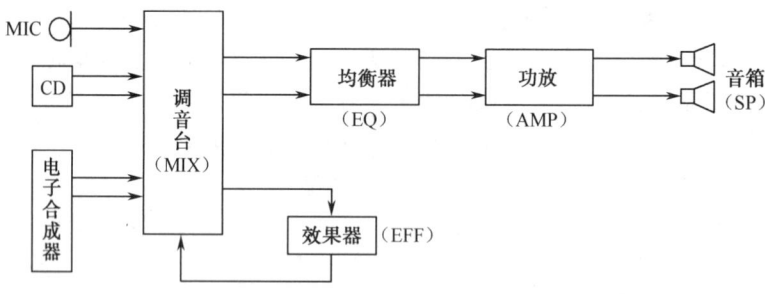

图 8-1　简单的音响系统设备

（1）音源。音源的种类非常多，一般可以分为三种类型：一是话筒，通过话筒将人的声音和乐器的声音转变成电信号送入调音台，幅度一般比较低，只有几个毫伏到几十个毫伏，需要使用屏蔽效果好的专用信号线传输；二是 CD 机、影碟机、卡座等，它们向调音台提供幅度为 1V 左右的线路电平信号；三是电子乐器声音，直接输出 1V 左右的线路电平信号。

（2）调音台。调音台是音响系统的核心设备，是一种有若干路相同输入单元，能够同时接收多路信号的集放大、处理、混合及分配于一体的音频处理设备。

（3）均衡器。改善音响系统自身的频率响应，以便适应厅堂的建声特点，使得音响系统能够稳定工作，取得较好的音响效果。

（4）功率放大器。也称功放机，它把来自前级的线路信号进行功率放大，将音频信号送入并驱动扬声器（音箱）。功放机是音响系统中重要的核心设备。

（5）音箱。音箱音响系统的最后一个设备，是一个将电信号转变成扬声器振膜的振动，从而使人耳能够听到响亮声音的发声设备。

2. 音响设备的分类

从使用的场合与环境，一般可以将音响设备分为以下三大类。

（1）专业音响设备。专业级别的音响设备一般用于大中型的舞台演出场所、重要的会议扩声场所、教育教学扩声场所、广播电视演播场所、音乐电视制作的后期制作场所等。专业级别的音响设备比较复杂，图 8-2 给出了一个典型舞台音响系统的组成。

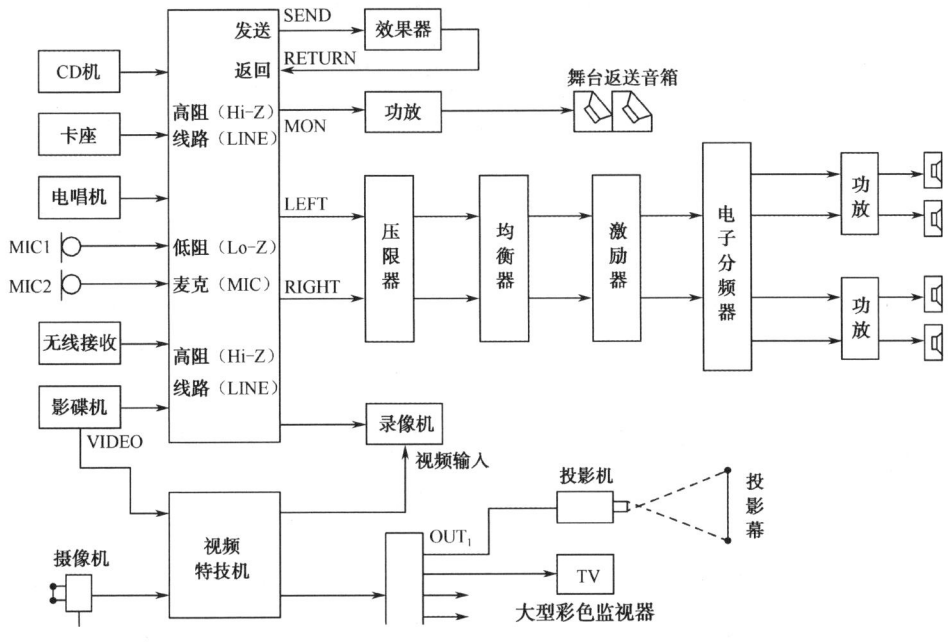

图 8-2　典型舞台音响系统的组成

（2）民用音响设备。民用级别的音响设备一般用于家庭影音播放环境、个人便携式移动环境、教育及小型扩声娱乐环境等。

家庭影院是经过简化的音频视频回放系统，可以在家中体验只有影院中才能体验到的视觉和听觉效果，一般由大屏幕彩电、A/V 节目源（DVD）、A/V 功放和一组音箱构成，如图 8-3 所示。市场上的家庭影院套装品牌繁多，样式不断翻新。国外品牌以高档产品为主，如 JBL、尊宝、天朗、天龙等，突出特点是价格昂贵，动辄数万元，甚至几十万元。国内品牌则以中低档为主，如惠威、杜希、奇声、丽声等，价格一般为 1 万元左右。

图 8-3　家庭影院套件

相对家庭影院来说，迷你组合音响近两年受到消费者的欢迎。迷你组合音响的特点就是小型化，由集各种播放设备和功放于一体的主机加上两个音箱构成，携带和移动方便，占用空间小，如图8-4所示。

图 8-4　迷你组合音响

目前，市场上的迷你组合音响品牌繁多，款式新潮。以先锋、JVC 为代表的国外数码厂商致力于迷你组合音响的开发与推广，型号繁多，产品比较丰富，外观设计时尚超前，近乎专业音质，价格适中，市场占有率比较高。以奇声为代表的国产品牌和国际品牌尚有一定差距，但是质量提高的速度也很快，同时依靠良好的本土化服务和价格优势，在市场上也占有一席之地。

（3）特殊音响设备。特殊音响设备一般用于公共交通设施、汽车音响、公共广播系统、监视监控系统、防盗报警系统等。

随着汽车工业的迅猛发展，汽车音响推陈出新，成为汽车业的极其重要的组成部分，越来越受到人们的关注。索尼（Sony）、先锋（Pioneer）和波士顿（Boston）汽车音响占据了大部分市场份额。

8.1.2　音响设备的发展与现状

在很长一段时间内，人类一直生活在没有音响设备的时代，直到 1906 年，美国人德福雷斯特发明了真空三极管，才开始有音响设备，才开始享受音响给我们带来的听觉感受。

从音响技术方面来说，可以将音响设备的发展大概分为以下几个阶段。

（1）电子管阶段。1906 年，美国人德福雷斯特发明了真空三极管。1927 年，贝尔实验室发明了负反馈技术，使音响技术的发展进入一个崭新的时代。比较具有代表性的如威廉逊放大器，成功地运用了负反馈技术，使放大器的失真度大大降低。20 世纪 50 年代，电子管放大器的发展达到高潮，各种电子管放大器层出不穷。由于电子管放大器音色甜美、圆润，至今仍为音乐发烧友的挚爱。

（2）晶体管阶段。20 世纪 60 年代，晶体管的出现使广大音乐爱好者进入一个更为广阔的音响时代，晶体管放大器具有细腻动人的音色、较低的失真、较宽的频响及动态范围。

（3）集成电路阶段。20 世纪 70 年代初期，集成电路以其质优价廉、体积小、功能多等特点，逐步被音响界所认识，人们开始将集成电路技术运用到音响设备中。现在，厚膜音响集成电路、运算放大集成电路都被广泛用于各种音响电路中。

(4)场效应管阶段。20世纪70年代中期,日本生产出第一只场效应功率管。由于场效应功率管同时具有电子管纯厚、甜美的音色,以及动态范围达90dB、THD<0.01%(100kHz时)的特点,很快在音响界流行。目前,许多功率放大器中都采用场效应管作为末级输出。

(5)数字化时代。1972年,荷兰飞利浦公司推出了激光视盘机LD(Laser Disc),这是一件轰动一时的大事件,甚至可以作为数字时代的元年,第一次在民用消费电子领域出现了数字的概念。

8.1.3 音响设备的技术与质量指标

为了衡量高保真音响系统重现原始声音和原始声场的能力,国际电工委员会(International Electrotechnical Commission)和我国都制定了相应的标准,下面将重点介绍其中3个主要性能指标。

(1)频率范围。频率范围又称频率特性或频率响应,是指各种放声设备能够重放声音信号的频率范围,以及在此范围内允许的振幅偏差(容差)。可见,频率范围越宽,振幅容差越小,频率特性就越好。我国的国家标准规定,频率范围应宽于40Hz~12.5kHz,振幅容差应低于5dB。

规定有效频率范围是为了保证语言和音乐信号通过该设备时不会产生可让人觉察的频率失真和相位失真。只有音响设备的频率范围足够宽,通频带内振幅响应平坦程度在容差范围内,重放的音乐才会使人感到低音丰满深沉,中低音雄浑有力,中高音明亮悦耳,高音色彩丰富,整个音乐层次清楚。

(2)谐波失真。由于各个音响设备中的放大器存在一定的非线性,导致音频信号通过放大器时产生新的各次谐波成分,由此造成的失真称为谐波失真。谐波失真使声音失去原有的音色,严重的时候使声音变得刺耳难听。

该项指标可用新增谐波成分总和的有效值与原有信号有效值的百分比来表示,因而又称为总谐波失真。谐波失真越小,保真度就越高。

(3)信噪比。信噪比是指有用信号电压与噪声电压之比,通常使用分贝值来表示。信噪比越大,表明混在信号里的噪声越小,音质越好。一般家用Hi-Fi功放的信噪比在60dB以上。

8.2 功放机的组成结构与工作原理

8.2.1 功放机的组成结构

功放机又称扩音机,主要作用是把来自音源或前级放大器产生的微弱信号进行放大,产生足够的不失真功率,以便推动音箱放声。功率放大器具有输出功率大、效率高、非线性失真小等特点,一套良好的音响设备系统中功放机的作用是功不可没的,如图8-5所示。

传统意义上的功放指的是高保真立体声功放,主要由前置放大器和功率放大器组成。其内部电路模块框图如图8-6所示。

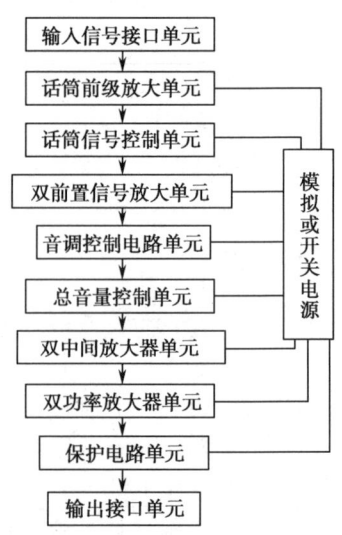
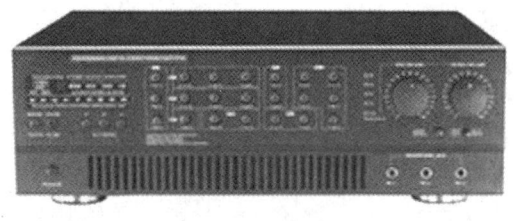

图 8-5　功放机　　　　　图 8-6　功放内部电路模块框图

前置放大器是连接音频信号源的前端输入放大器，前面连接各种信号源的输出，后面连接功率放大器，是各路信号的必经之地，具有连接、放大、校正及缓冲等作用。前置放大器的功能主要体现在以下几个方面。

（1）接口功能。将各种信号源（如 CD、收音调谐器、录音座等）的信号进行切换选择并输入放大器。

（2）放大功能。将选中的信号进行放大，使各信号电平基本一致，防止后级输入信号失真。

（3）均衡、补偿功能。对选中信号的频率失真、带宽等进行修正，使信号的频率特性平坦，带宽合适。

（4）阻抗匹配功能。通常信号源内阻比较大，可通过前置放大器实现和后级功率放大器的最佳匹配，抑制各种噪声。

前置放大器一般由信号输入端子、切换电路、均衡放大器和输出电路组成。

8.2.2　功放机的工作原理

1. 功率放大电路的功能、原理与分类

功放机主电路为功率放大电路，其功能就是将前置放大器送来的音频信号进行电压和电流放大，使负载音箱发出高保真的声音，而且需要满足一定的功率输出。功率放大电路主要完成把高内阻小信号转换成低内阻大信号的任务。所以，功率放大器是一个低失真的能量转换器。

按照工作原理，功率放大电路的电路结构可分为 OTL、OCL、BTL 电路。

（1）OTL 电路。无输出变压器互补对称放大电路。

（2）OCL 电路。无输出电容互补对称放大电路。

（3）BTL 电路。桥式推挽对称输出电路。

此外，按照功率放大电路的放大器件构成可分为电子管、晶体管、场效应管和集成电路。按照功率放大电路的用途可分为 Hi-Fi 功放、卡拉 OK 功放和 AV 功放。

2. 功率放大电路的主要技术指标

一般按照以下参数来衡量功率放大电路的相关特性。

（1）输出功率。输出功率是指功率放大器负载上所能获得的功率，包括额定功率（RMS）、最大输出功率、峰值功率、峰—峰值音乐功率和音乐功率等。

常用的概念是额定输出功率，是指在额定的电源电压和指定的负载条件下满足谐波失真要求（通常小于 1%）时，放大器可以连续输出单频正弦信号（一般为 1kHz）的最大有效值功率，是衡量功放输出能力的主要指标。

（2）频率响应。频率响应（有效工作频率范围）用来反映放大器对不同频率信号的放大能力，通常用频带来表示，一般要求功放的频率响应为 20Hz～20kHz。

（3）信噪比。功率放大器的额定输出功率 P_s 与噪声功率 P_n 的比值称为信噪比，用 dB 表示为

$$S/N = 10 \cdot \lg（P_s/P_n）$$

家用高保真功率放大器的信噪比应大于 80dB。

（4）非线性失真。放大元件的非线性和电路中元器件的电抗特性会引起放大器出现非线性失真。非线性失真包括谐波失真、互调失真、相位失真和瞬态互调失真。一般失真度是指谐波失真度。

3. 功率放大电路的性能要求

在音响系统中，一般对功率放大电路的性能有以下要求：

（1）输出功率。在相同条件下，额定输出功率应尽量大一些，家用功放主声道 RMS（Root Mean Square）功率一般不小于 100W。注意，RMS 为均方根的意思，即一组数的平均数的平方根，这里指音箱的额定输出功率，是一种计算电压和电流从而得到平均功率的方法。

（2）失真度。高保真功放的总谐波失真度一般为 0.3%以下。

（3）效率。由于功放耗能比较大，在保证性能的前提下，效率越高越好。甲类放大器效率一般低于 50%，甲乙类放大器可达 70%左右。

（4）散热。功放管发热比较大，必须具有良好的散热才能保证电路稳定工作。

（5）保护。为了防止损坏昂贵器件，应该具有完善的保护措施，功放一般设有过流、过压、过热以及直流中点电压保护电路。

8.3 功放机的使用与维护

8.3.1 功放机的使用

1. 功放机的选购思路

选购功放机应与其他设备如音箱、影碟机、CD 唱机等配套，甚至考虑房间的大小与构造，还要考虑性价比和外观等因素。

（1）要分析技术指标。要特别注意输出功率、谐波失真和频率响应这三项技术指标。

（2）要注重品牌，要实用。名牌功放机，由于其厂家的能力强，制造出来的功放机不但声音好，而且还经久耐用，为达到效果多花钱购买品牌机是值得考虑的。

（3）要与音箱系统搭配。一方面，要考虑听音室内配置几路音箱系统，最简单的功放机仅有1～2路功率输出，配置最简单的双声道立体声系统即可；比较复杂的功放机要配置4～6路功率输出。另一方面，功放机的最大输出功率与音箱的最大承受功率必须配好，以防不慎烧毁音箱。

（4）要亲自试听。有时说明书上标注的指标和电路都比较好，但试听效果却不好。原因是许多指标都是在正弦波条件下的测试结果，而实际上各类声音如音乐等特性非常复杂。

（5）数字功放机挑战传统模拟功放机。数字功率放大器具有很宽的电源电压适应范围和极高的功率转换效率，导致的结果就是更小的体积、更低的质量、更大的功率输出，且声音质量完全达到专业音频扩声的需求。更为重要的一点是在能源消耗方面大大节省了，真可以看作是绿色环保功放的前瞻性产品，这些特点都是传统功率放大器不可比拟的优势，也是实实在在带给用户的好处。传统的模拟功放机如今已经面临这种新一代的高效功率放大器的严峻挑战。目前，率先进入国内的此类产品是欧洲业内的著名品牌——产于意大利的Powersoft。

Powersoft在高效音频功率放大器应用领域是领先业界潮流的公司。其专利产品的注册商标为DIGAM。全新的Powersoft技术改变了业界关注的专业音频放大器的发展道路，在应用要求高功率和长期可靠性方面，目前没有任何放大器能与之相比。因为它具有令人惊奇的大幅降低热输出，减少质量和体积，同时还具有高功率输出性能。

DIGAM产品的核心技术就是PWM（脉宽调制）技术，它的工作原理类似于高频取样器的PWM变换器，将音频信号的各种不同幅度变换为脉冲序列，其平均值等于音频输出。DIGAM使用很高的取样频率，以覆盖整个音频带宽而获得高性能，利用高频固态功率开关来放大PWM数字信号，然后由输出功率滤波器解调，Powersoft S.R.L拥有一系列开关技术和输出解调滤波器的专利。专利设计的特点是保证产品参数具有很高的性能，如失真、频响、转换速率、功率带宽和阻尼系数等。

2. 功放机的匹配使用

功率放大器与音箱的匹配是选型时应重点考虑的问题，直接关系到音乐重放的效果和器材的寿命。功率放大器与音箱的匹配主要有阻抗匹配、功率匹配和阻尼匹配。

（1）阻抗匹配。对功率放大器来说，阻抗匹配是第一位的。它要求作为负载的音箱（扬声器）阻抗不应小于放大器的额定负载阻抗。例如，功率放大器原设计接8Ω负载，应与8Ω或8Ω以上阻抗的音箱连接。当接16Ω音箱时，使用中除了输出功率减小一半，尚未带来其他明显影响；而当接4Ω负载时，输出功率将增加近一倍，如果音量又开得较大，则有可能使大功率晶体管损坏。

现在有些放大器对音箱阻抗允许有可变范围，如4～16Ω，在这种情况下，阻抗每变小一倍，功率就升高1.6倍。例如，在标定8Ω阻抗下，额定功率为100W的放大器，如果改接4Ω阻抗的音箱，那么放大器的输出功率为160W。一般情况下，对阻抗有可变范围的放大器，取其阻抗范围的中值比较合适。

（2）功率匹配。功率匹配一般指功率放大器的额定功率与扬声器的额定功率相适应。从目前的趋势来看，功率放大器的额定功率有较大幅度提高，而扬声器系统的额定功率由于电声器件的结构所限提高较慢。

一般来说，放大器的额定功率应大于音箱额定功率的 1/4 比较合适，即 125W 的放大器推动 100W 的音箱，既可以推动音箱全力工作，又可以保证器材的安全。一般扬声器都有一定的抗过载能力，其允许值为额定功率的 1 倍半左右。故按上述方法进行功率匹配仍是比较安全的。

（3）阻尼匹配。阻尼系数是指音箱阻抗与放大器输出阻抗之比。实践表明，当阻尼系数较小时，扬声器低频特性、输出声压频率特性、高次谐波失真特性都会变差。阻尼系数过大，对实际性能影响并不显著。因此，比较一致的看法是阻尼系数应在 10～100 之间。

8.3.2 功放机的维护

科学地保养音响器材是延长其寿命的关键。下面介绍一些日常维护的基本常识。

音响器材正常的工作温度应该为 18～45℃。温度太低会降低某些机器的灵敏度；太高则容易烧坏元器件，或使元器件提前老化。夏天要特别注意降温和保持空气流通。

音响器材切忌被阳光直射，也要避免靠近热源，如取暖器。

音响器材用完后，各功能键要复位。如果功能键长期不复位，其牵拉钮簧长时期处于受力状态，容易造成功能失常。

功放机是音响器材中的核心设备。开关音响电源之前，把功放的音量电位器旋至最小，这是对功放机和音箱的一种有效保护手段。这时候功放机的功率放大输出几乎为零，至少在误操作时也不至于对音箱造成危害。

开机时由前开至后，即先开 CD 机，再开前级和后级，开机时把功放的音量电位器旋至最小。关机时先关功放，让功放的放大功能彻底失效，再关前端设备时，即使产生再大的冲击电流也不会秧及功放和音箱。同样关机时要把功放的音量电位器旋至最小，关掉功放后再关前级与 CD 机。

机器要常用。常用反而能延长机器寿命，如一些带电机的部件（录音座、激光唱机、激光视盘机等）。如果机器长期不转动，部分部件还会变形。

要定期通电。在长期不使用的情况下尤其在潮湿、高温季节，最好每天通电半小时。这样可利用机内元器件工作时产生的热量来驱除潮气，避免内部线圈、扬声器音圈、变压器等受潮霉断。

每隔一段时间要用干净潮湿的软棉布擦拭机器表面；不用时，应该用防尘罩或盖布把机器盖上，防止灰尘进入。

从电子学的原理来说，任何电子设备在带电工作状态下都不应该连接或断开其他设备，带电插拔有源设备是十分危险的，像麦克风这样的无源设备也不提倡带电插拔。需要提醒的是，千万不要开着功放机去接音箱线，因为音箱接线柱的距离一般都很近，音箱线又是两条紧紧地并行的线，接线时往往会因不小心将喇叭线短路，喇叭线短路后会迅速烧毁功放机。尽管有的功放机设有保护线路，但有的 Hi-Fi 级纯功放机为了提高音质，减少不必要的音染，往往会省掉这部分保护措施。

任务 9　空调机的使用与维护

9.1　环境控制设备概述

9.1.1　环境控制设备的概念与分类

1. 办公环境及控制设备

随着科技的不断发展和时代的前进，在进入 21 世纪的今天，人们对于生存环境的要求越来越高。一般情况下，除了居住环境，办公空间是人们工作最长的环境场所，因此，人们对办公环境也会有更高的要求。舒适、环保的工作环境，对发挥工作人员潜能和创造力，提高工作效率等都有积极的作用。办公场所使用的办公设备越来越多，各类电子、机械器件，特别是一些高端设备，如计算机、服务器、复印机等，对环境条件的参数范围都有一定技术规定，超过或达不到这个规定，都可能影响机器工作性能和使用寿命。因此，构建一个良好的办公环境，显得十分重要。

办公工作环境是由许多方面的因素和条件构成的，如工作区的空间、采光、温度、通风、噪声、装修、装饰；工作区的办公桌椅、柜架、各种办公设备、饮水设备、办公用品和耗材；工作所需的文件、资料、档案、书籍；工作中人们的关系、氛围等。

在这些因素和条件中，在构建良好的人文环境的同时，往往需要使用一定的环境控制设备，以保证良好的物理环境。下面列举一些办公室常见的需要保障的环境因素及控制设备。

（1）温度及湿度控制。空气调节即控制办公室中空气的温度、流通、湿度与清洁这四个基本因素。办公室的温度太高，工作人员会感到不舒服或头昏。湿度会影响工作人员的舒适感与效率，特别潮湿的空气会引起呼吸器官的不适，使工作人员感到沉闷、疲倦。

说到控制温度及湿度，一般用的就是空调。一般建议温度范围为 20～26℃，湿度范围为 40%～55%。同时，空调还通常能起到空气净化以及增加负离子浓度的作用。部分办公场所还需要配置专用的空调，对室内送风方式等做条件限制，以全面满足房间温湿度，以及室内风速、防尘、消声等各项要求。

（2）电源控制。假如所处的地区经常停电或电压不稳定，就该考虑使用电源调整器或不间断电源等，来预防供电不好而引起的各类问题。

电源调整器有隔离器、稳压器及滤波器三种。隔离器包括暂态反应压制器、涌浪电流保护器及隔离元件。当电源线上产生脉冲电压或涌浪电流时，隔离器将电压的变化限制在额定值的±25%之内；稳压器可以使电源保持适当的电压；滤波器可滤除 50Hz 以上的任何杂波。

如果电源调整器仍无法满足需求，应选用一种备用电源。常用的备用电源为小型便携式不间断电源系统（UPS）。

所谓不间断电源系统是指外线供电正常时，用蓄电池把电力储存起来，停电时把储存的电力输送出来供应电路的电源系统。不间断电源系统是一种昂贵但相当可靠的供电系统，由电机、发电机和电池等部件构成。平时使用外线电力带动电机，电机带动的发电机发电来给电池充电。外线电力中断时，改由电池的电力来驱动发电机，将发电机发出的电力提供给计算机系统。

（3）采光。充足的光线是办公室环境的重要因素之一。办公室的光线应使工作人员容易看清各种文档且不易疲劳。只有光线充足、舒适，才能够使工作人员减少疲劳、错误，做更多的工作，保持充沛的精力。办公室光线的来源包括自然光、日光灯及白炽灯。自然光有益于心理的健康，但因早晚光线不足，因此，需有人造光来弥补光线的不足。日光灯能提供大量的照明，最适宜办公室布置。办公室光线系统的基本设计共有 5 种：直接光、半直接光、间接光、半间接光、直接间接光。其中，采用间接光或直接间接光较好。适当地提高办公室的光线的经费是一种明智的投资。根据许多的研究显示，如果能提供适当的光线，则办公室的效率能提高 10%～15%。

（4）噪声控制。由于集中办公的需要，现代办公室多采用开放式格局，即多数员工在一间没有严密隔墙的大房间工作，用各种帘、幕、花木等充当屏障，没有任何视觉和听觉上的私密性。这在一定程度上造成了办公室里的噪声源很多，如计算机主机、网络交换机、空调、打印机、复印机、传真机、不时响起的电话铃声及人员交谈和走动声等，虽然声音不大，但是却在上班时间与工作人员常相伴。近年来，越来越多的心理学研究人员意识到这个问题，并在噪声环境与心理健康方面进行了大量研究。长期在噪声环境中工作，个体知觉会感到控制感减弱，注意力难以集中，有时还会引起头痛、恶心、易怒、焦虑、情绪烦躁及神经衰弱等症状，甚至会引起心理疾病。因此，有必要使用一些隔音、减音设备，来减少办公室噪声的产生。

（5）防火系统。办公防火系统包括无源和有源设计，以及防火行动执行计划。通常会安装烟雾探测器，在产生明火之前能够提前发现火警，在火势增大之前可以断开电源，使用灭火器手动灭火。在部分办公场所是不能使用自动喷水灭火装置的，因为一些电子设备的部件遇水后会发生故障，特别是在电源未断开的情况下用水灭火，情况会变得更糟。

2. 空调机的概念及分类

空调机即房间空气调节器（Room Air Conditioner），也叫空调，是一种用于向房间（或封闭空间、区域）提供处理空气的机组。它的功能是对该房间（或封闭空间、区域）内空气的温度、湿度、洁净度和空气流速等参数进行调节，以满足人体舒适或工艺过程的要求。

今天，我们的生活已经离不开空调，各种新型空调还在不断涌现，如图 9-1 所示。空调从诞生、发展到今天，从简单的空调扇到传统的制冷空调，再到今天节能化、智能化的超空调时代，已经走过百余年的历程。

图 9-1 空调

近年来，为了满足各阶层消费者的各种需要，国内空调市场上还出现了多种新型空调：

（1）智能空调，采用人性智能设计，无须人操作即可自动开关。智能空调还可根据光线强弱、人员多少、内外温差自动调节运行状态，以达到最佳室温。这种顺应趋势发展的空调自然成为新的主流。

（2）隐形空调，专为中国家庭设计。由于中国家庭的房间面积较小，房间的举架较矮，往往因为安装空调占用空间较大而影响居室的美观。生产专门为中国家庭设计的不占空间甚至能隐形的空调成为发展新趋势。

（3）双面出风空调，可以上下双面出风的变频空调改变了原有空调单一的送风方式，不直吹人体，不得"空调病"。它为可以呼吸的具有双向换新风功能的柜式空调重新定义了健康的概念，将生活质量进一步提高。

（4）一拖多空调。如今一户多室的住房结构已经成为主要的户型，一台普通的空调不能满足多室要求，购买多台空调既增加经济负担又影响房间的美观。一拖多空调的应运而生满足了这种住房结构的需求，尤其是变频一拖多空调已经成为消费者的首选产品。

未来一些新型空调产品会预留网络接口，实现网络开放。通过选配的网络控制器可实现千里之外的遥控。未来的空调将成为人们在工作和生活中必不可少的人性化智能家电。

根据使用场所和制冷量，空调可分为家用空调和商用空调。一般家用空调制冷量在1250～9000W；商用空调功率较大，多在公共场合使用，如机房、商场等。

根据制冷制热效果，分为只能制冷的单冷式空调，以及既能制冷又能制热的冷热式空调。

根据系统组合状态，还有窗机和柜机两种类型。

9.1.2 空调机的发展与现状

1902年，美国人威利斯·开利设计了第一个空调系统。1906年，他以"空气处理装置"为名申请了美国专利。该装置逐渐被用来调节生产过程中的温度与湿度，并进入化工业、制药业、食品及军火业等各行业。1922年，开利工程公司研制成功在空调史上具有里程碑地位的产品——离心式空调机，简称离心机。离心机最大的特点是效率高，这为大空间调节空气打开了大门。从此，人成为空调服务的对象。20世纪60年代，新型的燃气空调在日本出现了。20世纪70年代后期，很多国家开展了对太阳能利用的研究，太阳能空调技术也随之出现。20世纪80年代初期，变频空调技术在日本开始运用。变频空调是指在普通空调的基础上，增加变频专用压缩机、变频控制系统的空调。各项技术的发展，使得空调越来越广泛地应用到工业、生活的各个方面。

9.1.3 空调机的技术与质量指标

1. 空调机的主要技术指标

（1）制冷（热）量。指空调在进行制冷（热）运转时，单位时间内从密闭空间去除（提供）的热量，法定计量单位为W（瓦）。

（2）电源额定消耗功率。指空调在额定工况下进行制冷（热）运转时，消耗的功率，单位为W。

（3）制冷性能系数（COP）。为了衡量制冷压缩机在制冷或制热方面的热力经济性，常采用制冷性能系数这个指标。

开启式制冷压缩机的制冷性能系数是指在某一工况下，制冷压缩机的制冷量与同一工况下制冷压缩机轴功率 P_e 的比值。

封闭式制冷压缩机的制冷性能系数是指在某一工况下，制冷压缩机的制冷量与同一工况下制冷压缩机电机的输入功率 P_{in} 的比值。

（4）制热性能系数（COPh）。开启式制冷压缩机在热泵循环中工作时，其制热性能系数是指在某一工况下，压缩机的制热量与同一工况下压缩机的轴功率 P_e 的比值。

封闭式制冷压缩机在热泵循环中工作时，其制热性能系数 COPh 是指在某一工况下，压缩机的制热量与同一工况下压缩机电机的输入功率 P_{in} 的比值。

COPh 的单位为 W/W 或 kW/kW。

（5）能效比。空调、采暖设备的能效比（Energy Efficiency Ratio）。

指在额定（名义）工况下，空调、采暖设备提供的冷量或热量与设备本身所消耗的能量之比。

（6）噪声。指空调器运转时产生的杂音，主要由内部的蒸发机和外部的冷凝机产生。

2. 空调机的主要性能参数

（1）名义制冷量——在名义工况下的制冷量，单位为 W；
（2）名义制热量——冷热型空调在名义工况下的制热量，单位为 W；
（3）室内送风量——室内循环风量，单位为 m^3/h；
（4）输入功率，单位为 W；
（5）额定电流——名义工况下的总电流，单位为 A；
（6）风机功率——电动机配用功率，单位为 W；
（7）噪声——在名义工况下机组噪声，单位为 dB；
（8）制冷剂种类及充注量——例如 R22，5kg；
（9）使用电源——单相 220V，50Hz 或三相 380V，50Hz；
（10）外形尺寸——长×宽×高，单位为 mm^3。

注：制冷量——单位时间所吸收的热量。

基础空调机铭牌上的制冷量叫名义制冷量，单位为瓦（W），还可以使用的单位为千卡/小时（kcal/h），两者的关系为

$$1kW=860kcal/h$$

或

$$1000kcal/h=1.16kW$$

国家标准规定名义制冷量的测试条件为：室内干球温度为 27℃，湿球温度为 19.5℃；室外干球温度为 35℃，湿球温度为 24℃。国家标准还规定，允许空调的实际制冷量比名义值低 8%。

9.2 空调机的组成结构与工作原理

9.2.1 空调机的组成结构

空调机主要由制冷循环系统、空气循环系统、电气控制系统和壳体结构四部分组成。

（1）制冷循环系统。由压缩机、冷凝器、毛细管、蒸发器和干燥器、消音器、过滤器等组成。采用热泵型循环系统的还有电磁换向阀、单向阀；封闭循环系统内填充制冷剂 R22。

（2）空气循环系统。室内机由贯流风机、离心风机、出风栅、滤尘网和出风口等组成，室外机还有轴流风机等。

（3）电气控制系统。分体式空调机的电气控制电路采用计算机程序控制，主要控制功能有：温度自动调节控制、室内机显示控制、压缩机延时启动控制、风速自动切换控制、定时开停控制、防冷风控制、高负荷防止控制、自动除霜控制、过电流保护控制、电磁换向阀控制、室外风量自动调节控制。

（4）壳体结构。窗式空调机的外箱壳体结构由箱体、底盘与面板组成，箱体一般用 0.8~1mm 厚冷轧薄钢板弯制而成，在箱体两侧有散热百叶窗、进风冷却冷凝器。箱体表面经喷漆处理，制造箱体的薄钢板经过防锈处理，窗式空调机的底盘用于安装整个空调机系统。

9.2.2 压缩机的形式

家用、商用中央空调常用的压缩机形式有活塞式、旋转式（也称转子式）、涡旋式三种。

压缩机的输入功率的常见单位是英制单位马力，1 马力（HP）=735W，经常用 1 匹、1.5 匹等来区分压缩机的功率大小。

（1）活塞式压缩机：使用历史最长的压缩机，工作效率较低，抗液击性能差，震动噪声大，目前已逐渐退出市场。

（2）旋转式压缩机：工作效率较高，抗液击性能较好，震动噪声小；是 3 匹及以下功率最常用的压缩机。

（3）涡旋式压缩机：工作效率高，抗液击性能好，震动噪声小；是 4 匹及以上功率最常用的压缩机。

9.2.3 空调机的工作原理

为了绿色、环保，我国现在对制冷剂规定，禁止使用氟利昂，而采用新的环保制冷剂 R134、R600 等替代物。

气雾推进剂、阻燃剂和发泡剂等，是全球公认的新型氟利昂替代物，已在西方国家得到广泛使用。

我国从 1996 年开始逐步削减 R12 制冷剂的生产，《中国逐步淘汰消耗臭氧层物质国家方案》中明确规定，国内所有汽车生产厂家从 2002 年 1 月 1 日起，停止在汽车空调上使用氟利昂，一律改用氟利昂替代物 R134a。家用冰箱、冷柜推荐以 R134a 为制冷剂。在商用空调领域 R134a 也已获得广泛应用。R134a 还可与其他产品混配成新的环保制冷剂，如家用空调领域广泛应用的 R407c 等。

下面以新型环保制冷剂 R600 为例，介绍空调的工作原理。

压缩机将气态的环保制冷剂 R600 压缩为高温高压的液态环保制冷剂 R600，然后送到冷凝器（室外机），散热后成为常温高压的液态环保制冷剂 R600，所以室外机吹出来的是热风。然后到达毛细管，进入蒸发器（室内机），由于环保制冷剂 R600 从毛细管到达蒸发器后空间突然增大，压力减小，液态的环保制冷剂 R600 就会汽化，变成气态低温的环保制冷剂 R600，从而吸收大量的热量，蒸发器就会变冷，室内机的风扇将室内的空气从蒸发器中吹过，所以室内机吹出来的就是冷风；空气中的水蒸气遇到冷的蒸发器就会变成水滴，顺着水管流出，这就是空调会出水的原因。接着气态的环保制冷剂 R600 回到压缩机继续压缩，继续循环。制热的时候有一个叫四通阀的部件，将冷凝器和蒸发器的管道调换过来，所以制热的时候室外吹的是冷风，室内机吹的是热风，与制冷相反。其实就是用的物理中液化（由气体变为液体）时要排出热量和汽化（由液体变为气体）时要吸收热量的原理。

还有一种是电辅热泵型空调，即在热泵型空调的基础上，增加电热元件，用少量的电加热来解决热泵制热时能量不足的问题，既可有效地降低用单纯电加热的功率消耗，又能达到使用单纯热泵的温度范围。

9.3 空调机的使用与维护

9.3.1 空调机的使用

1. 空调机的选购

选购空调时应综合考虑以下因素：品牌，经销商，产品的技术水平，空调性能指标，功率大小，有关认证以及价格。

（1）购买前准备。在购买空调前，大家首先要清楚房子的面积、楼层、朝向。因为这些因素决定了房间空调制冷量的大小。空调制冷量一般可按照如下公式来计算：制冷量=房间面积×150W/m^2；1P=2500W。如果房间在顶楼或者朝阳，选择空调时制冷量要适当大一些。一般的购买原则是买大不买小。如果功率太小，制热效果差，对制冷的速度会影响很大。

（2）选择商家。空调产品的销售渠道很多，大体分为网络渠道、传统经销商渠道、商超渠道和连锁大卖场渠道等。工厂生产出来的空调只是一个半成品，还需经过专业的安装调试才能正常使用，选择一个好的商家会使消费者的利益得到双重保证。一般来说，网络、家电经营部、商超等渠道的价格相对比较低，但是这些渠道或太小或不够专业，一般在购买后，售后问题解决起来比较麻烦。建议买空调尽量到专业的家电连锁店购买，空调出了问题可以得到及时有效解决。

（3）选择品牌。市场上的空调品牌共有几十个。其中国产品牌主要有格力、美的、海尔、海信、志高、奥克斯、科龙、春兰、格兰仕、TCL、新科、双鹿等；合资品牌主要有三菱电机、松下、三菱重工、三洋、三星、LG、东芝、大金、伊莱克斯、日立、惠而浦等。品牌是企业技术、质量和信誉的象征，在选择品牌前，要尽量从身边的用户了解每个品牌

（4）选择性能。首先看能效比，能效比越高，技术性能越好，使用越省电。其次看噪声情况，购买时要了解室内机和室外机的噪声大小。最后看产品功能，看空调是否具有夜间模式、智能化霜、安全保护、开机软启动等功能。

其中，制冷（热）量、能效比和噪声大小是衡量调空优劣的 3 个关键指标。

（5）制冷（热）量。制冷（热）量是指空调运转时单位时间内从密闭空间去除（提供）的热量，法定计量单位为 W。

国家标准规定，空调实际制冷量不应小于额定制冷量的 95%。输入功率是指空调在额定工况下进行制冷（热）运转时消耗的功率，单位为 W。

空调制冷量该怎么计算？

所谓的空调"匹"数，原指输入功率，包括压缩机、风扇电机及电控部分，制冷量以输入功率计算。

一般来说，1 匹的制冷量大致为 2000 大卡，换算成国际单位应乘以 1.162，故 1 匹的制冷量应为 2000 大卡×1.162=2324W，这里 W 表示制冷量，则 1.5 匹的应为 2000 大卡×1.5×1.162=3486W，依次类推。根据此情况，则大致能判定空调的匹数和制冷量，一般情况下，2200～2600W 可称为 1 匹，4500～5100W 可称为 2 匹，3200～3600W 可称为 1.5 匹。

制冷量确定后，即可根据实际情况估算所要消耗的制冷量，选择合适的空调。家用电器要消耗制冷量的较大部分，电视、电灯、冰箱等每 W 功率要消耗制冷量 1W，门窗的方向也要消耗一定的制冷量，如果房间位于楼顶及西向，可考虑适当增加制冷量。

（6）能效比。能效比又称性能系数，是指空调制冷运转时，制冷量与制冷功率之比，单位为 W。

国家标准规定，2500W 空调的能效比标准值为 2.65；2500～4500W 空调能效比标准值为 2.70。

（7）噪声值。噪声值是指空调运转时产生的杂音，主要由内部的蒸发机和外部的冷凝机产生。国家标准规定，制冷量在 2000W 以下的空调室内机噪声不应大于 45dB，室外机不大于 55dB；2500～4500W 的分体空调室内机噪声不大于 48dB，室外机不大于 58dB。

（8）比较价格。现在空调产品每年都在推陈出新，购买者应该根据自己的实际情况进行购买，如带银离子杀菌功能可能不是空调的必需功能，而这种附加功能会给空调带来附加价格。在购买时先要对产品做好对比，再决定购买，千万不可盲目选择。

2. 空调机的安装

（1）室内机的安装。室内机安装主要考虑冷空气的流通均匀，制冷量的最少损耗，人体对温度感觉的舒适度，以及防止光、电、磁对电路的干扰。其安装主要原则有：安装的基础应牢固结实；室内机的位置易于排水，方便和室外机连接；避免太阳直射在机组上，远离热源；空调出风口不宜对着人吹或对着床吹；确保与墙壁、大花板、装潢和其他阻碍物之间的距离。室内机安装位置基本的要求是：左右两侧不小于 12cm，上侧不小于 15cm，下侧不小于 200cm（使用分体壁挂机）。防止空调制热时温度过高，以及电路出故障时有可能产生的火花。远离易燃物品，如窗帘、衣服等可以移动的物品。

（2）室外机的安装。室外机的安装主要考虑其牢固安全问题，尽量将噪声减到最低，室外机周围保持一定空间，保证通风散热。其主要安装原则有：室外机周围不能有可燃性气体泄漏和爆炸物；地面或墙体要能承受机体的质量自振动；安装的部位要便于操作、调整与维修；尽量避开自然条件恶劣（如油烟重、风沙大、阳光直射或有高温热源）的地方；建筑物内部的过道、楼梯、出口等公用地方不应安装空调的室外机；空调的室外机组不应占用公共人行道，沿道路两侧建筑物安装的室外机的安装架底面（安装架不影响公共通道时可按水平安装面）距地面的距离应大于2.5m；室外机运转时发生的噪声及冷（热）风、冷凝水不能影响他人的工作、学习和生活；建筑物预留室外机安装面时，必须采用足够强度的钢筋混凝土结构件，其承重能力不应低于实际所承载的质量（至少200kg），并应充分考虑室外机安装后的通风、噪声及市容等要求。

3. 空调机的使用

各种办公或家用空调的电器控制板的布置形式及采用的方法不尽相同，功能的设置有多有少，但是操作方法基本相同。用户应当熟悉空调的各种功能及使用，以便正确把握空调开机和停机方法。无论是手动开关还是遥控器操作，空调的开机操作基本如下：

（1）根据空调要求和使用要求，选择空调的运行方式，如制冷、制热、除湿或通风等。只要按空调上的运行方式选择键选择即可。

（2）设定温度，调节温度调节器的温度值。一般制冷运行时，温度值设定范围为20～30℃；制热运行时，温度值设定范围为14～27℃，所设定的温度值是指空调的回风温度或房间温度。

（3）在完成以上操作后，开启空调，空调就能按选定的运行方式正常运转。

（4）开机运行后，根据需要可以通过调节风量开关来调节空调的制冷（热）量。一般空调制冷（热）量的调节都通过改变风量来调节（变频式空调是调节压缩机转速）。窗式空调一般有强冷和弱冷或强热和弱热旋钮，将旋钮定于强冷（热）或弱冷（热），实际调节风量为高风量或低风量。

（5）以制冷工况为例，空调开机运行后，可能会出现以下两种情况：一是空调压缩机开停频繁，而室内温度降不下来；二是室内温度已经很低，但空调压缩机仍然不停地运转。这可能是温度调节器的温度设定值不正确（太高或太低），应适当调节温度设定值，使室内温度达到要求值，从而避免空调压缩机频繁开停或室温偏差过大。

（6）空调无论因何种原因而停机（如忽然断电、人为停机等），由于一般空调都有停机的时间延迟器（延迟时间一般为3min），这时这类空调停机后虽可马上开机，但需3min后才能运转。但对无时间延迟器的空调，停机后不能立即开机，3min后，才能重新开启空调，否则会造成启动电流过大，烧毁熔丝，甚至烧毁压缩机电机的后果。

（7）空调不应频繁开关。不要因为房间温度已达到要求值或高于要求值而经常启动或关闭空调，而应当让空调通过温度控制器来控制启动和关闭。空调不使用时应断开电源或拔掉电源插头。

9.3.2 空调机的维护

空调机的维护、清洗是空调保养的关键，有利于提高制冷效果、缩短降温时间、节能、延长空调的使用寿命等，是合理使用空调，加强规范管理的重要组成部分。

一般空调保养维护的措施有：

（1）清除通风口的杂物，保证通风正常。观察室外机架有无松动现象，室外通风网罩内有无异物。同时，应保持通风口的畅通无阻。

（2）室内外换热器表面定期清洗，提高换热器的效率。清理室内换热器时，应小心拿下面板，用柔软的抹布擦洗，使用小毛刷轻轻刷洗室内换热器，达到清除灰尘和可繁殖病菌的有害积聚物的目的。需要注意的是，散热片是很薄的铝质材料，受力后容易变形，因此要小心刷洗。

（3）清洗过滤网上的积灰。在清洗过滤网的时候，先切断电源，再打开进风栅；取出过滤网，用水清洗过滤网，水温不要超过40℃，用热的湿布或中性洗涤剂清洗，然后用干布擦净。不能用杀虫剂或其他化学洗涤剂清洗过滤网。

（4）清除排水部分的污垢和积聚物。排水部分容易沉积污垢，必须定期进行彻底消毒，保证排水通畅，防止细菌繁殖。

（5）检查其他零部件状况。包括供电线路、插头插板、开关；检查易耗损件，如导风转板、杀菌除湿、光触媒等部件状况，确保空调状况良好无异常。

有的单位可能使用空调数量比较多，或者空调性能等要求比较高，可以考虑与空调服务公司签订长期服务合同，每年定期对空调进行相应的保养维护，定期检修。

9.4 智慧办公

互联网时代，飞速发展的智能科技和智能产品已经进入我们生活的方方面面，为人们生产、生活方式带来了革命性的变化。尤其在快节奏城市生活中，办公活动占据着很重要的位置，智慧办公无疑是未来办公的重要趋势。

所谓智慧办公，即通过对办公室内各种软件及硬件设备的无线管理，实现真正的远程办公、无纸化办公，实现办公设备一体化的创新应用，通过物联网、云计算等辅助协调，实现深层次的信息共享和业务协同，促进办公服务的精确化、智能化、便捷化。

智慧办公将新一代信息技术充分运用在企业办公室的各种设备上，能够帮助企业办公实现软件系统、硬件系统的深度融合。智慧办公真正在互联、物联的基础上实现了对企业办公设备的远程控制、对办公信息安全性的保障以及增进对企业内部多个方面的了解。这种智能办公系统不仅能提高工作质量，实现精细化和动态管理，还能提升企业管理成效，建立以办公室工作流程为主线的数字化办公体系，从而最大程度地为科学化的办公管理提供帮助。

智能办公系统基于协同办公理念，将日常办公电子化、网络化、规范化、统一化；实行跨部门、跨地域的办公模式，达到节约时间、节省成本、提高工作效率的目的。

智能办公系统将为用户搭建一个安装简单、容易操作、性价比高的多元化办公室。智能办公系统主要包含以下几部分。

（1）灯光控制。

智能灯光照明系统可以通过人体感应和声控自动控制灯光，在必要的场所实现人来灯亮，人走灯灭，无须手动打开开关，这不仅让员工的工作更加便利，还节约了能源，也降低了公司的费用成本。

(2) 智能窗帘。

想必有不少上班族会有这样的经历：工作正忙的时候，阳光直射到你的计算机，导致反光使屏幕看不清，严重影响了工作效率。

有了智能窗帘，只要说一句"阳光太强烈了，把窗帘关上"，或者发出与关窗帘意思相同的命令，就可以让窗帘自动关上。同样，光线太暗的时候，你不想起身到窗边打开窗帘，这时只要你下命令，窗帘就会缓缓打开，为办公室增添一缕阳光。声控窗帘让遮阳变得智能，把阳光握在手里。

(3) 智能背景音乐。

工作遇到瓶颈，工作没有头绪，越忙越乱的时候，是不是想听一首舒缓的音乐？

智能背景音乐系统，只需要你下命令，就能让舒缓的音乐慢慢响起，激发你的灵感，让你工作起来变得更加轻松，也让你的工作环境变得轻松。

公司组织活动或者开晨会时，背景音乐作为背景辅助，可以点燃大家的热情，激励大家奋进，让大家融洽相处。让背景音乐点亮工作的所有场景，让办公室跟家一样充满温馨气氛。

(4) 场景控制。

可实现会议模式、午休模式、上班模式、下班模式等，方便实用，节约电能，实现一键式管理或声控灯光、空调、窗帘与投影幕布。

会议模式（见图9-2）：可以提前设置"会议模式"——灯光的开关、亮度、色温等参数，设置窗帘、幕布、音响以及电器的开关联动。这样开会时，只要相关人员说"我们要开会了"，灯光、窗帘、电器等就自动开启"会议模式"，不仅能节省会议前的准备时间，还能给参会人员带来很好的视听效果。

午休模式（见图9-3）：夏天午后，办公室却不会让人觉得闷热，空调自动调至适宜的温度，微弱的暖光、微合的窗帘，还有轻柔的背景音乐，让员工在办公室里也可以睡得特别安心、香甜。

图9-2 会议模式

图9-3 午休模式

(5) 智能联动。

上班时间到了，当有人进入办公室时，智能门锁会联动全屋电器，办公室的灯开了，空调开了，计算机等也开始运行了。

当下班回家时，大家都离开后，办公室里的灯、空调、计算机等电器又自动关闭了。

(6) 安全安心。

智能门锁（见图9-4）有钥匙开锁、指纹开锁、密码开锁、远程语音视频开锁等方式。

因此当你忘记带钥匙时，不用担心进不去而无法工作。

同时，你还可以授予他人进门的权利并随时收回。例如，你可以暂时授权给信任的经理、主管或某位员工，他们可以作为管理员开门，这样你就可以省去很多时间，减少你自己的工作量，还能打造一个安全的办公环境。

当下班不在办公室时，也不用担心办公室会有小偷造访。如果有可疑人员在办公室门口徘徊，你可通过手机 App 远程视频看清办公室的可疑人员并随时喊话，并且智能锁会将可疑人员的脸抓拍下来，生成日志方便随时查看。

智慧办公的应用非常多，智慧办公系统除了包含以上几部分，还包含：运用人脸无感知并行识别技术的智能考勤，让考勤再也不用排队打卡；使用物联网 IoT（Internet of Things）和驱动云技术的智能打印系统，无论何时何地都能通过云端一键打印；采用 AI 技术和云盘集成的智能会议系统，轻松实现无线扫码传屏、一键共享文件等功能；通过数字化分析并结合阿里和京东等供应链技术服务的智能货柜，让领取办公用品更加高效便捷。

通过智能办公室（见图 9-5）的打造，对企业来说不仅是工作效率的提高与能耗的降低，更重要的是环境对于人的友好体验给员工带来的幸福感提升。

图 9-4　智能门锁

图 9-5　智能办公室

技能训练

训练任务　功放机的使用与维护

1. 任务要求

扩声系统是声源和听众在同一个时空里使声音增强的电子系统。演示系统是一种多媒体信息在屏幕上的视觉展示的电子系统。功放机是推动音箱放声的扩音设备。

了解教学、会议和家用扩声及演示系统的组成结构、工作原理、功能特点。通过会议扩声及演示系统的安装和调试训练，学习各种音响及演示设备在现场使用时的科学配置和合理布置，以及其安全使用、日常维护方法。以功放机及多媒体计算机为核心，掌握常用典型音响功放及演示播放设备的正确使用和故障分析的一般方法，并掌握一定的安装与调试技巧。掌握使用多媒体播放工具软件的基本操作方法。

2. 训练情景

训练器材：话筒、调音台、功放机、音箱、多媒体计算机、投影仪、腰挂小蜜蜂扩音器、多媒体播放工具软件等。

会议扩声系统及演示系统训练器材准备建议：

为简化教学过程，集中训练对会议扩音系统、演示系统原理的了解和使用，扩音系统可使用话筒两只（音源部分，现场主讲人和主持人各使用一只），6路调音台一台（控制部分），功放机一台（功率放大部分），音箱两只（声音输出部分，左右声道各一只），线材以及部分接插件等。演示系统可使用多媒体计算机、投影仪、腰挂小蜜蜂扩音器和多媒体播放工具软件等。

训练场景：办公设备实训室、多媒体教室、学校小型会场或会议室。

部分软硬件设备简介：

（1）媒体播放器。

微软公司开发的媒体播放软件 Windows Media Player 12，是 Microsoft Windows 7 的一个组件，通常简称 WMP，其播放器界面如图9-6所示。可用其播放 Windows Media（以前称 NetShow）、ASF、MPEG-1、MPEG-2、WAV、AVI、MIDI、VOD、AU、MP3 和 QuickTime 等格式媒体文件。WMP 还可通过插件增强扩展功能。它具有前所未有的播放更多音乐和视频的能力，包括 Flip Video 和 iTunes 库中不受保护的歌曲。利用 WMP，用户可以整理数字媒体集，将数字媒体文件同步到便携设备上，并可在网上购买数字媒体内容等。

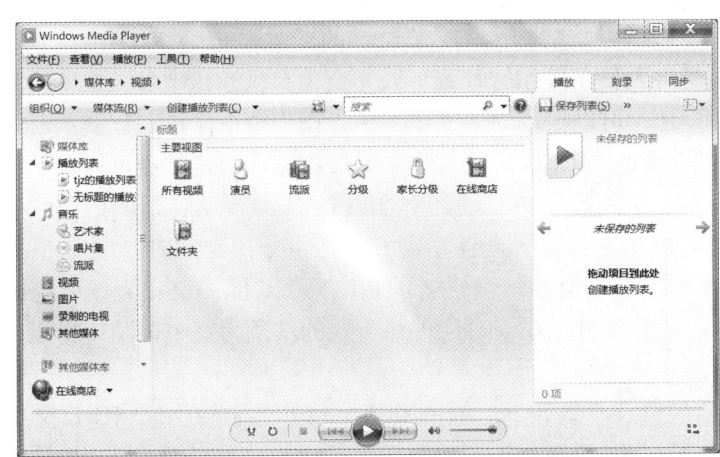 

图9-6 播放器界面

（2）小蜜蜂扩音器。

金业 GOLDYIP SP-261 扩音器是一种腰挂小蜜蜂扩音器，如图9-7所示。可插U盘，音量大，可用于教学、会议、导游、卖场促销等场合扩音。主要特点为大功率音量扩音、FM收音机功能、SD/MMC卡播放、USB/MP3播放、3.5音频输入、连续工作8h等。

（3）无线演示器/激光笔。

无线演示器/激光笔如图9-8所示。

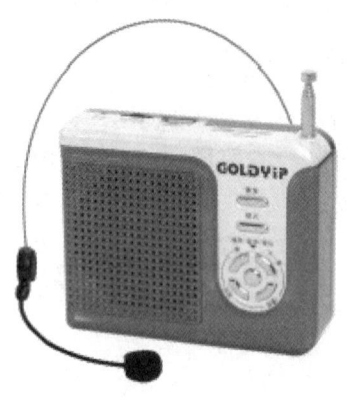

图 9-7 腰挂小蜜蜂扩音器

图 9-8 无线演示器/激光笔

罗技（Logitech）R800 专业无线演示器/激光笔，光亮度很高，发绿光。罗技 R800 具有上下翻页功能、播放退出功能、黑屏功能、电源开关、定时提醒功能，还有 LCD 屏显示提醒时间等。罗技 R800 与 PPT 文档对应，可遥控 PPT 翻页。其主要特点是：通过小屏幕可以帮演讲者计时，并在设定的时间给出震动提醒；内置了绿光激光、Wi-Fi 信号强弱显示器和 30m 的互动操控距离；外形沉稳，握感合适。在性能上，它不但具备震动报时等功能，还能让演讲者自由走动，为精彩的演讲提供更多便利。即插即用的无线接收器，无须安装软件，将接收器插入 USB 端口即可使用。演示结束后可以将接收器收纳到演示器中。

罗技 R800 专业无线演示器是针对高端用户需求设计的一款基于 Microsoft Office PowerPoint 类软件的演示器。演讲人员在操作的时候可以完全丢弃鼠标和键盘独立使用。罗技 R800 采用了类似笔状的设计，可以很牢固地握在手中，操作也很简单。该演示器采用 2.4G 无线传输技术，并使用可收纳的 USB 射频接收器来接收信号，定时器可以显示时间，以便让演讲者做到心中有数。当距离结束时间还有 5min、2min，以及到达结束时间时，都会发出震动提醒。而当演讲者为了与听众互动需要在演讲厅内走动时，LCD 屏上的最长操控射程可达 30m 的接收指示器会显示演讲者的走动距离。即使是在光线明亮的平板显示器上，明亮的绿色激光指针也可以在演讲厅内将听众的注意力集中在某一特定的信息上。

罗技 R800 专业无线演示器规格及参数如下：绿色激光光标功能激光笔；2.4GHz 无线技术；30m 有效距离；带有定时器的 LCD 屏；电源电池指示灯和信号接收指示灯；内置幻灯片按钮；收纳式即插即用接收器；On/Off（开关）；便携盒；支持系统为 Windows XP/Windows Vista/Windows 7/ Windows 8。

3. 计划内容

（1）通过到学校小型会场或会议室参观，了解当前教学、会议和家用扩声及演示系统市场的现状，音响及演示设备的发展历程，并做必要的咨询和记录。

（2）利用实训室、多媒体教室、学校小型会场或会议室资源，通过老师的指导，对扩声及演示系统进行拆卸后观察，了解其技术规范、性能特点，必要时画出其组成结构草图，了解产品商标或标签，做好商品信息记录。掌握同类音响及演示设备的厂商、型号、区别方法、性能指标、选购及安装使用注意事项。观察并了解各种音响及演示设备的匹配特性。

（3）以功放机及多媒体计算机为核心，通过反复动手训练，熟练掌握会场扩声及演示系统设备的安装、接口、线缆的正确连接操作，画出草图，并做必要的记录。

（4）认识音响及演示设备上的功能按钮，熟悉常见的功能，掌握操作步骤。

（5）认真阅读各种扩声及演示系统设备使用说明书，了解基本概念、安装、使用方法及注意事项。对安装好的扩声及演示系统进行调试操作。

（6）熟练掌握计算机多媒体播放工具软件的基本操作方法。

4. 会议扩声及演示系统技能训练操作流程建议

选择一个带有控制设备间的小型会场或会议室，打开所选购器材的包装并仔细阅读其说明书和安全注意事项，把功率放大器放在控制间的设备机柜中，把调音台放在控制间机柜附近的工作台上，把一只话筒放在讲台上主讲人位置（中间位置），把另一只话筒放在主持人位置（讲台边），把两只音箱分别放在讲台两边且面向观众席位的位置上（远离话筒且尽量靠前放）。多媒体计算机演示系统的设备要按计算机系统设备的要求进行安装。

（1）焊接两对连接接口插头，连接好音箱至功放机的声音输出电缆（把音箱的输入端连接至功放机的功率输出端，注意相位不能搞错）。

（2）焊接两对卡农插头，用带有屏蔽功能的音频电缆，把话筒连接至调音台的信号输入端（如果是电容式话筒的话应采用平衡式接法，将两只话筒的输出端分别连接至 6 路调音台的话筒信号输入端的其中 2 路）。

（3）焊接两对卡农至莲花插头，用带有屏蔽功能的音频电缆，把调音台的输出端连接至功放机的信号输入端。

（4）关闭调音台和功放机的所有音量旋钮。

（5）连接好调音台和功放机的交流电源。

（6）打开调音台电源开关并打开话筒的幻象电源开关。

（7）打开功放机的电源开关。

（8）慢慢转动功放机总音量旋钮，将旋钮转至 80%处，静听音箱声音情况（应确定无声，一般有微弱的电流声）。

（9）慢慢推动调音台总音量控制推子（或旋钮）至 80%处（此时继续处于无声状态）。

（10）让人站在两路话筒前面讲话。

（11）慢慢推动调音台两路话筒中的一路音量控制推子（旋钮），此时应该听到音箱里发出扩大的声音，继续推大音量至出现啸叫音（声音正反馈）时马上降低推子音量，即可完成本次实验。

5. 注意事项

（1）先阅读说明书，了解各种设备的基本功能，不可擅自拆卸各种扩声及演示系统设备。

（2）扩声及演示系统设备安装连接完成后，先进行硬件系统检查，再开机测试。

（3）以功放机及多媒体计算机为核心，要正确、合理、优化地配置扩声及演示系统设备。

（4）掌握正确的扩声及演示系统设备的安全使用方法。要防潮、防震、防磁、防高温。要按正确的开关机要求开机和关机。

（5）掌握正确维护扩声及演示系统设备的方法，如果出现一般故障，应先立即关闭各种扩声及演示系统设备的电源，排除故障后再开机。

（6）设备之间连接应注意各种信号线的极性和相位，安装音箱连接线时注意做好左右声道的标记，同一导线极性保持相位的一致。设备的电源控制应集中在一块控制板上，这样可以便于使用以及故障即时查找、排除。各条线路的走线也应该穿管防护，信号线与电源线分别走线。

（7）话筒信号线的连接应注意接地良好，指定屏蔽线为接地线。

（8）使用时应注意各种设备的通电顺序，依次为话筒、调音台、功放机，关机时应该按反顺序进行。使用时系统出现啸叫音（声音正反馈）的时候应及时减小音量，以控制调音台上的主音量控制旋钮（推子）调节为主。多媒体计算机演示系统设备的开关机程序要遵循计算机系统设备的开关机要求进行。

（9）话筒和音箱设备的安放应保持一定距离，以不产生啸叫音为宜，话筒应远离音箱。

（10）在选用设备的时候应根据使用场合，合理配置系统。

6. 总结考核

（1）查资料或上网阅读产品说明书，从技术规范上归纳总结扩声及演示系统设备的识别、选购及安装使用方法。

（2）独立归纳整理并写出对扩声及演示系统设备的安装技术、技巧、注意事项的实训总结。

（3）独立归纳整理并写出对扩声及演示系统设备的概念、调试技巧、使用技巧及注意事项的实训总结。

（4）独立归纳整理并写出对计算机多媒体播放工具软件的安装、使用与卸载方法的实训总结。

（5）对任务要求、训练设备、训练内容、操作步骤和训练结果进行系统分析和总结，归纳在技能训练中的收获和体会。撰写并提交一份技能训练总结报告。

思考练习

1. 音响设备一般包含哪几项设备？
2. 简述音响设备的主要技术指标。
3. 简述功放机在实际使用过程中应该注意的事项。
4. 简述功放机的主要功能模块。
5. 简述大多数数码电子产品具有的基本功能。
6. 列举一些办公室常见的需要保障的环境因素及控制设备。
7. 国内空调市场上出现了哪些新型空调？
8. 空调主要由哪几部分组成？
9. 空调的主要技术参数有哪些？
10. 选购空调时应综合考虑哪些因素？
11. 一般空调保养维护的措施有哪些？

重点小结

项目 5 的学习任务是功放机、空调机的使用与维护。必备知识要求是熟悉辅助办公设

项目5　其他辅助办公设备

备的基本概念；掌握辅助办公设备的使用与维护方法。功放机是项目5的典型教学背景案例，是学习任务中的核心任务。技能训练要求是具备辅助办公设备中办公音响设备职业技能标准的条件，学会办公音响设备的使用操作；学会办公会场音响系统的安装方法；学会办公会场音响系统的调试技巧；学会办公会场音响系统的维护保养。

（1）音响设备是一套用于加工修饰、播放声音，以便能够满足应用环境需要的扩音设备。一套简单的音响设备一般包括功放机、周边设备（均衡器、效果器、VCD/DVD）、扬声器（音箱、喇叭）、调音台、麦克风及显示设备等。

（2）办公工作环境是由许多方面的因素和条件构成的，如工作区的空间、采光、温度、通风、噪声、装修、装饰；工作区的办公桌椅、柜架、各种办公设备、饮水设备、办公用品和耗材；工作所需的文件、资料、档案、书籍；工作中人们的关系、氛围等。空调机，即房间空气调节器，是一种用于向房间（或封闭空间、区域）提供处理空气的机组。它的功能是对该房间（或封闭空间、区域）内空气的温度、湿度、洁净度和空气流速等参数进行调节，以满足人体舒适或工艺过程的要求。

参 考 文 献

[1] 童建中. 现代办公设备使用与维护[M]. 2版. 北京：电子工业出版社，2014.
[2] 王海平. 办公自动化技术[M]. 2版. 北京：机械工业出版社，2016.
[3] 薛华成. 管理信息系统[M]. 6版. 北京：清华大学出版社，2013.
[4] 谢希仁. 计算机网络[M]. 8版. 北京：电子工业出版社，2021.
[5] 刘瑞新，等. 计算机组装与维护教程[M]. 北京：机械工业出版社，2018.
[6] 刘士杰. 办公自动化设备的使用与维护[M]. 3版. 北京：人民邮电出版社，2013.
[7] 杨浩. 现代办公设备实用教程[M]. 北京：北京师范大学出版社，2011.
[8] 窦振中. 常用信息技术设备教程[M]. 2版. 北京：高等教育出版社，2010.
[9] 唐秋宇. 办公自动化设备的使用与维护实训教程[M]. 北京：中国铁道出版社，2009.
[10] 常志文，等. 现代办公设备应用与维护[M]. 北京：科学出版社，2019.
[11] 雷依里. DSLR数码单反摄影圣经[M]. 北京：中国青年出版社，2010.
[12] 美国纽约摄影学院. 美国纽约摄影学院摄影教材[M]. 北京：中国摄影出版社，2008.
[13] 赵子江. 数码摄像机完全攻略[M]. 北京：机械工业出版社，2005.
[14] 王以真. 实用扩声技术[M]. 北京：国防工业出版社，2004.
[15] 常怀生. 环境心理学与室内设计[M]. 北京：中国建筑工业出版社，2000.